SVEN FELIX KELLERHOFF

# DIE
# NSDAP

EINE PARTEI UND IHRE MITGLIEDER

KLETT-COTTA

Die Rechtschreibung wurde den aktuell gültigen Regeln des Duden angepasst, auch in wörtlichen Zitaten.

Klett-Cotta
www.klett-cotta.de
© 2017 by J. G. Cotta'sche Buchhandlung
Nachfolger GmbH, gegr. 1659, Stuttgart
Alle Rechte vorbehalten
Printed in Germany
Cover: Rothfos & Gabler, Hamburg
unter Verwendung eines Fotos von ullstein bild
Motiv: Reichsparteitag NSDAP Nürnberg 1937, Adolf Hitler wird bei seiner Ankunft
im Stadion von den Jugendlichen begrüßt (Fotomontage) – 11. 9. 1937
Gesetzt von Kösel Media GmbH, Krugzell
Gedruckt und gebunden von GGP Media GmbH, Pößneck
ISBN 978-3-608-98103-2

Bibliografische Information der Deutschen Nationalbibliothek
Die Deutsche Nationalbibliothek verzeichnet diese Publikation in der
Deutschen Nationalbibliografie; detaillierte bibliografische Daten
sind im Internet über http://dnb.d-nb.de abrufbar.

# INHALT

# ANHANG

# VORWORT

Als politischer Verband ist die NSDAP von der zeit-
geschichtlichen Forschung lange vernachlässigt
worden. [...] In der Regel wurde sie als Derivat der
politischen Biografie Hitlers betrachtet.
*Hans Mommsen, Historiker* [1]

Kein Nazi, nirgendwo. Als im Frühling 1945 amerikanische Soldaten
von Westen her in Deutschland einmarschierten, erlebten sie zwar
viele harte, oft tödliche Gefechte – doch damit hatten sie gerechnet.
Verwirrend hingegen war für die Männer der Fronteinheiten und
die wenigen Frauen in ihrem Gefolge, dass Dutzende Städte und
Hunderte Dörfer widerstandslos übergeben wurden. Alles Mögliche
hatten sie erwartet, nicht aber weiße Fahnen. Noch erstaunlicher
schien ihnen, was die Menschen oft erzählten, deren Land sie gerade
besetzten. Der Chronist der 78. US-Division fasste die Erfahrungen
seiner Kameraden zusammen: »Es gab keine Nazis, auch keine Ex-
Nazis, und nicht einmal irgendeinen Nazi-Sympathisanten.«[2] Die
Armeezeitung *Stars and Stripes* schrieb am 15. April 1945: »Die Deutschen benehmen sich alle gleich, wenn man sie verhaften will. Sie
sagen, sie hätten niemals ernsthaft an den Nationalsozialismus
geglaubt.« Natürlich diente der Artikel auch der Vorbereitung der
Soldaten auf Argumente, denen sie im Gespräch mit Deutschen
begegnen würden: »Sie haben die unglaublichsten Entschuldigun-
gen für ihr Verhalten. Es spielt gar keine Rolle, ob sie 1927 oder 1939
in die Partei eintraten. Alle sagen, sie seien aus geschäftlichen Gründen zum Eintritt gezwungen gewesen – selbst jene, die bereits 1927
eintraten.«[3]

Die Kriegsberichterstatterin Martha Gellhorn bündelte ihre Eindrücke in einer Reportage, die mit den Worten begann:»Niemand
ist ein Nazi. Niemand ist je einer gewesen. Es hat vielleicht ein paar
Nazis im nächsten Dorf gegeben, und es stimmt schon, diese
Stadt da, 20 Kilometer entfernt, war eine regelrechte Brutstätte des
Nationalsozialismus.« Noch mehr überraschte die Journalistin, wie
freundlich viele Deutsche die feindlichen Truppen empfingen:»Wir
haben schon lange auf die Amerikaner gewartet. Ihr seid gekommen
und habt uns befreit.« Die Nazis seien Schweinehunde, die Wehrmacht wolle eigentlich aufgeben, wisse aber nicht wie. Das demonstrativ gute Gewissen vieler Deutscher machte Gellhorn ratlos; sie
reagierte mit Zynismus:»Man müsste es vertonen. Dann könnten
die Deutschen diesen Refrain singen, und er wäre noch besser. Sie
reden alle so. Man fragt sich, wie die verabscheute Nazi-Regierung,
der niemand Gefolgschaft leistete, es fertigbrachte, diesen Krieg
fünfeinhalb Jahre durchzuhalten.« Ein Widerspruch, den die Repor-
terin folgendermaßen kommentierte:»Ein ganzes Volk, das sich vor
der Verantwortung drückt, ist kein erbaulicher Anblick.«[4]

Genauso erging es ihrer Kollegin Margaret Bourke-White:»Ein
amerikanischer Major gab unserer Verwirrung über das allgemeine
Verleugnen jeder Verbindung mit dem Nazismus Ausdruck, als er
meinte:›Die Deutschen tun, als seien die Nazis eine fremde Rasse
von Eskimos, die vom Nordpol gekommen und irgendwie in
Deutschland eingedrungen sind.‹«[5] Weniger überrascht denn
wütend reagierte Lee Miller, die für das Modemagazin *Vogue* bei der
Army akkreditiert war.»Erstaunlich fand ich die Dreistigkeit der
Deutschen«, schrieb sie:»Wie wollen sie sich von allem, was war,
distanzieren? Welche Verdrängungsleistung in ihren schlecht belüf-
teten Hirnwindungen bringt sie zu der Vorstellung, sie seien ein
befreites Volk und kein besiegtes?«[6] Dieser Irrglaube hielt sich über
die ersten Tage der Besatzung hinaus. Als der britische Schriftsteller
Stephen Spender im Juli 1945 eine Erkundungsreise durch Deutschland unternahm, erzählte ihm in Bonn ein Student, dass er kurz vor
Kriegsende an der Universität eine antinazistische Gruppe gegrün-

det habe. Irritiert hielt der Poet fest: »Von den Nazis sprach er wie von einer mythischen Rasse, die völlig vom Antlitz der Erde verschwunden war.«[7]

Lee Millers Beobachtung traf es indes genau: Beim im Frühjahr 1945 allgegenwärtigen »Verschwinden« des Nationalsozialismus handelte es sich um Verdrängung. Die weitaus meisten Deutschen wollten instinktiv, dass die zwölf braunen Jahre wirkten, als seien sie aus der Zeit gefallen. Obwohl alle erwachsenen Deutschen der Nachkriegszeit das NS-Regime miterlebt und sehr viele daran aktiv mitgewirkt hatten, schien es schlagartig fern. Psychologisch war das nur zu erklärlich angesichts der Verbrechen, die in deutschem Namen und meistens von Deutschen verübt worden waren: Es handelte sich um einen Schutzmechanismus. Zugleich verdeckte diese Tabuisierung, dass der Nationalsozialismus eine sehr breite und aktive Volksbewegung gewesen war. Man richtete sich lieber ein in der Vorstellung, selbst ein Opfer Hitlers und seines Krieges zu sein.

Dieses Buch behandelt die Funktion der NSDAP während des Aufstiegs des Nationalsozialismus sowie im Dritten Reich. Ohne seine Bewegung hätte Hitler weder die Macht errungen noch hätte sich seine Herrschaft bis in den April 1945 hinein aufrechterhalten lassen. Doch Organisationen führen kein Eigenleben, sondern sind die Summe ihrer Mitglieder. »Wer heute den Sieg des Nationalsozialismus in seinen tiefsten Gründen kennenlernen will«, schrieb 1934 der Trierer SS-Mann Theodor Schieben, »wird nicht umhinkommen, die Frage aufzuwerfen: ›Was sind das für Menschen, die jahrelang fast blindlings nur auf das Wort eines fast unbekannten Menschen hörend und vertrauend, mit verbissenem Eifer für eine Idee stritten, im festen Glauben auf einen endlichen Erfolg?‹«[8] Was also brachte Deutsche dazu, Nationalsozialisten zu werden und bis weit in den Krieg zu bleiben?

Es gibt eine Reihe bekannter Erklärungen: die Niederlage im Ersten Weltkrieg, die Angst vor einem kommunistischen Umsturz und der demütigende Versailler Vertrag, die Verunsicherung durch die

extreme Inflation der Jahre 1922/23 und der wirtschaftliche Absturz
infolge der Weltwirtschaftskrise ab 1930, die Suche nach Schuldigen
für die als verzweifelt wahrgenommene eigene Lage, für die meist
Sozialdemokraten und natürlich Juden verantwortlich gemacht
wurden. All das ist zutreffend und erklärt doch nicht, warum Hunderttausende, bald Millionen Menschen die Hasspredigten von Hitler und vielen anderen NSDAP-Rednern ernst nahmen, ja ihnen
geradezu hörig wurden. »Es war für mich, als wenn ich das Evange-
lium hörte«, beschrieb der Berliner Fritz Junghanß seine erste
Begegnung mit dem Redner Joseph Goebbels. Er fand, dass die
Idee des Nationalsozialismus wie »das Licht in mein Leben« gekommen sei.[9]

In diesem Buch werden zum ersten Mal inhaltlich umfassend die
subjektiven Berichte ausgewertet, in denen fast 550 Männer und 36
Frauen Auskunft über ihren Weg in Hitlers Partei gaben, vor allem
solche, die schon vor ihrem Durchbruch bei den Reichstagswahlen
1930 mit der NSDAP sympathisierten. Der Soziologe Theodore Abel
von der Columbia University New York hatte 1934 ein Preisaus-
schreiben gestartet; prämiert werden sollte »die beste persönliche
Lebensgeschichte eines Anhängers der Hitler-Bewegung«. Insgesamt 400 Reichsmark deponierte Abel für 18 Preise zwischen 125
und zehn Reichsmark bei der Deutschen Bank. Die Teilnehmer sollten ihre familiäre Situation, Ausbildung und Gefühlslage beschreiben und wie sie zur NSDAP gestoßen waren. Als Grund gab er an:
»Der Zweck des Wettbewerbs ist die Sammlung von Material über
die Geschichte des Nationalsozialismus, sodass das amerikanische
Publikum sich aus realen, persönlichen Geschichten darüber informieren kann.«[10]

Damit stieß Abel, in Lodz geboren und 1923 in die USA ausge-
wandert, auf offene Ohren, denn viele Nationalsozialisten waren
sehr mitteilsam, sobald es um ihre Leistungen in der »Kampfzeit«
bis Ende 1932 ging. Verschiedene staatliche und NSDAP-Dienststel-
len unterstützten das Vorhaben, manche warben sogar in Rundschreiben für das Projekt.[11] Besonders stark setzten sich offenbar,

gemessen an den eingereichten Beiträgen, Parteifunktionäre in der Reichshauptstadt, in Ostpreußen und der Pfalz für Abels Vorhaben ein.[12] Ausdrücklich lobte der Berliner Otto Hinz die Initiative: Die Deutschen wünschten sich »nichts sehnlicher«, als dass im Ausland die Vorurteile über den Nationalsozialismus fallen gelassen würden. Daher begrüße er »aus vollem Herzen« den Plan, frühen Anhängern »Gelegenheit zu geben, die Gründe, die sie zum Eintritt in die NSDAP bewegten, zu schildern und ihre Eindrücke der Bewegung zu beschreiben«.[13]

In der gesetzten Frist von drei Monaten trafen 683 Berichte ein – weniger als Abel erhofft hatte, was aber eine Folge seiner begrenzten Ressourcen war. Gestützt auf dieses Material veröffentlichte er 1938 zwar ein Buch mit dem Titel *Why Hitler Came into Power*, doch systematisch wertete er das Material nie aus. Sein Nachlass in der Hoover Institution in Stanford enthält noch 584 Berichte mit mehr als 3700 Seiten, rund 100 sind verschollen. Ihre Länge ist sehr unterschiedlich, von einer guten halben bis zu mehreren Dutzend Seiten.[14] Noch größer ist die inhaltliche Differenz: Die Mehrheit ist erkennbar stilisiert, wirkt manchmal formelhaft. Doch es gibt auch selbstkritische Berichte.[15] Ein zweiter Anlauf von Abel, auf dieselbe Weise zu einer auch statistisch relevanten Zahl aussagekräftiger Berichte zu kommen, erbrachte 1939 rund 3000 Beiträge, die aber verschollen sind.

Der deutsch-amerikanische Sozialwissenschaftler Peter H. Merkl stützte Anfang der 1970er-Jahre seine Studie *Political Violence Under the Swastika* auf Abels praktisch vergessene Sammlung. Einem Trend der Zeit folgend nutzte er komplizierte statistische Verfahren, um verallgemeinerbare Schlüsse zu ziehen.[16] Repräsentativ jedoch konnten seine Ergebnisse nicht sein, denn die Datengrundlage war einerseits zu schmal, andererseits zwar zufällig, aber eben auch willkürlich; es gab und gibt keine Möglichkeit, daraus gewonnene Werte seriös auf die Gesamtmitgliedschaft der NSDAP hochzurechnen.[17]

Erst in den vergangenen Jahren griffen Historiker vereinzelt auf die Sammlung zurück, um Einzelaspekte der NS-Geschichte zu

beleuchten. Thomas Rohkrämer etwa interessierte, »was die Aktivisten an der Bewegung faszinierte und welche Schlüsselerlebnisse
zu ihrem Engagement für den Nationalsozialismus führten«; Arndt
Weinrich untersuchte das Kriegserlebnis der jungen Generation;
Katja Kosubek edierte die 36 Berichte von »alten Kämpferinnen«
der NSDAP.[18] Doch abseits weniger Spezialstudien harrte der um-
fangreichste und schon deshalb wichtige Bestand von Selbstdarstellungen überzeugter Nationalsozialisten bis jetzt einer Auswertung.
Immerhin hat die Hoover Institution im Januar 2017 alle Berichte
online gestellt.[19]

Zusammen mit anderen, verstreut überlieferten Schilderungen
von »kleinen« Parteimitgliedern, teilweise aus Entnazifizierungsverfahren, bildet die Abel-Sammlung eine Säule dieses Buches. Man
muss diese Selbstdarstellungen freilich quellenkritisch betrachten.
Verfasst wurden sie im Sommer 1934; die Texte reflektieren die
Propaganda der »Kampfzeit«. Deutlich wird das an der Schilderung
der politischen Gewalt: Schuld an Ausschreitungen trugen angeblich meistens die Kommunisten, oft aber auch das Reichsbanner
Schwarz-Rot-Gold, eine SPD-nahe Organisation, deren Mitglieder
von Nationalsozialisten bis hinauf zu Joseph Goebbels gern als
»Reichsbananen« oder »Bananenjünglinge« geschmäht wurden.[20]
Natürlich schilderten sich die Nationalsozialisten selbst als unschul-
dig: »Es gab wüste Schlägereien und Saalschlachten, in denen immer
wir die Angegriffenen waren.«[21] Unbedachte Formulierungen lassen
die realen Verhältnisse erkennen, die sich durch Polizeiakten der
1920er- und frühen 1930er-Jahre, die zweite Säule dieses Buches,
rekonstruieren lassen: In sehr vielen Fällen provozierten die Hitler-
Anhänger. Der Berliner Armin Franz berichtete freimütig, dass
seine Kameraden und er 1927/28 bei informellen Treffen auf dem
Potsdamer Platz gern den »Boshaften und Überschlauen«, die Hitler und Goebbels zu kritisieren wagten, »eins aufs Maul« gaben.[22]
Der Ulmer Parteikassierer Wilhelm Protz schrieb: »Der Gegner
wurde gezwungen, sich zu stellen.«[23] Der Ostpreuße Wilhelm
Bischof rühmte sich, dass seine Freunde und er Veranstaltungen der

SPD »sprengten«.[24] Emil Setny schilderte, wie man allabendlich
»geschmückt mit dem Hakenkreuz« am Berliner Bahnhof Zoo saß,
um »uns mit den dort bummelnden Juden und Judenknechten zu
reiben«. Dabei benutzten sie »die vor uns stehende, schnell geleerte
Bouillontasse, die unheimlich dick und stabil gebaut war und, richtig angefasst, im Meinungskampf gute Dienste« leistete.[25]
    Eine dritte Säule sind erhaltene Akten der NSDAP sowie darauf
beruhende Lokalstudien. Da trotz der Bombardements deutscher
Städte und Vernichtungsaktionen in den letzten Kriegswochen 1945
unüberschaubar viel Originalmaterial erhalten ist, konzentriert sich
dieses Buch exemplarisch auf sechs regionale Schwerpunkte: München als Geburtsort der NSDAP und Berlin als wichtigstes Schlachtfeld; das Ruhrgebiet, speziell die gut dokumentierte Doppelstadt
Gelsenkirchen-Buer, als industriell geprägte Region; Stuttgart und
sein württembergisches Umland als zugleich entwickeltes wie länd-
liches Gebiet; sowie Ostpreußen als Provinz. Hinzu kommt Wien,
denn hier entwickelte sich eine spezifische Form des Nationalsozialismus teilweise in Verbindung mit, teilweise in deutlicher Abgrenzung von der Person Hitler.
    Die vierte Säule des Buches bilden schließlich jene Quellen, die
auch bisher schon vielen Studien über den Nationalsozialismus
zugrunde liegen: Hitlers Reden und sonstige Äußerungen, die Tagebücher des Propagandachefs und Berliner Gauleiters Joseph Goebbels, der *Völkische Beobachter* und bis 1933 die unabhängigen
Zeitungen, dazu Depeschen und Erinnerungen ausländischer Diplomaten und Journalisten, die *Deutschland-Berichte* der Exil-SPD
aus der Zeit 1934 bis 1940 und für den Zweiten Weltkrieg die *Meldungen aus dem Reich* des SS-Inlandsnachrichtendienstes SD.
    Eine allgemeine Geschichte der Hitler-Partei gibt es bisher nicht –
obwohl kein Zeitabschnitt der Menschheitsgeschichte intensiver
erforscht worden ist als die zwölf braunen Jahre. Natürlich kommt
die NSDAP in allen der fast hundert seriösen Hitler-Biografien vor,
die seit den 1930er-Jahren veröffentlicht wurden, aber nirgends wird
ihre Bedeutung angemessen behandelt. Verschiedentlich interes-

sante Einsichten finden sich in vielen Darstellungen zur Geschichte des Dritten Reiches, zuletzt in Michael Grüttners nützlichem Band *Das Dritte Reich* im Rahmen des *Gebhardt – Handbuch der deutschen Geschichte* oder in Richard Evans 3000-Seiten-Werk *Das Dritte Reich*. Doch nicht einmal Bücher, die ausdrücklich das Wort »Nationalsozialismus« im Titel tragen, behandeln überwiegend die Partei, sondern stets die Geschichte Deutschlands zwischen 1933 und 1945, wenn auch mit einem Prolog zum Aufstieg der Hitler-Bewegung – zum Beispiel Hans-Ulrich Wehlers letztes großes Werk *Der Nationalsozialismus*, Michael Burleighs Gesamtdarstellung *Die Zeit des Nationalsozialismus* und Michael Wildts kurze *Geschichte des Nationalsozialismus*.

In deutscher Sprache hat bisher nur ein einziges Buch versucht, die NSDAP als zentrale Organisation der Zeitgeschichte zu beschreiben, verfasst von Kurt Pätzold und Manfred Weißbecker. Die beiden DDR-Historiker folgten orthodox-marxistischen Geschichtsbildern; ihr Werk ist, wiewohl nach dem ersten Erscheinen 1981 gleichzeitig in Ost-Berlin und Köln fünfmal und teilweise deutlich erweitert wiederaufgelegt, deshalb praktisch nutzlos. Fündig wird hier nur, wer sich über die SED-Sicht auf den unscharf »Faschismus« genannten Nationalsozialismus informieren will. Vor allem das ideologisch begründete Missverständnis der Autoren, die NSDAP als »wählerstärkste Partei des Kapitals« zu sehen, verhindert Erkenntnisse.[26] Denn wer die Hitler-Bewegung nicht von deren Mitgliedern her betrachtet, kann ihre Rolle nicht verstehen.

Viel besser ist die Lage auch in der Weltwissenschaftssprache Englisch nicht. 1969 und 1973 erschien eine zweibändige *History of the Nazi Party* von Dietrich Orlow, einem US-Historiker mit Wurzeln in Hamburg; sie wurde jedoch niemals übersetzt und erlebte keine Nachauflagen. Auch die stark sozialhistorisch angelegte Arbeit *The Nazi Party* von Michael Kater, erstmals erschienen 1983, fand in Deutschland kaum Beachtung.

Natürlich gibt es eine schier unübersehbare Fülle von Spezialstudien zur NSDAP. Darunter sind zahlreiche Qualifikationsarbeiten, häufig regional oder sogar lokal beschränkt. Sie arbeiten, genauso wie Ausstellungskataloge und Sammelbände zu Jahrestagen, Einzelaspekte oft gut auf, quellengesättigt und analytisch. Pars pro toto kann man Carl-Wilhelm Reibels Dissertation *Das Fundament der Diktatur* über die NSDAP-Ortsgruppen nennen oder Christian Rohrers Arbeit über die *Nationalsozialistische Macht in Ostpreußen*. Jedoch eröffnet keine dieser Studien die Chance, einen Gesamteindruck über das Phänomen NSDAP zu gewinnen.

Drei deutsche Historiker haben sich trotzdem hochverdient gemacht um die Untersuchung der Hitler-Partei – Peter Longerich, Jürgen W. Falter und Armin Nolzen. Longerich hat wesentlich mitgewirkt am Großprojekt des Instituts für Zeitgeschichte München, das aus verstreut in zahlreichen Archiven erhaltenen Kopien den Aktenbestand der Parteikanzlei der NSDAP rekonstruierte. Dazu verfasste er eine Arbeit über den Apparat unter Leitung erst von Rudolf Heß, ab 1941 von Martin Bormann – allerdings ist auch dies keine Gesamtgeschichte der NSDAP. Der Wahlforscher Falter, von Hause aus Politologe, hat mit hochkomplexen sozialwissenschaftlichen Methoden schon in den 1980er-Jahren den Mythos von der »Mittelstandspartei NSDAP« widerlegt und treibt seit seiner Emeritierung 2012 ein großes Unterfangen voran, bei dem erstmals die gewaltigen erhaltenen Bestände der Parteiregistratur im Bundesarchiv umfassend ausgewertet werden. Zudem eröffnet der 2016 von ihm herausgegebene Sammelband *Junge Kämpfer, alte Opportunisten* neue Perspektiven. Armin Nolzen schließlich, sicher der beste Kenner der NSDAP in der jüngeren Forscher-Generation, veröffentlicht einen bemerkenswerten Spezialaufsatz nach dem anderen, aber bisher keine Zusammenfassung seiner Ergebnisse.

Diese Lücke versucht das vorliegende Buch zu schließen. Wie schon bei meinen Bänden *Hitlers Berlin. Geschichte einer Hassliebe* (2005), *Berlin im Krieg. Eine Generation erinnert sich* (2011) und *»Mein Kampf«. Die Karriere eines deutschen Buches* (2015) beruht auch *Die NSDAP. Eine Partei und ihre Mitglieder* ganz auf den Quellen; theoretische Analysen und Forschungsdiskussionen spielen bewusst keine Rolle. Wichtige Erkenntnisse, beispielsweise aus Falters Projekt, sind gleichwohl eingeflossen und werden in Anmerkungen nachgewiesen.

Zwei Drittel dieses Buches behandeln die Zeit bis Januar 1933, also den Aufbau und den Aufstieg der NSDAP; nur ein Drittel beschäftigt sich mit den zwölf Jahren des Dritten Reiches. Das hat drei Gründe: Erstens stammen die Berichte der Abel-Sammlung aus dem Sommer 1934 und legen ihren Schwerpunkt ausdrücklich auf die »Kampfzeit«, wie die NSDAP die Jahre von 1919/20 bis zur Machtübernahme nannte. Zweitens ist für die Zeit ab 1933 keine saubere Trennung zwischen Partei- und Staatsapparat mehr möglich, war doch die NSDAP in Person von Rudolf Heß als Reichsminister ohne Geschäftsbereich auf Weisung Hitlers bei allen Gesetzesvorlagen zu beteiligen. Drittens schließlich konzentrierte sich die NSDAP ab 1933 bis weit in den Krieg hinein zunehmend auf die Durchdringung der Volksgemeinschaft und deren Überwachung; erst infolge der Luftangriffe auf deutsche Städte bekam sie mit der Kinderlandverschickung und bald darauf mit der Nothilfe für Ausgebombte wieder zusätzliche Aufgaben, die ausführlich dargestellt werden.

Dieses Buch kann gewiss nicht alle Fragen über die NSDAP beantworten. Wenn es jedoch ein besseres Verständnis für die Funktionsweisen einer populistischen, radikalen Bewegung fördert und verdeutlicht, dass vermeintlich einfache Lösungen für komplexe Probleme immer in die Irre führen, mitunter sogar in eine Katastrophe, dann erfüllt es seinen Zweck.

Berlin, Pfingsten 2017
Sven Felix Kellerhoff

# VOR HITLER

In Wirklichkeit kann der Zuschnitt der
neuen Partei […] gar nicht bescheiden und
kleineleutemäßig genug gedacht werden.
*Joachim Fest, Hitler-Biograf*[1]

## DREXLER UND DIE DAP

Wer an einem Vorhaben festhält, das wiederholt gescheitert ist, darf
als hartnäckig gelten; dahinter kann gleichermaßen Standhaftigkeit
stehen wie Starrsinn. Die rund zwei Dutzend Männer, die sich am
5. Januar 1919 in einem Münchner Wirtshaus versammelten, waren
dem beharrlichen Wunsch eines Kollegen gefolgt. Anton Drexler litt
seit August 1914 darunter, dass er wegen seiner kränklichen Kon-
stitution als Kriegsfreiwilliger abgelehnt worden war. Statt an der
Front zu kämpfen, arbeitete er als Werkzeugschlosser des örtlichen
Bahnausbesserungswerkes – ohne Zweifel wichtig, doch seiner Meinung nach nicht so ehrenvoll wie der Dienst im Heer. Seine Enttäuschung kompensierte Drexler durch politischen Ehrgeiz: Er wollte
eine nationale Alternative zur internationalistischen proletarischen
Bewegung zustande bringen, den Klassenkampf überwinden und
die Arbeiterschaft mit dem Bürgertum versöhnen. Dazu gründete
er Anfang 1919 eine eigene Partei; ihren Kern sollten seine Bekannten aus dem Bahnwerk bilden. Es war bereits sein dritter Anlauf,
politisch tätig zu werden.

Den ersten hatte Drexler knapp ein Jahr zuvor gestartet, am
7. März 1918. Beflügelt von der Hoffnung auf eine Offensive an der
Westfront hatte er den Freien Arbeiterausschuss für einen guten

Frieden gebildet, als oberbayerischen Ableger einer ähnlichen
Gruppe in Bremen. Sein Ziel war, den »Siegeswillen der Bayern,
besonders der Arbeiterschaft, zu stärken, die Zuversicht zum End-
sieg durch Vorträge und Versammlungen zu heben und die Hem-
mungen des Durchhaltens wie Kriegswucher […] zu bekämpfen«.[2]
Neben der Forderung nach einem »guten«, also die Lasten des Krieges lohnenden Frieden gehörte von Anfang an Judenhass zu Drexlers Botschaft. Denn »Wucher« empfand er als »typisch mosaisch«,
auch wenn die Kriegsgewinnler in München weit häufiger christlich
waren als jüdisch.

Der Erfolg seiner ersten Gründung war überschaubar: Der »Freie
Arbeiterausschuss« brachte es »in München zunächst auf kaum
40 Mann«. Für Drexler konnte das nur einen Grund haben: »Wieder ein Beweis des Misstrauens und der vergiftenden Wirkung der
Parteiliteratur und damit des unpolitischen Sinnes der Münchner
Arbeiterschaft.«[3] Seine Feindbilder pflegte er schon rund anderthalb Jahrzehnte – seit er als Berufsanfänger angeblich »durch mar-
xistisch-gewerkschaftlichen Terror brotlos« geworden war, dann
von einem »jüdischen Viehhändler« ausgenutzt wurde und sich
deshalb für einige Zeit seinen Lebensunterhalt durch nächtliches
Zitherspiel in Cafés verdienen musste: »Durch meine Erlebnisse war
ich radikaler Antisemit und Marxistengegner geworden.«[4]

Angesichts der geringen Resonanz dauerte es sieben Monate,
bis Drexlers Neugründung öffentlich tätig wurde. Im Wagnersaal,
einem Bierausschank in der Münchner Altstadt, fand am 2. Oktober
1918 die erste Veranstaltung des Arbeiterausschusses statt. Drexler
hatte den Vorsitzenden des Bremer Vorbildes als Gastredner gewonnen, mühte sich zuvor aber, in seiner Begrüßung möglichst viele der
Besucher anzusprechen: »Aus den politisch Obdachlosen, die zu
Hunderttausenden unter den Beamten, Kleinbürgern und Arbeitern aus Unzufriedenheit mit ihren alten Parteien entstanden sind,
soll ein neuer nationaler Bürgerbund (oder wie man es sonst nennen will) entstehen.«[5] Doch Drexler drang nicht durch, was sicher
auch an seinen begrenzten rhetorischen Fähigkeiten lag. Statt zu

begeisterter Zustimmung kam es zu heftigen Tumulten im Publikum; auch die Resonanz in der Münchner Presse war durchwach-
sen. Anton Drexlers erster Versuch, eine politische Organisation zu
gründen, war gescheitert.

Nach der Veranstaltung sprach ihn ein kriegsbeschädigter Mann
von knapp 30 Jahren an, der Sportjournalist Karl Harrer. Er gehörte
zu einem Bund extrem nationalistischer Münchner Bürger, der
sich selbst Thule-Gesellschaft nannte. Harrers Aufgabe war es,
»einen Arbeiter-Ring zu bilden«.[6] Er hatte die Versammlung im
Wagnersaal verfolgt und war »ganz meiner politischen Anschauung«, erinnerte sich Drexler: »Ich solle mich mit meinen Leuten des
Arbeiterausschusses zur Bildung eines Politischen Arbeiterzirkels
zusammensetzen, der die Aufgabe hat, Ursachen und Wirkungen
des Weltkrieges, der Revolution in Russland und Deutschland zu
untersuchen und Wege zu suchen, die aus diesem furchtbaren Zusammenbruch herausführen.«[7] Harrer und Drexler wurden sich
schnell einig, denn zu Juden wie zum »Marxismus« hatten sie ähnliche Auffassungen. So gründeten die beiden im November 1918
eine Gruppe, zu der man nur auf persönliche Einladung stoßen
konnte – Drexlers zweiter Anlauf, eine politische Organisation zu
schaffen.

Nach dem Vorbild der Thule-Gesellschaft sollte dieser Zirkel
hinter verschlossenen Türen tagen; Vorsitzender wurde Harrer,
der das notwendige Geld beschaffte, Drexler sein Stellvertreter. Ab
Anfang Dezember 1918 gab es wöchentlich einen Vortrag des Vorsitzenden, stets in Hinterzimmern einfacher Gasthäuser. Das Publikum war äußerst begrenzt: Mehr als drei bis sechs Zuhörer fanden
sich den Protokollen zufolge nie ein. Themen waren unter anderem die »Zeitung als Mittel der Politik« oder »Wer ist der Schuldige
am Weltkrieg?« sowie »Deutschlands größter Feind – der Jude«.[8]
Doch Harrer war rhetorisch noch weniger talentiert als Drexler
und las seine Ausführungen meist ab.[9] Auch der zweite politische
Vorstoß des ehrgeizigen Werkzeugschlossers stand vor dem Scheitern.

»Eine Woche vor dem Weihnachtsfest 1918 erklärte ich bei einer Zirkelsitzung, dass es keinen Wert mehr hätte, in solch einem kleinen Kreis über die Rettung Deutschlands Beratungen anzustellen«, erinnerte sich Drexler. »Wir bräuchten eine neue Partei, und zwar eine Deutsche Sozialistische Arbeiterpartei, die judenrein ist.«[10] Für ihn klang der Begriff »Sozialismus« positiv; an der Heimatfront hatte er die Überzeugung gewonnen: »Die einen sollen nicht im Überfluss schwelgen, während die anderen darben.«[11] Doch damit konnte er Harrer und dessen Hintermänner von der Thule-Gesellschaft nicht gewinnen. Deren fast ausnahmslos bürgerliche, teilweise ausgesprochen reiche Mitglieder lehnten jede Form von »Sozialismus« vehement ab – hielten sie doch ihre Treffen im eleganten Hotel Vier Jahreszeiten an Münchens Maximilianstraße ab. Harrer wandte sich gegen den von Drexler vorgeschlagenen Namen und bestand darauf, dass die neue Gruppe Deutsche Arbeiterpartei heißen sollte. Da nur von der Thule-Gesellschaft die nötigen Mittel kommen konnten, hatte Drexler keine Wahl.

Immerhin konnte er, der sich gleich zum Chef der einzigen Ortsgruppe bestimmen ließ, beim ersten Treffen handschriftlich verfasste »Richtlinien der Deutschen Arbeiterpartei« durchsetzen, denen zufolge ein Hauptziel der Gruppe war, »gelernte und ansässige Arbeiter« aus dem Proletariat zu befreien und auf eine Ebene mit Bürgern zu stellen. Zugleich attackierte er das »Großkapital« und forderte eine »Sozialisierung«.[12] Angesichts solcher Formulierungen war es wenig erstaunlich, dass diese »Richtlinien« niemals gedruckt wurden – denn dafür hätte Drexler Geld von der Thule-Gesellschaft gebraucht. Vermutlich auch kein Zufall war, dass wenige Tage später eine Zusammenkunft im Hotel Vier Jahreszeiten folgte, bei der aus rechtlichen Gründen ein Deutscher Arbeiterverein als formaler Träger der DAP gegründet wurde. Erster Vorsitzender wurde auch hier Harrer, sein Stellvertreter Drexler. Diese Zurücksetzung störte den Bahnschlosser nicht, denn er hatte am 5. Januar 1919 beschließen lassen: »Der Ausschuss der Ortsgruppe München hat bis zu anderer Regelung durch einen Parteitag außer der Führung der Geschäfte der Ortsgruppe München auch die Führung der Gesamtpartei.«[13]

An der konkreten Tätigkeit Drexlers änderte sich wenig nach dem dritten, auf bescheidenem Niveau gelungenen Versuch, eine eigene Organisation zu bilden. Er arbeitete weiterhin bei der Zentralwerkstatt der Bahn in der Werkzeugausgabe; die Funktion als DAP-Ortsgruppenchef kostete ihn nur wenig Zeit, denn in den ersten Monaten des Jahres 1919 gab es keine öffentlichen Veranstaltungen und nur wenige Mitgliedertreffen. Parallel bestand der zuvor begründete Arbeiterzirkel weiter; auf den Teilnehmerlisten tauchte nur ungefähr ein Dutzend verschiedener Namen auf, wobei nie mehr als sechs Personen gleichzeitig anwesend waren. Angesichts dessen war das Selbstbewusstsein der winzigen Gruppe bemerkenswert, das sich in der ersten und einzigen Satzung vom 24. März 1919 ausdrückte:»Der politische Arbeiterzirkel ist eine Vereinigung ausgewählter Persönlichkeiten zwecks Besprechung und Studium politischer Angelegenheiten.«[14]

## RÄTEHERRSCHAFT IN MÜNCHEN

Zwei Wochen später begann die kurze Herrschaft der kommunistischen Räterepublik über München. Sie unterbrach die Aktivität der DAP und des Arbeiterzirkels. Auf einmal ähnelte das Straßenbild den bewegten Wochen der Revolution zwischen November 1918 und Januar 1919. Bewaffnete Milizen fahndeten nach vermeintlichen oder echten Gegnern. Gehamsterte Lebensmittel wurden beschlagnahmt; sie sollten an Bedürftige verteilt werden, doch meist bedienten sich die selbst ernannten Rotarmisten. Streiks gegen alles Mögliche brachten die Wirtschaft und das öffentliche Leben zum Erliegen. Zeitungen wurden zensiert oder verboten, Milizionäre öffneten gewaltsam Banksafes.[15] Der Universitätsdozent Victor Klemperer, nebenbei freier Journalist, beschrieb es sarkastisch:»Eines muss man der neuen Regierung bewundernd zugestehen – sie gibt

der Stadt ein überaus kriegerisches Gepräge. Sie versteht es, die
Bevölkerung zu beeindrucken.«[16]

Die kaum 2000 aktiven Anhänger der Räterepublik konnten den
Alltag der mehr als eine halbe Million Münchner zwar lahmlegen,
die Stadt aber nie wirklich unter Kontrolle bringen. Bald tauchten in
ärmeren Vierteln Plakate auf, denen zufolge die Bewohner leerste-
hende Wohnungen in besseren Stadtteilen besetzen und Nahrung
bei »Reichen« requirieren sollten, doch die wohlhabenderen Bürger
verbarrikadierten sich – zu ausgedehnten Plünderungen kam es
nicht. Bayerns nach Bamberg geflüchteter Ministerpräsident Johannes Hoffmann übertrieb, als er per Proklamation zur Befreiung der
Hauptstadt aufrief: »Bayern! Landsleute! In München rast der russische Terror, entfesselt von landfremden Elementen. Diese Schmach
Bayerns darf kein Tag, keine Stunde weiterbestehen. Hierzu müssen
alle Bayern helfen, ohne Unterschied der Partei!«[17] In Wirklichkeit
hatte von den Revolutionsgarden nicht allzu viel zu befürchten, wer
nicht auffiel: »München nimmt sein tragikomisches Schicksal passiv hin, auch das scheinbar herrschende Proletariat ist ganz passiv«,
fand Klemperer und fügte hinzu: »Das eigentliche München sieht
dem Revolutionsspiel fremder närrischer Gesellen zu.«[18]

Von Berlin aus betrachtet handelte es sich jedoch um einen »Kar-
neval des Wahnsinns«, wie der für das Militär zuständige SPD-
Minister Gustav Noske bemerkte.[19] Er ließ Truppen anrücken, um in
München Ruhe und Ordnung wiederherzustellen. Zuerst kamen
württembergische Regimenter in Oberbayern an, die den kürzesten
Weg hatten, dann preußische Soldaten. Reguläre bayerische Einheiten waren kaum beteiligt, wohl aber einheimische Freikorps, beste-
hend überwiegend aus demobilisierten Heeresangehörigen. Ende
April 1919 errichteten einige Hundert kommunistische Milizionäre
Barrikaden in der Innenstadt. Sie hatten keine Chance – in Schwabing, dem vormaligen Hauptquartier der Räterepublik, begrüßte die
Bevölkerung die anrückenden Württemberger und Preußen sogar
mit Geschenken und Blumen. Am 1. und 2. Mai kam es zu Straßen-
kämpfen, denen mehr als zweihundert Revolutionäre sowie min-

destens ebenso viele Zivilisten zum Opfer fielen. Noch mehr starben in den folgenden Tagen, als die Sieger Rache übten, besonders die Männer der Freikorps. Nach dem Ende der Kämpfe sorgten bayerische Offiziere für Ordnung in München, denn es hatte sich eine unerwartete Konfrontation ergeben: »Wegen des Einschreitens preußischer Truppen macht sich schon wieder eine ganz bedenkliche Preußenhetze bemerkbar«, berichtete der württembergische Gesandte in München, Carl Moser von Filseck, nach Stuttgart.[20] Der Grund dafür war die Scham vieler Münchner, die Herrschaft der Rätekommunisten nicht selbst abgeschüttelt zu haben. Schlimmer noch: Die von der SPD dominierte Regierung in Berlin hatte die Truppen in Marsch gesetzt. Also Politiker, die für die Novemberrevolution verantwortlich waren, die in München als »jüdisch« galt – auch wenn ihre wesentlichen Akteure Friedrich Ebert, Philipp Scheidemann, Gustav Noske oder Matthias Erzberger gerade keine Juden waren. Das verstärkte einerseits bei vielen Bürgern, aber auch konservativ gesinnten Arbeitern und Handwerkern in München die ohnehin vorhandene Abneigung gegen Preußen. Andererseits erwuchs daraus das Gefühl, selbst für das nationale Deutschland zu stehen, im Gegensatz zum angeblichen »Internationalismus« der vermeintlich »jüdischen Marxisten«.

## »IDEALISMUS STATT MATERIALISMUS«

Unmittelbar nach dem Ende des linksradikalen Zwischenspiels hielt Anton Drexler am 3. Mai 1919 wieder eine geschlossene Versammlung der DAP ab. Doch über den äußerst überschaubaren Kreis ihrer Anhänger hinaus erzielte sie auch jetzt, nach der Erfahrung des Bürgerkriegs, keine nennenswerte Wirkung. Auch der Politische Arbeiterzirkel kam erneut zusammen. Ungefähr zu dieser Zeit formulierte Drexler »Grundsätze« für seine Partei, die jedoch vage ausfielen: »Die DAP erstrebt eine ideale Weltordnung, Idealismus statt Materialismus. Dazu genügt nicht nur ein Personenwechsel

unter den Machthabern. Die Voraussetzung ist vielmehr das möglichst ausnahmslose Vorhandensein von ideal gesinnten und ideal
tätigen Staatsangehörigen.« Daher sei es die Aufgabe der neuen Partei, ihre Mitglieder »in idealem Sinne zu erziehen und sie zu einer
höheren Weltauffassung emporzuheben«.[21]

Konkreter wurde es in Drexlers Broschüre *Mein politisches Erwachen*. Sie erschien im Sommer 1919 im Deutschen Volksverlag, der
eigens für die Herausgabe vornehmlich antisemitischer Schriften
gegründet worden war. Vorgeblich eine Zusammenstellung von
»Tagebuchblättern«, handelte es sich bei dem 40-seitigen Heft um
eine Montage von Auszügen aus Drexlers wenigen Reden, Artikeln
und öffentlichen Telegrammen in einem autobiografischen Rahmen. Sich selbst stellte der Autor als leidenden Vorkämpfer einer
neuen Politik dar: »Nur unter schweren inneren Kämpfen bin ich
meinem National-Sozialismus treu geblieben, wofür ich jetzt dem
Schicksal dankbar bin. Die Stürme zu schildern, die mich auf meiner einsamen Insel im Arbeitermeer umbrandeten, die Erfahrungen, die ich in politischen Dingen machen konnte, der Arbeiterschaft und jedem Schaffenden zu übermitteln, ist der Zweck dieser
Schrift.« Nachdem sich durch den Versailler Vertrag im Juni 1919
sämtliche Hoffnungen auf einen »guten Frieden« zerschlagen hatten, trat Drexler umso stärker für seine beiden anderen Ziele ein:
»Nur durch vollständige Entjudung der sozialistischen wie auch der
anderen Parteien, nur dadurch, dass Bürger und Arbeiter zueinan-
der und miteinander gehen, wird es möglich sein, sich des zersetzenden jüdischen Einflusses […] zu erwehren.«[22]

Seine Schrift nutzte Drexler, um bei völkisch-antisemitisch
gesinnten Honoratioren in München zu antichambrieren. So lernte
er auch im Sommer 1919 den deutschbaltischen Emigranten Alfred
Rosenberg und den Schriftsteller Dietrich Eckart kennen, die beide
der Thule-Gesellschaft nahestanden. Anderthalb Jahrzehnte später
erinnerte sich Rosenberg: »Um diese Zeit kam ein uns bis dahin
gänzlich unbekannter Mann zu uns, der sich als Anton Drexler vorstellte. Er brachte eine kleine Broschüre mit, die er geschrieben

hatte, betitelt *Mein politisches Erwachen*, und erzählte uns, dass in einem anderen Stadtteil von München sich ebenfalls eine antisemitische Gruppe gebildet hätte, die sich Deutsche Arbeiterpartei nannte.«[23] Eckart, der eine Wochenzeitschrift mit dem Titel *Auf gut deutsch* herausgab, zeigte sich angetan: Drexlers »Ideen leuchteten mir ohne Weiteres ein«, sagte er später aus, »und ich beschloss, der jungen Bewegung nach Kräften zu dienen«.[24] Das war ein wichtiger Erfolg; Drexler zeigte sich freudig erregt, den in völkischen Kreisen Münchens bekannten Publizisten gewonnen zu haben: »Die DAP gedeiht zu unserer Freude und kann Ihnen mitteilen, dass heute für die Partei ein großer Tag ist. Dietrich Eckart, der inzwischen Mitglied geworden ist, hält einen Vortrag.«[25] Es erschienen am 14. August 1919 immerhin 38 Zuhörer, doppelt so viele wie zu den meisten Treffen bisher. Doch ein Durchbruch war auch das nicht.

## VÖLKISCHER ANTISEMITISMUS

Damit stand die DAP nicht allein. Drexlers Gründung war nur eine von mehreren Dutzend Grüppchen im nationalistisch-völkischen Spektrum, die seit Kriegsende in München entstanden waren. Manche gaben sich betont seriöse Namen, etwa Dietrich Eckarts Deutsche Bürgervereinigung, deren Devise lautete: »Wie jeder nur Bürger sein kann, der arbeitet, so ist jeder Arbeiter ein Bürger.«[26] Andere Gruppen wählten aggressive Selbstbezeichnungen, so die Eiserne Faust um den Hauptmann Ernst Röhm. Auch dieser informelle Offiziersbund wollte die Arbeiterschaft vom »internationalistischen Marxismus« lösen und wieder der »deutschen Volksgemeinschaft« zuführen.[27]

In vielen der kleinen Organisationen hatten dieselben Köpfe das Sagen, die Themen ihrer Veranstaltungen ließen sich kaum unterscheiden: Oft ging es um die »Schmach von Versailles«, genauso wichtig waren zwei Feindbilder, die miteinander verschmolzen: der »Marxismus«, oft auch in Anlehnung an die Kommunisten in Russ-

land »Bolschewismus« genannt, und »die Juden«. In Versammlungen, Flugblättern und Broschüren wurden sie gleichzeitig verantwortlich gemacht für die Niederlage Deutschlands, weil sie die
Siegermächte lenkten, wie für die innere Schwäche des Kaiserreichs,
weil sie einerseits als »Kapitalisten« und »Kriegsgewinnler« die
Wirtschaft ausgebeutet, andererseits die deutschen Arbeiter mittels
»marxistischer« Parteien in die Irre geführt hätten. So verbreitete
sich in den Monaten nach der Niederschlagung der Räteherrschaft
die Vorstellung, »der Jude« sei der ultimative Gegner jedes »nationalen Deutschen«.

Antisemitismus, in Bayern wie in ganz Deutschland seit dem letzten Viertel des 19. Jahrhunderts stets präsent, wurde nun massen-
tauglich. Besonders effizient nutzte dieses Thema der Deutschvölkische Schutz- und Trutzbund, eine im Frühjahr 1919 ausdrücklich
als antisemitischer Massenverband gegründete Tochterorganisation
des bürgerlichen Alldeutschen Verbandes. Mit Anzeigen in konservativen Blättern warb die Reichsgeschäftsstelle um Anhänger in
Oberbayern. So lag dem *Münchner Beobachter*, einem völkischen
Wochenblatt, Ende Juni 1919 das Flugblatt »Wir glauben und bekennen!« des DvSTB bei, das unmissverständlich feststellte: »Wir
haben alle nur einen Feind – Juda.«[28] Seine Ziele formulierte der
Bund in einem weiteren Flugblatt, das ungefähr zur selben Zeit in
Zehntausenden Exemplaren verbreitet wurde: »Der Deutschvölkische Schutz- und Trutzbund macht es sich zur Aufgabe, über Wesen
und Umfang der jüdischen Gefahr aufzuklären und sie unter Benüt-
zung aller politischen, staatsbürgerlichen und wirtschaftlichen Mittel zu bekämpfen.«[29]

In einer ebenfalls Mitte 1919 verteilten Flugschrift bekannten führende Mitglieder des Bundes scheinheilig: »Wir wollen keine Judenhetze!«, um dann fortzufahren: »Aber wir wollen wissen, warum
alles in Deutschland kritisch besprochen werden darf, nur nicht das
Judentum, warum eine Schicht von Staatsbürgern weit mehr Einfluss besitzen soll, als ihrer Kopfzahl, ihren Leistungen und Fähigkeiten entspricht. Und wir wollen wissen, welchen Anteil die Juden

am Niedergang des Deutschtums haben.«[30] Zeitgleich ließ der DvSTB ein hetzerisches Flugblatt mit dem Titel »Die Hintermänner« kursieren:»22 Fürsten sind vertrieben, dafür haben wir tausend jüdische Tyrannen erhalten, die ungezählte Scharen ihrer Rasse- und Blutsgenossen aus Russland in unser Reich haben einströmen lassen, Horden neuer Wucherer, Blutsauger und Blutsäufer; und die mit diesen Verbrechern zusammen nur auf den Augenblick warten, um sich ganz als das zu zeigen, was sie sind: als die rücksichtslosesten, gemeinsten, gierigsten Ausbeuter deutschen Landes, deutscher Männer, deutscher Frauen und Kinder.«[31]

Der Schutz- und Trutzbund versuchte, ein Massenpublikum anzusprechen. Ausdrücklich an SPD-Anhänger richtete sich das Flugblatt »Arbeiter! Schüttelt das Judenjoch ab!«. Unter schaffenden Menschen finde man keine Juden, behauptete der nicht genannte Autor:»Oder doch? Ja. Man findet sie an leitender Stelle Deiner Partei, nicht, um für Dein Bestes, Dein und Deiner Familie Wohl zu sorgen, sondern um Dich aufzuhetzen gegen Deine eigenen Brüder.« Daher müssten »die Juden« aus der SPD ausgestoßen werden. In vermutlich bewusster Umformulierung klassenkämpferischer Argumente hieß es:»Wenn der Jude Dich nicht mehr bedrückt, wenn der Jude Dich nicht mehr belügt, wenn der Jude aus Deiner Arbeit nicht mehr Geld machen, von Deinem Schweiß sich nicht mehr mästen kann – dann, aber auch nur dann wirst Du ein freier Arbeiter!« Abschließend setzte das Flugblatt noch eins drauf:»Dem Juden bist und bleibst Du Ausbeutungsobjekt. Wenn Du Dich von ihm nicht lossagst, bist und bleibst Du Sklave. Ein Sklave in goldenen Fesseln: Dir gehören die Fesseln, ihnen das Gold. Arbeiter, deutscher Arbeiter – wache auf!«[32]

Zwar blieb die Resonanz bei Münchner Sozialdemokraten überschaubar, doch in anderen Schichten gelangen dem DvSTB bemerkenswerte Erfolge. Zuerst bei den fast ausnahmslos bürgerlichen Studenten: Noch im Sommersemester 1919 bildete sich eine Ortsgruppe an der Universität, die sich in den Räumen der Thule-Gesellschaft traf. Binnen weniger Monate gehörten ihr mehr als

900 angehende Akademiker an – jeder neunte an der Ludwig-Maximilians-Universität immatrikulierte Student. Ab Anfang August 1919 lud der Bund dann zu öffentlichen Veranstaltungen in München ein; Hauptredner auf der ersten Versammlung war Dietrich Eckart.

Die Gründung einer allgemeinen Ortsgruppe war dann nur noch eine Formsache; sie folgte im September und nutzte als Symbol ein Hakenkreuz.[33] Bis Ende des Jahres zählte der Schutz- und Trutzbund in München schon mehr als anderthalbtausend Mitglieder. Sie waren aber nur ein Teil des Publikums, das im Herbst und Winter 1919 in völkische Veranstaltungen strömte. Neben kostenlos verteilten Flugblättern waren diese Versammlungen die wesentliche Methode, antisemitisch zu hetzen. Finanziert von großzügigen Gönnern, fanden die Treffen meist in Bierhallen statt. Eintritt wurde nur in Ausnahmefällen verlangt, die Redner stellte und honorierte der DvSTB. An deren Vorträge schloss sich üblicherweise eine »Aussprache« an, bei der Beiträge aus dem Publikum erwünscht waren. Immer wieder gab es auch Kritik an den Behauptungen der Redner, die manchmal diskutiert, öfter aber niedergebrüllt wurde.

Für die meisten Teilnehmer, fast ausschließlich Männer, handelte es sich um eine willkommene Gelegenheit, sich ihre nach der gesetzlichen Einführung des Achtstundentages Ende 1918 deutlich größere Freizeit zu vertreiben. Mangels anderer kostengünstiger Angebote war es attraktiv, sich bei einigen Bieren im Kreise von Gleichgesinnten die eigenen Vorurteile zu bestätigen. Aus welchen sozialen Schichten die Besucher der Münchner Veranstaltungen stammten, wurde nie ermittelt, doch wahrscheinlich dürfte es sich ähnlich verhalten haben wie bei fünf Ortsgruppen des DvSTB, über deren Mitglieder sich Angaben erhalten haben. Demnach stellten Beamte und Angestellte den größten Anteil mit zusammen gut der Hälfte, gefolgt von Kaufleuten und ihren Mitarbeitern, die man Handlungsgehilfen nannte, sowie Soldaten, die ein Zehntel ausmachten. Arbeiter waren die Ausnahme, ebenso Bauern, was aber an der Herkunft der Angaben aus Mittelstädten lag. Eine Universität

gab es in keiner der fünf Gemeinden, deren Zahlen verfügbar sind –
daher tauchten Studenten praktisch gar nicht auf, während sie in
München einen bedeutenden Anteil ausmachten. Das Durchschnittsalter der Trutzbund-Mitglieder lag bei knapp über 30 Jahren
und damit niedriger als bei der SPD. Die meisten Anhänger der
antisemitischen Organisation hatten zudem an der Front gekämpft.[34]

Schon bevor Adolf Hitler politische Ambitionen entwickelte,
waren völkisch-antisemitische Themen in München also allgegenwärtig: entschiedene Gegnerschaft zum »internationalen Marxismus« und das Bemühen um Teile der Arbeiterschaft als Massen-
basis; die Ablehnung der gerade erst eingeführten Demokratie, die
mit dem Feindbild der Reichsregierung in Berlin identifiziert
wurde; und natürlich der alles überwölbende Antisemitismus. Das
reaktionäre und nationalistische Spektrum reichte von arbeitslosen
ehemaligen Soldaten oder armen Handwerkern bis ins Großbürger-
tum und bildete neben dem konservativ-katholischen sowie dem
sozialdemokratisch-gewerkschaftlichen Milieu den dritten wichtigen Teil in Münchens politischer Landschaft. Innerhalb dieses Flügels aber spielte die Deutsche Arbeiterpartei keine nennenswerte
Rolle; sie war nur eine von zahlreichen ähnlichen Gruppierungen.

# DER REIZ DER RADIKALITÄT

# HITLER

Ohne Hitler wäre der Nationalsozialismus
aller Wahrscheinlichkeit nach eine ordinäre
autoritär-nationalistische Partei mit diffusen
Zielen geblieben, wie es sie vielerorts gab.

*Hans-Ulrich Wehler, Historiker* [1]

## ERSTE BEGEGNUNG MIT DER DAP

Gelegenheiten machen Geschichte, jedenfalls manchmal. Zum Beispiel am 12. September 1919. An diesem Freitag besuchte der 30-jährige Gefreite Adolf Hitler, Mitarbeiter der Propagandaabteilung des Gruppenkommandos der Reichswehr in Bayern, das Sterneckerbräu in der Münchner Innenstadt. Er sollte in Erfahrung bringen, »was es für eine Bewandtnis mit einem anscheinend politischen Verein habe, der unter dem Namen Deutsche Arbeiterpartei in den nächsten Tagen eine Versammlung abzuhalten beabsichtige«, schrieb Hitler fünf Jahre später in *Mein Kampf*: »Ich müsste hingehen und mir den Verband einmal ansehen und dann Bericht erstatten.« In einem hinteren Gastraum, dem »Leiberzimmer«, traf er »20 bis 25 Anwesende, hauptsächlich aus den unteren Schichten der Bevölkerung«.[2]

Als Redner trat der Bauingenieur Gottfried Feder auf, eine Größe in Münchens völkischen Kreisen. Wie üblich sprach er über sein Lieblingsthema, den »Mammonismus« und über das »Radikalmittel« zur »Beseitigung all der furchtbaren Schädigungen der werktätigen Arbeit«, die »Brechung der Zinsknechtschaft«.[3] Hitler kannte Feders Ansichten aus einem Ausbildungskurs im Sommer

1919, »sodass ich mich mehr der Betrachtung des Vereines selber widmen konnte«. Sein Eindruck »war weder gut noch schlecht; eine Neugründung, wie eben so viele andere auch«. Mitte 1919 habe sich jeder »berufen« gefühlt, eine eigene Partei zu gründen; entsprechend zahlreich schossen alle möglichen politischen Vereine aus dem Boden, »um nach einiger Zeit sang- und klanglos wieder zu verschwinden«. Ein Schicksal, das Hitler seiner Darstellung zufolge auch für die DAP erwartete.

Er wollte schon gehen, blieb dann aber noch zur üblichen Aussprache. »Allein auch hier schien alles bedeutungslos zu verlaufen, bis plötzlich ein ›Professor‹ zu Worte kam, der erst an der Richtigkeit der Federschen Gründe zweifelte, sich dann aber – nach einer sehr guten Erwiderung Feders – plötzlich auf den ›Boden der Tatsachen‹ stellte, nicht aber ohne der jungen Partei auf das Angelegentlichste zu empfehlen, als besonders wichtigen Programmpunkt den Kampf um die ›Lostrennung‹ Bayerns von Preußen aufzunehmen.« Laut *Mein Kampf* fühlte sich Hitler herausgefordert: »Da konnte ich denn nicht anders, als mich ebenfalls zum Wort zu melden und dem gelahrten Herrn meine Meinung über diesen Punkt zu sagen – mit dem Erfolge, dass der Herr Vorredner, noch ehe ich fertig war, wie ein begossener Pudel das Lokal verließ. Als ich sprach, hatte man mit erstaunten Gesichtern zugehört, und erst als ich mich anschickte, der Versammlung gute Nacht zu sagen und mich zu entfernen, kam mir noch ein Mann nachgesprungen, stellte sich vor (ich hatte den Namen gar nicht richtig verstanden) und drückte mir ein kleines Heftchen, ersichtlich eine politische Broschüre, in die Hand, mit der dringenden Bitte, diese doch ja zu lesen.«[4]

In dieser Form ging die Geschichte von Hitlers erstem Besuch bei der Deutschen Arbeiterpartei in die offizielle NS-Geschichtsschreibung ein.[5] Sogar erklärte Gegner folgten dieser Darstellung, zum Beispiel die Publizisten Rudolf Olden und Konrad Heiden.[6] Auch nach 1945 orientierten sich der größere Teil der zeithistorischen Forschung und die meisten Hitler-Biografen daran.[7] Doch mit der Wirklichkeit hatte die Schilderung, wie die meisten ver-

meintlich autobiografischen Passagen in *Mein Kampf,* wenig gemein.[8]
Vielleicht ging Hitler tatsächlich auf Weisung von Hauptmann Karl Mayr, seinem Vorgesetzten, zu der Versammlung im Sterneckerbräu – aber wenn, dann keinesfalls, um sich »diesen Verband einmal anzusehen und Bericht zu erstatten«. Denn der Hauptmann, bestens vernetzt in der völkischen Szene Münchens, verfügte über bessere Möglichkeiten, Informationen zur DAP einzuholen: Er hatte spätestens seit April 1919 Kontakte zur Thule-Gesellschaft und kannte sowohl Dietrich Eckart wie Gottfried Feder. Vor allem aber war Mayr persönlich eingeladen zur Versammlung am 12. September und hatte offenbar zugesagt, erschien aber nicht. Jedenfalls standen sein und noch weitere Namen auf der Rückseite der Anwesenheitsliste, mit dem Vermerk »fehlten«.[9] Es gab auch keinen Bericht von Hitler. Außerdem nahmen insgesamt acht Soldaten teil, die alle zum Aufklärungskommando gehörten. Das spricht gegen einen Ausspähungsauftrag: Wer würde einen Spitzel schon zusammen mit sieben Kameraden schicken? Insgesamt waren es auch nicht 20 bis 25 Zuhörer, sondern 38, die eigenhändig auf der Anwesenheitsliste unterschrieben hatten, und weitere drei, die Anton Drexler nachtrug.[10]
Den Verlauf der Veranstaltung schilderte Hitler ebenfalls falsch. Zwar gab es nach Feders Vortrag eine Aussprache – doch der *Völkische Beobachter,* wie der *Münchner Beobachter* seine kleine überregionale Ausgabe nannte, berichtete, dass es »kaum einen Misston« gegeben habe.[11] Eine verbale Konfrontation zwischen Hitler und einem »Professor« fand jedenfalls bei dieser DAP-Versammlung nicht statt, denn am 12. September 1919 nahm nur ein einziger Akademiker teil: ein Arzt, der auch später zu weiteren Versammlungen kam und daher kaum »wie ein begossener Pudel« vorzeitig das Veranstaltungslokal verlassen haben konnte. Dagegen trug sich bei einer Veranstaltung der DAP am 16. Oktober 1919 ein Lehrer einer Oberrealschule namens Adalbert Baumann mit der Berufsbezeichnung »Professor« in die Anwesenheitsliste ein – vermutlich war er

es, den Hitler angriff und vertrieb.[12] Vielleicht fiel dem DAP-Gründer Drexler das rhetorische Talent des Gefreiten aber schon bei der Veranstaltung im September auf; Drexler wird es wohl auch gewesen sein, der ihm seine Broschüre *Mein politisches Erwachen* in die Hand drückte.[13]

## DAS VERMEINTLICH »SIEBTE MITGLIED«

Wie genau es zum Parteieintritt Hitlers kam, ist unklar. Ein Aufnahmegesuch in seiner Handschrift, das knapp 60 Jahre später auftauchte, erwies sich als Fälschung.[14] Wenig glaubhaft klingt auch die Schilderung in *Mein Kampf*, der zufolge Hitler »noch keine Woche später zu meinem Erstaunen eine Postkarte erhielt«, dass er »in die Deutsche Arbeiterpartei aufgenommen wäre«. Er möge sich »dazu äußern und deshalb am nächsten Mittwoch zu einer Ausschusssitzung dieser Partei kommen«. Über diese Art, Mitglieder zu gewinnen, war er angeblich »mehr als erstaunt und wusste nicht, ob ich mich darüber ärgern oder ob ich dazu lachen sollte. Ich dachte ja gar nicht daran, zu einer fertigen Partei zu gehen, sondern wollte meine eigene gründen«. Dennoch brachte seine Neugierde ihn dazu, »am festgelegten Tage zu erscheinen, um meine Gründe mündlich auseinanderzusetzen«.[15] Wahrscheinlicher ist, dass Hitler eingeladen wurde, dem Politischen Arbeiterzirkel von Harrer und Drexler beizutreten. Offenbar fand am Mittwoch, dem 17. September 1919, eine Sitzung dieses Zirkels und nicht des Ausschusses der DAP statt; allerdings waren beide weitgehend identisch.[16]

Jedenfalls trat Hitler in der zweiten Septemberhälfte der Partei bei, die noch keine Listen führte. Später behauptete er stets, er sei das »siebte Mitglied« der DAP gewesen.[17] In Wirklichkeit hatte die Partei zu dieser Zeit wohl zwischen 50 und 60 Unterstützer.[18] Erst Monate später, nämlich Anfang 1920, begann die Partei eine Mitgliederkartei zu führen – alphabetisch und beginnend mit der Nummer 501, um die Partei größer erscheinen zu lassen. Hitler bekam den Ausweis mit der 555.[19] Tatsächlich das siebte Mitglied wurde er im DAP-Ausschuss, als »Werbeobmann« – eine Funktion, die in der Satzung nicht vorgesehen war. Deutschem Vereinsrecht entsprechend bestand der Vorstand aus Harrer als erstem und Drexler als zweitem Vorsitzenden sowie aus einem Schriftführer und einem Kassenwart mit je einem Stellvertreter.

Von der Arbeit dieses Gremiums hielt Hitler nicht viel: »Unser kleiner Ausschuss, der in Wirklichkeit mit seinen sieben Köpfen die ganze Partei repräsentierte, war nichts anderes als die Vorstandschaft eines kleinen Skatklubs«, karikierte er zehn Jahre später seine ersten Erfahrungen. »Die Tätigkeit des Ausschusses bestand darin, Briefe, die eingegangen waren, vorzulesen, die Antwort zu beraten und die Briefe, die vom Vorsitzenden entsprechend dieser Beratung abgeschickt wurden, wieder zur Kenntnis zu nehmen, also ebenfalls vorzulesen.« Unter dem Gelächter seiner Zuhörer fügte er hinzu: »Ich habe seit jener Zeit gegen Briefschreiben und Briefschreiber einen geradezu infernalischen Hass in mir aufgestapelt.«[20]

Trotzdem fühlte er sich dem Ausschuss verpflichtet; am 16. Oktober 1919 trat er erstmals offiziell auf, wie der *Münchner Beobachter* berichtete: »Herr Hitler von der DAP behandelte mit zündenden Worten die Notwendigkeit des Zusammenschlusses gegen den gemeinsamen Völkerfeind und begründete insbesondere die Unterstützung einer deutschen Presse, damit das Volk erfahre, was die Judenblätter verschweigen.«[21] Rasch erwies er sich als unterhaltsamster Redner der Drexler-Gruppe. In Polizeiberichten und Artikeln wurde seine Wortwahl als »drastisch« oder »krass« charakterisiert, die Besucher reagierten mit »tosendem« Beifall.[22] Ganz gleich, worüber Hitler sprach: Stets zeigte er sich ungebremst aggressiv.[23]

Fast jede Woche fanden Versammlungen der DAP statt, vor einer wachsenden Zahl von Zuhörern, die sich von Hitlers Kompromisslosigkeit angezogen fühlten.[24] Ende Oktober waren es rund 50, zwei Wochen später bereits sechsmal so viel. Der große Saal des Eberlbräukellers war »bis auf den letzten Platz« gefüllt, wie ein Informant des Münchner Polizeipräsidiums festhielt – obwohl ein Eintritt von

50 Pfennig zu bezahlen war, für einen Arbeiter ungefähr ein Stundenlohn. Die 300 Interessierten, überwiegend Studenten, Offiziere, Kaufleute und Soldaten, aber nur 20 bis 30 Arbeiter, fühlten sich anscheinend gut unterhalten. In »meisterhafter Weise« habe der Redner sich seinem Thema gewidmet und dafür »brausenden Beifall« erhalten, berichtete der Informant, der auch wusste, dass Hitler eine Karriere als »berufsmäßiger Werberedner« anstrebte.[25] *Mein Kampf* zufolge führte sein »Appell an die Opferwilligkeit der Anwesenden zur Spende von dreihundert Mark« – viel Geld für eine Partei, deren Kassenbestand damals selten über zehn Mark lag.[26]

## ERSTER MACHTKAMPF

Offenbar gönnte der DAP-Vorsitzende Karl Harrer dem Neumitglied diese Erfolge nicht. Zur nächsten Veranstaltung am 26. November 1919 waren vier Redner eingeladen, unter ihnen Gottfried Feder – nicht aber Hitler; er ergriff erst in der Aussprache »in seiner lebhaften Weise« das Wort. Harrers Beitrag beschränkte sich auf einen kurzen Bericht zu »Parteiangelegenheiten«, darunter die Mitteilung, dass Termin und Ort der Weihnachtsfeier noch nicht feststünden »wegen der Heizsperre der Säle«, und auf die Verlesung von vier Entschließungen.[27] Der erste Machtkampf in der DAP stand bevor.

Denn der Vorsitzende versuchte, einen Partner zu finden. Die Deutschnationale Volkspartei, gleichfalls völkisch und antisemitisch, aber weitgehend in Preußen und dort im Bürgertum verankert, versuchte sich als landesweite Sammlungsbewegung der radikalen Rechten zu etablieren. Sie verfügte in Bayern noch nicht über eine Organisation, also bot Harrer bei einem Besuch des DNVP-Geschäftsführers in München am 7. Dezember 1919 an, bei den nächsten Wahlen zum bayerischen Landtag auf eigene Kandidaten zu verzichten, wenn die DNVP dafür ein Mitglied der DAP auf ihre Wahlliste nehmen würde; es werde sich um einen Angestellten han-

deln.[28] Eine klassische Hinterzimmerabsprache, wie Hitler sie in seinen Reden stets harsch geißelte.

Ob er von Harrers Kontakt zur DNVP erfuhr, ist unklar; vielleicht
hatte er auch schon unabhängig davon entschieden, den Vorsitzenden der DAP zu stürzen. Jedenfalls arbeitete er mit Drexler eine
Geschäftsordnung für den Ausschuss der Münchner Ortsgruppe
aus, die »jede Form einer Bevormundung einer Über- oder Neben-
regierung, sei es als Zirkel, sei es als Loge, ein für alle Mal« aus-
schloss. Gemeint waren damit Harrers Politischer Arbeiterzirkel
und die im Geheimen, also »logenartig« tätige Thule-Gesellschaft.
Hitler brachte diese Geschäftsordnung im Dezember 1919 bei einer
Sitzung der Münchner Ortsgruppe der DAP ein, wo sie mit Unterstützung Drexlers beschlossen wurde. Da aber der einzigen Ortsgruppe zugleich »die Führung der Gesamtpartei« oblag, war Harrer
damit faktisch kaltgestellt.[29]

Wann genau dieser Machtkampf stattfand, ist nicht gesichert. Am
10. Dezember 1919 leitete Harrer noch eine Versammlung der DAP
mit Hitler als Hauptredner vor 300 Zuhörern.[30] Zwölf Tage später
schon fehlte Harrers Unterschrift auf dem Mietvertrag für das erste
Parteibüro im Hinterzimmer des Sterneckerbräus.[31] Sein formaler
Rücktritt als Vorsitzender folgte auf den Tag genau ein Jahr nach der
Gründung der DAP. Nach gut drei Monaten Mitgliedschaft bildete
Hitler mit Drexler die Doppelspitze der DAP.

Natürlich enthielt *Mein Kampf* auch hierüber eine unzutreffende
Schilderung. Angeblich sei es über den Termin einer ersten echten
Massenversammlung der DAP zum Streit gekommen: »Der damalige erste Vorsitzende der Partei, Herr Harrer, glaubte meinen
Ansichten in Bezug auf den gewählten Zeitpunkt nicht beipflichten
zu können und trat in der Folge als ehrlicher, aufrechter Mann von
der Führung der Bewegung zurück. An seine Stelle rückte Herr
Anton Drexler vor. Ich selber hatte mir die Organisation der Propaganda vorbehalten.«[32]

## EIN VÖLKISCHES VORBILD

Anfang Januar 1920 war Hitler noch nicht mehr als der beste Redner einer winzigen Gruppierung mit knapp 200 zahlenden Mitgliedern.[33] Das Potenzial für eine aggressive Rechtspartei in München war hingegen weit größer. Das zeigte sich am 7. Januar 1920: Der DVSTB hatte in den Kindlkeller geladen, den größten Bierausschank Münchens. Thema des Abends sollte »Die Judenfrage« sein, als Redner war ein wenig bekannter Funktionär des Schutz- und Trutzbundes aus Nürnberg namens Kurt Kerlen angekündigt. Dennoch strömten fast 7000 Besucher in den überfüllten Saal, und weitere Tausende versuchten erfolglos, ebenfalls eingelassen zu werden.[34] Ungeachtet dessen behauptete Hitler später: »Die größten ›bürgerlichen‹ Versammlungen zählten im Jahre 1919 und 1920 nur wenige Hundert Zuhörer.«[35]

Kerlen pfefferte seine Rede mit Begriffen wie »Stinkbande«, schimpfte auf die »Vaterlandsverräter« und forderte, den »jüdischen Saustall« aufzuräumen. Das Publikum reagierte mit frenetischem Beifall und Zwischenrufen wie »Am Marienplatz gehören sie alle aufgehängt!«. Als die Aussprache begann, meldeten sich neben Antisemiten wie Gottfried Feder und einem Redakteur des *Völkischen Beobachters* auch Kritiker, so der USPD-Stadtrat Georg Thierauf: »Behauptet, gewiss kein Gegner der antisemitischen Bewegung zu sein«, hielt der Polizeibericht seine ersten Worte fest. Mehr kam beim Publikum nicht an: »Runter! Da gibt's kein ›aber‹! Raus mit dem Judenkerl!«, scholl es aus Tausenden Kehlen – Gegenreden mochte man nicht hören. Thierauf sprach dennoch weiter und wandte sich »scharf gegen den Kapitalismus«, doch er war kaum mehr zu verstehen. Nachdem sich die Stimmung im Kindlkeller wieder beruhigt hatte, ergriff Hitler das Wort, laut Polizeibericht als Vertreter der DAP. Mühelos steigerte er die Hasstiraden seiner Vorredner: »Der größte Schuft ist nicht der Jude, sondern der, der sich den Juden zur Verfügung stellt.« Der Polizeibericht vermerkte dazu: »Beifall«. Dann ging Hitler auf die letzten Sätze des niedergebrüllten

Thieraufs ein:»Wir bekämpfen den Juden, weil er den Kampf gegen den Kapitalismus verhindert.«[36] Offene Aufrufe zur Gewalt wie in der Versammlung im Kindlkeller konnte die Polizeidirektion München nicht hinnehmen – für die folgenden vier Wochen wurden kurzerhand alle öffentlichen Veranstaltungen untersagt. Ausgenommen davon blieben geschlossene Mitgliederversammlungen. Deshalb deklarierte der Schutz- und Trutzbund weitere geplante Vorträge als Treffen von Vereinsmitgliedern; kontrollieren konnte das ohnehin niemand. Auch die DAP nutzte diesen Trick. Außerdem hielt Hitler Anfang 1920 sechs Reden in»staatsbürgerlichen Fortbildungskursen« des Münchner Reichswehrkommandos; je dreimal über den Frieden von Versailles und über»Die politischen Parteien und ihre Bedeutung«.[37] Doch eigentlich wollte er, nach der Erfahrung der Massenkundgebung am 7. Januar 1920, eine eigene Großveranstaltung mit mehreren Tausend Zuhörern.

## VERSAMMLUNG IM HOFBRÄUHAUS

Vermutlich ahnte Hitler, dass sein Name noch nicht zugkräftig genug sein würde, um einen der riesigen Bierausschänke Münchens zu füllen – und was wäre peinlicher als ein nur zur Hälfte gefüllter Saal? Deshalb suchte Drexler am 20. Februar 1920 einen in Bayern bekannten Redner auf, den Mediziner Johannes Dingfelder.[38] Er erklärte sich bereit, einen bereits fünfmal gehaltenen Vortrag zu wiederholen. Mit dem beim völkischen Publikum angesehenen Dingfelder als Hauptredner wagte es die DAP am Samstag, dem 21. Februar, für den folgenden Dienstag den großen Saal des Hofbräuhauses zu buchen – er fasste vollbesetzt 2000 Personen. Am selben Tag kündigte der *Völkische Beobachter* die Versammlung an; außerdem gingen Plakate in den Druck, auf deren leuchtend rotem Papier aufgerufen wurde, am 24. Februar 1920 zum Vortrag mit dem Titel»Was uns not tut!« zu erscheinen:»Zur Deckung der Unkosten

werden 50 Pfennig Eintritt erhoben.«[39] Von Hitler war auf dem Plakat keine Rede.

Doch der »Werbeobmann« der DAP plante einen Coup: Er wollte
im Hofbräusaal mit einem Programm an die Öffentlichkeit treten.
Seit Wochen arbeiteten Mitglieder an Entwürfen; Gottfried Feder
schrieb am 15. Dezember 1919 in sein Tagebuch: »Programm der
DAP, den ganzen Tag«.[40] Anfang Februar 1920 stand der Text im
Wesentlichen, den Hitler und Drexler dann zwei Tage vor der Versammlung redigierten, ins Reine schrieben und in den Druck gaben.
Er umfasste 25 Punkte; eine Mischung aus nationalistischen, anti-
kapitalistischen und antisemitischen Forderungen.[41]

Hitler, der den Vorsitz der Versammlung übernommen hatte,
hielt sich an die Ankündigung und erteilte nach der Begrüßung
sofort dem Gastredner das Wort. Der Saal war überfüllt. Unter den
Zuhörern waren auch viele Anhänger linker Parteien, die aber
während Dingfelders Vortrag nicht größer störten. Das lag sicher
mit daran, dass er moderat auftrat, wie ein Berichterstatter der
Münchner Polizei festhielt: »Die Ausführungen des Referenten
waren durchaus sachlich und oft von tiefem religiösen Geist getragen. Als der Redner sagte, dass nur Gott allein unser bester Bundes-
genosse ist, erntete er reichen Beifall. Das Wort ›Jude‹ nahm er nie
in den Mund.« Ganz anders ein Teil des Publikums: Ein halbes Dutzend Mal vermerkte der Polizeibericht Zwischenrufe wie: »Juden!
Juden! Hinaus mit den Juden!«. Dingfelder ging darauf nicht ein,
sondern schloss mit der Ankündigung: »Unser Volk wird einst
erwachen! Dann wird es wieder genesen und dann wird es wieder
wahr werden, dass am deutschen Wesen einst wird die Welt genesen!«[42]

Eine ideale Vorlage für Hitler. Er dankte Dingfelder sowie den
anwesenden politischen Gegnern »für ihr ruhiges Verhalten« und
versprach, dass »wir Ihnen dann auch nicht in den Rücken fallen
werden«.[43] Doch damit war sein Vorrat an Sachlichkeit aufgebraucht; nun steigerte er sich in die für ihn typische Aneinanderrei-
hung von Vorwürfen, nacheinander gegen die Regierung und ihre

Beamten, gegen – natürlich angeblich jüdische – Kriegsgewinnler, Schieber und Wucherer sowie gegen Zeitungen. Seine Anhänger reagierten begeistert; der Polizeibericht vermerkte »lebhaften Beifall«, aber auch immer öfter Zwischenrufe wie »Nieder mit der Judenpresse! Hinaus damit!« oder »Prügelstrafe! Aufhängen!«. Inzwischen war die Stimmung aufgeheizt: »Große Unruhe im Saal!«. Hitler begann, die 25 Punkte vorzulesen: »1. Wir fordern den Zusammenschluss aller Deutschen auf Grund des Selbstbestimmungsrechtes der Völker zu einem Groß-Deutschland. 2. Wir fordern die Gleichberechtigung des deutschen Volkes gegenüber den anderen Nationen, Aufhebung der Friedensverträge von Versailles und St. Germain. 3. Wir fordern Land und Boden (Kolonien) zur Ernährung unseres Volkes und Ansiedlung unseres Bevölkerungsüberschusses.« So ging es in einem fort – prägnant formulierte, aber unflexible Maximalforderungen. Wenn die 25 Punkte umgesetzt seien, werde es kein weiteres Programm geben: »Die Führer lehnen es ab, nach Erreichung der im Programm aufgestellten Ziele neue aufzustellen, nur zu dem Zweck, um durch künstlich gesteigerte Unzufriedenheit der Massen das Fortbestehen der Partei zu ermöglichen.«[44] Hitler schwebte offensichtlich keine klassische Parteiorganisation vor.

»Während der Verlesung des Programms kam es von der Gegenseite oft zu Zwischenrufen, denen ›Hinaus‹-Rufe folgten. Es herrschte oftmals ein großer Tumult, sodass ich glaubte, jeden Augenblick kommt es zu Schlägereien«, vermerkte der Polizeiinformant.[45] Der Berichterstatter des *Völkischen Beobachters* empfand es ähnlich: »Herr Hitler entwickelte einige treffende politische Bilder, die stürmischen Beifall fanden, aber auch die zahlreich anwesenden ›vorgefassten‹ Gegner zum Widerspruch veranlassten.« Weniger bemerkenswert erschienen ihm die 25 Punkte selbst, die »in den Grundzügen dem Programm der deutschsozialistischen Partei« nahekämen.[46] Vergleichbar erging es den Journalisten anderer Blätter: Die *Münchner Zeitung*, die *Bayerische Staatszeitung* und die *München-Augsburger Abendzeitung* gingen nur mit wenigen Worten darauf ein, die *Münchner Neuesten Nachrichten* beließen es sogar bei dem Hinweis, es sei ein Programm entwickelt worden. Die USPD-Zeitung *Der Kampf* warf Hitler und Drexler gar ein Plagiat vor. Ihre Ziele habe die DAP »der Einfachheit halber aus dem sozialistischen Programm« abgeschrieben. Entsprechend lautete die Überschrift des Artikels: »Ein gestohlenes ›Programm‹!«.[47] Darauf konnte nur kommen, wer radikalen Antisemitismus für völlig normal hielt.

In der anschließenden Aussprache argumentierten einige Zuhörer gegen Hitlers 25 Punkte. So kritisierte einer den angeblich mangelnden Antisemitismus; ihm waren die Forderungen der DAP zu moderat – offenbar fand er Punkt 4 selbstverständlich: »Staatsbürger kann nur sein, wer Volksgenosse ist. Volksgenosse kann nur sein, wer deutschen Blutes ist, ohne Rücksicht auf Konfession. Kein Jude kann daher Volksgenosse sein.«[48] Ein anderer Diskussionsredner kündigte an, man werde einer »Diktatur von rechts […] eine Diktatur von links entgegensetzen«. Diese Drohung führte zu Tumulten, Zwischenrufen und viel Beifall.[49] Hitler beendete die Aussprache gegen 22 Uhr, doch seine Worte gingen im Lärm unter.

## EINE BEWEGUNG

Obwohl die Präsentation des Parteiprogramms durchaus unbefriedigend verlaufen war, bauschte Hitler den 24. Februar 1920 zum Gründungsakt der NSDAP auf. In *Mein Kampf* schrieb er: »Um 19.30 Uhr sollte die Eröffnung stattfinden. 19.15 Uhr betrat ich den Festsaal des Hofbräuhauses am Platzl in München, und das Herz wollte mir fast vor Freude zerspringen. Der gewaltige Raum, denn gewaltig kam er mir damals noch vor, war mit Menschen überfüllt, Kopf an Kopf, eine fast zweitausend Menschen zählende Masse.« Er meinte, »weit über die Hälfte« seien Kommunisten und Unabhängige gewesen, die vorgehabt hätten, die Versammlung »zu einem schnellen Ende zu bringen«. Nach dem »ersten Redner«, also Johannes Dingfelder, dessen Namen Hitler unterschlug, ergriff er das Wort. Auch in seinem Buch räumte er ein, dass es heftigen Widerspruch gab, doch er nutzte diese Schilderung, um den Verlauf umzudeuten: »Von Viertelstunde zu Viertelstunde wurden die Zwischenrufe mehr und mehr zurückgedrängt von beifälligen Zurufen. Und als ich endlich die fünfundzwanzig Thesen Punkt für Punkt der Masse vorlegte und sie bat, selber das Urteil über sie zu sprechen, da wurden sie nun eine nach der andern unter immer mehr sich erhebendem Jubel angenommen, einstimmig und immer wieder einstimmig, und als die letzte These so den Weg zum Herzen der Masse gefunden hatte, stand ein Saal voll Menschen vor mir, zusammengeschlossen von einer neuen Überzeugung, einem neuen Glauben, von einem neuen Willen.« Diesen angeblichen Wandel, den die Reporter der Münchner Presse ebenso wenig wahrgenommen hatten wie die anwesenden Polizisten, überhöhte Hitler noch zusätzlich: »Als sich nach fast vier Stunden der Raum zu leeren begann und die Masse sich Kopf an Kopf wie ein langsamer Strom dem Ausgange zuwälzte, zuschob und zudrängte, da wusste ich, dass nun die Grundsätze einer Bewegung in das deutsche Volk hinauswanderten, die nicht mehr zum Vergessen zu bringen waren.«[50] Nicht mehr nur eine Partei, eine Bewegung war das Ziel.

In dieser Form ging der angebliche Verlauf der Kundgebung in die NS-Selbstdarstellung ein. Sie kam regelmäßig in den Ansprachen vor, die Redner auf allen Ebenen hielten. In den offiziösen *Daten zur Geschichte der NSDAP* hieß es unter dem 24. Februar 1920: »Erste Massenversammlung der Partei im Festsaal des Hofbräuhauses am Platzl in München; nach einem völkischen Redner, Johannes Dingfelder, verkündet und erläutert Hitler mit durchschlagendem Erfolg vor rund 2000 Hörern die 25 Thesen des von ihm, Drexler und Feder ausgearbeiteten Programms.«[51] Manche NSDAP-Anhänger schilderten die Versammlung rückblickend sogar noch ausgeschmückt gegenüber Hitlers Darstellung, etwa die Berlinerin Hertha von Reuss, die es nach München verschlagen hatte: »Immer quälte mich Deutschlands Schmach, da wurde mir

von Bekannten im Kriegsministerium im Frühjahr 1920 eine Karte
zu einer Versammlung gegeben, wo ein Adolf Hitler sprechen wolle.
Wir kamen in einen gut besetzten Saal, wo ungeheurer Tumult
herrschte. Es sprach als zweiter Redner ein schlanker, uns alle
begeisternder Mann, der Hitler hieß. Und stiller und stiller wurde es
im Raum, immer mehr Begeisterungsrufe ertönten, und als er dann
sein Programm verkündete, setzte großer Jubel ein. Seit dem Tag
hatte Deutschland seinen Führer und Retter. Auch ich habe seitdem
für ihn geworben, gekämpft, gearbeitet und gern auch geopfert, ihn
in mein Gebet geschlossen. Gerade wir Frauen konnten nun endlich
wieder wirklich helfen.«[52]

## EIN NEUER NAME

Das Programm, das Hitler im Hofbräusaal verkündet hatte, galt ausdrücklich für die DAP; eine formelle Umbenennung in NSDAP
fand an diesem Abend nicht statt. Dass Anton Drexler den neuen
Namen am 5. Januar 1920 durchgesetzt hätte, anlässlich der Übernahme des Parteivorsitzes, war eine spätere Stilisierung.[53] Schon
bald aber kursierten Drucke des Programms, bei denen die Bezeichnung »Deutsche Arbeiterpartei« in der ersten Zeile durch »Nationalsozialistische Deutsche Arbeiterpartei« ersetzt war. Auch das
erste Flugblatt der Partei mit der Überschrift »Warum musste die
Deutsche Arbeiterpartei kommen? Was will sie?« existierte in verschiedenen Fassungen, deren erste am 22. Februar 1920 erschienen
sein soll. Auf überlieferten Exemplaren lautet die Verfasserangabe
auf der letzten Seite »National-sozialistische deutsche Arbeiterpartei«.[54] Das Reichswehrkommando Bayern nahm einen Druck dieses
Flugblattes erstmals am 12. April 1920 zu den Akten – das spricht
dafür, dass es kurz zuvor verbreitet wurde.[55]

Regelmäßig verwendet wurde der ergänzte Parteiname jedenfalls
erst im Verlauf des Frühjahrs 1920. Am 1. März benutzten Hitler, der
bereits an erster Stelle unterzeichnete, und der formale Vorsitzende

Anton Drexler in einem Brief an den Chef der Deutschen Nationalsozialistischen Arbeiterpartei in Österreich, Walter Riehl, das
Adjektiv noch nicht. Drei Tage später forderte Hitler bei einer weiteren Versammlung im Hofbräukeller die Zuhörer ausdrücklich auf,
»in die DAP« einzutreten.[56] Auch die Münchner Zeitungen benutzten in Artikeln über die Veranstaltungen der Partei im März 1920 als
Parteinamen das eingeführte Kürzel DAP. Erst nach Ostern tauchte
die Schreibweise »national-sozialistische deutsche Arbeiterpartei«
auf; in einem Polizeibericht erstmals zu einer Versammlung am
6. April 1920.[57] Persönlich verwendete Hitler den neuen Namen
offenbar zum ersten Mal am 2. Mai bei einer Rede in Rosenheim.[58]
Zwei Wochen zuvor hatte er schon gesagt:»In diesem Sinne sind wir
Nationalsozialisten.«[59]

Die NSDAP selbst begründete die Umbenennung: Die neue
Bezeichnung sei»eine Kampfansage und ein Programm zugleich«
gewesen, eine»Kampfansage an jene Politiker, die mit den Begriffen
›nationalistisch‹ und ›sozialistisch‹ ihre Parteigeschäfte machten,
und ein Programm für die deutsche Zukunft, denn diese junge
Bewegung hatte sich das Ziel gesetzt, die nationalen und sozialistischen Gedanken zu einem Ganzen zu vereinigen und in der deutschen Volksgemeinschaft zu verwirklichen«.[60] Ebenso möglich ist,
dass die Umbenennung die Folge eines Besuches ausländischer
Gesinnungsgenossen war; so jedenfalls schilderte es der Hitler-
Gegner Konrad Heiden:»Da erscheinen in München Emissäre einer
alten antisemitischen Partei aus Österreich, die dort seit 20 Jahren
mit wechselndem Glück kämpft.« Die beiden Vertreter der Deutschen Nationalsozialistischen Arbeiterpartei hätten die Münchner
eingeladen,»sich mit der österreichischen und der tschechoslowakischen Gruppe zu einem Bund zusammenzuschließen, denn man
wolle doch dasselbe; Beweis: das Münchner Programm, das in der
Tat in vielem wie eine geistige Anleihe von den Österreichern aus-
sieht«.[61] Laut Heiden ging die DAP darauf ein und benannte sich in
NSDAP um.

Der Eintritt Adolf Hitlers in die DAP hob diese an sich wenig bedeutende Splittergruppe des völkischen Spektrums aus der Fülle ähnlicher Vereine und Verbände in München heraus. Das lag weniger an den Inhalten, die der zum Agitator ausgebildete ehemalige Meldegänger vertrat; diese unterschieden sich nicht von dem, was der DvSTB und andere rechtsextreme Gruppierungen propagierten. Attraktiv machte die NSDAP vielmehr Hitlers grenzenlose Aggressivität.[62] Gerade sie wirkte auf das durch die Umwälzungen seit Kriegsende desorientierte Publikum reizvoll.

# AUSDEHNUNG

> Die NSDAP ist zwar in Bayern groß geworden;
> das heißt aber nicht, dass man ihre Anfänge als eine
> speziell bayerische Angelegenheit ansehen kann.
> *Hellmuth Auerbach, Historiker*[1]

## STUTTGART

Wachsen kann eine Organisation aus sich heraus, indem sie neue
Mitglieder wirbt. Oder indem sie Eigeninitiative von außen belohnt.
Mitte April 1920 schrieb Alfred Autenrieth aus Stuttgart, in der
Ortsgruppe des DvSTB zuständig für Propaganda, einen Brief an
die Münchner Filiale des Bundes. Der Versicherungsvertreter hatte
im *Völkischen Beobachter* von der NSDAP gelesen und teilte mit:
»Wir sind im Begriff, […] einen judenfreien Arbeiterverein ins
Leben zu rufen.« Es wäre erwünscht, wenn die NSDAP »das nötige
Material, Statuten und dergleichen« schicken könnte, »damit wir in
der Lage sind, gleich praktische Arbeit zu leisten«. Weiter fragte
Autenrieth, ob »es möglich ist, vom dortigen Arbeiterverein jemand
zu einem unserer nächsten Vorträge zu gewinnen, der aus der Versammlung heraus wie unvermittelt spricht und mit Bezugnahme
auf die dortige Gründung die anwesenden Arbeiter auffordert, sich
vom Judentum loszumachen und einen Deutschen Arbeiterverein
zu gründen«.[2]

Parallel war ein anderer Vertreter des Stuttgarter DvSTB nach
München gefahren, um Dietrich Eckart zu treffen. Der völkische
Dichter vermittelte kurzfristig ein Gespräch mit Hitler, der sich
bereit erklärte, gegen Erstattung der Fahrtkosten und ein kleines

Honorar nach Württemberg zu kommen und einen Vortrag zu halten. An dem von Autenrieth vorgeschlagenen Auftritt eines als normalen Diskussionsteilnehmer getarnten Redners hatte Hitler hingegen kein Interesse: Er warb lieber offen für seine Partei. Die Versammlung wurde für den 7. Mai 1920 einberufen, der Eintritt in den großen Saalbau der Brauerei Dinkelacker kostete eine Mark;»zahlreiche Zuhörer« fanden sich ein und hörten eine Rede, die Hitler schon mehrfach in München gehalten hatte:»Die Wahrheit über den ›Gewaltfrieden von Brest-Litowsk‹ und den ›Frieden der Verständigung und Versöhnung‹ von Versailles«.[3] Der *Völkische Beobachter* berichtete:»Herr Hitler kam zu dem Schluss: Deutschland kann sich nur selbst helfen, von außen hat es nichts zu erwarten. Darum müssen wir uns freimachen von dem Wahn der Internationale und der Völkerverbrüderung, frei von allen undeutschen, zersetzenden Einflüssen, wir müssen zurückkehren zum deutschen Gedanken, müssen eine nationale Einheitsfront bilden.«[4]

Der Auftritt machte Eindruck: Hitler wurde gebeten, so schnell wie möglich erneut in Stuttgart zu sprechen. Keine drei Wochen später, am 26. Mai 1920, war es so weit – wieder im Dinkelacker-Saal und abermals mit Erfolg. Die völkisch eingestellte *Süddeutsche Zeitung* berichtete:»Als der Redner auf die inneren Verhältnisse Deutschlands zu sprechen kam und eine scharfe Abrechnung mit jenem Teil unserer Landsleute hielt, die dem Feinde in die Hände arbeiteten und noch arbeiten, fand er großen Beifall, der sich am Schlusse des Vortrages minutenlang ausdehnte und die Zwischenrufe versammlungsstörender Elemente erstickte. Die Debatte gestaltete sich äußerst stürmisch.«[5] Der Berichterstatter der örtlichen SPD-Zeitung *Der Sozialdemokrat* hatte das ähnlich erlebt, bewertete die Vorgänge jedoch anders:»Der Referent macht in seinem Schlusswort noch wütende Ausfälle [...] und besudelt die Arbeiterfrauen mit dem Vorwurf, dass sie sich den Schwarzen hingegeben hätten.«[6]

Schon am nächsten Tag trafen sich einige Mitglieder des Stuttgarter Schutz- und Trutzbundes, um über die Gründung einer Ortsgruppe der NSDAP zu beraten. Die Kraft von Hitlers Propaganda konnte ihnen größere Aussichten auf politischen Einfluss jenseits ihrer bürgerlich-reaktionären Anhängerschaft verschaffen. Binnen Wochenfrist berief Alfred Autenrieth ein Treffen ein, zu dem sogar ein Ehrengast erschien:»Herr Hitler kam verspätet erst um 22 Uhr aus Augsburg. Es war mir als Versammlungsleiter aber gelungen, die Besucher so lange hinzuhalten, dass sie nicht fortliefen«, erinnerte sich Autenrieth:»Diese Versammlung ist als Gründungsversammlung der NSDAP in Württemberg anzusprechen, denn es waren unterdessen Mitgliedskarten fertiggestellt und blanko von Pg. Anton Drexler unterschrieben worden.«[7] Später erhob auch ein anderes DvSTB-Mitglied den Anspruch, der eigentliche Gründer der Stuttgarter NSDAP zu sein. Heinrich Nietzer berichtete, Hitler persönlich habe ihn am Morgen nach der zweiten Veranstaltung mit dem Aufbau einer Ortsgruppe beauftragt, und nur vier Tage später seien aus München die unterschriebenen Mitgliedskarten und Parteiabzeichen eingetroffen.[8]

Schon am 10. Juli 1920 folgte die erste Veranstaltung der Stuttgarter Nationalsozialisten, diesmal ohne Hitler.»Eine Anzahl Kopf- und Händearbeiter« hatten sich im Gasthaus Herzog Christoph versammelt, einem wesentlich kleineren Raum als dem Dinkelacker-Saalbau. Ernst Ulshöfer, Arbeiter und ehemaliger KPD-Anhänger, trat als Redner auf; seine ersten Erfahrungen hatte der überzeugte Antisemit beim Schutz- und Trutzbund gesammelt, zu dessen wenigen nichtbürgerlichen Mitgliedern er zählte. Seine Ausführungen wurden von »starken Beifallsbekundungen unterbrochen«, berichtete die *Süddeutsche Zeitung*. Als Ziel nannte Ulshöfer die »striktere Ablehnung des Klassenkampfes«, die »Vereinigung aller deutschsprachigen Gebiete zu einem Großdeutschland«, die »Ausgestaltung der sozialen Gesetzgebung zugunsten aller Schaffenden« und die »Bekämpfung jedes undeutschen Wesens«.[9] Vier Tage nach der Versammlung meldete sich die Ortsgruppe offiziell in München an, mit 15 Aufnahmeanträgen und einer ersten Monatsabrechnung in Höhe von 39,70 Mark, die per Postanweisung bezahlt wurde.[10] Damit war die Ortsgruppe Stuttgart die zweite

NSDAP-Gliederung außerhalb Bayerns – nach Dortmund, von wo aus bereits Anfang Juni 1920 eine Beitragszahlung nach München abgegangen war.

Ulshöfer prägte die Ortsgruppe in den kommenden knapp zwei Jahren. So gelang es ihm, der NSDAP bei einer parteiübergreifenden Protestversammlung gegen Polens Politik in Oberschlesien im Mai 1921 Redezeit zu verschaffen. Zufrieden konstatierte der *Völkische Beobachter*, dass Stuttgart, »reif ist für den nationalvölkischen Sozialismus«.[11] Dieser Erfolg hing an der Person Ulshöfer; das zeigte sich, als er aus beruflichen Gründen nach Nordbaden umzog. Das Landespolizeiamt meldete: »Die nationalsozialistische Arbeiter-Partei hat in Württemberg kurze Zeit unter Leitung des früheren Kommunisten und Zeitungsverkäufers Ulshöfer eine lebhafte Tätigkeit entfaltet. Mit dem Weggang des Ulshöfer von Stuttgart nach Mannheim ist die Tätigkeit der Partei jedoch mehr oder weniger eingeschlafen.«[12]

## SCHWÄBISCHE PROVINZ

Zu den frühesten Nationalsozialisten in Württemberg gehörte der 1899 in Stuttgart geborene Eugen Munder. Nach Kriegsteilnahme und einigen Monaten bei einem Freikorps begann er, im kleinen Gaildorf nordöstlich der Landeshauptstadt politisch zu agitieren. 1926, inzwischen aufgestiegen zum NSDAP-Gauleiter, erinnerte er sich in einer Rede, »wie ich Nationalsozialist wurde«. Schon während der Novemberrevolution 1918 hätte sein »Herz unbewusst den neuen nationalen Gedanken erkannt, dem Adolf Hitler später Form und Inhalt gab«, erklärte Munder. Daraufhin gründete er »auf eigene Faust im Jahre 1919 in Gaildorf einen vollkommen unpolitischen Hakenkreuzclub«. Gemeint war mit »unpolitisch«, dass er keine Partei ins Leben rufen wollte, denn deren sprichwörtlichen Zank lehnte er ab. Munder schwebte anderes vor: »Dieser Nationalsozialismus mit seiner rücksichtslosen Kritik an allem Morschen,

Faulen, Unzulänglichen unserer Zeit; dieser Nationalsozialismus, der mit so jungfrischer brutaler Offenheit den Menschen und den Parteien der Gegenwart die Masken vom Gesicht reißt; dieser Nationalsozialismus, der endgültig mit der alten Zeit, mit dem alten Wesen gebrochen hat und deshalb aus innerer Not dem letzten Verwesungsprozess dieser alten Zeit in der Gegenwart so feindlich, so voll tiefem völkischen Hass gegenüberstand: Dieser Nationalsozialismus wird unser Schicksal sein.« Munder fand ausdrücklich die Radikalität der Botschaft Hitlers anziehend, nicht sein persönliches Charisma und auch nicht seine rhetorischen Fähigkeiten: »Ich kannte damals Adolf Hitler nicht. Ich hatte herzlich wenig von ihm gehört und hatte deshalb keinen persönlichen Eindruck, keine eigene Meinung vom Wert dieses Mannes.«[13]

Umgekehrt ging es dem wenig älteren Helmut Flörke: »In München fand ich den Mann, der schon Tausende um seine leuchtende Fahne geschart hatte«: Adolf Hitler. »Ohne sein Programm im Einzelnen zu kennen, schloss ich mich ihm an im unerschütterlichen Glauben an die Richtigkeit der Synthese von Nationalismus und Sozialismus.«[14] Wieder anders fanden Willi Barth und seine Freunde zur NSDAP: Schon in der Schule »schwärmten« sie für die Hitler-Bewegung, ohne zu wissen, was sie eigentlich wollte: »Es genügte uns, dass die Nationalsozialisten als radikale Rechte gegen den Staat kämpften.«[15]

Tief verunsichert von der Niederlage und »Erfüllungspolitik« der Sozialdemokraten und bürgerlichen Liberalen fühlte sich der Studienrat für Mathematik und Physik Christian Mergenthaler. Eigentlich Anhänger eines »nationalen Sozialismus auf christlicher Grundlage« in der Tradition des Liberalen Friedrich Naumann, radikalisierte er sich Anfang der 1920er-Jahre. Bald galt Mergenthaler in Schwäbisch Hall, wo er am Realgymnasium lehrte, als bester Redner der Völkischen. Er wetterte gegen den »Internationalismus« und beschwor nationale Werte, attackierte die »Großschieber« und »Landesverräter« sowie die »zersetzenden Einflüsse des Judentums«.[16]Außerdem begeisterte Mergenthaler sich für den Weltkriegs-

General Erich Ludendorff. Doch erst als ein Bekannter ihm im
Herbst 1922 zufällig ein Parteiprogramm der NSDAP übergab, fand
der Studienrat zu Hitler.

Beim größten Arbeitgeber in Esslingen am Neckar, der renommierten Maschinenfabrik, entstand die erste NSDAP-Zelle aus der
Konfrontation nationalistisch gesinnter kleiner Angestellter und
revolutionärer Arbeiter. Die Gießerei der Fabrik befand sich seit
1919 fest in der Hand von Kommunisten. Das missfiel zahlreichen
kaufmännischen Mitarbeitern, darunter Wilhelm Murr, der hier seit
1910 arbeitete und Mitglied des antisemitischen Deutschnationalen
Handlungsgehilfenverbandes war. Nach dem Armeedienst im Weltkrieg kehrte er auf seine Stelle zurück und traf auf eine heftige klas-
senkämpferische Stimmung. Er schloss sich dem Schutz- und Trutzbund an, der sich aber in Esslingen nicht durchsetzen konnte. Im
Herbst oder Winter 1920 bildete sich eine kleine Gruppe von
NSDAP-Anhängern, inspiriert von Stuttgart; sie trat am 5. Januar
1921 mit einer Zeitungsanzeige im Zeichen des Hakenkreuzes an die
Öffentlichkeit.[17]

Auch das südöstlich von Stuttgart gelegene Geislingen spielte bei
der Entstehung der Württemberger NSDAP eine Rolle. Hier hatte
der Unterwäschefabrikant Heinrich Becker seine Firma, der zu den
Unterstützern Hitlers zählte, wie das Stuttgarter Polizeipräsidium
berichtete.[18] Führende Nationalsozialisten verkehrten bei Becker,
der später als der »geistige Vater der NS-Bewegung« in Geislingen
galt und vor Ort »Führer und letzte Autoritätsperson« gewesen sei.[19]
Auf eigene Initiative hin verteilte Becker in seiner Heimatstadt Flugblätter, teilweise selbst verfasst, teilweise Nachdrucke – inhaltlich
stets eindeutig nationalsozialistisch. Gleichwohl fanden sich in
Geislingen erst im Dezember 1922 genügend potenzielle Mitglieder,
um eine eigene Ortsgruppe zu gründen. Der Gastwirt Jakob Schei-
ble gab als offiziell Einladender den Strohmann; das Thema des
Gründungstreffens lautete: »Der nationale Sozialismus. Deutschlands Zukunft«. Mit einer Kampagne gegen einen jüdischen SPD-
Kommunalpolitiker hatte Heinrich Becker die Stimmung gezielt

aufgeheizt. Am Abend der Versammlung wurde ein Gewerkschafts-vertreter, der sich an der Diskussion nach dem Vortrag beteiligen wollte, beschuldigt, den Eintritt geprellt zu haben. Das Ergebnis war eine veritable Prügelei – ein Einstand nach Maß.[20]

## »FEHLANZEIGE« IM RUHRGEBIET

In Gelsenkirchen-Buer, der Doppelstadt beiderseits von Emscher und Rhein-Herne-Kanal, verfügte der Schutz- und Trutzbund über eine starke Ortsgruppe: Bereits im Juli 1920 zählte sie laut verbands-eigener Statistik bis zu 2000 Mitglieder und gehörte damit zu den 15 größten Gliederungen in Deutschland, obwohl jahrzehntelang hier wie generell in Westfalen die Antisemiten der Kaiserzeit unter-durchschnittliche Wahlergebnisse erzielt hatten.[21] Entweder waren die Zahlen frisiert oder der Krieg hatte zuvor verborgene juden-feindliche Ressentiments freigespült. Parallel gab es schon eine erste völkische Gruppe, deren einzig bekanntes Mitglied später zur NSDAP stieß. Beides zusammen war der Grund für die Lokalzei-tung, im Juni 1936 zu verkünden:»Buer ist die Keimzelle des Gaus Westfalen-Nord überhaupt.«[22]

Das war eine Selbststilisierung, denn bevor sich in Buer und Gel-senkirchen die ersten Hitler-Anhänger zusammenfanden, existierte 30 Kilometer östlich in Dortmund bereits eine eigenständige Orts-gruppe – sogar die erste außerhalb Bayerns. Zudem gab es auch unabhängig von örtlichen Organisationen NSDAP-Anhänger. In einer späteren parteieigenen Darstellung hieß es,»bereits in der allerfrühesten Zeit« hätte es»hier und da vereinzelte Nationalsozia-listen« gegeben, die»sich als Einzelmitglieder in München eintra-gen ließen«.[23] Zu ihnen gehörte ein gewisser Hans Brucherseifert. Als er 1942 starb, stand in einem Nachruf:»Schon 1921 trat Brucher-seifert der NSDAP als einer der ersten Parteigenossen im Kreis und Gau bei.«[24] Wie viele solche Einzelmitglieder es gab, ist jedoch unklar.

Der *Völkische Beobachter* deklamierte angesichts der wachsenden
Probleme des Staates 1921/22:»Wenn irgendwo im großen deutschen Vaterlande die Not und die äußeren Umstände Wegbereiter
sind für das siegreiche Durchsetzen der nationalsozialistischen Idee,
so ganz besonders im Rheinland und im Industriegebiet.« Das war
mehr Wunsch als Wirklichkeit, wie derselbe Artikel auch einräumte:
»Man darf ja freilich nicht vergessen, dass die Schwierigkeiten, die
sich dieser volksbefreienden Bewegung in diesen Gebieten entge-
genstellen, ungleich größere sind als im übrigen Deutschland.«[25] Die
Realität sah anders aus als von der Parteizeitung dargestellt; im September 1921 antwortete der Landrat von Essen auf die Frage nach
Aktivitäten der NSDAP in seinem Gebiet bündig:»Fehlanzeige«.[26]

Das bedeutet jedoch nicht, dass es im Ruhrgebiet kein Potenzial
für die Hitler-Bewegung gegeben hätte. Nur sammelte sich das
rechtsextrem-antisemitische Milieu vorerst in anderen Organisationen. Friedrich Karl Florian, 1914 Kriegsfreiwilliger und später
Jagdflieger, war nicht nur DvSTB-Mitglied, sondern gründete in
Buer auch eine Ortsgruppe des Verbandes National gesinnter Soldaten und wurde regionaler Funktionär des Westfalentreubundes.
Auch die paramilitärische Organisation Escherich, zu der reichsweit
bis zu einer Million ehemalige Freikorpskämpfer zählten, verfügte
in Gelsenkirchen über hunderte Anhänger. Hinzu kamen rechts-
extreme Splittergruppen wie die Deutschsoziale Partei. Oft gab es
Mehrfach-Mitgliedschaften in verschiedenen Gruppen; so gehörte
Hans Brucherseifert auch zum Westfalentreubund und zu einer daraus entstandenen Terrorzelle, dem Sprengkommando Knickmann.
Dessen Namengeber Ludwig Knickmann, ein militanter Feind der
Ruhrbesetzung durch belgische und französische Truppen, galt der
NSDAP als erster nationalsozialistischer Märtyrer von Gelsenkir-
chen-Buer. In Wirklichkeit war Knickmann beim Schmuggeln er-
tappt und angeschossen worden; verwundet ertrank er auf der
Flucht in der Lippe, die gerade Hochwasser führte.

## HOLPRIGER START IN BERLIN

Einen Dämpfer hatten Deutschlands Rechtsextremisten Mitte März 1920 in der Reichshauptstadt erhalten: Ein Putschversuch unter der Führung von Wolfgang Kapp, dem Chef der wichtigsten öffentlichen Bank Ostpreußens, und General Walther von Lüttwitz schlug fehl. Getragen wurde der Staatsstreich von der Marinebrigade Ehrhardt, einem typischen Freikorps; ihre Männer skandierten: »Hakenkreuz am Stahlhelm, schwarz-weiß-rotes Band – die Brigade Ehrhardt werden wir genannt.«[27] Zwar weigerte sich die Reichswehrführung, gegen die Putschisten vorzugehen. Doch ließen ein von SPD und Gewerkschaften ausgerufener Generalstreik sowie die Weigerung der Ministerialbürokratie, Kapps Befehlen zu folgen, das schlecht vorbereitete Unternehmen binnen Tagen scheitern.[28]

»Alle Nachrichten, die aus rechtsradikalen Kreisen vorliegen, lassen erkennen, dass dem Kapp-Putsch eine tiefe Niedergeschlagenheit gefolgt ist«, berichtete Preußens Innenministerium am 31. März 1920. Der versuchte Staatsstreich werde »auch in diesen Kreisen als eine ungeheure Dummheit gegeißelt. Die Wünsche der Rechtsradikalen bleiben nach wie vor die gleichen, doch würde der Versuch ihrer gewaltsamen Durchsetzung für absehbare Zeit nicht die geringste Gegenliebe finden«.[29] Der DvSTB agitierte ebenso wie weitere völkische Gruppen weiter; Synagogen wurden mit Hakenkreuzen beschmiert und hetzerische Flugblätter verteilt.

Parallel entstand mit der Deutschsozialen Partei eine der NSDAP ähnliche Gruppe. Ihr Vorsitzender war der ehemalige Volksschullehrer Richard Kunze, der die Erwartungen seiner Zuhörer perfekt bediente: »Kunze ist einer der besten Redner, die es heute in Deutschland gibt«, schrieb *Die Weltbühne*: »Er besitzt jenen billigen Witz, dessen ›Ironie‹ die Philister bestaunen. Die Mundwinkel herunterziehend spricht er von sich nur als ›Knüppel-Kunze‹, und der ganze Saal schlägt sich brüllend auf die Schenkel. Kein Wort, keine Pause, kein Räuspern, kein Rücken an der Brille ist uneinstudiert. Dabei spricht er ohne jedes Konzept und weiß durch vorgetäuschtes

Temperament zu überzeugen, dass er spricht, wie ihm der Augenblick es eingibt.«[30] Um die Jahreswende 1919/20 war Kunze auf
DvSTB-Veranstaltungen aufgetreten, hatte sich dann aber mit dessen Führung überworfen. Das Programm seiner Deutschsozialen
Partei bestand wie die 25 Punkte der NSDAP aus nationalistischen,
antisemitischen und sozialistischen Forderungen; substanzielle
Unterschiede waren kaum auszumachen, sodass ein Mitarbeiter des
Reichskommissars für die Überwachung der öffentlichen Ordnung,
dessen Behörde eine Art Verfassungsschutz war, festhielt: »Die
Nationalsozialistische Deutsche Arbeiterpartei in München, die
von Hitler geleitet wird, verfolgt ähnliche Ziele, ist jedoch eine
selbstständige Partei.«[31]

Zwar kam Hitler bis Anfang 1922 mehrfach persönlich nach Berlin, meist auf der Suche nach Geldgebern, doch vorerst wurde dort
keine Ortsgruppe der NSDAP gegründet. Kunzes Partei, die bis zu
2500 Mitglieder allein in der Reichshauptstadt zählte, war offenbar
zu attraktiv. Eine Ausdehnung lehnte Hitler in einem Brief an einen
Parteigenossen in Hannover kategorisch ab: »Ich glaube nicht an die
Möglichkeit, ohne die Aufwendung größerer Geldmittel fruchtbrin-
gende Arbeit in der Gründung neuer Ortsgruppen leisten zu können.« Deshalb sollte sich die Ortsgruppe Hannover zunächst darauf
beschränken, in ihrem Gebiet neue Mitglieder zu gewinnen. Hitler
schrieb weiter: »Sie glauben, dass in Dresden sich auch eine nationalsozialistische Gruppe aufgemacht hat, ebenso in Berlin. Das
stimmt nicht. Diese Gruppen gehören der Deutschsozialen Partei
an.«[32]

Erst durch die Initiative des Freikorps-Anführers Gerhard Roßbach endete diese Zurückhaltung. Er traf Hitler im August 1922 in
München und verabredete mit ihm, die NSDAP nach Norddeutschland auszudehnen, unterstützt durch Heinz Oskar Hauenstein,
einen anderen Freikorps-Offizier. Roßbach galt bald als »Vertreter
des Führers der Nationalsozialisten für Berlin«.[33] Jedoch tastete er
sich nur langsam an ein offizielles Auftreten der NSDAP in der
Hauptstadt heran: Erst Mitte November 1922 sollte die Ortsgruppe

formal ins Leben gerufen werden, um gleich zu Beginn eine nennenswerte Stärke aufzuweisen. Doch als es so weit war, hatte Preußens SPD-Innenminister Carl Severing bereits ein Verbot erlassen.

## OSTPREUSSEN IM VOLKSTUMSKAMPF

Die Tradition des politischen Antisemitismus war stark in der ländlich geprägten ostpreußischen Provinz. 1881 hatte die Deutschkonservative Partei hier mit einem judenfeindlichen Wahlkampf viel Zustimmung gewonnen; bei den folgenden Wahlen erreichte sie mit ähnlichen Botschaften ebenfalls gute Ergebnisse. »Seit meiner Kindheit wurden wir judenfeindlich erzogen«, erinnerte sich Elisabeth Zastrau, später eine »alte Kämpferin« der ostpreußischen NSDAP, an die Zeit um die Jahrhundertwende: »Wir kannten nur Pracherjuden, Lumpen und Pferdejuden. Meine Eltern warnten uns Kinder stets vor diesem Gelichter.«[34] Die reaktionären Kräfte blieben auch nach 1918 erfolgreich; bei der in Ostpreußen auf Februar 1921 verschobenen ersten Reichstagswahl siegte die Deutschnationale Volkspartei mit mehr als 30 Prozent.

Wesentlicher Grund dafür war neben der traditionell starken Stellung erzkonservativer Junker die Angst vor einer angeblich bevorstehenden Invasion aus den jungen Nachbarstaaten Polen oder Litauen. Viele Ostpreußen, seit dem Vertrag von Versailles durch den polnischen Korridor zur Ostsee vom restlichen Deutschland abgeschnitten, sahen sich im Volkstumskampf. Heim- und Bürgerwehren, Freikorps und allerlei nationalistische Verbände schürten die Verunsicherung nach Kräften; der DvSTB fand viele Anhänger. Die *Volksstimme*, die SPD-Zeitung im Nordosten der Provinz um Tilsit, berichtete im August 1920, »dass sich in unserer Stadt bis dato 286 männliche und weibliche ›Intelligenzen‹ fanden, die als Mitglieder des Bundes hinfüro bereit sind, auch am Memelstrand für die nötige Judenhetze und Erzeugung einer tüchtigen Pogromstimmung Sorge zu tragen«.[35] Das Denken solcher Kreise brachte im August 1921 die deutschnationale *Oletzkoer Zeitung* auf den Punkt:»Hass müssen wir säen! Und wie wir unsere Feinde von außen hassen lernen, so müssen wir auch die inneren Feinde Deutschlands mit unserem Hass und unserer Verachtung strafen. Vermittlungen sind unmöglich, nur durch Extreme kann Deutschland wieder das werden, was es vor dem Krieg war.«[36]

Neben den starken reaktionären und antisemitischen Verbänden gab es in Ostpreußen schon seit 1919 mehrere kleinere Gruppen, die sich selbst Nationalsozialisten nannten, unter anderem in Königsberg, Rastenburg, Memel und Hohenstein. Sie hatten mit der Münchner Partei nichts zu tun, sondern unterstellten sich am 6. März 1920 formal der österreichischen DNSAP und erkannten deren Vorsitzenden Walter Riehl als »Führer« an. Sie fühlten sich eigenen Angaben zufolge in ihren Sorgen vor Überfremdung den ebenfalls im Volkstumskampf stehenden Österreichern näher als reichsdeutschen Gruppen.[37]

Zu den ersten Hitler-Anhängern in Ostpreußen hingegen gehörte der Königsberger Bäckermeister Waldemar Magunia: Die NSDAP-Ortsgruppe München führte ihn seit Mitte Juni 1921 als Einzelmitglied. Der ehemalige Freikorpskämpfer war in Bayern auf die Partei aufmerksam geworden. Nach seiner Rückkehr in die ostpreußische Heimat agitierte Magunia fleißig, doch über einzelne Zellen in den wenigen größeren Städten und weitere Einzelmitglieder kam die Partei zunächst nicht hinaus. Typisch war der Weg eines Postbeamten namens Bartsch in die NSDAP:»Eines Tages fiel mir, es war im Jahre 1921, zufällig ein kleines Blatt in die Hände, dessen Sprache von der der übrigen Zeitungen merkwürdig abstach. Die Zeitung nannte sich *Völkischer Beobachter*.« Mit großem Interesse las Bartsch das Blatt und besorgte sich auch die nächsten Ausgaben: »Der Inhalt entsprach so sehr meinen Ansichten, dass ich die Zeitung nicht mehr missen wollte. Ich erfuhr nun, dass sich weit unten in Bayern eine neue Partei gebildet hatte, die gegen die neuen Zustände in Deutschland einen scharfen Kampf führte und sich Nationalsozialistische Deutsche Arbeiterpartei nannte.« Der Name ihres Anführers war ihm zunächst unbekannt; trotzdem war er »mit ganzer Seele bei der neuen Sache, denn hier fand ich das, was ich früher bei den alten Parteien vermisst hatte, nämlich ein ungeheures Nationalgefühl und große Opferbereitschaft«.[38] Doch noch waren in Ostpreußen die konservativen Kräfte, gestützt vom Beharrungsvermögen der Grundbesitzer, stärker als die Anhänger der Hitler-Bewegung. Magunias mit Rückendeckung aus München gegründete ostpreußische SA, die vorwiegend aus Kameraden seines Freikorps bestand, blieb vorerst bedeutungslos.

## KONKURRENZ AUS ÖSTERREICH

Nationale Sozialisten hatte es in der Doppelmonarchie Österreich-Ungarn schon vor der Jahrhundertwende gegeben – eine Folge der ethnischen Konflikte im Vielvölkerstaat. 1903 gründete sich im böhmischen Aussig eine erste Deutsche Arbeiterpartei; sie wandte sich gegen die internationalistische Sozialdemokratie, gegen Juden, Slawen sowie die katholische Kirche und forderte die Vormachtstellung der kulturell deutsch geprägten Österreicher und Böhmen im Staat. Damit zählte diese DAP, die sich auf den radikalen Antisemiten Georg von Schönerer berief, zur alldeutschen Opposition gegen das habsburgische Kaiserhaus. In ihrem Programm definierte sich die Gruppe: »Wir sind eine freiheitliche nationale Partei, welche mit aller Schärfe die reaktionären Bestrebungen, die feudalen, klerikalen und kapitalistischen Vorrechte sowie jeden fremdvölkischen Einfluss bekämpft.«[39] Zwar errang die Partei 1911 drei Mandate im Wiener Parlament, doch nennenswerten Einfluss entfaltete sie nicht. Im Weltkrieg radikalisierte sich die DAP und wählte, um ihre Distanz zu bürgerlichen Gruppierungen deutlicher zu machen, im Mai 1918 einen neuen Namen: Deutsche Nationalsozialistische Arbeiterpartei.

Das neue Programm orientierte sich an den Grundsätzen der Vorgängerpartei: »Die DNSAP ist keine engherzige Klassen-Partei, sie vertritt die Belange aller ehrlich schaffenden Arbeit überhaupt. Sie ist eine freiheitliche und streng völkische Partei und bekämpft daher alle rückschrittlichen Bestrebungen, kirchlichen, adeligen und kapitalistischen Vorrechte und jeden fremdvölkischen Einfluss, vor allem aber die überwuchernde Macht des jüdisch-händlerischen Geistes auf allen Gebieten des öffentlichen Lebens.« Neu hinzu gekommen war als wesentliche Forderung die »Zusammenfassung des gesamten deutschen Siedlungsgebietes in Europa zum sozialen Deutschen Reiche«.[40] In der praktischen Tätigkeit machte das keinen Unterschied: Weiterhin dominierte der Kampf gegen die linke Arbeiterbewegung sowie gegen alle Juden. Die DNSAP-Anhänger stammten meist aus der deutschen Facharbeiterschaft in der böhmisch-mährischen Industrie, die ihre tschechischen Kollegen ablehnten und ihnen Lohndumping unterstellten.

Nach Kriegsende und der Auflösung der alten Doppelmonarchie in die Staaten Österreich, Tschechoslowakei und Ungarn bestand die DNSAP fort und forderte nunmehr einen nationalen Sozialismus in Deutschösterreich, das auch Südtirol und das Sudetenland umfassen sollte; außerdem war der Beitritt zum Deutschen Reich vorgesehen. Doch dieses Programm fand nur minimale Zustimmung: Bei den Wahlen zur verfassunggebenden Nationalversammlung Österreichs Mitte Februar 1919 erreichte die Partei gerade einmal 23 334 Stimmen, ganze 0,78 Prozent. Die ohnehin nicht breite Basis der DNSAP hatte sich nach dem Verlust Böhmens und Mährens stark verändert: Nun stellten Angestellte der öffentlichen Hand, vorwiegend des einfachen und des mittleren Dienstes, mehr als die Hälfte der Funktionäre; ein Drittel von ihnen gehörte zu den Staatsbahnen. Nur jeder Neunte war ein Arbeiter.[41] Auf der Kandidatenliste für die Nationalversammlung standen 13 Angehörige des öffentlichen Dienstes und freier Berufe, drei Selbstständige und sieben Arbeiter. Gewählt wurde niemand.

Dagegen zog der DNSAP-Vorsitzende Walter Riehl zwar in den Landtag von Niederösterreich ein, verlor dieses Mandat aber schon nach anderthalb Jahren wieder. Noch als Abgeordneter übernahm

er im August 1920 bei einer Konferenz in Salzburg die Leitung der
»Zwischenstaatlichen Kanzlei« der verschiedenen Deutschen Arbei-
terparteien, zu denen neben der österreichischen und der tschechoslowakischen DNSAP auch die kleinen Gruppen aus Ostpreußen
gehörten sowie die in Nordwestdeutschland und Franken tätigen
Deutschsozialisten, außerdem die Münchner NSDAP. Mehr als 200
Parteirepräsentanten kamen zusammen, um politische Ziele zu ver-
gleichen und Kontakte zu knüpfen. Man einigte sich darauf, dass die
einzelnen Gruppen eigenständig bleiben, einander jedoch bei Wahlen keine Konkurrenz machen sollten. Der NSDAP-Vorsitzende
Anton Drexler freute sich in einer Postkarte an seine Frau über die
»Vereinigung aller National-Sozialisten des deutschen Sprachgebie-
tes«. Adolf Hitler unterschrieb diese Karte; zuvor hatte er Riehl ausdrücklich »für seine Bemühungen um das Zustandekommen dieser
Tagung« gedankt, »da ihm der Hauptanteil an der Einigung aller
Gruppen gebührt«.[42]

## MACHTKAMPF IN MÜNCHEN

Schon ein knappes Jahr später wollte Hitler davon nichts mehr wissen. Als der Chefpropagandist der NSDAP im Sommer 1921 wieder
einmal in Berlin weilte, um Spenden einzuwerben, versuchten
einige Parteigenossen, ihn auszutricksen: Sie trieben mit Unterstützung des abgesetzten ersten Vorsitzenden Karl Harrer eine Fusion
mit den Deutschsozialisten voran. Der Zusammenschluss hätte
unter anderem die Konsequenz gehabt, den Sitz der Partei von
München in die Hauptstadt zu verlegen. Hitler schäumte, weil er
übergangen worden war, und verließ am 10. Juli demonstrativ eine
Konferenz der beiden Parteien in Augsburg, zu der er aus Berlin
geeilt war. Vier Tage später schickte er ein als Austrittserklärung
kaschiertes Ultimatum an den NSDAP-Vorstand: »Die Nationalsozialistische Deutsche Arbeiterpartei wurde, soweit ich ihren Sinn je
begriffen habe, einst gebildet als revolutionäre nationale Bewegung.

Demgemäß steht sie auf extrem völkischem Boden und verwirft jede parlamentarische Taktik, ja selbst die Form des heutigen Parlamentarismus überhaupt.« Er habe seinen »Austritt aus der Bewegung vollzogen, weil diese Punkte verletzt worden sind«. Seinen »Wiedereintritt« machte er von sechs Bedingungen abhängig, vor allem von seiner Wahl zum »Ersten Vorsitzenden mit diktatorischer Machtbefugnis«, aber auch vom Verzicht auf »jeden weiteren Versuch eines sogenannten Zusammenschlusses zwischen der Nationalsozialistischen Deutschen Arbeiterpartei und der sich unberechtigterweise Deutsche Nationalsozialistische Partei heißenden Bewegung«.[43] Die eigentlich schon zugesagte Teilnahme der NSDAP am Parteitag der österreichischen DNSAP sollte ebenfalls zurückgenommen werden – ein Affront.

Hitler setzte mit seinem Ultimatum alles auf eine Karte. Nüchtern betrachtet war das Risiko aber nicht allzu groß, dass seine parteiinternen Gegner sich durchsetzen könnten. Erst im Mai 1921 hatte er mit einer Serie von gut besuchten Veranstaltungen demonstriert, dass er der mit Abstand wichtigste Redner der NSDAP war; zudem stand der zweitwichtigste, Hermann Esser, treu an seiner Seite. Natürlich zögerte Hitler nicht, das auch zu demonstrieren: Direkt nach seinem Austritt sprach er mehrfach in München, am 26. Juli 1921 sogar vor einer Mitgliederversammlung, zu der eine Mark Eintritt gezahlt werden musste. Dabei ging es um die »Klärung der in letzter Zeit in die Bewegung hineingetragenen Unruhen«.[44] Mit seinen Ausführungen über »Wesen, Grundlage und Ziel des Nationalsozialismus« fand Hitler »einstimmige stürmische Zustimmung«.[45]

In einem letzten Aufbäumen verschickten seine Gegner einige Hundert Flugblätter mit der Überschrift »Adolf Hitler – Verräter?«. Darauf reagierte der Bezichtigte mit einer formellen Strafanzeige. Doch eigentlich war der Machtkampf da schon entschieden: Als zugkräftigster Redner und mit seiner zur Schau gestellten Kompromisslosigkeit machte Hitler den wesentlichen Unterschied zwischen der NSDAP und anderen nationalistischen, antisemitischen Gruppierungen aus.[46] Mit Parteitaktik, Vorstandsbeschlüssen und Kooperationen ließen sich kaum Anhänger mobilisieren. Genau darum aber ging es: Menschen zu gewinnen. Anfang 1921 hatte die NSDAP knapp über 2000 zahlende Mitglieder; zu Massenversammlungen mit Hitler aber kamen trotz relativ teurem Eintritt stets doppelt bis dreimal so viele Besucher.[47] Andere Gruppen im rechtsextremen Spektrum erreichten, selbst wenn sie mehr eingeschriebene Anhänger hatten, keine vergleichbare Mobilisierung. So wurde die nächste Generalmitgliederversammlung am 29. Juli 1921 zum Triumph für Hitler. Vor abermals zahlenden Zuhörern gab er bekannt, er sei nach seinem Austritt wieder in die Partei zurückgekehrt; seine neue Mitgliedsnummer war die 3680. Dann lehnte er jede gewöhnliche politische Tätigkeit kategorisch ab: »Wir werden rücksichtslos vorgehen.« Als Methode nannte er: »Wir müssen die Masse der Verführten an uns heranziehen!«, und versprach: »Wir werden die Massen zusammenschließen zu einem Stahlblock!«[48] Per Handzeichen ließ Hitler neue Statuten für die NSDAP annehmen, um die diktatorischen Befugnisse für sich auch formal abzusichern. Danach nominierte der bisherige Parteichef Anton Drexler ihn als neuen Ersten Vorsitzenden: »Die Wahl wird unter stürmischen Beifallskundgebungen einstimmig angenommen«, vermerkte das Protokoll.[49] Als Dank ließ der neue Chef den Parteigründer Drexler zum Ehrenvorsitzenden ausrufen.

## SA UND VÖLKISCHER BEOBACHTER

Mit acht öffentlichen Auftritten allein im August 1921, davon fünf Großveranstaltungen mit 2000 bis 7000 Zuhörern, unterstrich Hitler seinen Anspruch, die »Massen« zu gewinnen. Außerdem rückte die bereits Anfang 1920 gegründete Turn- und Sportabteilung der NSDAP in den Vordergrund. Anfang August 1921 einigten sich Hitler und Hermann Ehrhardt, der Anführer der beim Kapp-Putsch gescheiterten Marinebrigade, nun aus der Sportabteilung eine paramilitärische Truppe zu machen. Ehrhardt beauftragte einen ehema-

ligen Leutnant zur See namens Hans Ulrich Klintzsch mit der Ausbildung der Gruppe. Sein Ziel legte der entlassene Marineoffizier in
einem Aufruf dar: Die Abteilung solle einerseits den »Schutz stellen
für die von den Führern zu leistende Aufklärungsarbeit«. Wichtiger
aber war Klintzsch, »in die Herzen unserer jungen Anhänger den
unbändigen Willen zur Tat« zu pflanzen und »ihre Kraft der
Gesamtbewegung als Sturmbock zur Verfügung zu stellen«.[50]
    Noch bevor diese Gliederung der NSDAP am 5. Oktober 1921
ihren neuen Namen »Sturmabteilung« erhielt, stand ihre offensive
Ausrichtung also fest. Die Gründung der SA war Hitlers sichtbares
Bekenntnis zur Militanz, zum Einsatz von Gewalt. Eine erhalten
gebliebene Mitgliederliste zeigt, dass ihre ersten Angehörigen meist
um 20 Jahre alt waren und überwiegend aus dem Kleinbürgertum
stammten – jedenfalls gaben rund hundert von ihnen als Beruf
Angestellter, Handwerker oder Student an, aber nur 25 Arbeiter.[51]
Viele hatten zu den Ende Juni 1921 aufgelösten bayerischen Einwoh-
nerwehren gehört und neigten zu Aggressivität, gegen »Marxisten«
ebenso wie gegen echte oder vermeintliche Juden.
    Sicher war es kein Zufall, dass die NSDAP im Herbst 1921 einen
Profi-Boxer als Trainer verpflichtete. Zwei- bis dreimal pro Woche
brachte er SA-Leuten bei, effizient zu kämpfen und bei überschau-
barem Risiko für sich selbst beim Gegner möglichst großen Schaden anzurichten.[52] Zur ersten Saalschlacht kam es am 4. November
1921 bei einer Hitler-Rede im Münchner Hofbräuhaus, als 46 SA-
Männer angeblich 400 oder sogar 800 »Marxisten« aus dem Veran-
staltungsraum droschen.[53] In Wirklichkeit dürften die Verhältnisse
weit ausgeglichener gewesen sein; die SA zählte zu dieser Zeit 280
bis 300 Mitglieder in 21 Gruppen. Dennoch wuchs die Schlägerei
mit Dutzenden Verletzten binnen weniger Tage zum Gründungs-
mythos der SA heran. Überhaupt erwiesen sich Saalschlachten als
anziehend für ehemalige Freikorpskämpfer.[54]
    Genauso wichtig wie die Bildung einer paramilitärischen Truppe
war für die NSDAP der Kauf einer eigenen Zeitung. Der *Völkische
Beobachter* galt seit Kriegsende als das wichtigste Blatt der rechts-

extrem-antisemitischen Szene in München. Ende 1920 stand das zweimal wöchentlich erscheinende Blatt ökonomisch jedoch vor dem Aus; auf Initiative von Dietrich Eckart erwarb die NSDAP den maroden Verlag einschließlich der Titelrechte für 120 000 Mark – 30 durchschnittliche Jahresgehälter. Finanziert wurde das Geschäft durch reiche Gönner der völkischen Szene und Mittel aus einer schwarzen Kasse der Reichswehr in Bayern. An der wirtschaftlich schlechten Lage des *Beobachters* änderten die neuen Eigentumsverhältnisse nichts. Um das Blatt zu finanzieren, musste die Partei die Mitgliedsbeiträge Ende 1920 verdoppeln und unverzinsliche Anteilsscheine am Verlag verkaufen, faktisch Spenden.[55]

Die verkaufte Auflage nahm weiter ab: von etwas mehr als 11 000 Stück pro Ausgabe auf weniger als 8000 Exemplare.[56] Offenbar lehnten viele bisherige Leser aus dem völkischen Milieu den Erwerb ihrer Zeitung durch die NSDAP ab, zumal Berichte über andere rechtsextreme Organisationen rasch aus den Spalten des Blattes verschwanden. »In der Zeitung spielte der Nachrichtenteil eine geringe Rolle, sie war ausgesprochenes Propagandablatt«, registrierte selbst ein NSDAP-Mitglied mit deutlichem Widerwillen.[57] Zudem konnten sich längst nicht alle Mitglieder neben den erhöhten Beiträgen ein Abonnement leisten; und Mitte 1921 hatte die Partei ohnehin nicht einmal 3300 zahlende Anhänger. So war der *Beobachter* anfangs nicht nur nicht einträglich, sondern sogar ein Zuschussgeschäft. Erst zwei Jahre nach dem Kauf erwies sich, dass die Zeitung eine Zukunft hatte: Im Dezember 1922 kletterte die Auflage auf 17 000 Stück.

## AN WAHLEN TEILNEHMEN?

Für die parlamentarische Regierungsform hatte keine Gruppierung der extremen Rechten viel übrig. Allgemein wurden Volksvertretungen als unnütz, ja gefährlich betrachtet; schon vor seinem Beitritt zur DAP hatte Hitler 1919 in einem Brief, seinem frühesten poli tischen Zeugnis überhaupt, vor einer »Staatsführung unverantwortlicher Majoritäten unter dem Einfluss bestimmter Parteidogmen« gewarnt. Die »Wiedergeburt« Deutschlands nach der Niederlage könne nur »durch rücksichtslosen Einsatz national gesinnter Führerpersönlichkeiten mit innerlichem Verantwortungsgefühl« gelingen.[58] In der letzten Forderung des 25-Punkte-Programms hieß es entsprechend: »Zur Durchführung alles dessen fordern wir die Schaffung einer starken Zentralgewalt des Reiches. Unbedingte Autorität des politischen Zentralparlaments über das gesamte Reich und seine Organisationen im Allgemeinen.«[59] Mit den gerade erst konstituierten Volksvertretungen im Reich und in den Ländern als Institutionen pluralistischer Meinungs- und Mehrheitsbildung sollte dieses »politische Zentralparlament« nichts gemein haben – nur das Wort »Parlament« war gleich.

Für Juni 1920 war die erste reguläre Wahl zum Reichstag angesetzt. Sollte die NSDAP dafür eigene Kandidaten aufstellen? Offenbar war sich Hitler darüber selbst nicht ganz im Klaren. Am 11. Mai 1920 attackierte er in einer Rede in München den bevorstehenden Urnengang: »Es darf keine Parteien geben, die hier Bürger und dort Arbeiter sammeln, sondern nur solche, die hier Deutsche und dort Nichtdeutsche sammeln!«[60] Die Zuhörer stimmten lebhaft zu. Vier Tage später erschien im *Völkischen Beobachter* jedoch eine Wahlanzeige der Partei. Unter der Überschrift »Volksgenossen. Hand- und Kopfarbeiter, wählt die Deutsche Arbeiterpartei!« war das 25-Punkte-Programm abgedruckt und zum Abschluss der Aufruf: »Spendet Beiträge zum Wahlschatz!«.[61] Abermals vier Tage später beendete Hitler die erste Kandidatur der NSDAP schon wieder: »Uns fehlt Geld, und deshalb mussten wir vom Wahlkampf absehen.«[62] So waren im ersten Reichstag zwar die Deutschnationalen vertreten, die das Spektrum von konservativ bis reaktionär abdeckten, aber keine Nationalsozialisten.

Offensichtlich bedauerte die Parteispitze das: »Ins Parlament müssen Nationalsozialisten als immerwährende Mahner und Aufklärer des Volkes«, lautete die Devise am 20. September 1920.[63] In diesem Sinne unterstützte die NSDAP ihre österreichische Schwesterorganisation DNSAP bei den bevorstehenden Nationalratswahlen. Sogar ihren wichtigsten Redner schickte sie auf eine Wahlkampfreise: Innerhalb von 16 Tagen zwischen Ende September und Mitte Oktober 1920 hielt Hitler zehn Reden in sieben Städten; eine geplante elfte wurde von politischen Gegnern verhindert. Angeblich überwies die deutsche Partei sogar 64 000 Kronen nach Österreich – »dank des Opfermutes der deutschen Nationalsozialisten«.[64] Der Erfolg blieb aus: Die DNSAP errang nicht einen einzigen Sitz im Wiener Parlament.

Hitler konnte sich weiter vorstellen, eigene Kandidaten für Wahlen aufzustellen. Im Machtkampf um die Parteiführung im Sommer 1921 versuchten seine Gegner, ihn damit zu diskreditieren. Hitler sei bereit, Abgeordnete der NSDAP »in den Stadtrat und Landtag, und wenn es sein muss, auch in den Reichstag zu entsenden«.[65] Ende November 1921 forderte der inzwischen unangefochtene NSDAP-Vorsitzende dann laut einem Polizeibericht, projüdische Äußerungen von Vertretern anderer Parteien »bei den nächsten Wahlen für seine Parteizwecke auszunutzen«.[66]

Ein gutes halbes Jahr später hatte Hitler seine Meinung total geändert. Als im Juli 1922 über eine vorgezogene Neuwahl des Reichstages spekuliert wurde, schickte eine Ortsgruppe der NSDAP eine Denkschrift an die Parteizentrale und empfahl die »bedingte Teilnahme an den deutschen Volksvertretungen«. Nach Ansicht der unbekannten Autoren bot sich nun die Chance, völkische Abgeordnete ins Parlament zu bringen. Man müsse denjenigen Deutschen, die »vom bisherigen demokratisch-parlamentarischen System nicht mehr befriedigt« seien, eine Alternative anbieten: nationalsozialistische Kandidaten.[67] Hitler lehnte den Vorschlag ab und begründete das in einer mehrseitigen Antwort: Erstens sei »mit einem namhaften Erfolg bei Wahlen gar nicht zu rechnen«; nirgendwo, »ausgenommen in München«, habe die NSDAP »auch nur die geringste Aussicht auf einen Erfolg«. Zweitens habe es gar keinen »Zweck, im Parlament vor Leuten zu reden, die gar nicht belehrt werden brau-

chen und auch nicht belehrt werden können, weil ihre Handlungs-
art nur der bewusste Ausfluss ihrer eigenen Schurkenhaftigkeit« sei.
Drittens sei daher der »praktische Wert der parlamentarischen
Beteiligung nicht nur gleich null, sondern in Wirklichkeit sogar
unter null«, weil »wir so nicht den geringsten Vorteil zu erringen in
der Lage sind«, aber »die agitatorisch wertvollste Waffe aus der
Hand« geben, die völlige Ablehnung des Parlamentarismus. Vier-
tens wäre es »Selbstbetrug«, wenn die NSDAP »auf Früchte unserer
parlamentarischen Tätigkeit« hoffe: »Unser einziges Ziel« müsse die
»Vermehrung und Vergrößerung« der Schäden durch die »parlamentarische Verelendung« sein, »so lange bis endlich unserem Volk
die Augen geöffnet sind und das morsche Haus in sich zusammen-
bricht«. Die Nationalsozialisten seien »keine Verbesserer, sondern
revolutionäre Reformatoren«.[68] Bis auf Weiteres stand die Beteiligung an demokratischen Wahlen für die NSDAP nicht mehr zur
Debatte.


## DER DVSTB UND DIE NSDAP

Anfang der 1920er-Jahre hatte der Deutschvölkische Schutz- und
Trutzbund beste Ausgangsbedingungen, das zersplitterte rechtsext-
rem-antisemitische Milieu zu dominieren. Zahlenmäßig stärkste
Kraft war er ohnehin: Mit deutlich mehr als 120 000 Mitgliedern
verfügte der Bund über eine weitaus größere Basis als jede ähnliche
Gruppierung.[69] Weil zudem viele seiner Anhänger gut situierte
Bürger waren, stand genügend Geld zur Verfügung: Flugblätter und
Broschüren konnten kostenlos verteilt, Massenversammlungen
dank bekannt guter Bonität auch kurzfristig organisiert werden;
Eintritt wurde nur bei absehbar überlaufenen Veranstaltungen ver-
langt. 16 Mitarbeiter waren fest und weitere 25 zeitweise in der
Hauptgeschäftsstelle beschäftigt.[70] Genügend Redner standen eben-
falls zur Verfügung, was auch mit den häufig ansehnlichen Honora-
ren zu tun hatte. Der Bund hatte sich im gesamten Reich ausgedehnt

und verfügte über 340 eigene Ortsgruppen; besonders stark war er in Regionen, in denen die politische Krise allgegenwärtig war wie in der Reichshauptstadt, Oberbayern, dem Ruhrgebiet oder Ostpreußen.

Diesen Stärken standen jedoch wesentliche Schwächen gegenüber. Erstens war die DvSTB-Führung heillos zerstritten; der geschäftsführende Vorsitzende Gertzlaff von Hertzberg und der Hauptgeschäftsführer Alfred Roth, die zusammen mit dem »geheimen« Vorsitzenden Konstantin von Gebsattel eigentlich »diktatorische Weisungsbefugnis« hatten, bekämpften einander. Roth kritisierte, Hertzberg wolle ihn in »ein Hörigkeitsverhältnis« zwingen und drohte mit Rücktritt. Umgekehrt beschwerte sich der Vorsitzende und hielt dem Geschäftsführer vor, ihn über die tägliche Arbeit nicht ausreichend zu informieren.[71] Da Hertzberg in Berlin lebte, die Hauptgeschäftsstelle aber in Hamburg amtierte, hatte Roth viele Freiräume und der Vorsitzende Anlass zur Klage. Hinzu kam zweitens der Widerstand aus konkurrierenden völkischen Verbänden, vor allem der durchschlagende Vorwurf, Roth stünde mit Freimaurern in Kontakt. Weil diese Kritik durchaus berechtigt war, da der Hauptgeschäftsführer zu bekannten Mitgliedern von Logen enge Verbindungen pflegte, konnte die DvSTB-Führung dies nicht dementieren – völkische Agitatoren wie Richard Kunze nutzten das. Drittens erwies sich der Anspruch des Bundes, die zahlreichen verfeindeten Gruppen im völkischen Milieu zu integrieren, als kontraproduktiv. Denn das setzte Kompromisse voraus, also das Gegenteil ideologischer Klarheit. Zwischen Anspruch und Praxis tat sich folglich ein Zwiespalt auf. Typisch dafür war die Geschäftsordnung des Bundes, die als 16-seitige Broschüre an alle Ortsgruppen verschickt wurde.

Entscheidend aber waren zwei weitere Probleme: Einerseits stand der Schutz- und Trutzbund in der verbalen Aggressivität gegenüber Juden der NSDAP zwar kaum nach – einfach deshalb, weil seine Attacken schwerlich zu steigern waren. So hieß es auf Handzetteln des Bundes: »Es ist nirgends in Bayern mehr Platz für fremdrassige

Spione und Verräter, Volksbetrüger und Großwucherer, für die Schänder und Meuchler unseres Vaterlandes! Denn es gibt keinen Frieden, keine Ruhe in Bayern, solange die Juden überall ihre Finger drin haben!« Regelmäßig war davon die Rede, die »Wirtsvölker« müssten die Juden »verjagen« oder »ausmerzen«.[72] Jedoch beließ es der DvSTB bei schriftlichen oder mündlichen Angriffen – zur Tat schritten seine Mitglieder nur ausnahmsweise. So betonte selbst der pathologische Antisemit Alfred Roth im März 1921: »Wir wollen den Juden und ihrem Gefolge keine Gewalt antun, aber unser Heiligstes im Busen muss vor Unwillen erbeben, solange wir den ungeheuren Schimpf mitansehen müssen, den die geistige und finanzielle Vorherrschaft des Judentums für unser Vaterland bedeutet.«[73] Wenn einmal auf einem DvSTB-Flugblatt zum Handeln aufgerufen wurde, dann klein gesetzt unten auf der Seite – so bei einem Zettel vom 25. Mai 1921: »Die Tat ist alles!« Ein derart folgenloses Bekenntnis aber war rabiaten Antisemiten zu wenig. In ihren Augen hielt sich der Bund zu sehr zurück, beschränkte sich auf Verbalattacken. Da bot ihnen die NSDAP mit der SA und handgreiflicher Militanz gegen »jüdisch aussehende« Passanten einfach »mehr«.

Andererseits war und blieb der Schutz- und Trutzbund eine von gebildeten Schichten getragene Organisation. Das zeigte sich bei internen Tagungen. Für das Verbandstreffen, den »Deutschen Tag«, in Weimar Anfang Oktober 1920 sah das Programm neben Mitgliederversammlungen mit Berichten über die politische Arbeit und die Kassenlage viel Klaviermusik sowie Gottesdienste vor – aber nur eine Propagandaveranstaltung mit antisemitischen Vorträgen.[74] Mit derlei bürgerlicher Zurückhaltung konnten Hitler-Anhänger nichts anfangen. Ein Polizeibericht über ein Treffen des Bundes am 19. November 1920 in München hielt fest, wie »ruhig und gesittet« der Form nach solche Vortragsabende ablaufen konnten.[75] Trotz vergleichbarer Inhalte war das doch ganz anders als die aufputschenden Hasstiraden, die auf NSDAP-Veranstaltungen üblich waren und regelmäßig zu Rangeleien führten.

Die Ausdehnung der Hitler-Bewegung über München hinaus

begann 1920/21 langsam. Fast überall förderten lokale Anhänger des DvSTB die Gründung von NSDAP-Ortsgruppen, oft waren seine Funktionäre sogar die Initiatoren. Eine wesentliche Rolle spielte einmal mehr der Judenhass, der über alle sozialen Schichten hinweg das rechtsextreme Milieu einte. Während jedoch die Führung des Schutz- und Trutzbundes sich in internen Streitigkeiten aufrieb und mit Angriffen konkurrierender Verbände zu kämpfen hatte, stärkten Kompromisslosigkeit und Gewaltbereitschaft die Hitler-Bewegung; Rücksichten zu nehmen, egal auf wen, kam weder der Führung in München noch den Anhängern vor Ort in den Sinn. Gerade das machte die NSDAP attraktiv.

# PUTSCH

Zugleich wurde der Putsch, in dem die Bewegung ihre
Feuertaufe erhalten hatte, zum Symbol einer das Letzte
gebenden Einsatzbereitschaft, an der in Zukunft jedes
Parteimitglied gemessen wurde.
*Ludolf Herbst, Historiker* [1]

## VERZICHT AUF ABSCHIEBUNG

Gewalt kann ungeheuer anziehend wirken – wenn man sie ausübt
und nicht erleidet. Seit dem Spätsommer 1921 häuften sich in München und anderen Städten Oberbayerns handgreifliche Attacken,
gegen angeblich »jüdisch aussehende« Bürger, aber auch gegen
Anhänger von SPD und linken Gewerkschaften, sofern sie allein
oder in Unterzahl unterwegs waren. Wenn sich Nationalsozialisten
ihrer Überlegenheit sicher waren, dann grölten sie gern eindeutige
Parolen: »Der Jud' mit platten Füßen und krummer Nas', der darf
kein deutsches Land genießen. Schmeißt ihn hinaus, schmeißt ihn
hinaus!« Dann gingen sie oft zum Angriff über.[2] Emil Maurice,
schon seit 1919 Parteimitglied, erklärte dem Pastor seiner Heimatgemeinde, warum Gewalt wichtig sei für die NSDAP: »Alle bestehenden Parteien, die Kommunisten ausgeschlossen, sind feige. Feige,
weil sie den Kampf fürchten, und diese Furcht hindert sie, den
Gedanken des Kampfes aufzunehmen.« Hitlers Duzfreund fügte
hinzu: »Dieser Kampf der Extreme wird nicht im Parlament ausge-
fochten werden, sondern auf der Straße.«[3]
    Von der Polizei hatten die Schläger der NSDAP wenig zu befürch-
ten. Stolz gab Maurice zu Protokoll: »Trotz eines Aufgebots von

sechs Schutzleuten wurde auf dem Bahnhof ein Herr verprügelt, der die jungen Leute freche Kerle genannt hatte.«[4] Die Zurückhaltung der Ordnungshüter hatte einen Grund: Bis Mitte September 1921 amtierte als Polizeipräsident von München Ernst Pöhner, der politisch am äußersten rechten Rand heimisch war. Er förderte republikfeindliche und antisemitische Gruppen nach Kräften, ließ aber gegen linke Parteien rücksichtslos durchgreifen. Auch nach seinem Rücktritt fand die Polizei zu keiner einheitlichen Linie gegen Aktionen der NSDAP. Zwar gab es nach einem Aufbegehren im Stadtrat über die »Knüppelgarden des Herrn Hitler« eine Hausdurchsuchung bei Emil Maurice. Der leitete als kommissarischer Chef die SA, solange Hans Ulrich Klintzsch wegen Mordverdachts in Untersuchungshaft saß.[5] Doch andererseits übersahen uniformierte Beamte selbst rüde Attacken auf den Straßen, solange sie nicht energisch zum Einschreiten aufgefordert wurden.

Im Frühjahr 1922 hatte Bayerns katholisch-konservativer, aber unbedingt rechtsstaatlich gesinnter Innenminister Franz Xaver Schweyer genug. Er stellte den Vorsitzenden der wichtigen Landtagsparteien die Lage dar: In München trieben Anhänger der NSDAP hordenweise ihr Unwesen und sprengten die Veranstaltungen anderer Parteien. Sie belästigten Passanten, vor allem solche mit »jüdischem Aussehen«, und hetzten die Jugend auf. »Allmählich unerträglich« werde das Gehabe des Anführers der Gruppe, klagte Schweyer: Hitler führe sich auf, »als wäre er der Herr der bayerischen Hauptstadt«.[6] Der Innenminister hatte sich offenbar informiert und festgestellt, dass Hitler seit Mai 1913 als »staatenlos« in München gemeldet, in Wirklichkeit jedoch keineswegs aus der österreichischen Staatsbürgerschaft entlassen war, sondern im Gegenteil sogar über einen gültigen Reisepass verfügte.

Also empfahl Schweyer die Ausweisung Hitlers nach Österreich – sollten sich doch die Behörden in Wien oder Linz mit ihm herumschlagen. Die Vertreter der bürgerlichen Parteien Bayerns stimmten dem Vorschlag zu, ebenso Ernst Niekisch, der Sprecher der bayerischen USPD. Nur einer der Herren widersprach: der Sozial-

demokrat Erhard Auer. »Er führte demokratische und freiheitliche
Grundsätze ins Feld«, erinnerte sich Niekisch. Wenn man mit ihnen
Ernst machen wolle, könne man den NSDAP-Chef nicht ausweisen.
»Hitler sei doch nur eine komische Figur, es sei der Arbeiterschaft
ein Leichtes, ihn in die Bedeutungslosigkeit zurückzuschleudern«,
argumentierte Auer.[7] Dem mochten die Vertreter der anderen Parteien nicht widersprechen. Schweyer gab sein Vorhaben auf: Hitler
wurde nicht ausgewiesen. Wenige Wochen später sah sich der Innenminister sogar gezwungen, im Landtag zu dementieren, er habe
den NSDAP-Chef abschieben wollen: »Ich möchte hierzu zunächst bemerken, dass die Äußerungen, die ich seinerzeit im Haus-
haltsausschuss machte, doch nicht ganz richtig verstanden wurden;
denn sie hatten keinesfalls den Sinn, als ob die sofortige Ausweisung des Herrn Hitler beabsichtigt gewesen wäre. Sie bezog sich auf
eine im Augenblicke der Erklärung bereits abgeschlossene Über-
legung.«[8]
   Das verstanden Hitlers Anhänger als Zeichen der Schwäche –
und reizten die Obrigkeit sofort weiter. Die Akten der Münchner
Polizeidirektion füllten sich mit Anzeigen gegen SA-Männer wegen
kleinerer und größerer Delikte, von Rempeleien bis zu echtem
Landfriedensbruch. Zu Gegenmaßnahmen sahen sich die Behörden außerstande. Hitler selbst war wegen eines Angriffs auf einen
Konkurrenten zu hundert Tagen Haft und 1100 Mark Geldstrafe
verurteilt worden, musste aber nur ein Drittel davon absitzen und
bekam für den Rest Bewährung. Bayerns Polizei stellte ihm trotz
unzähliger Belege für die Aggressivität seiner Anhänger ein bemerkenswert gutes Zeugnis aus: »Was die Führung Hitlers anbelangt, so
ist Nachteiliges gegen ihn nicht bekannt. Er ist ein überzeugter, ehrlicher Politiker, der aus seiner Gesinnung keinen Hehl macht.« Er
erscheine »einer bedingten Begnadigung würdig«.[9]

## REPUBLIKSCHUTZGESETZ

Obwohl es 1921/22 neben unzähligen kleinen Übergriffen auch
Bombenanschläge und Attentate sowie andere politisch motivierte
Straftaten in Deutschland gab, löste erst der Mord an Reichsaußen-
minister Walther Rathenau am 24. Juni 1922 ein Umdenken aus.
Mehrere Ex-Offiziere hatten in Berlin seinem Wagen aufgelauert
und ihn erschossen. Der Großindustrielle war Antisemiten besonders verhasst; sie hatten seit Sommer 1921 in München und andernorts immer wieder denselben Knittelvers skandiert:»Schlagt tot
den Walther Rathenau, die gottverdammte Judensau«.[10] Einen Tag
nach dem Attentat hielt Reichskanzler Joseph Wirth im Reichstag
eine emotionale Ansprache. Vom Rednerpult aus wies er auf
die rechte Seite des Plenums, wo die Vertreter der DNVP saßen,
und rief:»Da steht der Feind, der sein Gift in die Wunden eines
Volkes träufelt! Da steht der Feind – und darüber ist kein Zweifel:
Dieser Feind steht rechts!«[11] Die Abgeordneten der Mitte und des
linken Flügels sowie die meisten Besucher auf den Tribünen hono-
rierten diese Klarheit mit stürmischem Beifall. Reichspräsident
Friedrich Ebert erließ mehrere Notverordnungen, denen bald das
Gesetz zum Schutz der Republik folgte, demzufolge Gruppierungen mit verfassungsfeindlicher Ausrichtung verboten und republik-
gefährdende Straftaten durch einen besonderen Staatsgerichtshof
geahndet werden konnten. Da praktisch alle ermittelten Attentäter
und Hintermänner des Rathenau-Mordes dem DvSTB angehört
hatten, wurde er in Preußen und den meisten anderen Ländern
umgehend verboten. Manches Mitglied konnte vor einer Haus-
suchung gerade noch Mitgliederlisten und anderes internes Material vernichten.[12]

Die Regierung in München jedoch weigerte sich, das Reichsge-
setz anzuerkennen:»Besondere Maßnahmen seien, soweit Bayern
in Betracht komme, nicht notwendig«, teilte Ministerpräsident
Hugo Graf Lerchenfeld mit.[13] Stattdessen erließ der Landtag eine
eigene Verordnung, die einem bayerischen Gericht die Zuständig-

keit für Vergehen gegen die Verfassung zuwies. Aus anderen Gründen lehnte auch das württembergische Kabinett das Republikschutzgesetz ab: Laut dem Landeskriminalpolizeiamt seien der DvSTB sowie ähnliche Verbände in Stuttgart »harmlos«.[14] In beiden Ländern wurden vorerst weder völkische noch antisemitische Organisationen verboten.

Andernorts jedoch, vor allem im zwei Drittel Deutschlands umfassenden Preußen, nutzten die Behörden die Möglichkeiten, die ihnen das Republikschutzgesetz bot – freilich inkonsequent: Zwar wurde der DvSTB aufgelöst, vorerst aber nicht die NSDAP; so kam es ganz automatisch zu einer Mitgliederwanderung.[15] Viele aktive Anhänger wechselten zur Hitler-Bewegung, zum Beispiel im Ruhrgebiet, in Gelsenkirchen-Buer wie in Hagen oder Dortmund. Hatte die dortige nationalsozialistische Ortsgruppe Anfang März 1922 noch 100 Mitglieder gehabt, so waren es Mitte Juli bereits 250. Viele von ihnen zogen sich bald wieder zurück, denn im September 1922 gab es nur noch 140 zahlende Mitglieder: Längst nicht für alle bürgerlichen Antisemiten war die gewalttätige NSDAP akzeptabel.[16] Trotzdem hatte das Verbot des Schutz- und Trutzbundes einen wesentlichen Anteil an der Verdopplung der NSDAP-Mitgliederzahl im Verlauf des Jahres 1922.

In anderen Teilen Deutschlands profitierte die Hitler-Bewegung allerdings nicht – es gab schlicht keine regionalen Parteistrukturen, die aufnahmefähig gewesen wären. In Stuttgart zum Beispiel, wo die Tätigkeit der NSDAP nach dem Wegzug ihres Anführers Ernst Ulshöfer »mehr oder weniger eingeschlafen« war, musste die Ortsgruppe für einen »Unterhaltungsabend« im August 1922 um Zuhörer aus dem antisemitischen Milieu geradezu betteln: »Uns nahestehende Kreise und Vereinigungen werden dringend ersucht, daran teilzunehmen.« Um das Parteileben anzuschieben, wurde Hitler zu einer Fahnenweihe am 2. September eingeladen – doch diesen Auftritt verbot die württembergische Regierung. Stattdessen fand ein »Familienabend« der NSDAP statt; zwar ohne Hitler, aber mit 40 Neuaufnahmen. Vier Wochen später reiste der Ehrenvorsitzende Anton Drexler an, um die Parteispitze bei einem Herbstfest zu repräsentieren.[17]

## DURCHBRUCH IN COBURG

Zum Geschenk wurde der »Deutsche Tag« am 14. und 15. Oktober 1922 in Coburg. Nach dem Verbot außerhalb Bayerns und Württembergs wollte der DvSTB in Franken Stärke zeigen. Die Führung des Bundes hatte auch NSDAP und SA eingeladen. Das Kalkül war, den eigenen Anhängern zu zeigen, wie »man Stoßtrupps aufzieht«, begründete der Vorsitzende Gertzlaff von Hertzberg die Entscheidung. Hauptgeschäftsführer Alfred Roth diente sich dem NSDAP-Chef geradezu an: »Nicht jeder kann ein Hitler sein; aber ein Mann, ein ganzer Kerl, ein Bekenner seiner deutschen Art, das kann ein Jeder sein und muss es.«[18] Wesentliches Ziel war, die Nationalsozialisten in eine breite antirepublikanische Bewegung einzubinden.

Doch daran hatte Hitler kein Interesse. Er ließ seine Anhänger mit einem eigens gemieteten Sonderzug aus München anreisen. Erste Zusammenstöße gab es schon bei einem Zwischenhalt in Nürnberg: »Unser Zug war dekoriert, Juden in einem Zug gegenüber fanden, das sei eine Schande«, erinnerte er sich fast zwei Jahrzehnte später und fuhr fort: Julius »Schreck sprang auf die Gruppe zu und hat gleich dreingeschlagen«.[19] Auch in Coburg selbst fand sich schnell eine Gelegenheit, Entschlossenheit zu demonstrieren. Laut Stadtverwaltung war auf provozierende Umzüge mit Fahnen, Musik und Marschordnung zu verzichten, was der Schutz- und Trutzbund dem Gast Hitler auch mitteilte; der NSDAP-Chef ignorierte diese Weisung jedoch. Auf dem Bahnhof rief ein Polizist laut: »Wer ist Herr Hitler?« Der Parteichef meldete sich: »Hier!« Der Beamte teilte weisungsgemäß mit: »Es ist verboten, hier geschlossen zu marschieren!«, worauf Hitler fragte: »Ist Coburg bayerisch?« Als der Polizist bestätigte, bekam er zur Antwort: »Dann marschieren wir hier, denn Coburg hat keine anderen Gesetze, und ich mar-

schiere auch in München!«[20] Gleich auf dem Weg in die Stadt eskalierte die Lage: Linke Gegendemonstranten versuchten, die Völkischen von der Innenstadt fernzuhalten, und riefen Beleidigungen
wie »Mörder, Blausäurehengste, Gauner, Lumpen, Saubayern«.[21]
Daraufhin griffen 650 SA-Männer jeden an, der sich ihnen in den
Weg stellte. Später am Abend jagten spontan Rollkommandos aus
Nationalsozialisten bekannte Gegner; die viel zu schwach aufge-
stellte Polizei schritt nicht ein.

Das offizielle Programm des »Deutschen Tages« entsprach dem
Stil des DvSTB: inhaltlich aggressiv, aber wenig mitreißend. So
sprach ein Rechtsanwalt aus München über »Neue Arbeitsmetho-
den in der völkischen Bewegung« und ein Arbeitskreis beschäftigte
sich mit der Lage nach dem Verbot jenseits von Bayern und Württemberg. Hinzukamen als Kulturprogramm Mysterien- und Hans-
Sachs-Spiele, Auftritte von Gesangs- und Hornquartetten sowie
eine »Deutsche Andacht« in der Schlosskirche.[22] Angesichts solch
gepflegter Langweile konnte es nicht überraschen, dass Hitler vom
Publikum im Coburger Hofbräuhaus stürmisch begrüßt wurde.[23] Er
erfüllte die Erwartungen: 2500 bis 3000 Menschen hörten seine
übliche Hetze gegen die Regierung in Berlin und die Arbeiterbewegung. Aber der NSDAP-Chef lobte auch eine radikale italienische
Partei, die seit dem Sommer mit einem »Marsch auf Rom« drohte.
Sie sei das richtige Vorbild: »Jetzt wollen wir nach Italien zu den
dortigen Faschisten blicken, sie bewundern und ihnen zeigen, dass
wir gewillt sind, noch andere Kämpfe durchzuführen als die in Italien.«[24] Für den folgenden Morgen setzte Hitler einen Marsch zur
Coburger Festung an, eine Stunde vor dem offiziellen Umzug der
Veranstalter. 2000 NSDAP-Mitglieder und SA-Leute nahmen teil.
Es handelte sich um einen kalkulierten Affront. DvSTB-Hauptge-
schäftsführer Roth kapitulierte: »Es wäre wirklich gut, wenn wir
eine Art Faschistenbewegung aufbauen könnten, die insbesondere
entschlossen ist, der Gewalt durch Gewalt zu begegnen. Wie heil-
sam das wirkt, hat Coburg gelehrt«, schrieb er einige Wochen später.[25]

## GEWALT ALS GESCHENK

Auch Karl Wißmann, der Kopf des Stuttgarter Schutz- und Trutzbundes, zeigte sich beeindruckt. Er »danke Gott, dass er die Nationalsozialisten gesandt habe; komme der Tag der Abrechnung, dann
stehe Württemberg nicht an letzter Stelle«. Die Münchner NSDAP-
Leitung drängte darauf, die Entwicklung der Stuttgarter Ortsgruppe
zu beschleunigen. Ein bekannter Agitator, der Ex-Kommunist und
Polizeispitzel Max Weber, reiste nach Württemberg, um die Konfrontation mit linken Gruppierungen zu eskalieren. Die KPD tat der
NSDAP den Gefallen: Zuerst wurde am 9. Dezember 1922 die Gründung der Ortsgruppe in Geislingen gestört, einen Tag später eine
Rede von Weber in Stuttgart. Beides Mal kam es zu heftigen Schlägereien.

Für den nächsten Abend war eine weitere Veranstaltung geplant:
In Göppingen, östlich von Stuttgart, sollte eine weitere NSDAP-
Ortsgruppe gegründet werden. Angesichts der Ausschreitungen in
Geislingen und Stuttgart machte sich ein in Saalschlachten erfahrener Trupp der Münchner SA auf den Weg, bewaffnet mit »Spazier-
stöcken«, Gummiknüppeln, Schlagringen und Pistolen. Die 90 Uniformierten, zu denen auch Rudolf Heß gehörte, hatten sogar ihre
eigene Krankenschwester dabei. Die Versammlung war im Hotel Zu
den Aposteln angesetzt. Örtliche KPD-Mitglieder und Gewerkschafter riefen ihre Anhänger auf, frühzeitig vor dem Hotel zu
erscheinen, um die Eingänge zu blockieren; der vorgesehene Ortsgruppenleiter forderte daraufhin Polizeischutz. Doch das lehnte die
Göppinger Polizei ebenso ab wie ein Verbot der Veranstaltung –
trotz der absehbar gefährlichen Entwicklung. Dafür wurde es dem
Hotelbesitzer nun zu riskant: Er kündigte aus Sorge um sein Haus
den Mietvertrag mit der NSDAP. Der SA-Trupp marschierte daraufhin zur nahegelegenen Gaststätte Walfischkeller weiter. Die
Göppinger Polizei versuchte derweil, die Nationalsozialisten von
den linken Gegendemonstranten fernzuhalten. Das schien zu gelingen, doch dann skandierten die aufgeputschten Arbeiter: »Bevor die

Münchner nicht fort sind, gehen wir nicht nach Hause!«²⁶ Schnee-
bälle flogen, anschließend stürmten NSDAP-Gegner mit Latten
bewaffnet über eine Brücke auf ihre Feinde zu. Bei der folgenden
Massenschlägerei fielen rund 20 Schüsse; wer zuerst feuerte, konnte
nicht aufgeklärt werden. Vier Gegendemonstranten und fünf SA-
Leute erlitten Schussverletzungen. Erst als Verstärkung aus dem benachbarten Geislingen eingetroffen war, konnte die Polizei wieder
Ruhe herstellen und die Nationalsozialisten zum Bahnhof eskortie-
ren. Der Anführer des SA-Trupps, Ernst von Westernhagen, berief
sich anschließend auf »Notwehr« und kam damit vor Gericht durch.²⁷
    »Was hier vorbereitet wird, in München seit Monaten und was
bei uns in Württemberg sich in den Anfängen befindet, ist die Vorbereitung zum Bürgerkrieg«, urteilte Württembergs SPD-Vorsit-
zender Otto Steinmayer empört im Stuttgarter Landtag:»Das ist
die militärische Organisierung des Staatsstreichs, das ist gar nichts
anderes als die systematische Vorbereitung zur Beseitigung der Verfassung von Weimar.«²⁸ Die Stuttgarter Regierung verbot alle öffentlichen NSDAP-Veranstaltungen, erntete dafür aber Kritik. Verantwortlich für die Gewalteskalation seien die Gegendemonstranten
gewesen, und das Verbot führe zu einem nachträglichen Sieg der
Kommunisten, beklagten die Deutschnationalen. Theodor Jaschek,
neuer Leiter der NSDAP-Ortsgruppe Stuttgart, freute sich hingegen:»Im Verbot der Regierung liegt für uns der Beweis, dass man
uns ernst nimmt. Nicht ernst zu nehmende Organisationen werden
nicht verboten. Verbote ziehen an.« In der *Süddeutschen Zeitung*
kündigte er an:»Wir Nationalsozialisten werden kämpfen müssen,
bis andere Zustände für uns und das deutsche Volk eingetreten
sind. Somit werden wir das Verbot, wenn nicht bald eine Aufhebung
erfolgt, nach der alten Lehre der Sozialdemokratie umgehen müssen.«²⁹ Weil nur öffentliche Veranstaltungen verboten waren, nicht
aber geschlossene Mitgliederversammlungen, änderte sich an den
Treffen der NSDAP in Württemberg so gut wie nichts – außer dass
ihnen nun deutlich mehr Interessierte zuströmten. Ob sie schon
zahlende Anhänger waren, konnte kaum überprüft werden.

## TARNORGANISATIONEN IN BERLIN

Anfang November 1922 kehrte der ehemalige Oberleutnant und Freikorps-Anführer Gerhard Roßbach von einer längeren Reise zurück nach Berlin. Vom Bahnsteig wurde er umgehend ins Polizeipräsidium gebracht. Dort eröffnete man ihm, dass wegen der »Begründung von Geheimorganisationen« gegen ihn ermittelt werde.[30] Preußens Innenminister Carl Severing hatte einen Verstoß gegen Artikel 177 des Versailler Vertrages festgestellt. Demnach durften »Vereinigungen jeder Art« sich nicht »mit militärischen Dingen befassen«. Vor allem war untersagt, irgendjemanden »im Gebrauch von Kriegswaffen auszubilden«.[31] Genau das aber taten die Gruppen, die Roßbach seit Monaten in Norddeutschland gründete.[32] Diese Warnung seitens der Polizei war der juristisch notwendige Vorlauf für das Verbot aller bisherigen und zukünftigen Roßbach-Organisationen sowie der NSDAP in Preußen; es erging am 15. November 1922.

Als sich vier Tage später knapp 200 Interessenten für die Gründung einer Berliner NSDAP-Ortsgruppe in der Kreuzberger Gaststätte Zum Reichskanzler versammelten, erschienen mehrere Kriminalbeamte, die das Verbot bekannt gaben. Laut der offiziellen Parteigeschichtsschreibung reagierte Roßbach scheinbar einsichtig: »›Das ist nicht zu ändern‹, erklärten die Einberufer.« In Wirklichkeit jedoch dachten sie gar nicht daran, die Anweisung zu befolgen: »Das Verbot galt aber nicht für die hier im Restaurant Reichskanzler in der Dorfstraße zusammengetretenen Männer. Es bestand noch keine Ortsgruppe der NSDAP, und somit konnte weder ein Verbot ausgesprochen noch eine Auflösung gefordert werden.«[33] Roßbach hatte eine Idee: Niemand konnte die Versammelten daran hindern, eine neue Gruppe zu gründen. Nach einer kurzen Besprechung beschloss man, eine Großdeutsche Arbeiterpartei zu bilden.

Die Grundsatz-Ansprache hielt Roßbach, obwohl er der neuen Partei selbst nicht beitrat; auf diese Weise, so seine Hoffnung, fiele die Gruppe weder unter das Verbot der NSDAP noch unter das künftiger Roßbach-Organisationen. Die Versammlung ging weiter, ohne dass die überrumpelte Polizei das Manöver verhindern konnte. Dabei machte schon ein Blick in die an diesem Abend verabschiedeten Dokumente der Großdeutschen Arbeiterpartei klar, dass sie weitgehend der Hitler-Bewegung entsprach. Das *Berliner Tageblatt* berichtete:»Wie aus der Satzung hervorgeht, will die Partei, deren Sitz Berlin ist, eine völkische Partei sein. Mitglied kann jeder ›sittlich einwandfreie Deutschstämmige‹ werden. Die Partei fordert den Zusammenschluss aller Deutschen aufgrund des Selbstbestimmungsrechtes der Völker zu einem Großdeutschland, fordert die Aufhebung der Friedensverträge von Versailles und Saint Germain sowie Land und Boden (Kolonien) zur Ernährung unseres Volkes. Innen- und wirtschaftspolitisch fordert die Partei die Bekämpfung der ›korrumpierenden Parlamentswirtschaft‹, Abschaffung des arbeitslosen Einkommens, Gewinnbeteiligung an Großbetrieben, Schaffung eines gesunden Mittelstandes, Todesstrafe gegen Wucherer und Schieber, Schaffung eines Volksheeres, Schaffung einer ›deutschen Presse‹, Freiheit aller religiösen Bekenntnisse und Bekämpfung des jüdisch-materialistischen Geistes.«[34] Dieses Programm entsprach den 25 Punkten der NSDAP von 1920 – teilweise wörtlich, teilweise dem Inhalt nach.

Konsequent verbot Preußens Innenminister am 10. Januar 1923 diese Tarnorganisation. Die Großdeutsche Arbeiterpartei hatte in den knapp zwei Monaten ihrer Existenz über ihre Gründungsmitglieder hinaus kaum Unterstützer gefunden. Nach dem erneuten Verbot gründete Roßbach die Berliner Ortsgruppe binnen Kurzem unter jeweils anderem Namen mehrfach neu; mal nannte sie sich Arbeiterbefreiungsbund, mal Nationalsoziale Vereinigung.[35] Von Mal zu Mal nahm die Zahl der Mitglieder ab. Entnervt trat Roßbach schließlich der Deutschvölkischen Freiheitspartei bei, die der NSDAP zwar ideologisch ähnlich war, aber eigenständig existierte. Am 23. März 1923 verbot Severing auch diese Partei; Roßbach wurde wegen fortgesetzten Verstoßes gegen das Republikschutzgesetz in Haft genommen. Erst Mitte Oktober 1923 kam er frei und zog sich sofort nach München zurück, wo er sich offen zum Nationalsozialismus bekannte. Inzwischen war das NSDAP-Verbot in Preußen juristisch überprüft und für zulässig erklärt worden. Die Münchner Reichsleitung, die aufgrund der Weigerung Bayerns nicht aufgelöst worden war, hatte sich an den Staatsgerichtshof in Leipzig gewandt. Die Richter legten nach ausführlicher Beweisaufnahme über die Methoden der Hitler-Bewegung dar, »dass die NSDAP, unter der Führung Hitlers, entschlossen ist, zur Erreichung ihrer Ziele wenn nötig Gewalt anzuwenden«. Zutreffend stellte das Gericht fest: »Die Partei arbeitet augenscheinlich auf die Errichtung einer nationalen Diktatur hin.«[36]

## KOMPROMISSLOS AGGRESSIV

An diesem Ziel hatte die NSDAP nie einen Zweifel gelassen. Deshalb verbot das bayerische Kabinett nun den ersten sogenannten »Reichsparteitag« in München Ende Januar 1923; im Ministerratsprotokoll hieß es: »Jetzt ist nicht die Zeit zu politischen Auseinandersetzungen, durch welche die Gefahr von Zusammenstößen unter Deutschen heraufbeschworen wird. Den Führern der NSDAP wurde daher eröffnet, dass unter diesen Umständen anlässlich ihres Parteitages Veranstaltungen und Festlichkeiten unter freiem Himmel nicht zugelassen werden.« Das wollten Hitler und seine Umgebung nicht hinnehmen, wie dasselbe Protokoll festhielt: »Sie lehnten die Beachtung dieser Anordnung ab und drohten, dass der staatlichen Gewalt Gewalt entgegengesetzt werde.« Damit habe die Partei »den gesetzmäßigen Boden verlassen und der verfassungsmäßigen Regierung den Kampf angesagt«.[37] Hitler drohte dem Polizeipräsidenten sogar: »Er habe bisher seine Leute, speziell die Sturmtrupps, in Disziplin zusammengehalten. Jetzt könnten die tun, was sie wollten, und dann könne die Regierung sehen, was sich daraus entwickle.« Keinesfalls werde er den Parteitag absagen. »Die

Regierung könne schießen, er werde sich an die Spitze stellen, und man könne auch ihn erschießen, aber das sage er, der erste Schuss löse eine rote Flut aus, und was dann komme, das werde man dann sehen, und zwei Stunden nach dem ersten Schuss sei die Regierung erledigt.«[38] Die Lage war äußerst angespannt, denn nur zwei Wochen zuvor hatten französische und belgische Truppen große Teile des Ruhrgebietes besetzt, um die Zahlung ausstehender deutscher Reparationen zu erzwingen; die Stimmung war seither überaus erregt.

Das bayerische Kabinett verhängte den Ausnahmezustand. Doch um ihn durchzusetzen, benötigten die zivilen Behörden die Reichswehr; deren für Oberbayern zuständiger Kommandeur Otto von Lossow sympathisierte mit der NSDAP. Er traf Hitler noch am Tag des Verbotes, ließ sich den Verzicht auf Ausschreitungen versprechen und erwirkte die Genehmigung für sechs parallele öffentliche Versammlungen, eine feierliche Fahnenweihe und einen öffentlichen Aufmarsch. Doch das genügte der NSDAP nicht: Weil angeblich die Plakatkleber nicht mehr rechtzeitig gestoppt werden konnten, fanden am Abend des 27. Januar 1923 nicht wie genehmigt sechs, sondern alle ursprünglich geplanten zwölf gleichzeitigen Versammlungen statt. Ein Triumph: Mit einer Mischung aus Rücksichtslosigkeit und Aggressivität hatte Hitler die bayerische Regierung vorgeführt.

Mindestens 15 000 Anhänger und Sympathisanten, vielleicht auch 20 000 strömten zu den Versammlungen in einem Dutzend größerer Münchner Bierkeller.[39] Überall hielt Hitler eine ähnliche Kurzansprache unter dem Titel: »Was hat jetzt zu geschehen und was wollen wir Nationalsozialisten?«. Im Wesentlichen handelte es sich um heftige Angriffe auf die »Revolutionsverbrecher« und den »inneren Feind«, mit dem man abrechnen müsse, bevor man sich äußerer Gegner annehmen könne.[40] Außerdem wies Hitler umlaufende Gerüchte über einen bevorstehenden Putsch der NSDAP zurück: »Es sei falsch zu behaupten, dass die Partei der Regierung gedroht habe; sie habe nur erklärt, dass, wenn die Regierung die Abhaltung des Parteitages verhindere, sie dann auch die Konsequenzen zu tragen habe.« Was das anderes als eine Drohung sein sollte, führte Hitler nicht aus. Stattdessen fügte er hinzu: »Eine bessere und billigere Reklame hätte es für die Partei nicht gegeben als die Verhängung des Ausnahmezustandes.«[41] Auf die Anhänger der NSDAP wirkte das Hin und Her um den ersten Parteitag genau so: Sie fühlten sich abgestoßen von den bürokratischen Manövern und angezogen von Hitlers Kaltschnäuzigkeit. Entsprechend war die Stimmung auf den Versammlungen, zum Beispiel im Löwenbräukeller. Hier herrschte ein »Gluthauch hypnotischer Massenerregung«, fand der Augenzeuge Karl Alexander von Müller: »Eigene Kampflieder, eigene Fahnen, eigene Symbole, ein eigener Gruß«, registrierte der reaktionäre Historiker, »militärähnliche Ordner, ein Wald hellroter Fahnen mit einem schwarzen Hakenkreuz auf weißem Grund, die seltsamste Mischung von Soldatischem und Revolutionärem, von Nationalistischem und Sozialem auch in der Zuhörerschaft.« Stundenlang dröhnte Marschmusik, unterbrochen von kurzen Reden, die Parteifunktionäre hielten. Die Anwesenden fragten sich dauernd: »Wann würde er kommen?« Die Spannung stieg immer weiter. »Plötzlich, am Eingang hinten, Bewegung. Kommandorufe. Der Sprecher auf dem Podium bricht mitten im Satz ab. Alles springt mit Heilrufen auf.« Hitler ging ganz nah an Müller vorbei: »Das war ein anderer Mensch als der, der mir da und dort begegnet war«, notierte der Münchner Professor, der schon im Sommer 1919 den damals noch völlig unbekannten Gefreiten kennengelernt hatte. Kaum war Hitler auf dem Podium angekommen, begann er zu sprechen. Doch die Rede dauerte nur eine Viertelstunde, »fast von Satz zu Satz von Stürmen des Beifalls, des Gelächters getragen. Und schon brach er wieder auf zur nächsten Versammlung, die nach ihm fieberte«.[42] Der Bremer Hans Thaysen, ein reaktionärer Ex-Soldat, aber noch kein überzeugter Nationalsozialist, zeigte sich beeindruckt: »Hier lernte ich zum ersten Mal die Begeisterung der Volksgenossen kennen, welche sich mit Haut und Haaren Adolf Hitler verschrieben hatten.« Seine bisherigen Zweifel legte Thaysen ab: »Ich stellte fest, dass von Adolf Hitler eine unsichtbare Macht ausging, die alles in ihren Bann zog. Ich war restlos begeistert und kam mit dem festen Glauben an ein neues Deutschland nach Bremen zurück.«[43]

Am folgenden Morgen versammelten sich NSDAP-Anhänger und Sympathisanten auf dem Marsfeld, einem Kasernengelände nördlich des Münchner Hauptbahnhofs. Hier nahm Hitler eine Parade von 6000 Männern verschiedener reaktionärer Wehrverbände ab, davon einem Viertel SA-Mitgliedern, die aus ganz Bayern zusammengezogen worden waren, wie beispielsweise der Ex-Offizier Robert Reinecke aus Würzburg, den Hitler als Anführer seiner Gefolgschaft persönlich durch Handschlag verpflichtete.[44] Viele Teilnehmer zeigten sich bewaffnet, was einen von ihnen das Ende der Heerschau bedauern ließ: »Mit zusammengebissenen Zähnen sahen wir die schönen Waffen wieder verschwinden, als abgeblasen wurde.«[45] Die Öffentlichkeit nahm den Aufmarsch als reine NSDAP-Veranstaltung wahr; die *New York Times*, die regelmäßig aus München berichtete, schrieb beispielsweise, Hitler habe »seine Armee« aufgerufen, sich für »die letzte, entscheidende Auseinandersetzung bereitzuhalten«.[46] Obwohl nur eine Minderheit der Anwesenden zur Hitler-Bewegung gehörte, rückte ihre offen gezeigte Bereitschaft zur Gewalt in den Mittelpunkt. Konsequent begann die SA ab März 1923, eigene geheime Waffenlager anzulegen, im Hinblick auf die absehbar kommende Eskalation.

## UMGANG MIT DEM VERBOT

Außer in Bayern war die NSDAP selbst oder wenigstens ihre öffentlichen Versammlungen Anfang 1923 überall im Reich verboten. Jedoch wurden diese Anordnungen unterschiedlich scharf umgesetzt; in Preußen griff Innenminister Severing hart durch, während die Behörden in Württemberg zuerst kaschierte, bald auch offene Treffen von Nationalsozialisten hinnahmen. Die regionale NSDAP registrierte ein deutliches Wachstum an Mitgliedern und fühlte sich im Frühsommer 1923 stark genug für eine Provokation: In Kirchheim unter Teck südöstlich von Stuttgart versammelten sich am vorletzten Juni-Wochenende bis zu 4000 Nationalsozialisten, um eine Sonnenwendfeier zu veranstalten. Sie marschierten mit Kapellen und Fahnen durch die Kleinstadt; dann hielt Hermann Esser eine Hasstirade gegen die »Novemberverbrecher« in Berlin.[47] Schließlich verabschiedeten die Zuhörer per Akklamation eine Resolution, laut der die NSDAP »vor aller Welt bewiesen« habe, »dass sie entgegen allen böswilligen Verleumdungen der gegnerischen Parteien und Presse im öffentlichen Leben ein Faktor der Ruhe und Ordnung bedeutet«. Angesichts der Ereignisse in Göppingen war das offenkundig falsch – dennoch zog die Resolution einen weitreichenden Schluss: »Umso mehr widerspricht das noch immer bestehende Verbot öffentlicher Versammlungen jeder Gerechtigkeit und Achtung vor dem durch die Verfassung jedem Staatsbürger verbürgten Rechte.«[48] Die württembergischen Behörden störten sich daran nicht, vielmehr konnte die NSDAP ihren Aufbau praktisch ungehindert fortsetzen. Anton Erkelenz, der Vorsitzende der linksliberalen DDP, übertrieb nur geringfügig, als er sich Ende Juli 1923 auf einer Vorstandssitzung seiner Partei wunderte: »Merkwürdig ist, dass der Hauptschwerpunkt der Nationalsozialisten jetzt nicht in Bayern, sondern in Württemberg liegt.«[49]

In Preußen unterband die Polizei, anders als im Südwesten, rigoros jeden Versuch öffentlichen Auftretens. Für die Nacht vom 22. auf den 23. September 1923 bereiteten die Anhänger der hier formal ja noch gar nicht gegründeten NSDAP die geheime erste Fahnenweihe in Norddeutschland vor. Laut verklärender Berichte aus der Zeit nach 1933 wurden die Wohnungen der bekannten Aktivisten von der Polizei beobachtet. Auch Gasthäuser standen für eine Versammlung nicht zu Verfügung: »Der freie Himmel nur oder dunkle Verliese konnten Weihestätte sein, sollte die heilige Stunde nicht gestört werden.« Als Treffpunkt hatten die Teilnehmer einen stellenweise eingestürzten Stollen des Kalkbergwerks im Rüdersdorfer Ortsteil Tasdorf ausgewählt, 25 Kilometer östlich des Berliner Stadtzentrums. Sie kamen getarnt:»Zwei Männer trugen die auseinander genommene Fahnenstange unter ihren Mänteln; ein dritter verbarg das Tuch unter seinem Hemd. In langer Reihe, Mann hinter Mann marschierten zwei Gruppen durch Tasdorf«, erinnerte sich ein Teilnehmer:»Von der anderen Seite her, den Berg herunter, kamen zwei andere Gruppen, Mann hinter Mann.« Dann ging es in den alten Stollen hinein,»viele Hundert Schritte lang«, bis zu einem Gewölbe »gleich der Kuppel eines Domes«. Die»Sicherheit dieses Ortes hortet die Fahne!«, schrieb der Augenzeuge.[50] Dann folgte der Höhepunkt: Die zwei Anführer der illegalen Versammlung, Erich Thimm und Hermann Kretzschmann, ließen ihre Anhänger einen Eid auf die Standarte ablegen. Ein anderer Augenzeuge berichtete den angeblichen Wortlaut:»Wir schwören Treue dem Volk, der Ehre und dem Führer!« Thimms Worte hätten sich »in hundert Herzen und Hirne« gebohrt.[51]

Es ist ziemlich unwahrscheinlich, dass die Fahnenweihe so stattgefunden hat: Zehn Jahre später veröffentlichte der *Völkische Beobachter* Fotos von dem Stollen. Ein Gewölbe»gleich der Kuppel eines Domes« gab es nicht. Höchstens einige Dutzend Menschen konnten sich dort gleichzeitig aufhalten. [52] Und deutlich mehr aktive Anhänger hatte der Nationalsozialismus im Herbst 1923 in Berlin ohnehin noch nicht.

## KRITIK AM »FÜHRER«

Der Vorsitzende war die alles dominierende Figur der NSDAP; dennoch war die Partei eben nicht nur von ihrem»Führer« und seiner persönlichen Gefolgschaft geprägt, sondern von der Masse der Mitglieder. Die Ortsgruppen außerhalb von Oberbayern rangen vor allem darum, von Hitler überhaupt wahrgenommen zu werden – hier war der Personenkult schon voll entwickelt. Dagegen gab es in München mitunter Konflikte. Zwar beherrschte Hitler die NSDAP seit seinem Sieg 1921 diktatorisch, doch keineswegs total. Das scheiterte schon an seinem unsteten Lebenswandel, verbrachte er doch einen Großteil seiner Zeit in Lokalen wie dem Café Neumayr oder dem Sterneckerbräu, wo er schier endlos vor Bekannten und Anhängern schwadronierte. An konzentrierter Arbeit hatte er kein Interesse.

In der NSDAP-Führung gab es niemanden, der sich getraut hätte, diesen Mangel offen anzusprechen – niemanden außer Gottfried Feder, der schon vor Hitler Mitglied der DAP geworden war. Am 10. August 1923 schrieb der inoffizielle finanz- und wirtschaftspolitische Sprecher einen vorwurfsvollen Brief an den Parteichef: »Irgendein Dichter hat das sehr ernste Wort ausgesprochen über einen großen und bedeutenden Mann, der sich aber ›nicht beherrschen konnte, und so zerrann ihm sein Werk wie sein Leben‹.« Sorge um die »deutsche Freiheitsbewegung des Nationalsozialismus«, fuhr Feder fort, »veranlasst mich, Ihnen in freimütiger Weise einiges zu sagen«. Auf diese Einleitung folgte ein Vorwurf nach dem anderen: »Sie wissen selbst, dass unsere Bewegung so gewaltig und rasch gewachsen ist, dass der Ausbau der inneren Organisation damit nicht Schritt gehalten hat.« Hitler habe die unbefriedigende Größe der Parteizentrale beklagt, doch Feder hielt das für zweitrangig: »Gewiss, die Raumfrage ist schwierig, aber doch leichter zu überwinden als die zweite Frage – die Personenfrage. Ein wirklich befähigter Kreis von Mitarbeitern an den kommenden Staatsaufgaben ist schlechthin überhaupt noch nicht vorhanden.«

Um Hitler nicht zu sehr zu erzürnen, flocht Feder unterwürfige Sätze ein: »Ganz allgemein ist ja wohl ein ziemlicher Niveauunterschied festzustellen zwischen Ihnen selbst, der Sie mit Ihren größeren Zwecken kongenial gewachsen sind, und den Männern Ihres früheren nächsten Kreises.« Doch weiter schrieb Feder, er könne sich »des unangenehmen Gefühls« nicht erwehren, »als ob Sie selbst sich da etwas in der Richtung irren«. Ein ungeheurer Vorwurf, aber das war noch nicht alles: »Ich gönne Ihnen auch in Ihrer aufreibenden Arbeit gerne Ausspannen in Künstlerkreisen und im Kreise schöner Frauen. Aber was jetzt vor allem Not tut, ist die schleunigste

Ausfüllung der Lücke zwischen Ihnen als Führer und all denen, die Ihnen folgen wollen in die deutsche Freiheit.« Wer die Verantwortung für die Fehlentwicklung der Partei hatte, war für Feder klar: »Einen Hauptteil der Schuld daran trägt – und nun kommen Sie selbst an die Reihe –, dass man Sie selbst bei diesen Beratungen und Besprechungen nie sieht.« Der Grund dafür sei die »Anarchie in Ihrer Zeiteinteilung«, die Feder »wirklich für sehr misslich für die ganze Bewegung« hielt: »Sie müssen einfach Zeit haben für alle wichtigen Dinge, gerade das ist ja die Kunst eines großen Mannes, dass er Zeit hat für jeden und dass er mit seiner hervorragenden Menschenkenntnis sofort das Wichtige vom Unwichtigen zu scheiden weiß und dadurch ungeheuer viel Zeit spart.«

Die NSDAP müsse einen »geistigen Generalstab« bekommen und Hitler selbst brauche einen Sekretär, am besten einen bewährten Offizier, der »Sie an alles erinnert und sorgt, dass Sie überall rechtzeitig hinkommen«. Nur dann würden »die bösen Klagen und Verstimmungen verschwinden, die auch Ihre treuesten Anhänger bekümmern«. In der Partei herrsche »starke Gärung«, sodass »manche geringfügigen Vorkommnisse von der Fama maßlos übertrieben und aufgebauscht in den immer unzufriedenen und ungeduldigen Massen teils Verzweiflung, teils Abkehr hervorrufen« könnten. Ins Mark treffen musste Hitler ein weiterer Satz Feders: »Die Zeit der Condottieri ist vorbei.« Und noch schmerzhafter war die fast gönnerhafte Bemerkung: »Wir räumen Ihnen gerne die erste Stelle ein, aber für tyrannische Neigungen haben wir kein Verständnis.«[53]

Einige Formulierungen aus diesem Brief sickerten in die Öffentlichkeit durch, was Hitlers Gegner genüsslich aufgriffen. Einer sozialdemokratischen Zeitung zufolge habe er, als er von Feders Schreiben erfuhr, mit der Faust auf den Tisch geschlagen und gedonnert: »Was bilden sich diese Kerle ein! Ich gehe meinen Weg, wie ich ihn für richtig halte!«[54] Schon bald zeigte sich der NSDAP-Vorsitzende wieder milde gestimmt, denn er schrieb für Feders gerade vollendetes neues Buch *Der deutsche Staat auf nationaler und sozialer Grundlage* ein Geleitwort. Darum hatte Feder im selben

Brief freundlich gebeten. Zwar kam der Text mit einigen Wochen Verspätung, erschien daher erst in der dritten Auflage und war gerade einmal neun Zeilen lang. Dafür endete Hitlers Beitrag mit einem fast überschwänglichen Lob:»Das Schrifttum unserer Bewegung hat darin seinen Katechismus gefunden.«[55] Offenbar hatte Hitler den Brief vom 10. August 1923 nicht als Kampfansage verstanden. Feder hatte in seinem Brief einen weiteren strittigen Punkt angesprochen: die Beteiligung an den kommenden Wahlen. Hier argumentierte er ganz pragmatisch:»Es hat dies mit unserer grundsätzlichen Stellungnahme zum Parlamentarismus nichts zu tun, es ist mehr eine taktische Frage, ob wir auf diesen hervorragenden Resonanzboden verzichten sollen oder nicht.« Er versuchte, Hitler die Teilnahme schmackhaft zu machen:»Stellen Sie sich vor, dass Sie im Parlament täglich oder wann sich eben eine Gelegenheit gibt, diesen Leuten immer wieder unsere Verachtung ob ihrer parlamentarischen Unfähigkeit, der Verhältnisse Herr zu werden, aussprechen können.«[56]

Doch hatte Feder übersehen, dass sich die Frage einer Kandidatur für Hitler persönlich nicht stellte, durfte er selbst doch gar nicht antreten. Denn er war österreichischer Staatsbürger, kein Deutscher; sein Pass war im Generalkonsulat der Republik Österreich in München ausgestellt worden. Er benutzte dieses Dokument auch gelegentlich, vor allem bei seinen Reisen durch Österreich 1920 bis 1923 sowie in die Schweiz 1923. Doch die fehlende Wählbarkeit war nicht der einzige Grund für Hitlers Weigerung, nationalsozialistischen Kandidaten zuzustimmen. Er hielt an seinem Boykott aus dem Vorjahr fest und verhinderte Mitte August 1923 auch, dass die österreichische DNSAP bei den Nationalratswahlen antrat. Dies führte zu heftigem Streit mit Walter Riehl, der »für Wahlbeteiligung eingetreten war«, und letztlich zur Spaltung der DNSAP.[57]

# IN DER SACKGASSE

»Nicht für eine Wahl sind wir gegründet worden, sondern um als letzte Hilfe in der größten Not einzuspringen, wenn dieses Volk angstvoll und verzweifelt das rote Ungeheuer herankommen sieht«, verkündete Hitler am 5. September 1923 im Münchner Zirkus Krone: »Die Aufgabe unserer Bewegung liegt damit heute nicht darin, uns vorzubereiten für eine kommende Wahl, sondern für den kommenden Zusammenbruch des Reiches.«[58] Mit derartigen apokalyptischen Ankündigungen manövrierten sich die führenden Nationalsozialisten im Spätsommer und Herbst 1923 in eine Zwangslage: Sie steigerten die Erwartungshaltung ihrer Anhänger und mussten irgendwann losschlagen – sonst drohte der NSDAP ein ähnliches Schicksal wie gut ein Jahr zuvor dem DvSTB, der den Schritt von der verbalen zur konkreten Aggression eben nicht gewagt hatte. Die propagandistisch aufgeputschten Mitglieder und Sympathisanten der Hitler-Bewegung würden sich nicht mehr lange hinhalten lassen, zumal die Hyperinflation wöchentlich an Tempo zulegte und Verzweiflung heraufbeschwor.

Im Herbst 1923 verfügte die Partei über rund 50 000 eingeschriebene Mitglieder. Drei Viertel waren kleine Angestellte, Handwerker, Facharbeiter, Soldaten und Bauern; je ein Achtel gehörten als Beschäftigungslose, ungelernte Arbeiter und Tagelöhner zum Proletariat oder als Akademiker, Geschäftsinhaber, selbstständige Kaufleute und Studenten zur gehobenen Schicht.[59] Zusammengehalten wurde diese im Vergleich zur Facharbeiterpartei SPD heterogene Mitgliedschaft von der Wut auf die gegen Geldentwertung und Ruhrbesetzung offenkundig machtlosen Regierungen in München und Berlin. Die beiden anderen verbindenden Feindbilder, die revolutionäre Linke und allgemein »die Juden«, wurden im Oktober 1923 ganz offiziell zum Ziel staatlicher Maßnahmen. In die sozialdemokratisch geführten Landeskabinette von Sachsen und Thüringen waren kurz zuvor Kommunisten in der Hoffnung eingetreten, Zugriff auf die Polizeiapparate zu bekommen und so einen Umsturz herbeizuführen. Jedoch griff die Reichsregierung hart durch; Sachsens Ministerpräsident wurde abgesetzt, in Thüringen löste sich die SPD-KPD-Koalition freiwillig auf. Schärfer konnte man gegen die Linke nicht vorgehen, ohne einen offenen Bürgerkrieg loszutreten. Zeitgleich vollzog die bayerische Obrigkeit einen antisemitischen Schwenk. Übergriffe auf Münchner Juden waren inzwischen so gewöhnlich, dass der Verband Bayerischer Israelitischer Gemeinden nur noch zusammenfassend klagen konnte, die jüdische Bevölkerung werde seit Monaten »durch gewalttätiges und aufreizendes Vorgehen nationalsozialistischer und völkischer Kreise, durch öffentliche Anschläge und in der Presse, durch öffentliche Versammlungen und terroristische Einzelakte« in ihrer »Ehre, Existenz und friedlichen Betätigung in Beruf und Gesellschaft verletzt«.[60] Obwohl diese Klage berechtigt war, erließ der mit »diktatorischen Vollmachten« ausgestattete Generalstaatskommissar Gustav von Kahr, eigentlich als Regierungspräsident von Oberbayern regionaler Verwaltungschef, Mitte Oktober 1923 eine scharf antisemitische Verfügung: Mehrere Dutzend ostjüdische Familien sollten aus Bayern ausgewiesen werden. Meist handelte es sich um Ausländer, die schon seit Jahren oder sogar Jahrzehnten in Deutschland lebten. Als Begründung zog Kahr eine Regelung aus einer älteren Verordnung gegen Wucherer und Schieber heran und argumentierte, dass die Ausgewiesenen »in ärmlichen Verhältnissen eingewandert, nun aber reich« seien, sodass »sie es also verstanden hätten, sich während der tiefsten Not des deutschen Volkes zu bereichern«.[61] Das unterschied sich in der Tonlage nur geringfügig vom Judenhass der Nationalsozialisten. Besänftigen ließ sich ihre Wut durch Kahrs Entgegenkommen nicht, im Gegenteil: Es wurde als Zeichen von Schwäche verstanden.

Umso erstaunlicher erschien Beobachtern, dass der NS-Chef immer noch zögerte. Schon im November 1922 hatte ein deutscher Diplomat seinem Freund Harry Graf Kessler anvertraut:»Jeden Tag könnten Hitler und Esser die Straße gegen die Juden und gegen Berlin in Bewegung setzen. Sie hätten eine große, gut organisierte und bewaffnete Gefolgschaft.« Der bestens informierte Beamte fürchtete einen »Marsch auf Berlin«, gerade wenn »durch die bayerischen Vorgänge« auch der Westen, das Rheinland und das Ruhrgebiet sowie Ostpreußen »in Bewegung gerieten«.[62] Der Bremer Hans Thaysen, mittlerweile gläubiger Nationalsozialist, hielt fest: »Es sickerte allmählich durch, dass Adolf Hitler von München aus die Macht ergreifen wollte.«[63]

Von solchen Sorgen hielt Jean Pozzi, der Leiter der französischen Gesandtschaft in München, nicht viel. Er berichtete nach Paris: »Seit über einem Jahr wurde Bayern in ungefähr regelmäßigen Abständen, alle Monate oder alle zwei Monate, alarmiert: ›Morgen wird Hitler losschlagen‹, und dann kam der große Tag – der 23. Januar, der 1. Mai, der 14. Juli, der 2. September, der 27. September etc. – und verstrich, ohne etwas anderes zu bringen als Reden und halbzivile, halbmilitärische, mehr oder minder malerische oder lächerliche Paraden.« Pozzi fügte hinzu, vor lauter Ankündigungen glaubten »viele Leute« gar nicht an einen bevorstehenden Putsch.[64]

Er kam aber doch, und zwar zuerst in Berlin. Dort bereitete die Schwarze Reichswehr, eine illegale Organisation im Schatten der offiziellen Armee, einen Aufstand vor; beteiligt waren auch Nationalsozialisten. Am 1. Oktober 1923 sollte der Plan umgesetzt werden; Auslöser war ganz kurzfristig der Haftbefehl gegen den Berliner Kopf der Schwarzen Reichswehr, Ernst Buchrucker. Vorgesehen war, wichtige Garnisonen in der Reichshauptstadt zu übernehmen, das Regierungsviertel zu besetzen und ein Direktorium mit diktatorischen Vollmachten zu installieren – im Grunde eine Wiederholung des Kapp-Putsches von 1920. Das Vorhaben misslang aber schon im Ansatz: In Küstrin gelang es Buchrucker nicht, die reguläre Garnison zu überrumpeln.[65] Die paramilitärische Turnerschaft Olympia scheiterte bei der Besetzung wichtiger Gebäude im Berliner Regierungsviertel. Auf dem großen Truppenübungsplatz Döberitz entwaffneten reguläre Einheiten die Männer der Schwarzen Reichswehr, statt sie zu unterstützen; die nach Angaben eines Mitwissers »meist unreifen Menschen, jung, voll abenteuerlicher Ideen«

hatten aber Glück: Sie konnten »mit einem milden Abschied wieder
nach Hause marschieren«.[66] Die Zitadelle Spandau konnten Buch-
ruckers Anhänger zwar kurzfristig besetzen, sie mussten jedoch
bald aufgeben. Eine weitere Abteilung Putschisten im Fort Hahneberg am Westrand Berlins kapitulierte, nachdem ihnen Straffreiheit
zugesichert worden war.

Ähnlich erging es den am Putschversuch direkt beteiligten Nationalsozialisten: Eine kleine Gruppe um Hermann Kretzschmann
sammelte sich am Abend des 30. September 1923 in Berlin-Rum-
melsburg; von dort fuhren die Männer per Zug nach Potsdam, wo
ein Nachtquartier für sie vorbereitet war. Am folgenden Morgen
marschierten sie zur Kaserne auf dem Bornstedter Feld und bekamen Reichswehruniformen ausgehändigt. Doch dann mussten sich
die potenziellen Aufständischen verstecken – denn in der Kaserne
tauchte überraschend eine Kontrollkommission der Entente-Mächte
auf. Als die Kommission das Gelände verlassen hatte, wurden
Kretzschmanns Männer nach Hause geschickt: Die »Angelegenheit« hatte sich inzwischen erledigt.[67]

Die Justiz verfolgte die Aktion der Schwarzen Reichswehr zwar:
Ernst Buchrucker und 13 weitere Beteiligte wurden noch im Oktober 1923 wegen vollendeten Hochverrats angeklagt. Doch nur der
Anführer erhielt mit zehn Jahren ehrenvollem Festungsarrest eine
empfindliche Strafe, die Übrigen kamen mit lediglich symbolischer
Haft davon oder wurden sogar freigesprochen. Daher schreckten
die Konsequenzen des gescheiterten Putschversuchs in Berlin, Küstrin und Potsdam nicht von einer Wiederholung in München ab.

Hinzu kamen rätselhafte, aber meist umgehend durch Gerüchte
bekannte Treffen verschiedener reaktionärer und patriotischer
Gruppen mit Generalstaatskommissar von Kahr. Wollte der Leiter
der Münchner Krisenregierung den Chef der Reichswehr in Berlin,
General Hans von Seeckt, zu einem Putsch gegen die parlamenta-
risch gestützte Reichsregierung unter Gustav Stresemann bewegen?
Oder strebte Kahr im Gegenteil an, Hitler zu einem entscheidenden
Fehler zu provozieren, um seine Bewegung endgültig zu erledigen?

Davon gingen einflussreiche Kreise offenbar aus. Der ehemalige kaiserliche Reichskanzler Bernhard von Bülow, der angeblich mit dem Generalstaatskommissar in engem Austausch stand, streute die Ansicht, dass sich die »konservativen Rechtskreise« immer stärker vom »revolutionären Teil« um Hitler abwendeten.[68] Die Anhänger der NSDAP fanden sich in einer Sackgasse wieder.

## MARSCH AUF BERLIN

In dieser Situation gab es nur noch eine vermeintliche Lösung: den Staatsstreich. Seit Monaten schon hatte sich in den Köpfen führender Nationalsozialisten die Idee verselbstständigt, Benito Mussolini nachzueifern. Dessen Propagandaaktion eines »Marsches auf Rom« hatte Ende Oktober 1922 zu seiner Berufung zum Ministerpräsidenten geführt. »Es gibt nur zwei Möglichkeiten«, sagte Hitler zum Beispiel am 5. September 1923, »entweder marschiert Berlin und endet in München, oder München marschiert und endet in Berlin!«[69] Drei Wochen später erklärte er auch gegenüber einem Vertreter der US-Nachrichtenagentur *United Press*: »Wenn München im gegebenen Augenblick nicht auf Berlin marschiert, wird Berlin auf München marschieren.«[70] Am 7. Oktober versprach der NSDAP-Chef seinen Zuhörern in Bamberg, den »Marsch nach Berlin anzutreten«.[71] Eine Woche später verkündete er, Bayern müsse »den Kampf gegen Berlin beginnen«[72], denn Bayern werde »in Berlin verteidigt«. Regelmäßig forderte er nun in Brandreden, dass die »schwarz-weiß-rote Hakenkreuzflagge« über wichtigen Berliner Gebäuden flattern müsse; meistens sprach er vom Stadtschloss, mindestens einmal jedoch auch vom Reichstagsgebäude.[73]

Wiederholt besuchte in den ersten Novembertagen 1923 Dietrich Eckart die NSDAP-Geschäftsstelle in München. In seiner späteren Vernehmung bei der Polizei sagte er aus: »Hitler war stets von einem förmlichen Stab seiner Getreuen umgeben, zu denen ich aber nicht mehr gehörte. Das ganze militärische Wesen, die vielen jungen Offi-

ziere stimmten mich unbehaglich.« Der Sinn der Bewegung, nämlich eine Arbeiterpartei zu sein, schien ihm durch »all dieses Befeh-
lerische zerstört oder wenigstens verwischt zu sein«. Angeblich, so
die auf Distanzierung vom gescheiterten Putsch zielende Aussage,
habe Eckart dann »jedes Mal unmutig die Räume« der NSDAP verlassen.[74]

Gespannt und erwartungsvoll waren dagegen die meisten anderen Nationalsozialisten. In vielen größeren Städten des Reiches, keineswegs nur in Bayern, hielten sich NSDAP-Mitglieder und SA-
Männer bereit für den entscheidenden Moment. Sie rechneten
damit, die Behörden mit der Besetzung einiger öffentlicher Gebäude
und der Sperrung von Hauptstraßen zur Kapitulation zwingen zu
können. Manche Trupps sollten sich Zugang zu Waffenlagern der
Reichswehr verschaffen. Sie rechneten mit wenig, vielleicht auch
nur mit symbolischem Widerstand – für eine echte Auseinandersetzung waren die Hitler-Anhänger nämlich weder zahlreich genug
noch hinreichend ausgebildet.

In der Reichshauptstadt warteten einige Dutzend Mitglieder der
SA und der NSDAP, verschiedener Wehrverbände und angeblicher
Sportvereine auf das Signal zum Losschlagen. Sie glaubten, weitaus
mehr Menschen auf ihrer Seite zu haben, und fühlten sich durch
ein Pogrom im Scheunenviertel Anfang November 1923 bestätigt.
Am Vormittag des 5. November hatten sich mehrere Tausend be-
schäftigungslose Berliner vor dem Arbeitsamt Mitte in der Alexan-
derstraße versammelt, um ihre Unterstützung abzuholen. Gegen
11.30 Uhr hieß es, Geld sei nicht mehr vorhanden. Das war eine
Folge der Hyperinflation: Der Druck von Banknoten hielt mit der
Geldentwertung nicht mehr Schritt.[75] Erregung und Wut kamen auf,
musste doch bei täglichen Wertverlusten von bis zu 50 Prozent alles
Papiergeld sofort ausgegeben werden. Als das Gerücht aufkam,
Juden aus dem benachbarten Scheunenviertel hätten die vorhandenen Banknoten mit Dollar aufgekauft, um zu spekulieren, formierte
sich ein Protestzug. Hunderte skandierten »Schlagt die Juden tot!«
oder »Zieht die Juden aus!« und stürmten jene Straßen, in denen vor

allem arme jüdische Zuwanderer aus Polen und Russland lebten. Von antisemitischen Agitatoren aufgestachelt, plünderten oft halbwüchsige Arbeitslose das Viertel.[76] Ihre Wut richtete sich gegen Geschäfte, Lokale und Wohnungen. Menschen wurden aus ihren Häusern gezerrt und geschlagen. Die Polizei bekam die Ausschreitungen zunächst nicht in den Griff. »Man verfolgt dabei die Taktik, die Polizei zu ermüden. 50 bis 60 junge Burschen sammeln sich an einer Straßenecke an und beschäftigen die Sicherheitsbeamten«, berichtete die *Jüdische Rundschau*: »Im Rücken dieser Trupps wird dann von zwölf bis 15 Personen geplündert. Wollen dann die Beamten eingreifen, so versperrt der deckende Haufen den Weg.«[77] Erst als die Krawalle sich am Abend auf Stadtteile wie Charlottenburg auszuweiten drohten, stellten sich Polizeihundertschaften den Randalierern entgegen; am Vormittag des 6. November 1923 herrschte auch im Scheunenviertel wieder Ruhe. Es gab zahlreiche Verletzte, ein Antisemit wurde erschossen. Der Berliner Polizeipräsident verbot für die folgenden Tage alle Kundgebungen antisemitischer Gruppen in der Stadt – zu mehr war die Obrigkeit nicht in der Lage.

## SCHEITERN

Gegen Mittag des 8. November 1923 bat Hitler seinen Mentor Dietrich Eckart, ihn aufzusuchen; zu einem Gespräch kam es aber mangels Zeit nicht. Denn der NSDAP-Chef hatte viel zu tun: Für den Abend befahl er treuen SA-Leuten, eine Versammlung von bürgerlichen Unterstützern Gustav von Kahrs im Münchner Bürgerbräukeller zu »übernehmen«. Nach der Besetzung aller Ausgänge bestieg er gegen 20.30 Uhr das Podium, schoss in die Decke und rief die »deutsche Revolution« aus. Unter dem Jubel seiner Anhänger deklamierte Hitler: »Die Aufgabe der provisorischen Deutschen National-Regierung ist, mit der ganzen Kraft dieses Landes und der herbeigezogenen Kraft aller deutschen Gaue den Vormarsch anzutreten

in das Sündenbabel Berlin, das deutsche Volk zu retten.«[78] Dann
nahm er im Nachbarraum Kahr und seinen wichtigsten Vertrauten
das Versprechen ab, den Putsch zu unterstützen, und ließ sie gehen.

Von den Ereignissen im Bürgerbräukeller erfuhr Dietrich Eckart
in einer Münchner Bar, in der er mit zwei Bekannten saß. »Kurz
nach 23 Uhr trafen unbestimmte Gerüchte ein, dass die bayerische
Regierung gestürzt worden sein sollte. Wir drei nahmen das nicht
ernst.« Um Mitternacht kontrollierten Hitler-Anhänger das Lokal.
»Es war eine sehr erregte Stimmung«, erinnerte sich Eckart.[79] Das
galt für die ganze Münchner Innenstadt. Lastwagen mit Hitler-
Anhängern rollten vor Ministerien und Kasernen, die Männer errichteten Straßensperren und besetzten das Wehrkreiskommando.
Für ein paar Stunden in der Nacht und am frühen Morgen fühlten
sie sich als die neuen Herren Münchens. Am Neuen Rathaus auf
dem Marienplatz hing eine riesige Flagge in den Farben des früheren Deutschen Kaiserreichs: schwarz-weiß-rot. SA-Trupps verhafteten am frühen Morgen des 9. November 1923 bekannte Sozialdemokraten, verwüsteten die Redaktion der SPD-Zeitung *Münchner Post*
und attackierten jüdische Geschäfte. Bayerns Innenminister Franz
Xaver Schweyer, seit der gescheiterten Ausweisung Hitlers 1922 bei
der NSDAP verhasst, war bereits am späten Abend zusammen mit
einem Kollegen verschleppt worden. Auf dem Weg nach Bad Tölz
spielten SA-Leute unter Führung von Rudolf Heß grausame Spiele
mit ihnen: Sie simulierten die Erschießung der beiden Männer und
suchten nach Bäumen mit ausreichend starken Ästen, um sie aufzu-
knüpfen.[80]

Noch vor Mitternacht gingen Telegramme an zahlreiche NSDAP-
Gruppen im ganzen Reich. In Frankfurt standen Johannes Jordan
und einige Kameraden »auf dem Sprung, mit Adolf Hitler nach Berlin zu marschieren«.[81] Am Rande der Reichshauptstadt, abermals im
Fort Hahneberg und in der Zitadelle Spandau, sammelten sich
gleichzeitig einige Nationalsozialisten und warteten vergeblich auf
weitere Befehle. Manche ostpreußische NSDAP-Anhänger ergriffen
selbst die Initiative: »Als am Abend in Gumbinnen bekannt wurde,

dass der Führer in München losgeschlagen hatte, war mein Erstes, zur Infanteriekaserne zu eilen, um die Truppen auf die Seite Adolf Hitlers zu bringen«, erinnerte sich ein Parteimitglied mit Stolz: »Schwer fiel es, in die Kaserne zu kommen, aber ich war bereits bekannt und so erhielt ich Einlass.« Angeblich gewann er schnell viele einfache Soldaten und Unteroffiziere, dann auch die Rekruten; einer sagte: »Kinder, bevor wir gegen Hitler marschieren müssen, lassen wir uns verladen und gehen mit fliegenden Fahnen zu ihm über. Wir sind doch nicht nochmal so dumm wie 1918, dass wir uns vor die Sozi stellen.« Der Nationalsozialist war glücklich, »im Stillen etwas für den Führer getan« zu haben; er fühlte sich »guter Hoffnung«.[82] Auch in Württemberg strömten in der Nacht zum 9. November 1923 einige Hundert Nationalsozialisten auf den Truppenübungsplatz Münsingen auf der Schwäbischen Alb und hielten sich bereit – für Befehle, die nie kamen.

Denn der Putsch in München hatte nicht die unbedingt nötige Dynamik entfaltet. Die meisten nichtnationalsozialistischen Gruppen und Honoratioren in München verhielten sich abwartend. Das hatte zum Beispiel Harry Graf Kessler nicht erwartet: »Damit stehen wir unmittelbar vor dem Ende des Deutschen Reiches«, hatte der bekennende Pazifist noch am Morgen des 9. November 1923 notiert. Wenig später hielt er dann fest, Kahr habe erklärt, dass er mit dem »Verrückten Hitler nichts zu tun haben« wolle.[83] Der Generalstaatskommissar fühlte sich natürlich nicht an ein Ehrenwort gebunden, das ihm aufgezwungen worden war, und organisierte unmittelbar nach seiner Freilassung die Gegenwehr. In Berlin übertrug die Reichsregierung die vollziehende Gewalt an Reichswehrchef Hans von Seeckt, der den Befehl gab, jede Ausschreitung zu beenden und Versammlungen von Nationalsozialisten aufzulösen. Ab dem Morgen belagerten loyale Truppen das von Putschisten besetzte Münchner Wehrkreiskommando; am Vormittag kam es zu einzelnen Schusswechseln, bei denen zwei Aufständische starben. Angesichts des offensichtlichen Scheiterns rief Hitler seine Anhänger zum Marsch dorthin auf. Dietrich Eckart kam gegen 11.30 Uhr ins Bürgerbräu, das faktische Hauptquartier der Putschisten, um Hitler zu sprechen. Im ersten Stock traf er ihn »in dem Moment, als er gerade das Zimmer verließ. Er sah sehr finster aus und sagte zu mir nichts weiter als mit sehr harter Stimme ein ›Guten Tag‹.«[84] Eckart bestieg ein Auto und rollte im Demonstrationszug mit, hundert Meter hinter der Führungsgruppe.

Rund 2000 NSDAP-Anhänger, teilweise bewaffnet, marschierten durch die Münchner Innenstadt, durchbrachen zwei Postenketten der Landespolizei und setzten die Beamten fest. Als sich die Putschisten aber auf der Residenzstraße unmittelbar an der Feldherrenhalle einer dritten Linie näherten, fielen gegen 12.45 Uhr Schüsse. Eckart sagte aus: »Plötzlich krachten die Salven und ich sah vorne auch Menschen fallen. Im Nu war die Straße leer.« Auch er sprang, um nicht getroffen zu werden, aus dem Auto und versteckte sich hinter den Säulen des Hoftheaters. Das Schießen war da aber schon wieder vorüber: »Nach ungefähr drei Minuten erschien Hitler mit zwei oder drei Begleitern, der Mantel total beschmutzt, sehr blass, die Haarsträhnen im Gesicht. Er kam von der Feldherrenhalle her und bewegte sich ziemlich langsam zur Hauptpost.«[85]

Rund 16 Stunden hatte der Putsch gedauert, nun war er endgültig gescheitert. Die Besetzer des Wehrkreiskommandos gaben gegen die Zusage freien Abzugs auf; die Stoßtrupps ließen ihre Geiseln frei, sobald Polizisten auftauchten. Die Nachricht vom Ende des Staatsstreichs verbreitete sich rasend schnell durch Deutschland. Häme war die dominierende Reaktion. Die *Vossische Zeitung* bezeichnete Hitlers Auftritt im Bürgerbräukeller als »Zirkusszene« und kommentierte: »Es gehört viel dazu, um in Deutschland als erledigt zu gelten. Das deutsche Volk ist von einer unbeschreiblichen Geduld und Nachsicht.«[86] Doch die Nationalsozialisten könnten damit nun nicht mehr rechnen. Ganz ähnlich berichtete Frankreichs Gesandter in München, Jean Pozzi, nach Paris: »Wir haben einen Kinosketch oder ein Singspiel erlebt, das gegenwärtig die Grenzen zum Grotesken und zur Possenhaftigkeit erreicht.«[87] Die Wiener Zeitung *Reichspost* begrüßte, dass »die verrückteste Travestie eines Putsches in dieser an Putschen, Staatsstreichen, großen und kleinen Revolutionen auswahlreichen Zeit« vorüber sei. Es handele sich um eine »Revolution des Phrasenheldentums, die im Bürgerbräu einsetzte und in einem Katzenjammer ihrer kindischen Urheber endet«.[88]

In Berlin hatten sich am Morgen 70 bis 80 bewaffnete NSDAP-Anhänger versammelt und den Schnellzug nach München bestiegen; in Gera wurden sie aus den Waggons geholt und wegen Landfriedensbruchs festgenommen. Andere Nationalsozialisten reagierten ihren Frust über den misslungenen Putsch in Berlin-Mitte ab. Sie randalierten auf dem Alexanderplatz und dem Wilhelmplatz, skandierten »Nieder mit den Juden!« oder »Schlagt die Juden tot!« und ließen ihren »Führer« hochleben. Doch zu mehr als solchen Krawallen waren die Nationalsozialisten der Reichshauptstadt am 9. November 1923 nicht in der Lage. Die Gruppen im Fort Hahneberg und in der Zitadelle Spandau zogen am Nachmittag ab. In Gumbinnen verließen die Hitler-Anhänger ungehindert die Kaserne; sie sagten sich: »Auch nach diesem Karfreitag wird Ostern kommen!«[89] Auf dem Truppenübungsplatz Münsingen bei Stuttgart ließen örtliche Reichswehr-Verantwortliche die NS-Anhänger ziehen; einige Rädelsführer wurden gar kurzfristig in die Armee aufgenommen und dadurch der zivilen Justiz entzogen. Auch mancher wegen Mordes gesuchte Hitler-Anhänger konnte im Südwesten untertauchen.[90] Zwar setzten die württembergischen Behörden den Chef der Stuttgarter SA fest, die örtliche NSDAP-Parteileitung wurde aber nur aufs Polizeipräsidium bestellt und aufgefordert, sich jeder politischen Tätigkeit zu enthalten. Daran hielt sie sich allerdings nicht, weshalb die Geschäftsstelle zwei Wochen nach dem Putsch durchsucht und versiegelt wurde.

## SPALTUNG

Adolf Hitler selbst war noch am 9. November 1923 in das Landhaus eines Unterstützers nach Oberbayern geflüchtet, ließ sich hier aber zwei Tage später widerstandslos festnehmen. Seine Aggressivität hatte rund zwei Dutzend Tote gefordert. Die Partei und alle Unterorganisationen waren inzwischen reichsweit verboten, aller Besitz eingezogen worden. Die Mitgliederliste mit rund 55 000 Einträgen konnte die Münchner Polizei jedoch nicht sicherstellen; die Ermittlungen liefen ins Leere. Bald gründeten bisherige Hitler-Anhänger Tarnorganisationen; manche wurden erkannt und aufgelöst, doch fast jedes Mal folgte eine weitere mit neuem Namen und anderen Verantwortlichen, aber ähnlichen Zielen. Außerdem sollte die NSDAP illegal fortgeführt werden: »Wegen des behördlichen Verbotes ist es notwendig, die Partei von nun an als geheime Organisation aufzuziehen.« Damit echte Befehle zu erkennen waren, legte man in einem bereits geheimen Schreiben (»Nach der Durchsicht zu verbrennen!«) Regeln fest: »Alle Briefe, die von der Parteileitung ausgehen, sind mit der Schreibmaschine geschrieben und tragen links oben am Kopf den hier beigedruckten Stempel. Sie sind außerdem unterzeichnet mit dem Decknamen Rolf Eidhalt.«[91] Es handelte sich um ein Anagramm von Adolf Hitler und wurde von Alfred Rosenberg benutzt, dem Chefredakteur des ebenfalls verbotenen *Völkischen Beobachters*.

So viel Vorsicht erwies sich als überflüssig. Ohne Probleme ließ Bayern am 31. Januar 1924 die Großdeutsche Volksgemeinschaft zu, in deren Satzung es hieß, sie wolle ihre Ziele »unter ausschließlicher Anwendung aller gesetzlich erlaubten und zulässigen Mittel« erreichen.[92] Intern aber machte die Gruppierung erst unter Rosenbergs Führung, dann unter Hermann Esser und Julius Streicher deutlich, dass sie die revolutionär-antiparlamentarische NS-Politik fortsetzen werde. Als »allein maßgebend« galten ihr »der Geist und der Wille Adolf Hitlers«; das Programm der NSDAP von 1920 sollte in »großen Grundzügen« auch weiterhin gelten.[93] Auf manche bisherigen

Mitglieder wirkte das anziehend, so auf Karl Brandt aus Halle.[94]
Doch ihren wesentlichen Zweck erreichte die Großdeutsche Volksgemeinschaft nicht: Viele vormalige Hitler-Anhänger gründeten
eigene rechtsextrem-antisemitische Gruppierungen; die Völkischen,
von der NSDAP 1923 mit Mühe weitgehend integriert, zersplitterten
wieder. So entstanden ein Völkischer Rechtsblock, ein Völkischer
Block und die Nationalsozialistische Freiheitsbewegung Groß-
deutschlands sowie weitere Gruppen, die einander bekämpften. Der
Student Otto Hinz klagte: »So war es für mich nicht leicht, die
›ursprüngliche NSDAP‹ zu finden, zumal des Öfteren die Namen
wechselten.«[95]

Hitler konzentrierte sich derweil darauf, seinen Prozess vor
dem Volksgericht München wegen Hochverrats zur Bühne der
Selbstdarstellung zu machen. In stundenlangen Reden stilisierte er
sich im März 1924 zum Retter Deutschlands. Seine in vielen Zeitungen referierten Auftritte machten ihn zu einem der bekanntes-
ten Politiker Deutschlands – zwar gescheitert, aber scheinbar ein
Ehrenmann. So jedenfalls sahen es viele Sympathisanten, beispielsweise August Kirwald, den der »Verrat« von Kahr und anderen
»sehr betrübte« und der »voller Begeisterung« war für Hitlers Ver-
teidigungsreden.[96] Ernst Glogau erinnerte sich: »Mit dem durch
Verrat gescheiterten Versuch einer Wiedererneuerung Deutschlands erhielt der Name Hitler weit über Bayern hinaus symbolische
Bedeutung.«[97] Ähnlich sah es offensichtlich auch das Münchner
Volksgericht, das angesichts »mildernder Umstände« lediglich die
Mindeststrafe von fünf Jahren komfortabler Festungshaft verhängte
und schon nach Verbüßung von sechs Monaten Hitlers Entlassung
in Aussicht stellte. Möglich wäre auch lebenslängliches Zuchthaus
gewesen.[98]

»Das Misslingen des Unternehmens unseres Führers Adolf Hitler
durch schnöden Verrat der Gegenspieler, der Opfertod an der Feld-
herrnhalle, die Gefangennahme Adolf Hitlers mit vielen Getreuen
rief natürlich bei uns in Stuttgart große Enttäuschung und Bestür-
zung hervor«, schrieb Alfred Autenrieth: »Aber es muss gesagt wer-

den, dass nach und nach doch wieder Glaube und Hoffnung in die Herzen einzog.«[99] Dazu wollte auch der Versicherungsvertreter beitragen – mit einem Gedicht: »Du Hort des Deutschtums, deutscher Freiheit Quelle, Du musstest straucheln auf der Freiheitsschwelle, weil einem falschen Handschlag Du vertraut! Getrost als Retter werden einst Dich grüßen, die damals kalten Herzens Dich verstießen, und allerorts ertönt Dein Name laut! Was heut die Welt auch schreibt, ›Soll oder Haben‹ – in unserem Herzen ist Dein Name eingegraben! Heil Hitler Dir!«[100]

Solche Lyrik überzeugte nicht alle völkischen Antisemiten. Christian Mergenthaler lehnte den Putschismus ab und kandidierte für die Nationalsozialistische Freiheitspartei bei der Reichstagswahl am 4. Mai 1924 sowie der gleichzeitig stattfindenden Landtagswahl in Württemberg erfolgreich: Mit gleich zwei Mandaten ausgestattet, wollte er nun seine radikalen Überzeugungen auf parlamentarischem Weg voranbringen – obwohl die Spitze der aufgelösten Partei das ablehnte. Aus der Festungshaftanstalt in Landsberg verkündete Hitler unter anderem wegen solch mangelnden Gehorsams Anfang Juli 1924, dass er »sich auf die Dauer seiner Haft jeder politischen Tätigkeit enthält«.[101] Als sich dennoch verschiedene völkische Gruppierungen auf ihn beriefen, gab er bekannt: »Ich erkläre hiermit, dass in allen diesen Fällen mein Name missbraucht wird. Es ist niemand berechtigt, sich seiner zu bedienen oder sich auf ihn zu berufen.«[102]

Der gescheiterte Putsch war die unausweichliche Folge von Hitlers Kurs. Seine Aggressivität verbaute ihm jeden Kompromiss; sein Anspruch auf totalen Gehorsam machte ihn resistent gegen Alternativen. So führte die größte Stärke des Nationalsozialismus zu seiner bis dahin schlimmsten Niederlage. Allerdings hatten es ihm seine Gegner in Bayern lange sehr einfach gemacht: Eigentlich hätte die NSDAP bereits 1922 verboten, ihr »Führer« in sein Heimatland Österreich ausgewiesen werden können. Die Niederlage vom 9. November 1923 deutete er erfolgreich zum Mythos um – so stärkte sie seine Bewegung langfristig sogar.

# COMEBACK

Zwischen der Neugründung der NSDAP im Februar 1925
und den Anfängen der politischen und wirtschaftlichen
Unruhen […] war die NS-Bewegung in der deutschen
Politik nur ein Ärgernis am Rande.
*Ian Kershaw, Hitler-Biograf*[1]

## VORAUSEILENDER GEHORSAM

Totgesagte leben länger. Nach gut einem Jahr ohne »Führer« warteten die verbliebenen Anhänger von Adolf Hitler geradezu sehnsüchtig auf ein Signal aus München; dorthin war der ehemalige Parteichef nach seiner Haftentlassung kurz vor Weihnachten 1924
zurückgekehrt. Denn statt der 1923 ansatzweise erreichten Vereinigung der extremen Rechten in Deutschland dominierte wieder
Streit fast aller gegen fast alle. Mit Schaudern wandten sich Hitler-
Anhänger aus der Zeit vor dem Putsch ab: »Da ging es nicht um
Ideale, sondern Männer balgten sich um Namen«, erinnerte sich der
Exil-Österreicher Raimund Mayer.[2] Politische Gegner freuten sich:
»Der Patient ist verstorben. Die trauernden Hinterbliebenen liegen
sich wegen des Testaments in den Haaren. Sie werden sich nimmer
einigen«, kommentierte *Die Weltbühne* Anfang 1925 und fragte:
»Wie kam es eigentlich, dass die völkische Bewegung in Deutsch-
land so schnell und lautlos zusammenbrach?«[3]
   Zunächst tat Hitler wenig, denn noch galt in Bayern der Ausnahmezustand, und vor dessen formeller Aufhebung wollte er nichts
riskieren. Immerhin hatte er, ungewöhnlich für einen gerade aus der
Haft entlassenen verurteilten Hochverräter, Bayerns Ministerpräsi-

denten Heinrich Held getroffen. Hitler werde ja gewiss wieder die
Führung seiner Partei »in die Hand nehmen wollen«, sagte der konservative Regierungschef und verlangte die Zusage, auf illegale
Methoden zu verzichten. Eine Rückkehr der Zustände wie im
Herbst 1923 werde man nicht dulden. Hitler unterwarf sich, wenngleich ohne Zeugen; er fand die Behandlung durch Held »nicht
unanständig«, wie er fast 20 Jahre später bekannte.[4] Solche Über-
legungen wären seinen Anhängern wohl fremd geblieben, wenn sie
davon erfahren hätten. Sie fieberten dem Comeback der NS-Bewegung entgegen und gierten danach, gestützt auf die Propaganda-
wirkung ihres Anführers, zu öffentlicher Präsenz zurückzukehren.[5]

In Württemberg hingegen hatte sich die Nationalsozialistische
Freiheitsbewegung im Herbst 1924 formell von Hitler losgesagt und
war unter Christian Mergenthaler zur erneuten Reichstagswahl im
Dezember angetreten. Dagegen wandte sich der Ex-Soldat Eugen
Munder. Nach Mergenthalers »Verrat« gründete er im Januar 1925
mit fünf alten Kameraden »unter Zugrundelegung der von Hitler
seinerzeit gegebenen 25 programmatischen Punkte« die NSDAP in
Württemberg neu – Wochen bevor Ähnliches in München geschah:
»Der Betroffene wurde zum Vorsitzenden bestellt. Mit diesem Akt
war die eigentliche NSDAP in Württemberg begründet«, hieß es
1947 in Munders Entnazifizierungsverfahren.[6]

In Preußen war das Verbot der NSDAP schon am 12. Dezember
1924 aufgehoben worden; die Gefahr, die von den Nationalsozialisten ausging, schien nicht mehr groß genug, um weiter die schärfste
Sanktion zu rechtfertigen. Umgehend wurden verbliebene Hitler-
Anhänger aktiv – doch besonders viele waren es zunächst nicht. In
Ostpreußen ergriff Bäckermeister Waldemar Magunia die Initiative.
Seit dem 10. Januar 1925 traten einige Freunde und er in Königsberg
wieder offen unter der Hakenkreuzflagge auf.[7] Gleichzeitig begann
er, die örtliche Partei wiederaufzubauen, was sich aber mangels
einer ausreichenden Zahl von Interessenten dahinschleppte.

Ähnlich war es im Ruhrgebiet. Obwohl prominente Nationalsozialisten wie der Reichstagsabgeordnete Gregor Straßer sich be-

mühten, ehemalige NSDAP-Funktionäre auf Linie zu bringen, blieb der Neuaufbau der Partei bald stecken. In Gelsenkirchen-Buer kam es zunächst nicht zu einer Neugründung. Weiter südlich, im Bergischen Land, sehnte sich ein junger Arbeitsloser danach, wieder im Sinne des Nationalsozialismus und gegen konkurrierende rechtsextreme Gruppen aktiv zu werden: »Ich eröffne heute offiziell den Kampf gegen die Freiheitspartei. Wir müssen die alten, verkalkten Bonzen mattsetzen«, notierte der Elberfelder Joseph Goebbels am 14. Januar 1925 in sein Tagebuch: »Hitler will Ende dieses Monats einen Aufruf loslassen. Zur Gründung der alten Nationalsozialistischen Deutschen Arbeiterpartei. Das einzig Richtige.«[8] Doch so schnell ging es dann doch nicht: Erst sechs Wochen später trat Hitler mit einem Gründungsaufruf an die Öffentlichkeit.

Einigen Anhängern in Berlin war das zu langsam. Sie bildeten am 17. Februar 1925 ohne Genehmigung aus München eine Ortsgruppe. Treibende Kraft war abermals der bereits 1922/23 aktive Erich Thimm; die erste Geschäftsstelle lag in einer heruntergekommenen Gegend in Kreuzberg. Mangels nennenswerter Anhängerschaft fiel die neue Gruppe zunächst nicht weiter auf. Die NSDAP-Geschichtsschreibung gab für das Frühjahr 1925 rund 350 Mitglieder in der Reichshauptstadt an, realistisch dürfte die Hälfte sein. Die Tätigkeit der Partei beschränkte sich vorerst auf Treffen in den Wohnungen von Mitgliedern oder in Hinterzimmern von Kneipen, bei denen in Stammtischmanier auf die Republik und ihre Repräsentanten geschimpft wurde. Zwar entstanden bald in allen Stadtbezirken eigene Gruppen, die aber angesichts fehlenden Zulaufs meist rasch wieder aufgelöst wurden.

Dabei erschien in Berlin sogar eine der NSDAP nahestehende Wochenzeitung. Ein gewisser Karl Rudolf brachte das Blatt mit dem Titel *Hakenkreuzler* seit Herbst 1924 heraus. Angaben über die verkaufte Auflage gibt es nicht; groß kann sie nicht gewesen sein, was Rudolf dem politischen Gegner anlastete: »Die ersten sieben Monate waren eigentlich ein einziger großer Kampf um den Platz im Berliner Straßenhandel, in dem Sozialisten und Kommunisten immer wieder versuchten, unsere Händler mit Gewalt und Terror von den Straßen zu vertreiben.«[9] Auch mit den Behörden geriet der *Hakenkreuzler* in Konflikt: Das Blatt wurde 1925 zwei Monate lang verboten und dreimal die komplette Auflage beschlagnahmt; außerdem verhängten Berliner Gerichte mehrere Geldstrafen. Denn Rudolf bediente antisemitische Vorurteile und legte besonders scharfe Attacken seiner Zeitung als Flugblätter bei; vermutlich in der Hoffnung, dafür nicht zur Rechenschaft gezogen zu werden. Das Kalkül ging nicht auf.

## THEATRALISCHER NEUANFANG

Zwei Tage nach der Aufhebung des Ausnahmezustandes in Bayern am 14. Februar 1925 fiel auch das Verbot für den *Völkischen Beobachter*. Damit verfügte Hitler wieder über eine eigene Zeitung und war nicht mehr angewiesen auf andere, nur teilweise kontrollierbare Blätter wie den *Völkischen Kurier*. Für eine Woche zog er sich nach Berchtesgaden zurück, in die Pension Moritz auf dem Obersalzberg, und verfasste mehrere Texte, mit denen er die NSDAP neu gründen wollte. Zuerst wandte er sich mit einem flammenden Appell an ehemalige Mitglieder: »Nationalsozialisten! Parteigenossen und Parteigenossinnen! Mehr als ein Jahr ist verflossen seit dem Tage, der die Auflösung unserer jungen, herrlichen Bewegung brachte.« Es sei ein Jahr bitterer Kämpfe und Verfolgungen gewesen, in dem »die Gegner mit allen Mitteln niedrigster Lüge und Verleumdung, mit Terror und Heuchelei gegen den ihnen unbequemen Mahner des deutschen Gewissens ins Felde zogen«. Die »Todfeinde« hätten einander die Hände gereicht »auf dem gemeinsamen Marsche zur Ausrottung unserer Bewegung«. Dagegen setzte Hitler ein Versprechen: »Als Euer einstiger Führer rufe ich mit dem heutigen Tage die Partei, die wir in viereinhalb Jahren aus dem Nichts zu einer großen deutschen Nationalbewegung emporsteigen sahen, aufs Neue ins Leben. Sie soll wiedererstehen als schärfste

Waffe im Kampfe unseres Volkes um seinen Bestand im Innern und seine Freiheit nach außen.«[10]

In derselben Nummer des *Völkischen Beobachters* veröffentlichte Hitler einen ausführlichen Artikel, in dem er die Auseinandersetzungen auf dem rechtsextremen Flügel des politischen Spektrums kurzerhand für beendet erklärte: »Ich bin nicht gewillt, auch nur rückblickend mich mit dem Streit im völkischen Lager zu beschäftigen, sondern fühle mich berufen und verantwortlich dafür zu sorgen, dass aus den Fehlern der Vergangenheit die Zukunft lernen möge.« Das bezog sich vor allem auf Konflikte zwischen bayerischen Katholiken und norddeutschen Protestanten: »Es wird jedenfalls meine höchste Aufgabe sein, dafür zu sorgen, dass in der neu erweckten NSDAP die Angehörigen beider Konfessionen friedlich nebeneinander zu leben vermögen.«[11]

Außerdem erließ Hitler »Grundsätzliche Richtlinien für die Neuaufstellung der NSDAP«. Obwohl die Partei weiter auf dem 25-Punkte-Programm von 1920 beruhte, sollte sie formal eine Neugründung darstellen; jedes Mitglied musste neu aufgenommen werden, Überführungen ganzer Gruppierungen sollten nur ausnahmsweise erfolgen. Wichtigste Richtlinie war Gehorsam: »Wer nicht bereit ist, sich der ordentlich gewählten Leitung unterzuordnen, passt nicht in den Rahmen der NSDAP und mag diese deshalb meiden.«[12] Als diese Richtlinien erschienen, gab es noch keine »ordentlich gewählte Leitung« der Partei. Doch darum musste sich Hitler keine Sorgen machen: Für den folgenden Abend, den 27. Februar 1925, war im Bürgerbräukeller die erste Versammlung der neuen NSDAP angesetzt, und er würde der einzige Redner sein.

Obwohl die Versammlung erst um 20 Uhr beginnen sollte, verlangten schon von 14 Uhr an Besucher Einlass, und drei Stunden später standen Schlangen vor der Gaststätte. »Die Polizei musste schließlich, da der Saal schon weit überfüllt war, die ganze Umgebung absperren«, berichtete der württembergische Gesandte in Bayern, Carl Moser von Filseck. Er fand Hitlers Rede vor 3000 Zuhörern gemäßigt, hatte offenbar schärfere Worte erwartet; allerdings wusste er nichts von der Zusage gegenüber Ministerpräsident Held. Mehr erstaunte Moser von Filseck etwas anderes: »Das große Ereignis des Abends war die Aussöhnung Hitlers und seiner Anhänger mit den Kreisen der Völkischen, die im Gegensatz zu ihnen die parlamentarische Betätigung wünschen.« Hitler führte mit seinem Vertrauten Hermann Esser und dem Nürnberger Julius Streicher, aber auch mit dem Thüringer Artur Dinter, Wilhelm Frick und Gottfried Feder »eine große Versöhnungsszene auf dem Podium auf«.[13] Eine Aussprache fand nicht statt; sie war auch überflüssig, denn an den Machtverhältnissen in der neu gegründeten NSDAP ließ Hitler keinerlei Zweifel aufkommen: »Nun führe ich die Bewegung, und Bedingungen stellt mir niemand.«[14]

## PROBLEME BEIM COMEBACK

Die neu gegründete NSDAP schwor dem Putschismus ab, freilich nicht aus Überzeugung: Sowohl in Bayern wie auf Reichsebene hatte der Staat schließlich bewiesen, dass entschiedenes Durchgreifen gegen Feinde der Republik möglich war. Ähnliches wollte Hitler in Zukunft vermeiden. Zwar minderte er die Schärfe seiner Botschaften keinen Deut, aber die neue Taktik war nun, innerhalb des weit ausgelegten Rahmens der Gesetze den Staat durch Propaganda zu schwächen.

Zu diesem Vorgehen passte eine militarisierte SA nicht mehr. In seinen »Grundsätzlichen Richtlinien für die Neuaufstellung der NSDAP« bestimmte Hitler deshalb: »Die Neubildung der SA erfolgt nach den Grundlagen, die bis zum Februar 1923 maßgebend waren. Ihre Organisation hat dem Vereinsgesetz zu entsprechen. Bewaffnete Gruppen oder Verbände sind von der Aufnahme in die SA ausgeschlossen.« Schärfste Sanktionen wurden angedroht: »Wer entgegen den Anordnungen der Leitung Waffen trägt oder in Depots aufzubewahren versucht, wird sofort aus der SA und Partei ausgeschlossen.« Der Zweck der »neuen SA« sollte wie »einst vor dem

Februar 1923« die »Stählung des Körpers unserer Jugend, Erziehung zur Disziplin und Hingabe an das gemeinsame große Ideal, Ausbildung im Ordner- und Aufklärungsdienst der Bewegung« sein.[15]

Mit diesem formalen Legalitätskurs konnte Ernst Röhm nichts anfangen. Der Ex-Hauptmann hatte seit Frühjahr 1923 die Bewaffnung der Braunhemden betrieben und ein Jahr später im Auftrag Hitlers viele Mitglieder der verbotenen SA in einer Tarnorganisation namens Frontbann versammelt. Ende April 1925 gab er deshalb seine Funktionen in der NSDAP und der SA auf. Im *Völkischen Beobachter* ließ Röhm eine knappe Mitteilung erscheinen: »Mit dem heutigen Tag lege ich die Führung des Frontbannes und der SA nieder.« Gleichzeitig schied er aus allen politischen Verbänden aus, »um mir die volle Handlungsfreiheit für die Zukunft zu sichern«.[16] Wichtigen Funktionären der NSDAP und der SA gab er in einer zweiten, nicht für die Öffentlichkeit gedachten Erklärung die Gründe bekannt. Wenngleich kaschiert, konnte man seine Ablehnung des Legalitätskurses doch erkennen. Er habe, schrieb der nun ehemalige SA-Chef, »seit meiner Rückkehr vom Felde« versucht, »deutsche Frontsoldaten und deutsche Jugend in einem wehrhaften Verband zusammenzuschließen«, der einerseits den »Wehrwillen« zum Ziel hatte, andererseits aber eine »gemeinsame politische Idee«. Deutlich klang im nächsten Satz Enttäuschung mit: »Der Weg, den ich zur Erreichung dieses Ziels gegangen bin und zu gehen entschlossen war«, habe nicht »die Billigung Adolf Hitlers gefunden«.[17]

Einen Nachfolger von Röhm als SA-Chef setzte Hitler vorerst nicht ein; die SA blieb während des Neuaufbaus eine den regionalen Anführern der Partei untergeordnete Hilfstruppe: in manchen Ortsgruppen stärker, in anderen schwächer oder manchmal gar nicht existent. Das störte den Parteichef zunächst nicht, denn in seinen Augen hatte der Neuaufbau der NSDAP Vorrang. Nur dort, wo es eine funktionierende Parteistruktur gab, konnte die SA innerhalb der von München vorgegebenen formalen Legalität ihre Aufgaben umsetzen.

Trotz der inszenierten Verbrüderung auf der Bühne des Bürgerbräukellers gingen keineswegs alle Anhänger völkischer Gruppen in München mit wehenden Fahnen zu Hitler über. Von den 560 Mitgliedern der Großdeutschen Volksgemeinschaft im Bezirk Schwabing beispielsweise traten zunächst gerade einmal rund 100 in die neue NSDAP ein.[18] Nur jeder vierte der 23 staatlich bezahlten Abgeordneten, die der Völkische Block bei den Wahlen 1924 in den Bayerischen Landtag hatte schicken können, wechselte zur Hitler-Partei – das war unter finanziellen Gesichtspunkten besonders ärgerlich.

Bald zeigten sich sogar offene Brüche. Zwar unterschrieben alle nennenswerten Vertreter des völkischen Spektrums am 19. März 1925 die Aufforderung an ihre Anhänger, bei der anstehenden Reichspräsidentenwahl Erich Ludendorff zu wählen. Doch der blamable Ausgang der Abstimmung mit reichsweit gerade einmal knapp 286 000 Stimmen oder 1,1 Prozent für den Weltkriegs-General verstärkte die Dissonanzen. Nach Hitlers Streit mit Röhm rief Anton Drexler am 1. Mai 1925 den Nationalsozialen Volksbund ins Leben, gedacht als Konkurrenz zur NSDAP. Einige Zeit lang nahm Hitler davon keine Notiz, doch als Drexlers neuer Bund zu öffentlichen Veranstaltungen einlud, schickte die NSDAP Rollkommandos, um die Treffen zu sprengen; der *Völkische Beobachter* berichtete voller Häme über den »jämmerlichen Zusammenbruch hitlerfeindlicher Umtriebe«, und dass »der Verräter-Konzern endgültig erledigt« sei. Beim Volksbund handele es sich um »Parlamentarierklüngel« und »Verrätergesindel«, kurz: um »Feinde des Nationalsozialismus«.[19]

Gravierender war das faktische Redeverbot für Hitler, das Bayerns Innenminister Karl Stützel am 9. März 1925 erließ. »In nicht misszuverstehender Weise« habe Hitler versucht, »die Massen zu Gewalttätigkeiten aufzupeitschen oder doch auf solche Gewaltakte vorzubereiten«, befand der Minister und untersagte jede öffentliche Veranstaltung, bei der Hitler als Redner angekündigt wurde.[20] Damit verhinderte Bayerns Regierung eine für den folgenden Tag geplante Parallelveranstaltung in gleich fünf Brauereisälen – auf den erheblichen Mietkosten blieb die NSDAP sitzen. Der Grund waren zwei Passagen Hitlers in seiner Rede am 27. Februar 1925. Erstens die Aufforderung: »Kampf der Teufelsmacht, die Deutschland in dieses Elend hineingestürzt hat, Kampf dem Marxismus sowie dem geistigen Träger dieser Weltpest und Seuche, dem Juden. Kampf nicht nach bürgerlichem Muster, ›vorsichtig‹, damit er nicht zu wehe tut. Nein und nochmals nein!« Und zweitens die Schlussfolgerung: »Entweder der Feind geht über unsere Leiche oder wir über die seine.«[21] Beides war keineswegs gemäßigt, wie Hitler Ministerpräsident Held zugesagt hatte. Die meisten Länder des Reiches, einschließlich Preußens, Sachsens und Hessens, schlossen sich dem Verbot an. Damit war der NSDAP ihr wichtigstes Propagandainstrument genommen; es unterband jedoch nicht Auftritte Hitlers in geschlossenen Parteiversammlungen.[22]

Auch im Ruhrgebiet misslang das Comeback der wiedergegründeten NSDAP. Denn die Besatzungsmächte Frankreich und Belgien verboten im März 1925 die Hitler-Bewegung. Mit dem Abzug der französischen und belgischen Truppen ins Rheinland am 25. Juli 1925 lief diese Beschränkung zwar aus, doch die Dynamik der Neugründung war verpufft. In einzelnen Orten, etwa in Hattingen, entstanden Ortsgruppen mit mehreren Hundert Mitgliedern, in Gelsenkirchen-Buer dagegen bekannten sich nur 90 Personen zum Nationalsozialismus – eine Zahl, die sich in den kommenden Monaten, nach Abklingen der Wut über die abgezogenen Besatzungsmächte, sogar noch halbierte.

Noch größere Probleme plagten die NSDAP in der Reichshauptstadt. Zwar hatte Hitler am 1. März 1925 die wilde Gründung unter Erich Thimm nachträglich genehmigt und mit Ernst Schlange einen Gauleiter für Berlin ernannt. Der armamputierte Regierungsrat investierte seine ganze Kraft. »Im Frühjahr 1925 wohnte ich in Berlin-Wilmersdorf und war oft im Lokal Heinrich in der Kaiserallee«, erinnerte sich die Nationalsozialistin Hertha von Reuss: »Dort hörte ich auch Berlins Gauführer Dr. Ernst Schlange sprechen. Wie staunte ich, diesen Schwerkriegsverletzten so rüstig kämpfen zu sehen, war doch die Partei noch ziemlich klein.« Er sei »einer von

Hitlers Treuesten«, schrieb sie voll Hochachtung.[23] Dennoch blieb
die NSDAP in der Hauptstadt eine Splittergruppe. Gerade einmal
1,2 Prozent erhielt sie bei der Kommunalwahl am 25. Oktober 1925,
und zwar ausschließlich im Bezirk Spandau, denn nur dort hatte die
Partei eigene Kandidaten aufgestellt. Keiner von ihnen zog in die
Bezirksverordnetenversammlung ein, die NSDAP landete sogar auf
dem letzten Platz sämtlicher zur Wahl angetretener Parteien. Die
SPD dagegen, stärkste Kraft in der Hauptstadt, erhielt in Spandau
41,8 Prozent.

Nur auf den ersten Blick einen Erfolg erzielte Gauleiter Schlange,
als zum 1. März 1926 rund 450 Mitglieder des Frontbanns Nord eine
eigene Berliner SA bildeten.[24] Denn zwischen den gewaltbereiten
SA-Männern und den NSDAP-Mitgliedern um Schlange kam es
schnell zum Konflikt: Berlins SA-Chef Kurt Daluege war die Ortsgruppe zu zahm. In einem internen Bericht über die Zustände
der Berliner Partei schrieb der Neuköllner Funktionär Reinhold
Muchow: »Die innerparteiliche Lage ist in diesem Monat keine gute
gewesen. Es haben sich in unserem Gau Zustände herausgebildet,
die sich diesmal derart zuspitzen, dass mit einer vollständigen Zer-
rüttung der Berliner Organisation gerechnet wurde.«[25] Gauleiter
Schlange hatte angesichts des Konflikts mit der SA resigniert und
die Geschäfte seinem Stellvertreter Erich Schmiedicke übertragen.
Daluege präsentierte daraufhin bei einem Treffen der Berliner Ortsgruppe einen eigenen Kandidaten für den Gauleiter-Posten, den
ehemaligen Freikorps-Mann Heinz Oskar Hauenstein. Laut Polizeibericht ließ Hitler der Versammlung ausrichten, »er könne von
München aus die Berliner Verhältnisse nicht überblicken«. Deshalb
sollten die Funktionsträger vor Ort »von sich aus« die Angelegenheit regeln: »Hitler selbst wird alsdann nach dieser Regelung entweder persönlich nach Berlin kommen oder jemanden bitten, ihm in
München über die getroffenen Maßnahmen Bericht zu erstatten.«[26]

Anders als in Berlin gab es in Ostpreußens NSDAP immerhin
keinen Streit – mangels Mitgliedern, die sich hätten streiten können.
Im Wesentlichen finanzierte Waldemar Magunia mit den Erträgen

seiner Bäckerei die bescheidene Arbeit der örtlichen Partei. Auch
eine Rede von Hermann Esser im Mai 1925 brachte der Königsberger NSDAP nicht den nötigen Rückenwind. Zwar wurden einige
Ortsgruppen im Umland gegründet, doch fanden sie selten mehr als
ein oder zwei Dutzend Mitglieder. Nur wenige überzeugte Nationalsozialisten engagierten sich, zum Beispiel ein Postbeamter namens
Bartsch. Er hatte sich 1924 angesichts der Fraktionskämpfe aus der
Nachfolgeorganisation Großdeutsche Volksgemeinschaft zurückge-
zogen. »Sehnsüchtig wartete ich nun auf die Rückkehr Adolf Hitlers
und war froh, als er im Frühjahr 1925 die NSDAP wieder gründete,
denn es kam für mich in Zukunft nur noch die von ihm geführte
Volksbewegung in Frage.« Trotz seines bedingungslosen Glaubens
an Hitler aber trat Bartsch der Partei noch nicht bei, sondern wirkte
»nur im Stillen für die Bewegung«. Seine Bemühungen, »andere
Volksgenossen für dieselbe zu interessieren«, hatten nur geringen
Erfolg, jedenfalls konnte er »niemanden zur Mitarbeit gewinnen«.[27]
Bei der ostpreußischen NSDAP lag vieles im Argen, von den einfachen Mitgliedern bis zur Führung: Der erste Gauleiter Bruno Gus-
tav Scherwitz wurde nach anderthalb Jahren wegen mangelhafter
Disziplin seines Amtes enthoben. Zum NSDAP-Reichsparteitag
1926 kamen gerade einmal neun Mitglieder aus Ostpreußen nach
Weimar – eine enttäuschend kleine Zahl.

Nicht einmal in München selbst konnte der Neustart der NSDAP
wirklich überzeugen. Auch hier dominierten zunächst Querelen,
obwohl Hitler als Autorität fast ständig vor Ort war. Gerade einmal
1500 bis 1800 Mitglieder zählte die Ortsgruppe – weniger als ein
Drittel im Vergleich zu 1923. »Man wird im Allgemeinen sagen können, dass die Regierung Held mit dem Redeverbot für Hitler das
Richtige getroffen hat. Wenn man ihm den Mund verbindet, vernichtet man seine Zugkraft, denn nur mit seinem Phrasenschwall
vermag er sich Anhänger zu schaffen«, analysierte Carl Moser von
Filseck Ende September 1925: »Seine Anhängerschaft ist stark
zurückgegangen, der *Völkische Beobachter* kämpft um seine Existenz, und es ist zu verwundern, woher er immer noch so viel Geld

bekommt, um sich so halten zu können, wie er es tut.« Der württembergische Gesandte in München schloss:»Man mag eine gewisse
Genugtuung empfinden, dass die von Hitler wachgerufene Bewegung sich allmählich verläuft.«[28]
    Verfahren war die Situation ebenfalls in Österreich. Hier hatte
sich 1924 die DNSAP gespalten, in den bald bedeutungslosen
Deutschsozialen Verein unter dem bisherigen Parteichef Walter
Riehl und in eine Gruppe, die den alten Namen weiterführte und die
ein Werkzeugmeister namens Karl Schulz leitete.»Unsere Mitglieder und darüber hinaus in ganz Wien fast alle Älteren und ernste-
ren Parteimitglieder halten den Zustand der Partei seit dem Rück-
tritte des früheren Obmanns Dr. Riehl für gänzlich unerträglich«,
beschwerte sich der Nationalsozialist Rudolf Chytra über die Zustände:»Wir sind heute für die ganze Öffentlichkeit kaum mehr ein
Gegenstand der Beachtung, ja nicht einmal mehr des Hasses, wir
sind lächerlich geworden und noch dazu werden wir verachtet.«[29]
Der Mittelschullehrer Richard Suchenwirth, der in Kontakt mit der
NSDAP in München stand, wandte sich gegen Schulz und dessen
moderate Linie. Doch offenbar durchschauten Hitler und sein Privatsekretär Rudolf Heß die verworrenen Verhältnisse in Wien
auch nicht, jedenfalls schrieb der Parteichef an Suchenwirth:»Die
NSDAP mischt sich in die österreichischen innerparteilichen Angelegenheiten so lange nicht hinein, solange nicht ideenmäßig wenigstens die volle Übereinstimmung wiederhergestellt ist.«[30] Trotz dieser Ankündigung tat Hitler das Gegenteil. Einen Monat später
schrieb Heß den zerstrittenen Führern der österreichischen Nationalsozialisten:»Herr Hitler lässt Ihnen bei dieser Gelegenheit mitteilen, dass er auf Wunsch bereit ist, seine Hand zu einer Wiederver-
einigung der beiden heute im Gegensatz stehenden Gruppen zu
bieten, unter der Voraussetzung, dass die Führung der wiederver-
einten Bewegung dann an den radikalen Flügel, der von Professor
Suchenwirth repräsentiert wird, übergeht.«[31]
    Mitte August 1926 unterwarfen sich die Österreicher bei einer
Tagung in Passau bedingungslos Hitlers Führungsanspruch; Karl

Schulz verließ den Saal ohne Verabschiedung. Der *Völkische Beob-achter* feierte daraufhin den »Anschluss der Nationalsozialisten Österreichs«.[32] Doch lange hielt die Freude nicht an, denn in Wien gingen die Grabenkämpfe weiter, blühten Misswirtschaft und Intrigen.[33] Die Quittung kam bei den nächsten Nationalratswahlen: Gerade einmal 26 991 Österreicher votierten für die Hitler-treuen österreichischen Nationalsozialisten, die unter dem Namen Völkischsozialer Block angetreten waren – ein Ergebnis von 0,74 Prozent.[34]

In Württemberg galt im Gegensatz zu den meisten anderen Ländern des Deutschen Reiches kein Redeverbot für den NSDAP-Chef. Das nutzte die Ortsgruppe Stuttgart Ende März 1925 für eine Einladung an den »Liebwerten Herrn Hitler«. In seiner Funktion als örtlicher Geschäftsführer schrieb Eugen Munder: »Die verschiedenen Versammlungsverbote in Bayern und den anderen deutschen Ländern erfüllen die Führer der Ortsgruppe Stuttgart mit tiefer Sorge. Wenn es einem Menschen verwehrt ist, einem größeren Kreise seiner Anhänger sich zu zeigen und zu ihnen zu sprechen, besteht auf die Dauer die Gefahr, dass die notwendige dauernde Fühlung mit den Massen verloren geht.« Daher sei es »unbedingt notwendig, sich zu überlegen, ob und wo Sie Gelegenheit haben, in aller Öffentlichkeit für unsere nationalsozialistische Sache zu sprechen«. Nicht ganz uneigennützig fuhr die Einladung fort: »Wir glauben, dass zurzeit in Württemberg, d.h. in Stuttgart der geeignete Boden wäre, den Versammlungsverboten zu begegnen. Wir geben Ihnen deshalb sehr ernsthaft in Erwägung, von Stuttgart aus sich an die Parteigenossen im ganzen Reich zu wenden.« Die örtliche NSDAP könne ausreichend Interessierte garantieren, um die Liederhalle zu füllen, den größten Saal der Stadt. Zugleich musste Munder Probleme einräumen: »Wenn auch manches in Württemberg noch der Klärung bedarf und es gut und notwendig wäre, in kurzer Zeit Stellung zu dem Bestehen des Landesverbandes Württemberg als selbstständiger, München nicht angeschlossener Sonderorganisation zu nehmen, sind wir jedoch guter Hoffnung, dass unsere Aufbauarbeit

Erfolg haben wird.«[35] Das bezog sich auf Christian Mergenthalers
Nationalsozialistische Freiheitsbewegung, die der wiedergegründeten NSDAP Konkurrenz machte.

Die Einladung war Hitler offenbar nicht ganz geheuer. Er ließ die
Stuttgarter bis Mitte Juni 1925 warten und kam dann nur zu einer
geschlossenen Parteiversammlung, auf der er die Ortsgruppe neu
ordnete. Es könne nicht um »Abstimmungen und Majoritätsbe-
schlüsse« gehen, sondern »um die Frage, wo Recht und Unrecht«
sei, sagte Hitler laut der Mitschrift eines Polizisten. Daher bedauere
er »lebhaft, dass Mergenthaler nicht erschienen sei«, denn gerade
seinetwegen wäre er gekommen. Es ging ihm nicht um einen Ausgleich, sondern um Unterwerfung: »Die Differenz zwischen ihm
und Mergenthaler sei aber nicht ›taktischer‹, sondern ›prinzipieller‹
Art. Wenn Einigkeit im Prinzip herrsche, so gebe es keine unlös-
lichen taktischen Streitfragen.«[36] Das bedeutete, dass die Nationalsozialistische Freiheitsbewegung als Gruppe nicht zur NSDAP
zurückfinden konnte. Dafür aber stand die offizielle Ortsgruppe
nun fester denn je zu Hitler. So durften die Stuttgarter im August
und im Dezember 1925 zwei öffentliche Massenveranstaltungen mit
ihm in der Liederhalle ausrichten – und Munder stieg als Belohnung für seine Treue zum Gauleiter von Württemberg auf.


## FRAKTIONSBILDUNG


Die Bemühungen, in Nordwestdeutschland die NSDAP neu aufzubauen, hatte Hitler am 11. März 1925 abgesegnet. Der Reichstagsabgeordnete Gregor Straßer betrieb sie mit erheblicher Energie und
dank seines Freifahrtscheins für die Reichsbahn mit hoher Präsenz
vor Ort. Hatte es im November 1923 nur 71 Ortsgruppen in Nordwestdeutschland gegeben, so bestanden Ende 1925 schon 262. Straßer handelte eigenständig, und Hitler ließ ihn machen. Von Ende
März bis Ende September 1925 verbrachte der Parteichef insgesamt
112 Tage in Berchtesgaden, um die Fahnen des ersten Bandes seines

Bekenntnisbuches *Mein Kampf* durchzusehen und Passagen für den zweiten Band zu diktieren. Zwar kam er gelegentlich für einige Tage nach München, unternahm auch kürzere Reisen nach Bayreuth, Weimar und Stuttgart, doch straff lenken ließ sich der Wiederaufbau der NSDAP so nicht.

Diese Freiräume förderten erneut Spannungen, wie sie schon während Hitlers Haft den Völkischen Block gespalten hatten. In erster Linie ging es um persönliche Befindlichkeiten: Straßer und seine Unterstützer lehnten die »Münchner Clique« um den verhassten Hermann Esser ab. Ihr wurde vorgeworfen, die Nähe zur Führungsfigur Hitler zu nutzen, um den eigenen Einfluss auszubauen. »Verhältnisse in München. Das muss da ja ein tolles Durcheinander sein«, notierte der Straßer-Unterstützer Joseph Goebbels verärgert: »Die Bayern können nicht organisieren.«[37]

Gleichzeitig versuchte die Reichsleitung, den Nationalsozialisten im Norden Vorschriften zu machen. Dagegen wehrte sich die Arbeitsgemeinschaft Nord-West der NSDAP, die erste regionale Fraktion der Partei. Ausgangspunkt war ein Treffen am 20. August 1925: »Gestern war Straßer den ganzen Nachmittag hier«, hielt Goebbels fest: »Erzählte viel Trauriges von München. Von dieser Sau- und Luderwirtschaft in der Zentrale. Hitler ist von falschen Leuten umgeben. Ich glaube, Hermann Esser ist sein Verhängnis.« Straßer und Goebbels kamen überein, »den gesamten Westen organisatorisch« zu bündeln. Für Anfang September waren »grundlegende Verhandlungen« geplant. Der neue Westblock sollte eine eigene Publikation bekommen, die *Nationalsozialistischen Briefe*, als Gegengewicht zum *Völkischen Beobachter*: »Damit werden wir ein Kampfmittel gegen die verkalkten Bonzen in München haben. Wir werden uns schon bei Hitler durchsetzen.«[38]

Denn es ging der parteiinternen Fraktion nicht um einen Konflikt mit dem Parteichef oder gar um einen Aufstand gegen ihn, sondern um die Nähe zu Hitler. Die Statuten der Arbeitsgemeinschaft vom 9. Oktober 1925 hielten fest, man arbeite »mit ausdrücklicher Genehmigung Adolf Hitlers«. Alle »eigensüchtigen Zwecke« seien

»hintanzusetzen«, stattdessen wolle man »in kameradschaftlichem Geiste der Idee des Nationalsozialismus unter ihrem Führer Adolf Hitler dienen«.[39]

Die Motive der Beteiligten waren unterschiedlich. Gregor Straßer wollte seinen eigenen Wert für Hitler steigern; Goebbels erkannte das und hielt fest: »Er hat bestimmt einen kleinen Ehrgeiz, wenn er auch immer das Gegenteil behaupten mag. Deshalb sein Hass gegen Esser und München, die ihm bei Hitler im Wege stehen.«[40] Während Straßer schon in enger Beziehung zum Parteichef stand, strebte Goebbels noch nach einem solchen Kontakt; das geeignete Instrument schien ihm dazu eine gewichtige Arbeitsgemeinschaft zu sein. Andere nordwestdeutsche NSDAP-Funktionäre wollten über die Arbeitsgemeinschaft Einfluss ausüben auf die Politik der Gesamtpartei, die Hitler in seinem 25-Punkte-Programm festgelegt hatte.

Am 22. November 1925 trafen sich die Mitglieder der Arbeitsgemeinschaft in Hannover. Straßer präsentierte in einem Referat seine Vorstellungen, die vielfach die 25 Punkte aufgriffen, aber präziser fassten. Etwa in der Agrar- und Industriepolitik ging der »Dispositionsentwurf eines umfassenden Programms des nationalen Sozialismus« weit über die Formeln von 1920 hinaus, dokumentierte aber zugleich die Naivität ihres Verfassers: Straßer strebte nämlich an, in der entwickelten arbeitsteiligen Gesellschaft, die er für Deutschlands Zukunft hielt, »in hohem Maße Naturalentlohnung« statt Geld vorzusehen. Im Übrigen sollte es zwei Währungen geben, eine »Arbeitsmark« innerhalb des Reiches und eine frei konvertierbare, goldgedeckte »Auslandmark«.[41]

Anfang Januar 1926 bekam Gottfried Feder ein Exemplar des Programmentwurfs zugespielt. Straßer warnte seinen Mitstreiter Goebbels, Feder sei »über die Verbreitung ohne Hitlers und sein Wissen wütend« und werde den Parteichef »scharfmachen«. Eine Konfrontation mit Hitler aber wollte Straßer vermeiden, deshalb ruderte er zurück und riet Goebbels, dem Geschäftsführer der Arbeitsgemeinschaft: »Auf jeden Fall muss in einem Rundschreiben darauf hingewiesen werden, dass es sich um eine unverbindliche Sammlung von

Punkten durch geistig dazu geeignete Parteigenossen handelt, nicht um offiziell feststehende Änderungen oder Neuheiten. Daher Diskretion.«[42]

Dennoch beschloss die Arbeitsgemeinschaft Nord-West am 24. Januar 1926 eine überarbeitete Version dieses Programms, auch gegen Feders erbosten Widerspruch, der ohne Einladung erschienen war und gegenhielt: »Feder redet. Klug, aber stur dogmatisch. Und dann ein endloser Wust von Debatte. Herrgott, was ein Trubel«, schrieb Goebbels in sein Tagebuch: »Dann lege ich los. Russland, Deutschland, Westkapital, Bolschewismus, ich spreche eine halbe, eine ganze Stunde. Alles lauscht in atemloser Spannung. Und dann stürmische Zustimmung.« Gottfried Feder als Vertreter der Münchner Clique habe »klein und hässlich« gewirkt. Der Geschäftsführer glaubte, seine Arbeitsgemeinschaft habe sich durchgesetzt: »Wir haben gesiegt.«[43] Ein Irrtum.

Denn Hitler und die Reichsleitung in München schäumten. Für den 14. Februar 1926 berief der Parteichef eine Tagung führender Funktionäre nach Bamberg ein. Eine Tagesordnung gab es nicht; in der Einladung hieß es lediglich, es sollten einige »wichtige Fragen« angesprochen werden. Goebbels hoffte, die Arbeitsgemeinschaft könne »Hitler auf unser Terrain locken«.[44] Ein weiterer Irrtum. Zwar fand er im ersten Moment, der Parteichef habe in seiner zweistündigen Rede eine schlechte Figur abgegeben: »Welch ein Hitler? Ein Reaktionär? Fabelhaft ungeschickt und unsicher. Russische Frage: vollkommen daneben. Italien und England naturgegebene Bundesgenossen. Grauenhaft!« Doch dann versagte Gregor Straßer in der anschließenden Aussprache: »Stockend, zitternd, ungeschickt, der gute, ehrliche Straßer!«, schrieb Goebbels und machte seinem Ärger über die Münchner Clique Luft: »Ach Gott, wie wenig sind wir diesen Schweinen da unten gewachsen!«[45] Hitler hatte seine Autorität verteidigt, der Programmentwurf der Arbeitsgemeinschaft wurde nicht diskutiert. Am 5. März 1926 machte Gregor Straßer sein Scheitern parteiöffentlich; in einem Brief an alle Mitglieder der Arbeitsgemeinschaft schrieb er: »Aus ganz bestimmten Gründen sehe ich mich veranlasst, an Sie die dringende Bitte zu richten, den Ihnen seinerzeit von Elberfeld aus übersandten sogenannten Straßerschen Programmentwurf sofort wieder an meine Adresse zurücksenden zu wollen.« Der Reichstagsabgeordnete fügte hinzu, er habe sich Hitler gegenüber »verpflichtet, die restlose Hereinholung des Entwurfes zu veranlassen«.[46] Der Versuch, neben München eine nordwestdeutsche Fraktion der NSDAP zu bilden, war fehlgeschlagen.

Das Comeback der NSDAP nach Hitlers Entlassung erwies sich als insgesamt enttäuschend. Zwar hatte die Partei mit den Interessenten für ihre erste Versammlung am 27. Februar 1925 durchaus an die Besucherzahlen des Jahres 1923 anknüpfen können. Doch unmittelbar danach bremste das Redeverbot für Hitler weitere Erfolge aus. Die Mitgliederzahl entwickelte sich überall im Reich unbefriedigend, weil es nur teilweise gelang, die in vielerlei Gruppen gespaltene völkisch-antisemitische Bewegung erneut zu dominieren. Zwar konnte sich der Parteichef intern durchsetzen, doch dem Neustart folgte eine jahrelange Phase der Stagnation – nicht ganz zufällig parallel zur ökonomischen Erholung Deutschlands in den Jahren 1925 bis 1929.

# WELTANSCHAUUNG

Alles, was die Menschen zu tun brauchten, war,
den Quantensprung ins Dunkle zu wagen. Ein fest
verschworener Glaube an die eigene nationale Größe
barg die Lösung für alle Probleme der Welt.
*Michael Burleigh, Historiker*[1]

## DAS »EHERNE« FUNDAMENT

Wahrheit ist relativ: Sie liegt im Auge des Betrachters, der mal mehr,
mal weniger Rücksicht nimmt auf Tatsachen. Man kann es Glauben
nennen, präziser aber sind Begriffe wie »Weltsicht« oder »Weltanschauung«. Hitlers Wahrnehmung der Wirklichkeit ähnelte
Sichtweisen, die im Deutschland der unmittelbaren Nachkriegszeit
weitverbreitet waren, besonders stark in München: Hass auf Juden
und Marxisten, Wut über die Niederlage im Krieg und den Frieden
von Versailles, Ablehnung der Weimarer Verfassung und des auf ihr
beruhenden demokratischen Rechtsstaates. Die ersten Anhänger
der NSDAP waren »getrieben von dem gleichen Instinkt und sehr
unklarem gleichem Willen«, analysierte 1931 rückblickend der
Staatswissenschaftler Ulrich von Hasselbach in seiner Doktorarbeit.
Sie wussten »sich durch mehr als verstandesmäßiges Übereinstim-
men verbunden, weil sie sich erfasst fühlten von der gleichen Idee«.[2]
Das Besondere an Hitler war nicht seine Weltsicht selbst, sondern
die Rücksichtslosigkeit und die Energie, mit der er agitierte. Beides
zusammen vermittelte den Eindruck, er werde es nicht bei Worten
belassen, sondern seine Ankündigungen auch umsetzen, wenn er
die Gelegenheit dazu bekäme.

Einige schon früh zum Nationalsozialismus gestoßene Publizisten bemühten sich, die Weltanschauung der Partei genauer zu beschreiben, und verfassten programmatische Traktate, die vor und auch nach 1933 in teilweise hohen Auflagen vom Parteiverlag veröffentlicht wurden – die wichtigsten waren Gottfried Feder mit seinem *Manifest zur Brechung der Zinsknechtschaft des Geldes* von 1919 und der Broschüre *Der Deutsche Staat auf nationaler und sozialer Grundlage* von 1923 sowie Alfred Rosenberg mit seiner Version der *Protokolle der Weisen von Zion und die jüdische Weltpolitik*, erschienen 1923, und dem Buch *Der völkische Staatsgedanke* von 1924. Doch beider Versuch, die Ideologie der NSDAP zu dominieren, schlug fehl.

Grundlegend für die NSDAP blieb vielmehr nach Hitlers oft wiederholter Feststellung das 25-Punkte-Programm von 1920; er hatte es die »granitene Grundplatte« der Bewegung genannt.[3] In der Satzung des Trägervereins der Partei vom 21. August 1925 hieß es ausdrücklich: »Vereinsprogramm ist das am 24. Februar 1920 zu München herausgegebene grundsätzliche Programm der NSDAP. Dieses Programm ist unabänderlich. Es findet seine Erledigung nur durch seine Erfüllung.«[4] Später verinnerlichte selbst der Beamtenapparat der Reichskanzlei dieses Dogma. Als im Zweiten Weltkrieg eine Regelung vorbereitet wurde, um im Falle eines Falles einen geordneten Übergang zum nächsten Reichskanzler zu ermöglichen, hieß es im Entwurf des vorgesehenen Eides: »Ich schwöre, dass ich unerschütterlich und unter Einsatz meines Lebens zu dem Programm der NSDAP – wie es der Führer Adolf Hitler am 24. Februar 1920 verkündet hat – stehen werde.«[5] Von einer Weiterentwicklung ihrer Ziele hielt die Partei nichts.

Auch viele Anhänger hielten die Forderungen der 25 Punkte für grundlegend. Der Oberschüler Heinz Ludwig von Berswordt-Wallrabe hatte von der Hitler-Bewegung gehört und ging 1930 zur Berliner Geschäftsstelle der Partei, um sich ein Programm zu besorgen: »Nach kurzem eigenen Durchlesen stand für mich fest: Dies und nichts anderes!« Er wollte beitreten, doch weil er noch keine 18 Jahre

alt war, durfte er nicht.[6] Dieses Problem hatte wenig später ein
29-jähriger preußischer Beamter nicht. Auch er bekam »ein Programm der NSDAP in die Hand«; es brachte ihm, so schrieb er
rückblickend, »zu Bewusstsein, dass es nicht genügt nur zu wählen,
sondern dass die Pflicht eines jeden guten Deutschen ihn zur Mitarbeit am Werk Adolf Hitlers treiben« müsse.[7]

Dabei war das Programm in weiten Teilen längst überholt. Verfasst zum Jahreswechsel 1919/20, passten gleich mehrere seiner
Forderungen erkennbar nicht mehr in die zweite Hälfte der 1920er-
Jahre. Gerade deshalb hatte Gregor Straßer einen wesentlich verän-
derten Entwurf im Kreise seiner Vertrauten der nordwestdeutschen
Arbeitsgemeinschaft zur Diskussion gestellt, scheiterte aber an Hitlers Unnachgiebigkeit. Da das Problem so aber nicht aus der Welt zu
schaffen war, legten sowohl Rosenberg wie Feder ausführliche Inter-
pretationen des ursprünglichen Programms vor, die einzelne Forderungen erläuterten und damit der gesellschaftlichen Wirklichkeit
wenigstens annäherten. In einem Fall verfügte sogar Hitler selbst
eine Ergänzung; sie verkehrte den an sich unmissverständlichen
Punkt 17, »Wir fordern eine unseren nationalen Bedürfnissen ange-
passte Bodenreform, Schaffung eines Gesetzes zur unentgeltlichen
Enteignung von Boden für gemeinschaftliche Zwecke«, faktisch ins
Gegenteil: »Da die NSDAP auf dem Boden des Privateigentums
steht, ergibt sich von selbst, dass der Passus ›Unentgeltliche Enteignung‹ nur auf die Schaffung gesetzlicher Möglichkeiten Bezug hat,
Boden, der auf unrechtmäßige Weise erworben wurde oder nicht
nach den Gesichtspunkten des Volkswohls verwaltet wird, wenn
nötig, zu enteignen. Dies richtet sich demgemäß in erster Linie
gegen die jüdischen Grundspekulationsgesellschaften.«[8]

Die 25 Punkte blieben also in Kraft, obwohl sie nicht mehr zeitge-
mäß waren. Ulrich von Hasselbach analysierte treffend: »Versuchen
wir eine zusammenfassende Würdigung der 25 Thesen, so ergibt
sich das Bild eines in sich nicht geschlossenen, nicht abgerundeten,
vielfach unklaren Programms.« Zwar sei eine »große Grundidee«
vorhanden: »Das Volk ist der unbedingte Oberbegriff in allen Fra-

gen des Lebens; weil jeder nur ein Glied ist im völkischen Organis-
mus, hat er auch nur als Glied der Volksgemeinschaft Lebens- und
Existenzberechtigung.« Wichtiger als der konkrete Inhalt aber war
die propagandistische Nutzbarkeit: »So stellte man nur Forderungen auf, die wegen ihrer Simplizität oder wegen ihrer Dehnbarkeit
der Auslegung leicht zu verteidigen waren.«[9]

Das zweite grundlegende Dokument für die Weltanschauung der
NSDAP war Hitlers Bekenntnisschrift *Mein Kampf* – obwohl sie wie
die 25 Punkte in sich widersprüchlich war und unabhängig von allen
ideologischen Bewertungen vielfach schlicht sachlich falsch.[10] Inter-
essanterweise beriefen sich aber nur wenige frühe Mitglieder darauf, konkret durch *Mein Kampf* vom Nationalsozialismus überzeugt
worden zu sein, obwohl deutlich mehr vermerkten, dass ihnen das
Buch wichtig sei. Franz Merkelbach aus Koblenz trat der Partei 1926
bei, bevor er den ersten Band in die Hände bekam, fühlte sich aber
bestätigt, als er wenig später »das Glück hatte, Hitlers *Mein Kampf*
kennenzulernen«.[11] Es musste schon der Zufall mitspielen, um zu
dieser Zeit ein Exemplar in die Hände zu bekommen, denn bis Mitte
August 1926 waren in Deutschland insgesamt erst rund 13 000 Stück
des ersten Bandes verkauft – kein Wunder angesichts des Preises
von zwölf Reichsmark, was zwei Tageslöhnen eines Arbeiters entsprach.[12]


## KAMPF DEN JUDEN

Der Kitt des rechten Spektrums in Deutschland war der Antisemitismus. Auf »den Juden« als Feind konnten sich die meisten nationalistischen Arbeiter, kleinen Angestellten und Handwerksgesellen
ebenso einigen wie großbürgerliche Reaktionäre. Entsprechend
schilderten viele Mitglieder der NSDAP angeblich äußerst negative
Begegnungen mit Juden, die sie zu Antisemiten gemacht hätten. In
der Regel handelte es sich um formelhafte Beschreibungen.

So berichteten viele ehemalige Frontsoldaten, zwischen 1914 und

1918 seien sie Juden vor allem oder sogar ausschließlich auf Posten in der Etappe begegnet, besonders häufig in Schreibstuben.[13] Das entsprach der antisemitischen Propaganda seit dem Weltkrieg, aber nicht der Realität, wie gerade die aus rassistischen Motiven begonnene »Judenzählung« im deutschen Heer Ende 1916 ergeben hatte. In Wirklichkeit nämlich hatten Deutsche jüdischen Glaubens ungefähr zum selben Prozentsatz in Heer oder Marine gedient wie christliche Deutsche: 17,5 gegenüber 19 Prozent; der geringe Unterschied erklärte sich aus dem geringfügig höheren Durchschnittsalter der jüdischen Bevölkerung. Mehr als drei Viertel der eingezogenen deutschen Juden kämpften an der Front; rund 12 000 Juden fielen oder blieben vermisst, 23 000 wurden befördert und sogar 35 000 mit Orden ausgezeichnet – alles im Rahmen des statistisch Erwartbaren.[14]

Häufig führten die »alten Kämpfer« auch andere Stereotype als Gründe für ihren Judenhass an, »Wucher« oder andere unsaubere Geschäfte, manchmal auch Viehdiebstahl und natürlich Kriegsgewinnlertum.[15] Edmund Dienhardt machte einen jüdischen Arzt für den frühen Tod seines Bruders verantwortlich, Paul Kreuzmann führte seine Entlassung als Bankangestellter auf einen jüdischen Gutachter zurück, der ihn falsch beurteilt habe.[16] Verbreitet war die Ansicht, »die Juden« hätten zu viel Macht im Staat und würden gegenüber Nicht-Juden bevorzugt.[17] Für die Niederlage im Weltkrieg machten NSDAP-Sympathisanten selbstverständlich ebenfalls regelmäßig Juden verantwortlich.[18]

Jedoch gab es auch Nationalsozialisten, die eigenen Angaben zufolge zunächst keine Antisemiten waren, sondern erst durch Propaganda dazu wurden. Eine Bäuerin aus dem Umland von Trier bekannte rückblickend: »Unchristlich und ungerecht dünkte mich die Rassen- und vor allen Dingen die Judenfrage. Ich sah im Judentum lediglich eine Religionsform.« Eine Ansicht, die ihr bereits nationalsozialistischer Bruder und dessen Parteifreunde nicht akzeptieren wollten: »In oft endlosen Auseinandersetzungen erkannte ich das Verwechseln von Religion und Rasse als einen der größten geschichtlichen Irrtümer. Ich verstand den Punkt vier des Programms: ›Deutscher Volksgenosse kann nur sein, wer deutschen Blutes ist.‹« Diese Erkenntnis gab der Bäuerin »den Glauben, dass kein Volk untergeht, wenn es seine vom Schöpfer gegebene Aufgabe erkennt, sich rassisch rein zu halten«. Die Agitation des Bruders hatte Erfolg – er bekehrte seine Schwester. »Ich lernte den Satz verneinen: ›Es ist alles gleich, was Menschenantlitz trägt‹«, schrieb sie, nun Antisemitin.[19]

Nur wenige »alte Kämpfer« räumten ein, in ihrem Leben eigentlich keine Erfahrungen mit Juden gesammelt zu haben – angesichts der Tatsache, dass sich laut der Volkszählung von Juni 1925 nur 0,9 Prozent der in Deutschland lebenden Menschen zum Judentum bekannten, sicher viel zu wenige. Der Chemiker Max Rudolph, im oberschlesischen Beuthen tätig, war eine Ausnahme. Er berichtete, Mitte der 1920er-Jahre »mit dieser Rasse in keiner Beziehung« gestanden zu haben. Als aber »Knüppel-Kunze«, der Vorsitzende der völkischen Deutschsozialen Partei Richard Kunze, nach Beuthen kam und Veranstaltungen abhielt, »in denen er sich hauptsächlich gegen das Judentum wandte«, hatte Rudolph plötzlich eine Meinung: »Mir wurden durch diese schönen Versammlungen die Augen geöffnet, und ich fühlte mich als Deutscher verpflichtet, auch gegen das gemeine Treiben dieser Rasse Stellung zu nehmen.«[20]

## DOLCHSTOSS UND MARXISMUS

Judenhass war normal und allgegenwärtig in dem Milieu, in dem die NSDAP ihre Anhänger suchte und fand, aber nur jeder zehnte der frühen Sympathisanten nannte Antisemitismus als wesentlichen Antrieb, in die Partei einzutreten.[21] Ein deutlicher Unterschied zu Hitler persönlich, der schon seit seiner frühesten politischen Äußerung, dem Brief von Mitte September 1919, vom Judenhass getrieben war.[22] Für viele Mitglieder waren dagegen andere Themen bedeutsamer, zuvorderst die Schmach der Niederlage und der Wunsch nach Revanche des als ungerecht empfundenen Friedens von Versailles. So der Berliner Ferdinand Adler, der in seinem stichwortartigen Lebenslauf ausführte: »Wir hätten den Krieg niemals verloren, wenn der Dolchstoß durch Juden, Marxisten und Logen nicht von hinten gekommen wäre.«[23] Detailliert beschrieb der ehemalige Frontoffizier Johannes Jordan, was er angeblich erlebt hatte: »Das Furchtbarste beim Rückzug war, dass – nachdem die deutschen Heere von der Heimat gezwungen wurden, die Waffen zu strecken und in die Heimat zu ziehen – die Heere unserer Feinde hinter uns herliefen, um als Sieger in Deutschland einzuziehen.« Solchen »Hohn und Widersinn hat die Menschheit vorher nie erlebt«.[24] Das Unglück der Niederlage empfanden auch viele, die noch nicht alt genug gewesen waren, um selbst zu kämpfen – ein 1905 geborener »alter Kämpfer«, der also der NSDAP schon vor Herbst 1930 beigetreten war, schrieb: »Für uns Jungens, die wir mit Leib und Seele Soldaten waren, brach vieles zusammen.«[25]

Ausdrücklich nicht »die Juden« machte dagegen der Handwerker Erich Klein für die Niederlage verantwortlich, sondern »den Dolchstoß der eigenen Stammesgenossen«.[26] Gemeint waren die »Marxisten«, worunter Nationalsozialisten gleichermaßen die Anfang 1918 streikenden Munitionsarbeiter verstanden wie die um ein Ende des Krieges bemühten sozialdemokratischen Parlamentarier und die radikalen Revolutionäre, die nach Kriegsende die KPD gründeten. In der Weimarer Republik teilten viele Menschen, auch außerhalb der NSDAP, diese Schuldzuweisung. Der Landwirt und hochdekorierte Offizier Hermann Franz Gustav von Greve-Dierfeld aus Westfalen machte die »marxistische Regierung« für den Niedergang der deutschen Bauern verantwortlich: »Man drängte uns, die wir ja ohne Mittel waren, viel zu hohe Kredite aus ausländischen Geldern mit untragbar hohen Zinsen auf, um dann die Landwirtschaft vollkommen bewusst verkommen zu lassen. Als wir bei der vollen Unrentabilität der Landwirtschaft keine Zinsen mehr zahlen konnten, da ging man in hartherzigster Weise mit Zwangsversteigerungen gegen uns vor.«[27] Der hessische Verwaltungsbeamte Robert Rei-

necke empfand den »Marxismus« als »völkische Zersetzung«, auch
wenn die deutschen Sozialdemokraten wie die französischen Sozialisten und die britische Labour Party im Krieg meist patriotisch ihre
nationalen Regierungen gestützt hatten.[28]

In Wirklichkeit beruhte die weite Verbreitung der Vorstellung,
das im Felde unbesiegte deutsche Heer sei von der Heimat hinter-
rücks »erdolcht« worden, auf einer Selbsttäuschung. Die meisten
Frontsoldaten hatten mitbekommen, wie die deutschen Linien im
Sommer und Herbst 1918 gefährlich ausdünnten, die Truppe sich in
offener Auflösung befand, und zwar nicht wegen irgendwelcher
»zersetzenden Propaganda« aus der Heimat, sondern schlicht wegen
Erschöpfung nach mehr als vier Jahren Materialschlacht. Der Grund
waren Befehlsverweigerungen und massenhafte Desertionen. Millionen Soldaten waren Zeugen, mehrere Hunderttausende sogar
aktive Teilnehmer an diesem verdeckten Streik des Militärs. Ihnen
allen bot die Legende vom »Dolchstoß« eine Ausrede: Für schuldig
erklärte man »Marxisten« und die untreue Heimat; dadurch entlastete man sich selbst.

## NATIONALER SOZIALISMUS

Aber die Mitglieder der NSDAP verfolgten keineswegs nur gegen
meist vermeintliche innere Feinde gerichtete Ziele. So wichtig deren
Ausgrenzung war, um eine gefühlte Gemeinschaft zu schaffen:
Ohne positive Ziele hätte die Partei weit weniger Menschen mobilisieren können. Für Hitlers Anhänger war die zentrale Verheißung
neben einer von Juden, »Marxisten« und anderen »undeutschen«
Elementen gereinigten Volksgemeinschaft der »nationale Sozialismus«.[29] Viele männliche Hitler-Sympathisanten führten diese Überzeugung auf das Fronterlebnis zurück, etwa Franz Fischer: »Damals
schon entstand der wahre Sozialismus des Schützengrabens, wir
teilten unser Brot untereinander, so wie wir auch Freud und Leid
miteinander teilten.«[30] Ein Dorflehrer aus dem Sauerland kam ins

Schwärmen:»Doch eines hat uns der Krieg vorne im Graben gelehrt – die große Frontgemeinschaft! Da schwanden alle Standes-
unterschiede, die schon lange vor dem Kriege in stärkstem Maße
bestanden. Da vorne galt das Sein und nicht der Schein, wir waren
ein Volk, der Einzelne war nichts.«[31] Hugo Doll schrieb:»Die Welt
des Schützengrabens erschloss sich mir. Einst zog ich einsam meinen Weg, hier fand ich Brüder. Deutschlands Söhne standen in heißen Gefechten Schulter an Schulter, das Gewehr im Anschlag:
gemeinsamer Kampf.« An der Front habe niemand nach Bildung
oder Konfession gefragt:»Hier war der Glaube Gemeingut, der
Glaube an den einigen Gott und unser Vaterland.«[32]

Doch diese verbreitete, wenn auch vage Vorstellung allein hätte
wohl nicht die Kraft entfaltet, die eine Weltanschauung braucht. Es
bedurfte einer passenden Formel:»Das Wesen, das Besondere der
neuen Gedankenwelt kommt am klarsten zum Ausdruck in dem
einfachen Schlagwort, das zum Kernpunkt des nationalsozialistischen Programms geworden ist: ›Gemeinnutz vor Eigennutz‹«,
erkannte Ulrich von Hasselbach:»Gewiss, das ist nicht neu. Aber
wenn es früher nur gemeint war im Sinne einmaligen Opferns in
Zeiten des Krieges oder sonstiger Not, so erhebt der Nationalsozialismus diese Forderung für immer und alle Zeit.«[33]

Im NSDAP-Programm war die Forderung »Gemeinnutz vor
Eigennutz« eine von nur zwei typografisch herausgehobenen –
neben dem von Gottfried Feder beigesteuerten Dogma »Brechung
der Zinsknechtschaft«.[34] Die Botschaft kam an; Willy Wolf, Maschi-
nenschlosser aus dem Allgäu, nannte den Grundsatz »die Triebfeder
meines Eintrittes« in die NSDAP 1922.[35] »Ich fand hier den Sozialismus auf nationaler (völkischer) Grundlage, dass der wahre Nationa-
list auch Sozialist und umgekehrt der wahre Sozialist auch Nationa-
list sein müsse«, erinnerte sich der SA-Sturmführer Lothar Thiel.[36]
Eine Nationalsozialistin führte den Gedanken aus:»Der nationale
Sozialismus ist durchdrungen vom Geiste der Volksgemeinschaft.
Nationalsozialismus ist Dienst am Volk, Hingabe an das Volk,
Kampf für das Volk und nicht für eine Klasse oder einen Stand.«[37]

Der Bergmann Bernhard Hostmann betonte, »dass der Grundsatz
›Gemeinnutz geht vor Eigennutz‹ gerade in den arbeitenden Schichten der Bevölkerung von jeher das größte Verständnis gefunden«
habe. Damit sei »der Nationalsozialismus nicht nur ein Lippenbe-
kenntnis, sondern ein schönes inneres Erleben«.[38]
    Wie jede erfolgreiche Ideologie bestand auch die Weltanschau-
ung der NSDAP einerseits aus Feindbildern, die durch Ausgrenzung
eine Gemeinschaft konstituierten, andererseits aus einer Verheißung, auf die Sympathisanten sich positiv bezogen. Die Gegner des
Nationalsozialismus waren Juden und Marxisten, denen die Allein-
schuld an der Niederlage 1918 mit allen ihren politischen und ökonomischen Folgen zugeschoben wurde. Auf diesem Fundament
stand das Versprechen, Nationalismus und Sozialismus zum Kern-
gedanken für eine gerechte Gesellschaft zu verschmelzen. Entscheidende Anziehungskraft gewann diese Weltsicht durch die Person
Adolf Hitlers, der mit seiner vorgelebten Kompromisslosigkeit Eindruck auf schwankende »Volksgenossen« machte.

# PROPAGANDA

> Die Parteizentrale ließ den Aktivitäten der »Bewegung«
> viel Spielraum. Entscheidend war ihr permanenter
> Einsatz [...] vom Sprechabend bis zum SA-Werbe-
> marsch und zur Massenversammlung. Es ging um
> ununterbrochene Propaganda.
> *Ursula Büttner, Historikerin* [1]

## »PALAVER« IM PARLAMENT

Politik ist dem Soziologen Max Weber zufolge »starkes langsames
Bohren von harten Brettern mit Leidenschaft und Augenmaß
zugleich«.[2] Parteien wollen gewöhnlich Politik betreiben; allerdings
nicht immer: Die wiederbegründete NSDAP hatte kein Interesse am
»langsamen Bohren harter Bretter« im parlamentarischen Betrieb.
Ihr Daseinszweck war Propaganda, mit viel Leidenschaft, aber ohne
jedes Augenmaß.

Mitte 1924 saßen knapp zwei Dutzend Nationalsozialisten in verschiedenen Parlamenten Deutschlands. Nach dem Verbot der Partei
im November 1923 waren die Teilnahme an den verfassungsrecht-
lich besonders geschützten Wahlkämpfen und die Wahrnehmung
errungener Mandate in den Volksvertretungen die einzige Möglichkeit, öffentlich im Sinne der NSDAP tätig zu sein. Alfred Rosenberg
als Hitlers Statthalter hatte deshalb der Kandidatur von Nationalsozialisten auf völkischen Listen zugestimmt, ohne im Landsberger
Gefängnis nachzufragen. Der inhaftierte Parteiführer schwankte,
ob er das akzeptieren sollte, entschied sich aber im April 1924 dagegen. Das hatte Folgen: »Man gehorchte Hitler nicht mehr. Er war
dagegen, dass die Partei sich an den Parlamentswahlen beteiligte,

aber alle anderen waren dafür. Bei der Aufstellung der Kandidaten
wurde Hitler regelrecht betrogen; von seinen engeren Freunden
kam fast niemand auf die Liste«, analysierte der Journalist Konrad
Heiden.[3]

Bei den Reichstagswahlen am 4. Mai 1924 erreichte die völkische
Liste immerhin 6,5 Prozent aller Stimmen und sicherte sich damit
32 Mandate; zehn Abgeordnete hatten der NSDAP angehört. Nur
drei davon waren prominent: Gottfried Feder, der im Wahlkreis
Chemnitz-Zwickau kandidiert hatte, der Straßenbahnbeamte und
zeitweilige NSDAP-Vizevorsitzende Hans Jacob für Oberbayern-
Schwaben sowie der ehemalige Hauptmann Ernst Röhm. Schon bei
der Neuwahl des Reichstages am 7. Dezember 1924 halbierte sich
der Stimmenanteil der völkischen Listenverbindung; nun saßen vier
Hitler-Anhänger im Parlament: neben Feder der Jurist Wilhelm
Frick, der Apotheker Gregor Straßer sowie der Lehrer Hans Dietrich.

An regulärer Arbeit als Abgeordnete hatten sie kein Interesse:
»Die parlamentarische Tätigkeit erschöpft sich in der Hauptsache
im Palaver und Papierarbeit«, hieß es 1932 im Rechenschaftsbericht
der NSDAP-Reichstagsfraktion. Klar bekannten sich die Abgeordneten zur Missachtung ihrer Aufgabe: »Wir Nationalsozialisten
haben diesen geschäftigen Müßiggang nie anders gewertet und sind
auch nicht deshalb ins Parlament gegangen, um uns in diesem
Sumpf munter mit zu tummeln und sogenannte positive Arbeit dort
zu leisten, sondern um unsere Gegner mit ihren eigenen Waffen zu
bekämpfen.« Sie wollten die Bühne des Parlaments nutzen, um »für
unsere nationalsozialistische Weltanschauung« zu werben, »bis der
Sieg unser ist«.[4]

Ähnlich sahen es die nationalsozialistischen Abgeordneten, die
bei regionalen Wahlen ab 1924 in verschiedene Landtage einzogen.
Nirgendwo waren es so viele wie in Bayern, speziell in Oberbayern
mit der Landeshauptstadt München. 17,1 Prozent aller Stimmen und
sogar 22,5 Prozent in Oberbayern entfielen im April und Mai 1924
auf den Völkischen Block. Er zog landesweit praktisch mit der SPD

gleich und hängte in Oberbayern die Sozialdemokraten sogar ab. Nirgendwo erzielten die Völkischen einen größeren Erfolg. 23 Kandidaten zogen in den Landtag ein, sieben davon waren bis zum Verbot Mitglieder der NSDAP gewesen. In Thüringen kam die Liste auf immerhin 9,3 Prozent, was sieben Mandate bedeutete; drei von ihnen waren überzeugte Nationalsozialisten. In Württemberg bedeuteten vier Prozent der Stimmen drei Abgeordnete; von ihnen war nur Christian Mergenthaler bereits in der NSDAP aktiv gewesen, hatte sich aber von Hitler gelöst. In Preußen hingegen blieb der Völkische Block bei 2,5 Prozent stecken; unter seinen elf Abgeordneten war ein ausdrücklicher Hitler-Anhänger.[5]

Im Sommer 1924 nutzten nationalsozialistische Parlamentarier zum ersten Mal die Gelegenheit, im Plenum zu sprechen: Gregor Straßer im Bayerischen Landtag und Gottfried Feder im Reichstag. Beide orientierten sich an der üblichen NS-Propaganda. Straßer wiederholte in einer schier endlosen Ansprache von zwei Stunden (der stenografische Bericht des Landtages dokumentierte sie in 20 eng gesetzten Spalten) bekannte Vorwürfe gegen Bayerns Regierung.[6] Feder kassierte sogar in seiner Jungfernrede eine Ermahnung des Reichstagspräsidenten, weil er die Regierung der »Dummheit« und der »Verantwortungslosigkeit« zieh.[7]

Auch die meisten Reden und Anträge nationalsozialistischer Abgeordneter in den folgenden Jahren waren aggressiv statt sachlich-pragmatisch, wie es einer Volksvertretung angemessen war. Darin ähnelte ihre Tätigkeit der kommunistischer Abgeordneter: Geschätzt wurden die angeblichen »Schwatzbuden« der Volksvertretungen von KPD und NSDAP gleichermaßen wenig; beide Gruppen verachteten den Parlamentarismus und wollten ihn beseitigen.

## DIE WICHTIGSTE AUFGABE

In den »Grundsätzlichen Richtlinien für die Neuaufstellung der
NSDAP« verkündete Hitler 1925, dass die Parteiorganisation kein
»Selbstzweck« sei, sondern ein Mittel: »Sie soll nur den politisch-
agitatorischen Kampf der Bewegung ermöglichen, der Aufklärungstätigkeit diejenigen organisatorischen Voraussetzungen schaffen,
die unbedingt nötig sind.«[8] Im zweiten Band von *Mein Kampf* wurde
er noch deutlicher. Propaganda müsse Menschen gewinnen für die
Organisation der Partei, die wiederum Menschen zu mobilisieren
habe für die »Fortführung der Propaganda«. Inhaltlich sollte die
Propaganda den »bestehenden Zustand« zersetzen und die neue
Lehre verbreiten; der Sieg könne dann errungen werden, »wenn die
neue Weltanschauung möglichst allen Menschen gelehrt und, wenn
nötig, später aufgezwungen wird«.[9]

Entsprechend diesen Vorgaben stand Propaganda in jeder Form
in allen Gliederungen der NSDAP im Mittelpunkt – von der niedrigsten Ebene, damals noch der Ortsgruppe, bis zur höchsten, der
Reichsleitung. Ausdrücklich sollte die Ortsgruppe, »die Gemeinschaft der Parteigenossen an einem Orte« und mindestens sechs
Mitglieder stark, »die Propagandazelle der Bewegung und die Keimzelle für das Wachsen der Partei« sein.[10] Ihre entscheidende Aufgabe
war, bereits eingeschriebene Mitglieder zu binden, Interessierte als
Parteigenossen zu gewinnen und vorgegebene Inhalte zu verbreiten.
Dazu mussten die lokalen Nationalsozialisten Gemeinschaftsgefühl
entwickeln, sich in der Gruppe stärker vorkommen als allein. Der
SA-Mann Karl Brandt beschrieb den Mechanismus: »Das Zusam-
mengehen mit Kameraden aus allen Berufsschichten, die gemeinsam durchlebte Kampfzeit und das Gefühl, dass ich mich auf jeden
meiner Kameraden verlassen konnte, band mich so stark an die SA,
dass ich mich nicht von ihr trennen konnte.«[11]

Jede Ortsgruppe verfügte über sechs ehrenamtliche Funktionäre:
den ersten und den zweiten Vorsitzenden – »Leiter« genannt – sowie
einen Schriftführer und einen Kassenwart mit jeweils einem Stell-

vertreter. Prinzipiell galt das unabhängig von der Mitgliederzahl; selbst wenn eine Ortsgruppe keine zehn Parteigenossen zählte, wurden alle sechs Positionen besetzt, sofern auch nur ansatzweise geeignete Personen zur Verfügung standen. Die Fülle der zu besetzenden Funktionen gefiel den damit betrauten Parteigenossen, denn es stärkte das Selbstbewusstsein der Mitglieder, Funktionen mit wichtig klingenden Namen auszuüben: »Ich fühlte mich glücklich, einen solchen Wirkungskreis gefunden zu haben«, erinnerte sich Johann Balser, Ortsgruppenleiter in der hessischen Provinz.[12]

Sobald es in einer Ortsgruppe genügend Mitglieder gab, wurde jedem einzelnen ein bestimmtes Gebiet zugeteilt, das er mit Flugblättern, Klebezetteln und ähnlichem propagandistisch zu bearbeiten hatte; der Reichsbahner Fritz Hunn etwa war für drei Straßenzüge in Wiesbaden zuständig.[13] Aber ebenso durften Nichtmitglieder Flugblätter verteilen und Zeitungen verkaufen, sofern sie den Funktionären vor Ort gehorchten; sie bekamen damit das Gefühl, gebraucht zu werden. Marlene Heder zum Beispiel begann schon als Jugendliche mit ihrer noch ein Jahr jüngeren Schwester, für die NSDAP zu werben, obwohl sie noch nicht volljährig waren: »Wir hörten jede Rede für und so manche gegen die Bewegung und trugen das Gehörte weiter«, erinnerte sie sich. Gerade weil ihnen Ablehnung entgegenschlug, fühlten sie sich bestätigt: »Was scherte es uns, dass wir zu Hause ausgelacht wurden, dass wir lächerlich gemacht wurden, eben weil wir noch so jung waren.« Lehrer und ältere Verwandte konnten reden, so viel sie wollten: »Sie verstanden eben nicht, dass man, obwohl noch sehr jung, doch den Glauben an eine Idee haben konnte.«[14]

Die NSDAP und ihre Mitglieder betrieben Propaganda auf drei verschiedene Arten parallel: für Hörer, für Leser und für Zuschauer. Propaganda zum Hören bestand einerseits aus Hausbesuchen und Gesprächen im privaten Kreis, zu denen alle Mitglieder angehalten waren; sie sollten potenzielle Sympathisanten persönlich für die Hitler-Bewegung interessieren. Viele Anhänger investierten eine Menge Zeit in diese Form der Werbung.[15] Andererseits gehörten zur

Propaganda zum Hören mehr oder minder öffentliche Veranstaltungen. Das konnten im Prinzip interne Sprechabende sein, die jede Ortsgruppe mindestens zweimal im Monat, besser wöchentlich anbieten sollte, meist im Hinterzimmer einer Gaststätte. Das Zusammensein mit Gleichgesinnten stärkte das Gemeinschaftsgefühl und konnte neue Anhänger interessieren, die mitgebracht wurden.[16] Freilich schwankte die Qualität solcher Veranstaltungen stark. So erlebte der Amtsgerichts-Hilfsschreiber Wilhelm Protz in Schwaben Treffen von meist jungen Männern, »die ziemlich unklare Debatten führten, aus denen eine klare Zielrichtung nicht zu erkennen war«.[17]

Wichtiger für die Wahrnehmung der Partei waren ohnehin öffentliche Versammlungen, kleinere und größere, gelegentlich auch Massenkundgebungen, bei denen prominente Parteiredner auftraten. Ihre Themen wechselten, schon um auf den Plakaten verschiedene Titel angeben zu können, doch der Kern blieb stets ähnlich: Revanche für den Versailler Vertrag, Ausgrenzung der Juden, Hetze gegen demokratische Regierungen und gesellschaftliche Eliten; allein der Anteil sozialistischer Versprechungen unterschied sich von Redner zu Redner deutlich.

Zum Lesen gedacht waren kostenlos verteilte Flugblätter und bevorzugt an stark frequentierten Stellen wie Bauzäune in der Nähe von Kreuzungen oder Fabrikeingängen angeklebte Zettel und Plakate. Gleichermaßen Hitlers Botschaft verbreiten und Geld einbringen sollte der Verkauf von Parteizeitungen sowie nationalsozialistischen Broschüren. Da viele Käufer die erworbene Lektüre an Verwandte, Freunde und mutmaßlich interessierte Bekannte weitergaben, erreichte dasselbe Exemplar einer Schrift oft mehrere Leser. Der ehemalige Polizist Johann Klaßen kam durch eine Kundin seines Königsberger Obstgeschäftes, die ihm ausgelesene Propagandahefte überließ, in Kontakt mit dem Nationalsozialismus. Die Berliner Beamten Kurt Buschkowski und Richard Weber dagegen machten es sich zur Gewohnheit, Ausgaben der Parteizeitung *Der Angriff* auf ihren Dienststellen oder in Zügen liegen zu lassen.[18]

Propaganda zum Zuschauen war eine Aufgabe der SA, neben dem Schutz eigener Treffen und Angriffen auf politische Konkurrenten. Sie bestand aus Märschen in Reih und Glied. Das machte Eindruck auf viele der fast ausnahmslos militärisch ausgebildeten oder wenigstens vom Militär träumenden männlichen Deutschen: »Ich freute mich immer, wenn ich später dann die kleinen Häuflein von braunen Soldaten durch die Stadt marschieren sah, gleichmäßigen Schrittes und aufrichtigen Blickes« – im Gegensatz zu den Kommunisten, die »wie die Räuber mit Kind und Kegel durch die Straßen« gestromert seien.[19] Ende 1926 hieß es im grundlegenden SA-Befehl: »Die einzige Form, in der sich die SA an die Öffentlichkeit wendet, ist das geschlossene Auftreten. Der Anblick einer starken Zahl innerlich und äußerlich gleichmäßiger, disziplinierter Männer, deren restloser Kampfeswille unzweideutig zu sehen oder zu ahnen ist, macht auf jeden Deutschen den tiefsten Eindruck.«[20]

## UNSCHWÄBISCH UNBESCHEIDEN

In den ersten Jahren nach 1925 konnten nur wenige Ortsgruppen diese Erwartungen erfüllen. Selbst ein so rühriger Gauleiter wie Eugen Munder in Württemberg musste die ihm unterstellten lokalen Gliederungen immer wieder motivieren, erinnern und mahnen, genügend Propaganda zu organisieren. Für Sprechabende und erst recht für öffentliche Veranstaltungen versuchte er, für das Publikum interessante Redner zu verpflichten. Das gelang nicht immer. So dankte Munder im Oktober 1925 zwar der Parteizentrale in München für den Einsatz des thüringischen Nationalsozialisten Albert Stier: »Zunächst sprach er in einer öffentlichen Versammlung in Stuttgart. Es waren erfreulicherweise ziemlich viele Arbeiter da, für die Parteigenosse Stier insbesondere den rechten Ton zu treffen versteht.« In Diskussionen sei Stier aber nicht in der Lage, politischen Gegnern schlagfertig zu antworten. Für »heikle Fragen« erscheine er daher »nicht ganz geeignet«.[21]

Knapp drei Monate später war der Mangel an guten Rednern so groß, dass sich Munder an Gregor Straßer wandte: »Wir sind in Not.«[22] Dringend bat der Württemberger um einen baldigen Auftritt in Ebingen, einer Kleinstadt auf der Schwäbischen Alb mit gerade einmal 12 000 Einwohnern, das Munder als »großes Industriezentrum in der Provinz« anpries.[23] Der Abgeordnete konnte zwar nicht, bot aber als Ersatz einen Nürnberger Parteigenossen namens Karl Holz an. Der freilich fiel Munder zufolge kurzfristig aus, weshalb der Gauleiter nach München schrieb, Holz habe durch seine »Absage in letzter Minute« der Ortsgruppe in Ebingen sehr geschadet.[24] Eine Woche später ließ er hohe Erwartungen erkennen – er wünschte sich immerhin die Parteiprominenz direkt unterhalb von Hitler selbst: »Göppingen würde sich freuen, die Parteigenossen Streicher oder Esser gewinnen zu können. Für Schwenningen hätte ich gern Dr. Goebbels, Straßer oder Dr. Buttmann.«[25]

Der Gauleiter hatte mit seinem unbescheidenen Ansinnen teilweise Erfolg: Schon am 15. März 1926 kam Goebbels nach Stuttgart. Jedenfalls laut seinem Tagebuch war der Auftritt ein rauschender Erfolg: »Ich spreche drei Stunden. In einer beängstigend atemlosen Stille. Man dankt mir mit Tränen.« Er war mit »mir selbst einmal zufrieden«.[26] Einen Monat später reisten Hitler und Goebbels sogar gemeinsam an. Die Themen bei den zwei parallelen Großveranstaltungen waren erwartbar: Der Parteichef beschwor den »nationalsozialistischen Vormarsch in Württemberg«, sein begabter Propagandist redete über »deutschen Nationalismus und jüdische Bolschewisierung«.[27] Die Zuhörer jubelten. Im Tagebuch machte Goebbels aus den einmal 1300 und einmal 1100 Menschen überschwänglich eine »vieltausendköpfige Masse«.[28]

Hitler-Reden fanden in Württemberg wie fast überall in Deutschland meist vor vollen Häusern statt, hatten geradezu Volksfestcharakter, selbst wenn der Parteichef sein Publikum Stunde um Stunde warten ließ.[29] Schon bei NSDAP-Vertretern der zweiten Reihe war das anders. Als einmal Hermann Esser, immerhin Reichspropagandaleiter der NSDAP, nach Stuttgart kam, sprach die Partei scham-

haft von einem »gut besetzten Saal« – in Wirklichkeit blieb im Festsaal der Brauerei Wulle jeder zweite Platz frei.[30]

Prominent besetzte Versammlungen brachten erfahrungsgemäß
Geld, gedruckte Propaganda dagegen musste vorfinanziert werden.
Anfang November 1926 erinnerte Munder in einem Rundschreiben
seine Ortsgruppen, angesichts der Kassenlage »müssen wir darauf
sehen, unser Propagandamaterial zu verkaufen«. Zumindest vergleichsweise teure Broschüren dürften nicht verschenkt werden. Für
die meisten wurde nur wenig mehr als der Selbstkostenpreis verlangt – was nicht für Hitler galt: Hefte mit dem Text seiner Stuttgarter Rede vom April 1926 erhielt die Gaugeschäftsstelle aus München
für drei Pfennig das Stück, wies aber den Verkauf für einen Groschen an.[31]

Sorgen machte Munder die Wochenzeitung der württembergischen NSDAP, der *Südwestdeutsche Beobachter*. Sie erschien seit
Anfang 1926, doch eineinviertel Jahre später hatte das Blatt seinen
Reiz offenbar verloren. Der Gauleiter beklagte, dass die »Mitarbeit
noch sehr zu wünschen übrig« lasse. Auch die »Werbearbeit« habe
»beträchtlich nachgelassen«.[32] Die Auflage des *Südwestdeutschen
Beobachters* stagnierte in niedriger vierstelliger Höhe, im August
1928 musste das Blatt eingestellt werden; an seine Stelle trat eine um
württembergische Nachrichten ergänzte Ausgabe des Berliner
Wochenblattes *Der nationale Sozialist*.

Auch war die NSDAP in Stuttgart und Umgebung noch nicht so
stark, dass sie die Weisung befolgen konnte, die SA nur geschlossen
einzusetzen. Zwar betonte auch Munder: »Ein wichtiges Propagan-
damittel ist der Durchmarsch unserer SA durch die Straßen.« Doch
gleichzeitig brauchte er eine »rührige SA«, die Propagandamaterial
verkaufte, um den »Kassenverhältnissen aufzuhelfen«.[33] Das widersprach der Weisung aus München, die festgelegt hatte: »Die SA hat
stets und grundsätzlich von der gesamten eigentlichen politischen
Propaganda und Aufklärungstätigkeit abzusehen. Das bleibt nämlich die Aufgabe allein der politischen Leitung.«[34]

## PROBLEME SELBST IN MÜNCHEN

Ähnlich flexibel wie die Stuttgarter handhabe die Ortsgruppe München die an sich eindeutigen Weisungen zum SA-Einsatz: Auch in
der bayerischen Hauptstadt verteilten Braunhemden in den ersten
gut zwei Jahren nach der Neugründung Flugblätter, klebten Plakate,
verkauften Zeitungen und Broschüren. Dagegen eher selten gab es
demonstrative Märsche, 1926 gerade sechsmal. Zudem nahmen
jeweils nicht mehr als 20 bis 30 SA-Leute teil, was nicht besonders
beeindrucken konnte. Nur an einem gemeinsamen Marsch aller
Münchner und mehrerer auswärtiger SA-Trupps durch die Arbei-
terviertel Giesing und Haidhausen fanden sich insgesamt 350 Männer zusammen. Auch im folgenden Jahr blieb es bei nur neun
Märschen; an einem davon, Ende Juli 1927 durch den Stadtteil Neu-
hausen, in dessen »roten Häusern« viele Arbeiter wohnten, nahmen
nur acht Nationalsozialisten teil. Solche Erfahrungen ließen den
Einsatz vieler SA-Mitglieder an der Propaganda zum Zuschauen
erlahmen.

Die Propaganda zum Lesen hatte dagegen seit 1925 gemächlich,
aber kontinuierlich zugenommen. Im ersten Jahr waren es in München gerade ein Plakat, ein Flugblatt und einige Handzettel, im folgenden Jahr schon vier Flugblätter, abermals mehrere kleinere
Handzettel und einige Sonderausgaben des *Völkischen Beobachters*.
1927 steigerte sich die Zahl der gedruckten Materialien, die auf den
Straßen verteilt wurden, auf gut ein Dutzend Flugblätter, weitere
Hand- und viele kleine Klebezettel. Die Auflagen blieben unbekannt, überwältigend dürften sie aber nicht gewesen sein. Auch der
*Völkische Beobachter* setzte in München Ende 1925 nur knapp 5000
Exemplare ab.

Wesentlich umfangreicher fiel in München die Propaganda zum
Hören aus. Schon 1925 gab es ein rundes Dutzend Großveranstaltungen, 1926 sogar fast doppelt so viele. Das war ansehnlich gegenüber anderen Ortsgruppen in Deutschland, aber wenig im Vergleich
mit der Aktivität der Münchner NSDAP 1922/23. Wegen des Rede-

verbotes durfte Hitler bei öffentlich zugänglichen Kundgebungen
selbst nicht sprechen, woran er sich auch hielt; immerhin überwachte das Polizeipräsidium die meisten politischen Veranstaltungen. So musste er sich auf geschlossene Mitgliederversammlungen
beschränken. Hier redete er zwar häufig, aber vor vergleichsweise
wenig Publikum: Meist waren zwischen 20 und knapp 600 Menschen anwesend, im Schnitt 150.[35] Wollte er bei einer als öffentlich
angekündigten Versammlung das Wort ergreifen, mussten vorher
alle Nichtmitglieder aufgefordert werden, den Saal zu verlassen.[36]

Zwischen 1925 und 1927 lud die Münchner NSDAP ihre Mitglieder in den verschiedenen Stadtteilen rund zwanzigmal pro Monat
zu parteiinternen Veranstaltungen ein, meistens zu Vorträgen; hinzukamen sogar fast 30 öffentliche Veranstaltungen pro Monat. Fast
die Hälfte dieser Auftritte absolvierte ein Kreis geübter Redner wie
Rudolf Buttmann oder Hermann Esser – angesichts der ähnlichen
Inhalte kein Problem: Meist ging es den im *Völkischen Beobachter*
gedruckten Ankündigungen zufolge um die NSDAP als »Retter
Deutschlands« und um den Marxismus sowie das Judentum als
Gefahren. Selbst das Parteiblatt berichtete nur ausnahmsweise
genauer über gehaltene Ansprachen.[37]

Auf die konkreten Inhalte kam es aber auch nicht an. Erstaunlich
offen beschrieb rund ein Jahrzehnt später der NS-Intellektuelle
Friedrich Alfred Beck am Beispiel des Gaus Westfalen die Anforderungen an die Propaganda. Redner und auch die NS-Presse sollten
gar nicht »allzu großen Wert auf die Präzision« ihrer Argumente
legen. Vielmehr komme es »auf eine sture einseitige Sicherheit und
Eigensinnigkeit« an, »die schließlich das Geheimnis unseres Erfol-
ges überhaupt ist«. Einziges Ziel des parteiinternen wie öffentlichen
Auftretens war, die NSDAP der Eroberung der Macht in Deutschland näher zu bringen; dafür war jedes Mittel recht, Zuspitzungen
ebenso legitim wie Lügen oder Verleumdungen: »Alles hatte sich
diesem Ziel unterzuordnen!«[38]

## GOEBBELS FÜR BERLIN

In der Reichshauptstadt stand 1926 die NSDAP insgesamt vor dem Scheitern. Reinhold Muchow, im Arbeiterbezirk Neukölln zuständig für Propaganda, klagte in einem persönlichen Situationsbericht: »Es begann sich langsam im Gau eine Opposition herauszuschälen, die zwar kräftig die Missstände rügte, was ja stets das eigentlich treibende Element jedweder Opposition ist, aber positive Vorschläge wenig vorbringen und, was ja die Hauptsache gewesen wäre, einen geeigneten Parteigenossen aus ihrer Mitte als neuen Gauleiter nicht stellen konnte.« Die Berliner NSDAP beschäftigte sich vor allem mit sich selbst: »Diese Selbstzerfleischung, gewiss ein warnendes Beispiel was Führertum bedeutet, blieb nicht ohne Einwirkung auf die Parteigenossen und die Öffentlichkeit. Die Schlagkraft der Partei sank auf Null.«[39]

Das wusste auch Adolf Hitler. Berlin war das wichtigste Schlachtfeld, auf dem der Kampf um die Macht in Deutschland auszufechten war. Deshalb entschied er sich, seinen besten Mann in die Reichshauptstadt zu schicken: Joseph Goebbels. Dessen Begeisterung jedoch hielt sich in Grenzen. »Alle wollen mich nach Berlin als Retter«, schrieb er am 10. Juni 1926: »Ich danke für die Steinwüste!«[40] Ende August notierte er dann: »Antrag der Parteileitung an mich: Ich soll vier Monate den Gau Berlin kommissarisch übernehmen.« Begeistert war Goebbels noch immer nicht: »Nach München, wegen Berlin. Halbe Absage. Ich will mich nicht in Dreck hineinknien.«[41] Inzwischen lag die Entscheidung allerdings nicht mehr bei ihm: Hitler hatte sich festgelegt.

Es sei »der dringendste Wunsch aller Berliner Parteigenossen, Sie als Gauführer zu bekommen«, schrieb Berlins amtierender Gauleiter Erich Schmiedicke am 16. Oktober 1926 an Goebbels: »Dieser Wunsch begründet sich auf den festen Glauben, dass Sie allein in der Lage sind, die Organisation als solche hier in Berlin zu festigen und die Bewegung vorwärts zu treiben.« Weil die Berliner NSDAP »gegen die zusammengefassten Kräfte aller Feinde« kämpfen müsse, sei eine »überragende Persönlichkeit« notwendig. Falls Goebbels dagegen absagen sollte, würde »Berlin für die gesamte Bewegung auf absehbare Zeit« als Feld des politischen Kampfes »kaum noch in Frage kommen«. Es hänge allein von ihm ab, aus dem Gau die »stärkste und beste Kampftruppe« der Bewegung zu machen, schrieb Schmiedicke: »Berlin mit seinen fünf Millionen, auf einem verhältnismäßig kleinen Fleck zusammengeballten Menschen bietet zweifelsohne den allergünstigsten Boden für das Wachsen unserer Bewegung.«[42] Goebbels fügte sich: »Berlin ist doch die Zentrale. Auch für uns.«[43]

Am 9. November 1926 kam er mit dem Zug in die Reichshauptstadt – und tat schon Stunden nach seiner Ankunft das, was er am besten konnte: reden. »Dienstagabend gleich in die Trauerfeier des deutschen Frauenordens. Ich sprach. Gut.«[44] Die Berliner Parteigenossen sahen es schnell ähnlich. Der Bankangestellte Egon Rehmer lobte den neuen Gauleiter, »der es in allen Veranstaltungen verstand, Kontakt mit seinen Zuhörern zu finden«. Sein »unermüdliches Werben« sei »einzigartig«. Immer seien seine »Ausführungen gemeinverständlich gewesen«.[45]

Fünf Tage später ließ er 300 SA-Männer durch Neukölln stampfen. Wie erwartet löste der Marsch Rangeleien mit Kommunisten aus. Die Konfrontation endete unentschieden; beide Seiten zählten viele Verletzte. Hinter Goebbels' Vorgehen steckte ein kaltes Kalkül: »Die nationalsozialistische Agitation war sich darüber klar, dass sie niemals die Massen erobern könne, wenn sie nicht für sich das Recht auf die Straße proklamierte und dieses Recht auch dem Marxismus mit kühner Verwegenheit abrang.« Bis dahin hatten Berlins Presse und die Öffentlichkeit die örtliche NSDAP überwiegend für »harmlose Irre« gehalten. Das wollte Goebbels ändern. Er fühlte sich herausgefordert, »immer und immer neue Mittel der öffentlichen Propaganda zu ersinnen, keine Möglichkeit auszulassen, die Aktivität der Partei zu steigern in einem Maße, dass sie am Ende selbst dieser Riesenstadt, wenn auch nur zeitweise, den Atem« nahm: »Dem Feind sollte das Lachen vergehen!«[46]

Fortan sprach Goebbels Woche für Woche; doch noch immer spielten die Nationalsozialisten in den seriösen Berliner Zeitungen höchstens in den Meldungsspalten eine Rolle. Der ehemalige Berufssoldat Kurt Buschkowski ärgerte sich, über das »Anwachsen« der NSDAP berichteten die »Berliner Bürgerblätter überhaupt nicht«.[47] Anfang 1927 begann Goebbels deshalb, größere Auseinandersetzungen zu provozieren, die nicht mehr ignoriert werden konnten. Den Auftakt machte am 25. Januar eine Veranstaltung in Berlin-Spandau: Mit »zerbeulten Köpfen« landeten Kommunisten, die die Versammlung hatten sprengen wollen, auf der Straße, vermerkte Reinhold Muchow stolz. Danach »versah die Spandauer SA noch bis morgens fünf Uhr in kleinen Kommandos die Säuberung der Straßen und verprügelte jeden durch die Uniform kenntlichen Rotfrontbund-Kämpfer«.[48] Knapp drei Wochen später reizte die NSDAP ihre kommunistische Konkurrenz, indem sie zur Versammlung in die Pharus-Säle im Wedding einlud, traditionell Ort von KPD-Veranstaltungen. Die Folge war die bis dahin schlimmste Saalschlacht in Berlin. Nun berichteten die Hauptstadtblätter erstmals nennenswert über die örtlichen Nationalsozialisten. Die kleinbürgerlich-liberale *Berliner Morgenpost* demütigte die Hitler-Bewegung, vermutlich vorsätzlich, indem sie die Kundgebung einer »deutsch-sozialen Partei« zuschrieb. Die *Vossische Zeitung*, Berlins traditionsreichstes Blatt, berichtete: »Mit Stühlen, Biergläsern und anderen werfbaren Gegenständen gingen die Parteien aufeinander los.« Die *Welt am Abend*, eine Boulevardzeitung des KPD-»Pressezaren« Willi Münzenberg, teilte ihren Lesern mit, dass es »die Nationalsozialisten von Anfang an auf Provokation« abgesehen hatten.[49]

Doch auch diese Aufmerksamkeit reichte Goebbels noch nicht. Er spornte sein Anhänger an, weiter zu gehen. Am 20. März 1927 traf eine Horde SA-Leute im Vorortzug von Trebbin nach Berlin auf eine 23 Mann starke Kapelle des Rotfrontkämpferbundes. Der Augenzeuge Reinhold Muchow berichtete entlarvend genau: »Auf den einzelnen Stationen eröffneten wir ein Steinbombardement auf den kommunistischen Wagen.« Über die Trittbretter versuchten

SA-Männer, während der Fahrt den »feindlichen« Waggon zu stürmen; andere stießen vom Dach aus mit Fahnenstangen durch zerborstenes Glas in die Fensteröffnungen hinein. »Da taucht der Bahnhof Lichterfelde-Ost auf. Hier musste die SA aussteigen. Der Höhepunkt war erreicht.«⁵⁰ Die Hitler-Anhänger zogen die Notbremsen, um den Zug am Weiterfahren zu hindern, und stürmten den Waggon. Schüsse fielen und verletzten zwei SA-Männer. Aufgestachelt verprügelten die übrigen die hoffnungslos unterlegene RFB-Kapelle: »Die Abteile, in denen sich die marxistischen Meuchelmörder aufhielten, wurden von unserer rasend gemachten SA gestürmt und die Mörder einzeln herausgeholt«, prahlte der *Völkische Beobachter*.⁵¹ Alle Kommunisten wurden verletzt, die meisten schwer. Als ein Überfallkommando der Polizei erschien, ließen die SA-Leute ab und sammelten sich auf dem Bahnhofsvorplatz, wo Goebbels sie mit Hunderten Nationalsozialisten in Zivil erwartete. Er gab ihnen freie Hand für einen Propagandamarsch durch bürgerliche Bezirke bis ins elegante Charlottenburg; auf dem Weg dorthin wurden angeblich »jüdisch aussehende« Passanten misshandelt, Schaufenster eingeschlagen und Autos demoliert. Sogar diese SA-Attacke deutete die Nationalsozialistin Margarethe Schrimpff zum kommunistischen Überfall um.⁵²

Die Zeitungen der Hauptstadt verurteilten die Ausschreitungen in Lichterfelde-Ost und auf dem Weg nach Charlottenburg einhellig. Das linksliberale *Berliner Tageblatt* warnte vor den Folgen, wenn sich »in den Kreisen dieser Wegelagerer die Meinung verbreiten« sollte, ungeschoren davonkommen zu können. Die *Berliner Morgenpost* mutmaßte düster: »Wie es den Anschein hat, werden die Provokateure trotz aller polizeilichen Maßnahmen nicht aufhören.« Und forderte: »Die Straße soll den friedfertigen Bürgern gehören, nicht irgendwelchen Demonstranten.« Die gewiss nicht kommunistenfreundliche *Vossische Zeitung* stellte klar: »Die Nationalsozialisten haben angefangen.« Und kommentierte: »Die Vorgänge vom Sonntag zeigen wieder einmal, dass die Hakenkreuzler ungestraft Berlin zum Tummelplatz ihrer Gewalttaten machen dürfen.«⁵³

Goebbels hatte jetzt die Aufmerksamkeit der Stadt.[54] Preußens Innenminister drohte, bei der nächsten Gewalttat der SA werde die NSDAP aufgelöst. Als es bei einer geschlossenen Parteiversammlung Anfang Mai 1927 abermals zu Schlägereien kam, verbot Polizeipräsident Karl Zörgiebel die NSDAP und alle Unterorganisationen, »weil die Zwecke dieser Organisationen den Strafgesetzen zuwiderlaufen«.[55] Die Verfügung galt allerdings nur für Groß-Berlin, nicht für Preußen und schon gar nicht für das ganze Deutsche Reich. Nur ein halbes Jahr nach seiner Ankunft in Berlin hatte Goebbels sein erstes Ziel erreicht: Die NSDAP war Gesprächsthema in der Reichshauptstadt.[56]

## HALBHERZIGE SANKTIONEN

Zörgiebels Weisung konnte leicht umgangen werden. Goebbels etikettierte die kurz zuvor bezogene Parteigeschäftsstelle zum »Büro der Abgeordneten der NSDAP« um, obwohl die wenigen Reichstagsmitglieder der Hitler-Bewegung ein eigenes Sekretariat hatten und behielten. Eine SA-Einheit in Potsdam übernahm offiziell die Standarte der verbotenen Berliner Gruppe; mehrere SA-Stürme firmierten nun als Vereine, zum Beispiel als Kegelklub Alle Neune, als Schwimmverein Hohe Welle oder als Wandergruppe Alt-Berlin.[57] Wenn die Polizei einen dieser Tarnvereine verbot, gründeten dieselben Mitglieder einfach den nächsten. Und weil die Auflösung der NSDAP nur für das Stadtgebiet galt, konnte die SA in der angrenzenden Mark Brandenburg weiter marschieren – sofern die Hitler-Anhänger ihre Braunhemden erst jenseits der Stadtgrenzen anzogen. Wirklich ernst nahm man das Verbot also nicht. Reinhold Muchow versprach, mit den bisherigen Empfängern seiner »Situationsberichte« weiter »im privaten Schriftwechsel« zu bleiben, »was mir keine jüdische Willkür verbieten kann«. Er fügte hinzu: »Gibt es doch gerade nach dem Verbot mehr als genug aus Berlin zu berichten – denn der Nationalsozialismus als Idee lebt.«[58]

Seine Energie setzte Goebbels nun publizistisch ein, denn zwar waren Partei und SA verboten, nicht aber Zeitungen. Keine zwei Monate nach dem Verbot ging sein eigenes Wochenblatt an den Start. Am Freitag, dem 1. Juli 1927, hingen an vielen Litfaßsäulen Berlins grellrote Plakate mit dem Schriftzug *Der Angriff* und einem großen Fragezeichen. Am Sonnabend hieß es in derselben Aufmachung: »*Der Angriff* erfolgt am 4. Juli.«[59] Erst am Ersterscheinungstag der neuen Zeitung, dem Montag, verrieten weitere grellrote Plakate Details. Doch so gelungen die Kampagne zur Markteinführung war, so sehr enttäuschte die erste Nummer des neuen Blattes seinen Schöpfer: »Scham, Trostlosigkeit und Verzweiflung beschlichen mich, als ich dieses Surrogat verglich mit dem, was ich eigentlich gewollt hatte«, schrieb Goebbels rückblickend: »Eine kümmerliche Winkelzeitung, ein gedruckter Käse! So kam mir diese erste Nummer vor.«[60] Die verkaufte Auflage pendelte sich bei gerade einmal 2000 Exemplaren ein – zu wenig, um das Verbot zu unterlaufen. Wichtig war es für einige Anhänger der Hitler-Bewegung trotzdem, so für Kurt Buschkowski: »Nach Studium der ersten Zeitung konnte ich später nicht schnell genug die nächste Ausgabe erwarten.« *Der Angriff* brachte ihn »in innerliche Verbindung zu der Partei, die für ein neues Deutschland kämpfte«.[61] Auf andere Sympathisanten wie den Bankangestellten Peter Emig aber wirkte Goebbels' Zeitung verstörend: »Hart und rau war die Sprache, zu hart und zu rau fürs Erste«, befand er.[62]

Die halbherzige Umsetzung von Sanktionen gegen die NSDAP beschränkte sich nicht auf Berlin. Bayern hatte am 5. März 1927 das Redeverbot für Hitler nach zwei Jahren aufgehoben und ihm unter Auflagen wieder öffentliche Ansprachen erlaubt. Der erste Auftritt durfte jedoch nicht in München stattfinden; Hitler wich ins niederbayerische Vilsbiburg aus. Schon drei Tage später aber sprach er in der Landeshauptstadt, vor rund 7000 Zuhörern im bis auf den letzten Platz gefüllten Zirkus Krone. Zu Beginn verlas der Fraktionsvorsitzende der NSDAP im Bayerischen Landtag, Rudolf Buttmann, die Auflagen der Regierung für Hitler-Auftritte; sie lösten Gelächter aus, hatte sich Hitler doch verpflichtet, dass seine Partei »keinerlei gesetzwidrige Ziele verfolgt« und »zur Erreichung ihrer Ziele keinerlei gesetzwidrige Mittel anwendet«. Außerdem sollten »SA, SS oder ähnliche Hilfsorganisationen der Partei« nicht »gegen die Gesetze verstoßen«, sich weder »mit militärischen Dingen befassen« noch sich »polizeiliche Befugnisse anmaßen, soweit es sich nicht lediglich um Wahrung des Hausrechtes handelt«.[63]

Nachdem Bayern das Redeverbot aufgehoben hatte, folgten alle Länder außer Preußen und dem kleinen Anhalt. Aber auch der bei weitem größte Teilstaat des Reiches war inkonsequent: Obwohl Goebbels gerade wegen der »Aufforderung zum Widerstand gegen die Staatsgewalt« vor Gericht stand, wurde das gegen ihn erlassene Auftrittsverbot in Berlin Ende Oktober 1927 nicht verlängert. Während seine Partei weiter nicht tätig werden konnte, durfte ihr regionaler Chef also wieder reden: Berliner Nationalsozialisten gelobten ihm Treue »durch dick und dünn«.[64] Trotz erneuter Attacken beantragte der Staatsanwalt gegen den Angeklagten Goebbels lediglich 300 Reichsmark Geldstrafe, und der Richter verhängte sogar nur 100 Reichsmark. In der Urteilsbegründung lobte das Gericht die »vaterländischen Motive« des Angeklagten. »Wir sind alle sehr fröhlich«, freute sich der Gauleiter.[65]

Ende März 1928 sah sich Berlins Polizeipräsident Zörgiebel gezwungen, auch das regionale Verbot der NSDAP in Berlin aufzuheben, um der Partei »die ungehinderte Möglichkeit zu Wahlvorbereitungen« für die Reichstagswahl am 20. Mai 1928 zu geben.[66] Da die Hitler-Bewegung nicht an sich verboten worden war, anders als 1922 in Preußen sowie 1923 im gesamten Reich, hatte sie das Recht, sich den Wählern anzubieten. Ein Betätigungsverbot in der Reichshauptstadt hätte Anlass bieten können, die Wahl anzufechten – ein Risiko, das die Polizei angesichts der Unberechenbarkeit der Gerichte nicht eingehen wollte. Immerhin wartete Zörgiebel so lange wie überhaupt möglich, ohne sich den Vorwurf der Manipulation einzuhandeln.

Natürlich startete Goebbels umgehend eine Propagandaoffensive. Doch sie lief weitgehend ins Leere, ebenso wie im gesamten Reich – trotz großen Engagements der Mitglieder, die aus eigener Initiative Plakate malten wie der Künstler Wilhelm Höfler und auf eigene Kosten Handzettel druckten wie der frühere Frontsoldat Ernst Woldt.[67] Der kleine Bauunternehmer August Kirwald ließ sogar, nach einem Vorbild im *Westdeutschen Beobachter*, selbst Aufnahmeformulare für die NSDAP herstellen und warb damit um neue Mitglieder.[68] Doch die ruhige wirtschaftliche Entwicklung seit 1925, der Rückgang der Arbeitslosigkeit und die entspannte außenpolitische Lage widersprachen der Erregtheit der Hitler-Bewegung.

Das Wahlergebnis enttäuschte die NSDAP: Nur 810 127 Stimmen bedeuteten 2,6 Prozent und gerade einmal zwölf Mandate im Reichstag – das war für die radikalen Völkischen nochmals weniger als bei den schon unbefriedigenden Wahlen vom Dezember 1924. Joseph Goebbels, erstmals ins Parlament gewählt, sah das Positive für sich: »Ich bin nun endlich immun.«[69]

An Politik im eigentlichen Sinne hatte die NSDAP auch nach ihrer Neugründung kein Interesse. An die Stelle des Putschismus der Jahre bis Ende 1923 war die Propaganda getreten; die Parteiorganisation hatte nun keinen anderen Zweck mehr als fortwährenden Wahlkampf, auch wenn keine Abstimmungen anstanden. Denn obwohl die Hitler-Bewegung in einigen Landesparlamenten und im Reichstag vertreten war, arbeitete sie nicht an politischen Vorhaben, sondern stellte ausschließlich radikale Forderungen. Zu Hilfe kam ihr, dass der Rechtsstaat sich als unfähig erwies, die Bedrohung konsequent zu bekämpfen: Rede- und Parteiverbote wurden aufgehoben, obwohl die NSDAP bekanntermaßen nie vorhatte, sich an die Auflagen zu halten.

# MITGLIEDER

Die NSDAP präsentierte sich als Partei der Jugend,
des Aufbruchs, des neuen Deutschlands.
Sie war es tatsächlich von ihren Mitgliedern her.
*Michael Wildt, Historiker* [1]

## EINE JUNGE VOLKSPARTEI

Nur wer seinen Gegner kennt, kann ihn schlagen. Doch Wissen
allein genügt nicht – man muss auch die geeignete Taktik entwickeln.»Der deutsche Faschismus wendet sich an alle«, schrieb Alexander Schifrin, in den späten 1920er-Jahren ein noch recht junger
Vordenker der SPD:»Er appelliert an den Mittelstand und an den
Großgrundbesitz, die Angestellten und die Lumpenproletarier, die
Bauern und die Intellektuellen, die Großindustriellen und die Beamten.«[2] Der Nationalsozialismus fand seine Mitglieder in praktisch allen Schichten der Gesellschaft. Das sozialdemokratische
Establishment zog jedoch ganz falsche Schlüsse aus Schifrins Analyse. Eine so»heterogene Volksbewegung ist auf die einigende Kraft
einer zündenden Idee« angewiesen, stellte der ehemalige Reichskanzler Hermann Müller fest. Die»Geschlossenheit einer wirtschaftlich und kulturell begründeten Weltanschauung« aber fehle
der NSDAP.[3] Ähnlich sah es der pragmatische, gewöhnlich wenig
ideologische SPD-Fraktionschef in Preußens Landtag, Ernst Heilmann:»Ist unsere Lehre von den Klassengegensätzen in der kapitalistischen Gesellschaft richtig, dann muss der nationalsozialistische
Versuch, Beamte und Mittelständler, Jungbauern und Handelsange-
stellte, Arbeiter und Großindustrielle gleichermaßen zu vertreten,

an den inneren Gegensätzen der Gesellschaft scheitern.«[4] Indes war
die marxistische Lehre von den Klassengegensätzen genauso falsch
wie die Annahme, der NSDAP fehle eine geschlossene Weltanschauung.

Hitler selbst hatte im zweiten Band von *Mein Kampf* ungewöhnlich klar zwischen zwei Gruppen von Sympathisanten unterschieden: »Anhänger einer Bewegung ist, wer sich mit ihren Zielen einverstanden erklärt, Mitglied ist, wer für sie kämpft.« Auch vom
Verhältnis der beiden Gruppen hatte der Parteichef eine klare Vorstellung; danach »werden auf zehn Anhänger höchstens ein bis zwei
Mitglieder treffen«. Grundsätzlich entsprächen die Anhänger der
prinzipiell »passiven« Majorität eines Volkes und die Mitglieder mit
ihrer notwendig »aktivistischen Gesinnung« stets »der Minorität
der Menschen«. Jedoch werde »Weltgeschichte« stets durch »Mino-
ritäten gemacht«.[5]

Nach dem offiziellen Neustart in München blieb die Ortsgruppe
der bayerischen Hauptstadt für mehrere Jahre die wichtigste Gliederung der NSDAP. Nirgendwo hatte die Partei mehr Mitglieder, nirgendwo war die eigene Verwaltung enger an die Reichsleitung ange-
bunden. Nirgends aber auch wurde die Hitler-Bewegung von der
Polizei intensiver überwacht. Deshalb gibt es für keine andere Ortsgruppe ähnlich vielfältige Informationen.[6] Wenige Tage nach der
Neugründung am 27. Februar 1925 zählte die Parteigeschäftsstelle
für die Ortsgruppe München 550 Mitglieder, einen Monat später
doppelt so viele und im Juni etwas mehr als 1500 eingeschriebene
Anhänger.[7] Diese Eintrittswelle schwächte sich dann zwar ab, denn
nun waren wohl die meisten Münchner beigetreten, die auf eine
Rückkehr der NSDAP gewartet hatten. Bis Ende 1926 stieg die Zahl
der Mitglieder aber immer noch um beachtliche 3,5 Prozent pro
Monat bis auf 2400. Damit jedoch war das Potenzial offenbar ausgeschöpft; jedenfalls stagnierte im Anschluss die Mitgliederzahl fast
anderthalb Jahre. Erst im Sommer 1928, nach dem enttäuschenden
Ausgang der Reichstagswahl, konnte die Ortsgruppe wieder zulegen, um gut anderthalb Prozent im Monat. Anfang 1930 zählte sie

3400 Parteigenossen – ungefähr jeder 130. volljährige Münchner bekannte sich damit zur NSDAP.

Für eine politische Partei waren die Mitglieder ungewöhnlich jung: Ein gutes Viertel war jünger als 23 Jahre und ähnlich viele jünger als 30. Die 31- bis 40-Jährigen machten das dritte Viertel aus, alle Älteren den Rest. Der Sozialdemokrat Carlo Mierendorff vermutete Anfang 1930, die NSDAP habe besonders die gerade volljährig gewordenen Deutschen erreichen können, die 21- bis 25-Jährigen, die sonst »abseits von der Politik lebten, um erst mit Ende zwanzig oder Anfang dreißig aktiv und sichtbar in die politischen Organisationen hineinzuwachsen«.[8] Entsprechend schrieb der 1901 geborene Lehrer Reinhold Putz mit Blick auf das Jahr 1929: »Die Republik verstand es nicht, uns junge Menschen für sich zu erwärmen.«[9]

Zur Attraktivität der NSDAP für junge Männer trug bei, dass Aktionismus nicht nur geduldet wurde, sondern erwünscht war. Der noch nicht volljährige Ostpreuße Fritz Behrendt rühmte sich, zusammen mit sieben Freunden »die Gegend unsicher« gemacht und Propaganda betrieben zu haben, »so gut wir es verstanden«. Als sein Vater ihm nach ersten Blessuren aus Kämpfen mit Kommunisten jede politische Tätigkeit untersagen wollte, bettelte der Sohn so lange, bis das Verbot fiel.[10]

Der Unterschied zur SPD beispielsweise war auffallend: Mehr als die Hälfte der eingeschriebenen Sozialdemokraten hatte ein Alter von mindestens 40 Jahren, und sogar vier Fünftel der SPD-Mitglieder in Deutschland waren laut einer parteieigenen Statistik von 1930 älter als 30 Jahre; die ganz Jungen von weniger als 25 Jahren machten nicht einmal zehn Prozent aus.[11] Noch deutlich älter waren die Mitglieder der anderen Parteien in Deutschland, vor allem der linksliberalen DDP, der nationalliberalen DVP und des katholischen Zentrums.

Die NSDAP war weitaus heterogener als ihre Konkurrenten. Sie nannte sich zwar Arbeiterpartei, doch waren die Fach- und ungelernten Arbeiter bei den Mitgliedern unterrepräsentiert – wenn auch nicht sehr stark: Zählte in München jeder dritte Erwachsene im wei-

teren Sinne zur Arbeiterschaft, so galt das Gleiche für jedes vierte
Mitglied der örtlichen NSDAP. Überrepräsentiert waren Handwerker und andere Selbstständige, die an der erwachsenen Bevölkerung
einen Anteil von 14 Prozent ausmachten, aber 24 Prozent in der Hitler-Bewegung. Die übrigen sozialen Gruppen entsprachen dem
Durchschnitt – sowohl was Beamte und Angestellte anging als auch
Berufslose. Bemerkenswert, aber nachvollziehbar war der geringe
Anteil von Hausangestellten, der in der NSDAP bei nur einem Fünftel des Münchner Durchschnitts lag: Vertrauensstellungen in gutbürgerlichen Haushalten, die sich Personal leisten konnten, passten
schlecht zu den Anhängern einer radikalen Partei.[12]

Ähnlich vielfältig wie die NSDAP war unter den Parteien der
1920er-Jahre nur das Zentrum, in katholischen Gegenden eine
echte schichtenübergreifende Volkspartei. Hingegen stammten rund
70 Prozent der SPD-Mitglieder aus der Arbeiterschaft; weitere gut
17 Prozent rekrutierten sich vorwiegend aus der Schicht kleiner
Angestellter. Nur die letzten knapp 13 Prozent gehörten zu anderen
Gruppen wie Beamten, Ärzten, Anwälten, selbstständigen Kaufleuten oder Landwirten.[13] Ähnlich schichtenspezifisch setzte sich die
Anhängerschaft der bürgerlichen Parteien der Mitte zusammen.
Auch die rechtsnationale DNVP war mit ihren Mitgliedern überwiegend aus der Landbevölkerung und der kleinen Angestellten-
schaft homogener als die NSDAP, genauso wie die KPD, deren
Anhänger überwiegend zu den Tagelöhnern und Arbeitslosen zählten. Anders als Hermann Müller oder Ernst Heilmann glaubten,
erwies sich die soziale Vielfalt der NSDAP jedoch nicht als Schwäche, sondern als Stärke.

## HOHE FLUKTUATION

Allerdings war die Bindungskraft der NS-Bewegung geringer als bei
anderen Parteien. Die Parteigeschäftsstelle verzeichnete zwischen
1925 und 1930 für die Ortsgruppe München zwar 4832 formelle Ein-

tritte, jedoch auch 1346 Austritte: Fast jedes dritte Mitglied verließ
die NSDAP wieder; Todesfälle und Umzüge in andere Gebiete
kamen noch hinzu.[14] Keineswegs ging es nur um »einzelne« Mitglieder, die »wieder untreu« wurden, wie ein Ortsgruppenleiter rückblickend untertrieb.[15]

Die hohe Fluktuation hatte vielfältige Gründe: Neben Unver-
ständnis bei Verwandten oder Arbeitgebern zum Beispiel die Enttäuschung über die konkrete Tätigkeit der Partei vor Ort: »Manchmal wollte dem einen oder anderen der Mut sinken«, erinnerte sich
der Frankfurter Karl-Heinrich Seitz an die Frühzeit seiner Mitgliedschaft, »wenn zu einem Sprechabend nur der eine oder andere
Volksgenosse gekommen war: ›Wir erreichen doch nichts!‹«[16] Hinzu
kamen finanzielle Probleme; Mitglieder wurden oft wegen ausstehender Beiträge ausgeschlossen oder gingen freiwillig.[17] Und
natürlich Mangel an Zeit für die Pflichtdienste, die erwartet wurden.

Für sich erklärten überzeugte Nationalsozialisten die starke Fluktuation natürlich anders. »Zahlenmäßig wuchsen wir nur langsam«,
räumte Helmut Flörke ein und kaschierte diese Feststellung mit
einer Schutzbehauptung: »Immer wieder mussten wir Abenteurer
aus unseren Reihen entfernen, verkrachte Existenzen, die hofften,
bei uns etwas erben zu können. Und Ersatz zu finden war entsetz-
lich schwer.«[18] In Wirklichkeit aber trat in den ersten zwei, drei Jahren nach dem Comeback niemand in die NSDAP ein, um zu profitieren, denn die Hitler-Partei hatte zu diesem Zeitpunkt nichts
anzubieten.

Ähnlich wie in München schwankte die Mitgliedschaft auch in
den anderen Regionen Deutschlands. Im Ruhrgebiet erlebte die
NSDAP nach einem kurzen Aufschwung einen scharfen Rückgang
ihrer zahlenden Anhängerschaft, gefolgt von wellenweisen Neuaufnahmen und erneuten Austritten. Im Saldo blieb ein nur langsames
Wachstum. Rückblickend bekannte der NS-Funktionär Friedrich
Alfred Beck, die Jahre zwischen Neugründung und dem ersten großen Erfolg der Partei bei den Reichstagswahlen 1930 seien in Westfalen »ein harter entsagungsvoller Kampf« gewesen, der starke Ner-

ven verlangt habe, »weil fast nirgendwo ein wesentlicher Fortschritt zu erkennen war«.[19]

In Buer schied jedes zweite von zunächst 90 gewonnenen Mitgliedern bald wieder aus, anschließend nahm die Zahl erneut auf 79 zu. Im benachbarten Gelsenkirchen war die Entwicklung auf niedrigerem Niveau ähnlich: Im Mai 1926 verfügte die Ortsgruppe über gerade noch 22 Mitglieder; zuvor waren 43 Parteigenossen ausgetreten. Ende Oktober meldete man 39 zahlende Mitglieder nach München. Natürlich versuchten Funktionäre, diese Misserfolge in ihren Rechenschaftsberichten so gut wie möglich zu verschleiern: »Die Bewegung habe in den letzten drei Monaten infolge der Sommerferien keine Verzögerung, wohl aber einen Stillstand erlitten«, beschönigte der Chef des NSDAP-Bezirkes Bochum, Josef Wagner, Anfang 1926.[20] In diesem Bezirk, zu dem auch Gelsenkirchen-Buer gehörte, gab es im März 1927 bei tausend Mitgliedern gerade einmal zehn Neuaufnahmen. Laut einem Bericht des Polizeipräsidiums Recklinghausen nahm die Zahl der NSDAP-Mitglieder in dessen Zuständigkeitsbereich während des Jahrs 1927 sogar um fast ein Drittel ab, von 735 auf 525.[21]

Solche Stagnation bremste den Einsatz vieler Mitglieder. Als der neue Leiter der Stuttgarter Ortsgruppe, Wilhelm Dreher, sich am 24. Juni 1927 vorstellte, setzte er auf Konfrontation: »Er müsse aber gleich feststellen, dass ihm der erste Abend nicht gefalle, es seien nämlich zu wenige Parteigenossen anwesend«, sagte er laut Polizeibericht und fuhr fort: »Zu tadeln habe er die große Uneinigkeit innerhalb der Ortsgruppe. Einzelne Leute scharten ein paar Leute um sich, aber es fehle an dem gemeinsamen Zusammenhalt. Es sei ein richtiger Kuddelmuddel, das müsse aufhören.«[22] Kein Einzelfall in der württembergischen NSDAP: Ein Auftritt von Gottfried Feder lockte großzügig gerechnet gerade 700 Besucher an, und Dreher selbst konnte bei öffentlichen Auftritten manchmal nur 90 Zuhörer mobilisieren. Nach dem enttäuschend geringen Besuch der württembergischen Landesversammlung Ende September 1927 klagte der selbst gescheiterte Ex-Ortsgruppenleiter Friedrich Schlump-

berger über das mangelnde Engagement: »Viele der Stuttgarter Parteigenossen hätten es offenbar vorgezogen, aufs Volksfest zu gehen,
statt, wie es ihre Pflicht gewesen wäre [...], sich den aus dem ganzen
Land herbeigeeilten Parteigenossen zu widmen. Eine derartige Lau-
heit bringe die Sache des Nationalsozialismus nicht vorwärts.«[23]
Über die eigenen Mitglieder sagte ein anderer, nur kurz amtierender
Stuttgarter NS-Funktionär: »Die Wurzel der Ortsgruppe ist total
faul.« In Wirklichkeit täuschten wenige Aktivisten ein »längst ver-
lorenes Leben« der Partei vor.[24]

## PROMINENTE AUSTRITTE

Die Unzufriedenheit und Fluktuation beschränkte sich nicht auf
einfache Mitglieder in den Ortsgruppen, sondern reichte bis hinauf
in die Hierarchie der NSDAP. Gerhard Kriebel zum Beispiel, nach
der Neugründung der Partei im Herbst 1925 Ortsgruppenleiter in
Esslingen, war ein so aktiver wie begehrter Redner – und wurde
dennoch von den Mitgliedern seiner Ortsgruppe aus dem Amt
gedrängt. Württembergs Gauleiter Eugen Munder versprach ihm,
sich »im gegebenen Zeitpunkt Ihrer Verdienste um die Bewegung
zu erinnern und Ihnen einen neuen, vielleicht zweckdienlicheren
Wirkungskreis zu geben«.[25] Zwar blieb Kriebel noch als Redner
aktiv, hielt gegen Erstattung der Fahrtkosten und ein kleines Honorar Vorträge bei verschiedenen Ortsgruppen in Württemberg –
doch war ihm die NSDAP nicht mehr so wichtig, dass er dafür
Nachteile in Kauf genommen hätte. Anfang 1928 ging er: »Aus
beruflichen Gründen bin ich aus der Partei ausgetreten.«[26] Tatsächlich stand er vor der Prüfung als Sekretär, also vor dem Wechsel vom
einfachen in den mittleren Dienst als Beamter. Obwohl er mehr als
zwei Jahre lang Propaganda für Hitler gemacht hatte, war seine Bin-
dung nicht besonders stark.
    Als Beschuldigter vor der Spruchkammer im Entnazifizierungs-
verfahren begründete Kriebel seinen Austritt mit einer Lüge: »In

Esslingen sei das Parteileben nicht besonders rege gewesen«, fasste
das Urteil seine Aussage fest: »Im Jahr 1928 sei jedoch eine starke
Aktivität entwickelt worden. So habe man u. a. verlangt, er müsse
für die Partei auf die Straße gehen und für sie werben. Dies habe er
als Beamter ablehnen müssen und sei deshalb wieder ausgetreten.«[27]
Die Laienrichter der Spruchkammer glaubten ihm, werteten seine
Erklärung aber nicht als strafmildernd: »Der Betroffene hat durch
sein frühzeitiges Bekenntnis zum Nationalsozialismus wesentlichen
Anteil an der Begründung der nationalsozialistischen Gewaltherr-
schaft. [...] Wenn er 1928 wieder ausgetreten ist, so dürften hierfür
weniger politische Gründe maßgebend gewesen sein als vielmehr,
dass er befürchten musste, dass er in seiner Stellung als Beamter
untragbar werden würde.«[28]

Diese Sorge war unbegründet, selbst wenn Kriebel sie wirklich
gehabt haben sollte: Sogar der als nationalsozialistischer Landtags-
abgeordneter viel bekanntere Christian Mergenthaler konnte nach
dem Verlust seines politischen Mandates bei der Wahl im Mai 1928
in seinen Beruf als Studienrat für Physik am Gymnasium in Schwäbisch Hall zurückkehren. Mergenthaler, der erst 1927 der NSDAP
wieder beigetreten war, zog sich zwar aus der aktiven Parteiarbeit
vollkommen zurück, polemisierte aber gegen seine Konkurrenten
in der württembergischen Partei und trug den Streit bis nach München. Austreten wollte er dennoch nicht – und wurde belohnt, als
der Stuttgarter Staatsgerichtshof 1929 der Hitler-Partei nachträglich
doch ein Landtagsmandat zusprach.

Zu dieser Zeit hatte die württembergische NSDAP ihren ersten
Gauleiter Eugen Munder schon mehr als ein Jahr verloren – auf
ziemlich spektakuläre Weise: Der überzeugte Nationalsozialist hatte
Ende 1927 Hitler wegen seines Lebensstils auf Kosten der Mitglieder
attackiert, war im Januar 1928 demonstrativ seines Amtes enthoben
worden und hatte die Partei verlassen, ohne deshalb Ruhe zu geben.
Genervt notierte Joseph Goebbels am 22. Januar 1928 in sein Tagebuch: »Der Chef ruft an. Ich muss noch die Nacht nach Stuttgart.
Alles umwerfen. Verdammte Schweinerei! Munder macht Quatsch.

Wie ein kleiner Junge teilt er aus.«[29] Der nun ehemalige Gauleiter, seit 1919 ein überzeugter Wegbereiter des Nationalsozialismus in Württemberg, gehörte zu den prominentesten Mitgliedern, die im Streit die NSDAP verließen.

Das Mitglied mit der niedrigsten Nummer, das je aus der Partei geworfen wurde, war der thüringische Antisemit Artur Dinter. Er hatte Hitler während dessen Haft in Landsberg 1924 die Treue gehalten und war dafür nach der Neugründung mit der Mitgliedschaft Nr. 5 sowie dem Amt des Gauleiters in Thüringen belohnt worden. Doch Dinter entwickelte spirituell-religiöse Vorstellungen, die Hitler nicht passten. Goebbels nannte ihn im Juli 1926 einen »Clown« und fand ein Jahr später eine seiner Reden »wie immer scheußlich langweilig und theaterhaft«.[30] Am 30. September 1927 verlor Dinter sein Amt, angeblich »wegen beruflicher Überlastung«.[31] Anfang Oktober 1928 wurde er dann formell ausgeschlossen, weil er durch einen Aufsatz in einer eigenen Zeitschrift »das Parteiprogramm in parteischädigender Weise« angegriffen habe: »Der Ausschluss ist endgültig.«[32] Dinter veröffentlichte das Einschreiben gleich in der nächsten Nummer seines Blattes *Das Geistchristentum*.

Nicht ganz so prominent wie Munder und Dinter war Heinz Oskar Hauenstein. Aber immerhin hatte er sich 1922/23 als Mitorganisator der Ausdehnung der Nationalsozialisten in Norddeutschland verdient gemacht. Dennoch wurde auch er ausgeschlossen.[33] Als Grund verwies Hitler auf die Satzung, in der es hieß, ausgeschlossen werden könnten Mitglieder, »die innerhalb der Ortsgruppe oder des Gauverbandes wiederholt Anlass zu Streit und Zwist gegeben haben«.[34] Der ehemalige Freikorps-Offizier hatte im Sommer 1926 mit der offiziellen Parteiführung in der Reichshauptstadt konkurriert und es gewagt, sich bei einer Versammlung als Gegenkandidat aufstellen zu lassen. Um den Neustart des Gaus unter Joseph Goebbels nicht zu gefährden, wurde Hauenstein öffentlich demontiert.

Ein weiterer bekannter Nationalsozialist, der ausgeschlossen wurde, war der Münchner SA-Standartenführer Edmund Heines.

Im Frühjahr 1927 rebellierte er zusammen mit einigen seiner Männer gegen die Reichsleitung. Hitler sei von »Bonzen und Bremsern«
umgeben.[35] Das konnte der Parteichef natürlich nicht hinnehmen
und warf Heines aus der Partei. Vor einer Mitgliederversammlung
der NSDAP mit enttäuschenden 1400 Teilnehmern verkündete Hitler: »Sie wissen selbst, dass wir vor Kurzem erst gezwungen waren,
in München gegen eine Abteilung einzuschreiten, die sich unserer
Überzeugung nach nicht genügend gefügt hatte und deren Führer
Extratouren machte.«[36] Doch in den Griff bekam er die Rebellion so
nicht: Mindestens ein Drittel der Münchner SA-Leute verließen mit
Heines die NSDAP, die übrigen ließen trotz einer persönlichen Verpflichtung durch Hitler monatelang jedes Engagement vermissen.

Besonders schmerzhaft für die NSDAP war der Austritt eines
ihrer wenigen Förderer aus der Ruhrindustrie. Der langjährige
Montan-Manager Emil Kirdorf, ein schon 80-jähriger politischer
Reaktionär, war nach einer persönlichen Begegnung mit Hitler im
Juli 1927 beigetreten. Doch schon nach gut einem Jahr verließ er die
NSDAP wieder. Seinen Schritt begründete er in einem harschen
Brief an die Münchner Parteizentrale mit den Angriffen auf Kar-
telle, an denen er beteiligt gewesen war; sie waren in einem Wochenblatt der westfälischen NSDAP erschienen. »Der anliegende Artikel
der Zeitung *Die neue Front* vom 10. August, Organ Ihrer diesseitigen
Parteigruppe, ergeht sich u. a. in Verunglimpfungen des Kohlen-
syndikats und seiner Leiter, an deren Spitze ich damals stand, und
nimmt die Kampfesweise der vaterlandslosen Gewerkschaften in
ihrer Verhetzung der Arbeiter gegen die Unternehmer an.«[37] Kirdorf
schloss sich vertraulich wieder der DNVP an und machte das erst
1930 öffentlich, als Gegner ihm unterstellten, immer noch Nationalsozialist zu sein.[38]

## RÜCKKEHR IN DIE PARTEI

Typisch für die NSDAP war, dass die Quote an Wiedereintritten hoch war: Ungefähr jedes dritte Mitglied, das der Partei zwischen 1925 und 1932 erst bei- und dann wieder ausgetreten war, kehrte zurück, meistens schon 1933.[39] Zumindest die Rückkehrer, die vor ihrem Austritt Parteifunktionen bekleidet hatten, konnten nur ausnahmsweise an die Karrieren während ihrer ersten Mitgliedschaft anschließen. Der ehemalige Esslinger Ortsgruppenleiter Gerhard Kriebel etwa trat zum 1. Mai 1933 wieder bei – und rechtfertigte diesen Schritt nach dem Zweiten Weltkrieg: ansonsten hätte er »seinen Posten als Beamter verloren«.[40] Offensichtlich eine Schutzbehauptung. Kriebel war nach Zeugenaussagen weiter ein »fanatischer Nationalsozialist«, nun in der untergeordneten Funktion als Blockleiter. Überall habe er »seinen Willen für die Partei« durchgesetzt und »war im ganzen Block gefürchtet«. In der Nachbarschaft »nahm man sich vor ihm und seiner Frau in Acht«.[41] Dass er als Nachfolger des württembergischen Gauleiters Wilhelm Murr gehandelt worden sei, wie Zeugen während der Entnazifizierung angaben, war wohl Einbildung.

Größere Schwierigkeiten hatte Eugen Munder. Er zahlte zwar seit dem 1. Mai 1933 wieder Beiträge, doch die Wiederaufnahme wurde abgelehnt, worüber er sich bei Hitlers Sekretär Rudolf Heß beschwerte. Schließlich wurde ihm im April 1934 rückwirkend zum 1. Mai 1933 ein Ausweis als »alter Kämpfer« ausgestellt und seine Mitgliedschaft zum 1. August 1935 wieder in Kraft gesetzt. Eine Kollegin beschrieb ihn als »ausgesprochenen Psychopathen mit verdrängten Minderwertigkeitskomplexen, völlig unbeherrscht, rücksichtslos, machtgierig, von grenzenlosem Ehrgeiz erfüllt«.[42]

Heinz Oskar Hauenstein hatte nach seinem Ausschluss zunächst eine Unabhängige Nationalsozialistische Partei Deutschlands gegründet, die aber rasch einging. Auch mit anderen Gründungen im rechtsextremen Spektrum hatte er kein Glück und kehrte so über die Nationalsozialistische Betriebszellenorganisation, eine rudimentäre NS-Gewerkschaft, wieder in die Hitler-Bewegung zurück, unterstützt von seinem alten Freund Kurt Daluege, einem inzwischen ranghohen SS-Führer. 1934 wurde Hauenstein allerdings seiner untergeordneten Funktionen wieder enthoben und bald darauf mit einem Publikationsverbot belegt.

Erfolgreich schien zunächst die Rückkehr von Edmund Heines. Bald nach seinem Ausschluss wurde er wegen Beteiligung an einem Fememord im Sommer 1920 zunächst zu 15, in der Berufungsverhandlung zu fünf Jahren Haft verurteilt; unter Nationalsozialisten galt derlei als Auszeichnung. Nach gerade einmal zwölf Monaten Haft kam er frei und wurde umgehend wieder in die NSDAP aufgenommen, für die er im September 1930 sogar in den Reichstag einzog. Als Protegé von Ernst Röhm stieg Heines zum zweiten Mann der SA auf und leitete nach der Machtübernahme die Polizei von Breslau. 1934 endete diese Erfolgsgeschichte schlagartig: Während des angeblichen Röhm-Putsches wurde Heines abgesetzt, verhaftet und ermordet.

Aus alter Verbundenheit bekam Emil Kirdorf seine niedrige Mitgliedsnummer zurück, als er zum 1. April 1934 wieder der NSDAP beitrat. Zuerst war ihm eine hohe Nummer zugeteilt worden, worüber er sich schriftlich beschwerte; im Juni 1934 ordnete Rudolf Heß daraufhin im Namen Hitlers an, dass Kirdorfs Parteimitgliedschaft als nie unterbrochen gelten solle. Ende des Jahres wurde ihm das goldene Ehrenabzeichen als »alter Kämpfer« verliehen. Zu seinem 90. Geburtstag 1937 überhäufte die Partei Kirdorf mit Ehrungen, und zu seinem Begräbnis ein Jahr später erschien demonstrativ Hitler. So viel Ruhm wurde wohl keinem anderen Rückkehrer zuteil.

Keine Chance auf eine Wiederaufnahme hatte Artur Dinter. Er stellte am 29. April 1933 einen Antrag, der abgelehnt wurde; vier Jahre später richtete er sogar ein »Gnadengesuch« an Hitler, das ebenfalls erfolglos blieb. 1939 bekam er als Publizist faktisch Berufsverbot. Nun protestierte das ehemalige NSDAP-Mitglied Nr. 5 offiziell. Als Goebbels das zu Ohren kam, notierte er: »Dinter legt

Beschwerde ein gegen seinen Ausschluss aus der Schrifttumskammer. Er ist ein alter Schwindler, Phraseur und Verleumder.«[43]

## UNGENAUE STATISTIK

Wie viele Mitglieder die NSDAP hatte, wusste nicht einmal die Parteigeschäftsstelle zu jeder Zeit. Das hatte neben der hohen Fluktuation vor allem methodische Gründe. Schon Anfang 1920, als die damalige DAP erstmals Mitgliedsausweise ausgegeben hatte, war getrickst worden: Um größer zu erscheinen, begannen die ausgegebenen Nummern bei 501. Ganz so plump manipulierte die NSDAP nach ihrer Neugründung nicht mehr: Diesmal begann die Zählung bei der Nummer 1, die natürlich Hitler selbst erhielt. Es folgten sein Vertrauter Hermann Esser, der Geschäftsführer des Parteiverlages, Max Amann, der bayerische Fraktionsvorsitzende Rudolf Buttmann, Artur Dinter aus Thüringen, Reichsschatzmeister Franz Xaver Schwarz, Hitlers Anwalt Hans Frank, der 1923 beim Putsch schwer verwundete Leibwächter Ulrich Graf und Gregor Straßer.

An sich sollte nach den Richtlinien der Partei eine einmal zugeteilte Nummer auch nach dem Tod oder dem Austritt des Mitglieds nicht neu vergeben werden – es sei denn, Hitler selbst ordnete das an. So kamen Joseph Goebbels und Hermann Göring in den Genuss niedriger Mitgliedsnummern. Grundsätzlich aber blieben die Nummern ehemaliger Anhänger vakant. Nur in wenigen weiteren Ausnahmen war das anders: Wenn die Reichsleitung die Aufnahme eines vor Ort akzeptierten Mitglieds nachträglich annullierte oder wenn der Bewerber von sich aus sein Beitrittsbegehren aufgab, galt die Nummer als nicht vergeben.[44]

Die von der NSDAP genannten Mitgliederzahlen waren daher stets zu hoch. So gab der Parteihistoriker Hans Volz in seiner Broschüre *Daten zur Geschichte der NSDAP* die Zahl der »eingeschriebenen Mitglieder« scheinbar genau an: Ende 1925 seien es 27 117 gewesen, Ende 1926 genau 49 523, Ende 1927 dann 72 590 und noch

ein Jahr später 108 717. Für den Jahreswechsel 1929/30 nannte er
176 426 Mitglieder, und für den Tag der Reichstagswahl 1930 aufge-
rundete 293 000.[45] Es handelte sich aber nur um die ausgegebenen
Mitgliedsnummern, nicht um die reale Mitgliederzahl.

Mit diesem Trick arbeitete auch der verantwortliche Reichsschatzmeister Franz Xaver Schwarz: Im Bericht über das verlängerte
Geschäftsjahr der wiedergegründeten NSDAP für die Zeit von Februar 1925 bis Ende April 1926 gab er die »Gesamtmitgliederzahl
der Partei im ganzen Reiche« mit 36 300 an.[46] Das entsprach den bis
Ende 1925 vergebenen gut 27 000 Mitgliedsnummern und den
durchschnittlich 1850 Neubeitritten pro Monat im ersten Quartal
1926. In Wirklichkeit jedoch hatte die Partei Ende 1925 ungefähr
25 400 Mitglieder, zu denen pro Monat netto 1300 Mitglieder hinzu
kamen.[47] Daher dürfte die Gesamtzahl der eingeschriebenen Anhänger Ende April 1926 bei knapp 30 000 gelegen haben – ein Fünftel weniger als von Schwarz genannt.

Noch höher war die Abweichung bei der nächsten offiziellen
Angabe. Für das nun vollständige Rechnungsjahr 1926 verkündete
der Schatzmeister: »Der Mitgliederstand hat sich seit der letzten
Generalversammlung im vorigen Jahre um das Doppelte erhöht
und den Stand von 1923 überholt.« Laut dem *Völkischen Beobachter*
reagierten die versammelten Anhänger auf diese Mitteilung mit
»stürmischem Beifall«. Außerdem behauptete Schwarz: »Der größte
Teil von den im Jahre 1926 abgemeldeten Mitgliedern ist im ersten
Halbjahr 1927 zur Wiederaufnahme gelangt.«[48] Das war gleich drei-
fach falsch: Erstens hatte die NSDAP als höchste Mitgliedsnummer
vor ihrer Auflösung im November 1923 die 55 787 vergeben, was
bedeutete, dass ihr bis dahin maximal 55 287 Menschen beigetreten
waren; die höchste noch im Jahr 1926 ausgegebene Mitgliedsnummer aber war die 49 523. Zweitens berücksichtigte diese Zahl nicht
die Austritte. Die Münchner Polizei berichtete: »Nach Angabe des
Schatzmeisters Schwarz soll sich die Mitgliederzahl seit 1926 ver-
doppelt haben. Tatsächlich dürfte sie nicht mehr als 45 000 Köpfe
betragen.«[49] Sogar das war noch zu hoch, denn die reale Anzahl der

eingeschriebenen Anhänger lag Ende 1926 wohl bei knapp über 41 000. Und drittens standen den 1926 ausgetretenen gut 6000 Mitgliedern im ganzen Jahr 1927 lediglich knapp tausend Wiedereintritte gegenüber.[50]

Ende August 1928 wagte sich Schwarz mit seinen Erfolgsmeldungen besonders weit vor. Es sei »damit zu rechnen, dass im nächsten Monat bereits ein Mitgliederstand von 100 000 erreicht wird«, verkündete er.[51] In Wirklichkeit betrug die Nettozahl der NSDAP-Anhänger Ende 1928 gut 58 000: Insgesamt 90 168 aktenkundigen Eintritten bis dahin standen 33 000 Austritte und knapp 1500 Wiedereintritte gegenüber.[52] Noch grober war das Missverhältnis zum Stichtag 14. September 1930, der Reichstagswahl, bei der die NSDAP den Durchbruch schaffte: 293 000 bis dahin ausgegebenen Mitgliedsnummern standen nach Angabe der vertraulichen Parteistatistik von 1935 tatsächlich 129 563 Mitglieder gegenüber.[53]

Warum aber machte Schwarz überhaupt derart falsche Angaben? Den Pedanten stießen falsche Zahlen eigentlich ab. Von Beruf Verwaltungsinspektor bei der Stadt München, hatte er 1919 den örtlichen Schutz- und Trutzbund mitgegründet und 1923 zu den Teilnehmern beim Hitler-Putsch gehört. Im Frühjahr 1925 ließ sich der gerade 49-jährige Kommunalbeamte Schwarz in den Vorruhestand versetzen, um hauptamtlich die Kasse der NSDAP zu führen, was die Mitgliederverwaltung einschloss. Aus Unachtsamkeit oder Unfähigkeit rechnete der Schatzmeister sicher nicht falsch. Für die Selbstdarstellung der NSDAP aber war es wichtig, den Eindruck einer dynamisch wachsenden Bewegung zu vermitteln. Dass es auch Austritte in nennenswerter Anzahl gab, konnte man nicht verschweigen; doch ihre genaue Zahl und vor allem den Anteil der Wiedereintritte vermochte niemand außerhalb der Geschäftsstelle zu schätzen. Also untertrieb Schwarz öffentlich, was den Saldo der Austritte anging, und orientierte sich lieber an der Zahl der ausgegebenen Mitgliedsnummern.

Hinzu kam eine Nebenwirkung der Art von Mitgliederverwaltung, die der Schatzmeister gewählt hatte: Die Beitritte erfolgten

regional, die Registratur aber zentral in München. Um nicht iden-
tische Nummern an verschiedenen Orten an verschiedene Personen
auszugeben, erhielten alle Gaue nach Bedarf ganze Blöcke von
Nummern zugeteilt, die Pfalz Ende 1925 beispielsweise die Regist-
rierungen 23 000 bis 24 000.[54] Waren sie aufgebraucht, bekam der
regionale Kassenwart ein neues Paket Nummern, die nur an Neumitglieder seines Gaus ausgegeben wurden. So konnte jemand, der
früher der Partei beigetreten war, dennoch eine höhere Nummer
bekommen als jemand, der sich später, aber in einer anderen Stadt
einschrieb. Um diese Nebenwirkung auszugleichen, erfolgten die
Beitritte formal meist zu reichsweit einheitlichen Stichdaten.

Obwohl die Reichsschatzmeisterei in München vier Mitglieder-
verzeichnisse parallel pflegte, konnte daher eine jederzeit aktuelle
Gesamtmitgliederzahl nicht festgestellt werden. Das wichtigste Verzeichnis war die offiziell »Zentralkartei« genannte Registratur, die
reichsweit alle Mitglieder in einem durchgehenden Alphabet nach
Namen und Vornamen erfasste. Die zweite, bekannt als »Ortsgrup-
penkartei«, war zuerst regional nach den Gauen der NSDAP, dann
lokal und erst innerhalb der einzelnen Ortsgruppen alphabetisch
nach Namen sortiert. Das dritte Verzeichnis bildeten die stets eigenhändig unterschriebenen Aufnahmeanträge, die nach Nummern
geordnet aufbewahrt wurden. Den vierten Teil bildeten die Grund-
bücher – Kladden, in denen jedes neue Mitglied mit dem Datum
seines Eintritts vermerkt war.[55]

## DIE SA ALS MITTEL ZUM ZWECK

Eigentlich sollten alle Angehörigen der SA Mitglieder der NSDAP
sein – so sah es der zweite allgemeine SA-Befehl von November 1926
vor: »Die SA ist eine Gliederung der NSDAP, in die nur Mitglieder
der NSDAP aufgenommen werden können.« Der Ausschluss aus
der NSDAP zog automatisch den Ausschluss aus der SA nach sich.
Die politische Führung der SA lag nach dieser Weisung des gerade

ernannten obersten SA-Chefs Franz Pfeffer von Salomon ausdrücklich bei der Partei. Die SA sei ein Instrument, das »Mittel zum Zweck«, um den Sieg der NS-Weltanschauung herbeizuführen. Ihre Aufgabe war, eine »leistungsfähige Organisation bereitzustellen, sie zu pflegen und jederzeit im Sinne der NSDAP einsatzbereit zu halten«.[56]

Zur Art dieses Einsatzes machte der SA-Chef widersprüchliche Angaben. Einerseits forderte er scheinbar eindeutig, jeder SA-Mann müsse wissen, dass in der SA »nichts Gesetzwidriges und Strafbares« geschehen dürfe. Gleichzeitig gab er seinen Untergegebenen aber den Auftrag zu offenen Attacken: »Der Angriffskampf wirkt unmittelbar, nicht allein mittelbar dadurch, dass in dem bekämpften Marxismus die bezahlte Sturmtruppe all dieser Schädlinge getroffen wird.« Um die Verwirrung vollständig zu machen, fügte Pfeffer noch eine Warnung an: Wenn es dem Marxismus gelänge, »den Terror durch ihm gefügige Machtmittel des Staates auszuüben«, dann sei eine »vorbeugende Abwehr« nur insofern gestattet, als »grundsätzlich jede Gesetzwidrigkeit vermieden« werde.[57] Ähnlich zwiespältig waren auch die Ausführungen zu den angedrohten Strafen für SA-Leute, die gegen Befehle verstießen: Zum einen hatten die jeweiligen Anführer durchzugreifen, zum anderen aber sollte gelten, »dass der Vorgesetzte seinen letzten SA-Kameraden noch zehnmal höher schätzt als jeden anderen Menschen«.[58] Solcher Korpsgeist aber vertrug sich nicht mit harten Sanktionen.

Ein offenbar für den SA-internen Gebrauch vorgesehenes Merkblatt aus dem Winter 1926/27 entlarvte, dass Pfeffers Gebot der Gesetzmäßigkeit rein taktisch gemeint war: »Widerstand gegen Polizei und Staatsgewalt ist heute immer Unsinn, weil Du ja in jedem Fall der Unterlegene bist, gleichgültig ob Du Recht oder Unrecht hast. Der Staat rächt sich an Dir oder an uns mit Gefängnis und hohen Geldbußen. Darum: Wenn's nicht anders geht, füge Dich der Staatsgewalt. Aber tröste Dich: Wir rechnen später einmal ab!«[59] Möglicherweise sollte die Widersprüchlichkeit der offiziell herausgegebenen SA-Befehle im Falle von Auseinandersetzungen vor

Gericht der Führung eine Rückzugsposition eröffnen – ein durchsichtiges Kalkül.

SA-Männer stammten öfter aus Arbeiterfamilien als die übrigen NSDAP-Mitglieder. Zwar gibt es nur vereinzelt überlieferte, nicht repräsentative Aufstellungen, doch alle zeigen den gleichen Trend. In Eutin (Ostholstein) bezeichneten sich im Sommer 1929 von 55 aktiven SA-Männern fast drei Fünftel, nämlich 31, als Arbeiter; 16 gaben als Beruf Angestellte an, vier waren Landwirte und ebenso viele selbstständig. In Hessen-Nassau waren 37 von 61 SA-Mitgliedern Arbeiter, und nach einer Zusammenstellung aus Polizei- und Gerichtsakten ohne Ortsangaben fast zwei Drittel.[60] Eine Mitgliederliste der Wiesbadener SA von 1930 mit 82 Personen verzeichnete neben 26 Arbeitern 27 Handwerker, 16 Angestellte, neun Kaufleute, zwei Schüler, einen Unternehmer und einen Studenten.[61] In anderen Aufstellungen wurden Handwerker offenbar den Arbeitern zugeschlagen. Mangels einer großen Zahl von Industriearbeitern überwogen in ländlichen Regionen von Preußen Landwirte oder Landarbeiter; sie machten nach einer Aufstellung offenbar über Schlesien vom Sommer 1930 gut zwei Fünftel der SA-Mitglieder aus und zusammen mit den knapp zehn Prozent Industriearbeitern mehr als die Hälfte; Handwerker und Angestellte stellten den überwiegenden Rest. Ähnlich war das Bild in Ostpreußen; laut drei erhaltenen Analysen der preußischen Polizei von Oktober 1930 und Juni 1931 verdiente hier jeder zweite SA-Mann sein Geld als Landwirt oder Landarbeiter.[62] Im Februar 1931 stellte die Polizei in Berlin bei Razzien Karteien der SA sicher, denen zufolge gelernte und ungelernte Arbeiter mehr als die Hälfte der 1824 aufgeführten Mitglieder ausmachten und Angestellte ein gutes Viertel; Landwirte gab es naturgemäß nicht.[63] Laut einer im Spätsommer 1932 entstandenen Aufstellung über die SA im Münchner Norden waren von 773 Mitgliedern 403 Arbeiter. Genau 200 gaben als Beruf Angestellte an; hoch war die Zahl von 93 Studenten, die sich aber daraus erklärt, dass im Norden des damaligen Münchens die Ludwig-Maximilians-Universität lag.[64] Während unter allen NSDAP-Mitgliedern nur jeder vierte gemäß den Kriterien der Sozialstatistik ein Arbeiter war, wies eine Stichprobe von Hunderten Lebensläufen bei SA-Mitgliedern einen Anteil von fast zwei Fünfteln aus.[65]

Außerdem war die SA noch jünger als die NSDAP. Deren Mitglieder hatten um 1930 zur Hälfte das 30. Lebensjahr noch nicht erreicht. In den verschiedenen Aufstellungen über die SA lag der Anteil junger Männer noch höher, bei 70 bis 85 Prozent.[66] Von den 82 SA-Leuten in Wiesbaden waren 70 unter 28 Jahren alt.[67] Von 255 SA- und SS-Männern, die 1934 ihren Weg in die NSDAP beschrieben, waren 125 bei ihrem Eintritt zwischen 17 und 25 Jahren jung; weitere 73 zwischen 26 und 35.[68] Entsprechend erreichten von den 89 Opfern mehr oder weniger politisch motivierter Auseinandersetzungen, die 1932 ein *Heldenbuch der SA* aufführte, fast zwei Drittel nicht das Alter von 30 Jahren.

## PARTEI-POLIZEI SS

Wenige Wochen nach der Neugründung der NSDAP bildeten acht Anhänger aus der Frühzeit der Bewegung eine spezielle Einheit, die sich »Stabswache« nannte und dem persönlichen Schutz Hitlers verschrieb. Daraus entstand binnen weniger Monate eine kleine, elitäre Gruppe in München und in einigen anderen Regionen. Jedoch konnte ein offizieller Befehl, in allen Ortsgruppen eine solche Einheit mit jeweils zehn Mitgliedern zu bilden, nicht umgesetzt werden.[69] Es gab schlicht nicht ausreichend Bewerber. Sie sollten zwischen 25 und 33 Jahren alt sein, gesund und kräftig; außerdem hatten sie sich zu absolutem Gehorsam zu verpflichteten. Hitler verlieh im November 1925 der Gruppe den klingenden Namen »Schutzstaffel«, abgekürzt SS. Bis zum Weimarer Parteitag Anfang Juli 1926 umfassten die Schutzstaffeln an 75 Orten rund tausend Mann; Hitler würdigte diesen Erfolg, indem er der SS die »Blutfahne« übergab, eine Hakenkreuzflagge, die beim Novemberputsch mit dem Blut getöteter Aufrührer getränkt worden sein soll. Die Schutzstaffel habe eine

besondere Rolle beim Kampf um die Macht, hielt ein Polizeibericht
Hitlers Aussage fest. Noch zähle die SS zwar erst »Tausende« Männer, doch werde sie »in allernächster Zeit unendlich wachsen und
dann bald die Mitgliederzahl von einer Million erreichen. Dann
werde eines Tages die ersehnte nationale Freiheit kommen«.[70]

In Franz Pfeffer von Salomons Konzept für eine Neuorganisation
der SA 1926/27 war kein Platz für eine eigenständige Elitetruppe.
Denn die nun von München aus zentral gesteuerte SA sollte viele
Aufgaben übernehmen, die Hitler der SS zugedacht hatte. Pfeffer
sah zudem die Gefahr, dass potenzielle Führungskader der SA vom
elitären Selbstverständnis des SS angezogen werden könnten. Deshalb überzeugte er Hitler, die bis dahin selbstständige SS der SA zu
unterstellen. Anschließend grenzte er die Aufgaben der SS stark ein:
Sie sollte dort auftreten, wo »besonders geschulte Männer einzeln
tätig werden müssten, etwa bei Spionage und Aufklärungsmaßnah-
men«, aber auch beim individuellen Verteilen von Flugblättern und
Verkauf von Propagandamaterial. Versagt blieben der SS dagegen
Gruppenmärsche, auf die der Ex-Offizier Pfeffer vor allem setzte.
Ihre Mitglieder sollten also die potenziell gefährlichsten Aufgaben
übernehmen, bei denen sie auf den Schutz der Masse ihrer Kamera-
den zu verzichten hatten.[71] Schnell sank daraufhin die Zahl der SS-
Mitglieder, bis auf weniger als 300 Mann zwei Jahre später.

Trotzdem lehnte Hitler beim Nürnberger Parteitag 1927 formal
korrekt eingereichte Vorschläge der NSDAP-Gaue Schlesien und
Hannover ab, die SS als »Parallel-Organisation der SA« mit »soforti-
ger Wirkung« aufzulösen. Offenbar wollte der Parteichef nicht auf
eine ihm besonders verpflichtete Truppe verzichten. Die Anträge
seien dem »Sinne nach falsch«: Die »SS ist keine Parallel-Organisation, sondern untersteht dem obersten SA-Führer. Zweck ist Schaffung einer besonderen Elite-Gruppe«, die Hitler sogar eine »innere
Partei-Polizei« nannte.[72] Ihre Mitglieder sahen sich zu Besonderem
berufen: »Wir von der SS fühlten uns schon damals Hitler gegenüber zu besonderer Treue verpflichtet und stehen auch in Zukunft
unwandelbar hinter unserem Führer«, gelobte der ostpreußische

SS-Mann Wilhelm Bischoff.[73] Genau darin bewährte sich die SS, besonders ab Januar 1929 unter ihrem neuen Chef Heinrich Himmler.

## PARTEIGENOSSINNEN

Ebenfalls beim Parteitag 1927 musste sich Hitler mit der Frage beschäftigen, welche Stellung Frauen in der NSDAP haben sollten. Direkt nach der Neugründung war fast die Hälfte aller Mitglieder weiblich gewesen – offenbar hatten in sehr vielen Fällen Männer ihre Ehefrauen oder Schwestern zum Beitritt bewegt, um der Bewegung schnell Gewicht zu geben.[74] Da aber nun weitaus mehr Männer Mitglieder der NSDAP wurden, sank der Frauenanteil rasch auf deutlich weniger als zehn Prozent. Unterstützerinnen traten eher in spezielle, NSDAP-nahe Gruppen wie den Deutschen Frauenorden ein, der aber formal nicht zur Hitler-Bewegung gehörte. Gleichwohl setzten sich viele von ihnen ein, unterstützten die Männer ihrer Verwandtschaft und Bekanntschaft, wenn sie zur Hitler-Bewegung stießen, wurden zum Beispiel als Schreibkräfte für die Parteiorganisation tätig. Die 1898 geborene Maria Engelhardt gewann ihre Mutter und ihre Schwester. Zusammen gingen sie heimlich los, um Plakate zu kleben und Flugblätter zu verteilen – und setzten darauf, dass politische Gegner sie anders als Männer nicht angreifen würden. Verfolgt wurden sie trotzdem, jedenfalls eigenen Angaben zufolge. Maria Engelhardt behauptete sogar, während einer NSDAP-Versammlung habe ein Jude sie geschlagen.[75]

Um die eigentliche Partei für weibliche Mitglieder attraktiver zu machen, schlugen zum Nürnberger Parteitag zwei Berliner NS-Funktionäre schriftlich vor: »Die weiblichen Mitglieder der NSDAP werden in derselben Gliederung wie die SA in die Partei eingeordnet.« Daher müsse »eine Reichsfrauenführerin« ernannt werden, außerdem Gaufrauenführerinnen und Ortsgruppenfrauenführerinnen. Sie sollten der Reichsleitung sowie den jeweiligen Gau- und

Ortsgruppenführern unterstellt sein. Als Begründung führten die Antragsteller aus: »Um die große Menge der Parteigenossinnen, die bereit sind, ihre Tätigkeit in den Dienst der NSDAP zu stellen«, für zusätzlichen Einsatz zu gewinnen, wäre eine eigene Organisation sinnvoll: »Die Aufgaben, die den Frauen im Kampfe der Bewegung zufallen, sind wohl klar gegeben.«[76] Außerdem wünschten viele Unterstützerinnen eine solche Gliederung, um sich in der NSDAP heimisch zu fühlen.

Damit war Hitler gar nicht einverstanden – er kanzelte die beiden Antragsteller ab: »Antrag ist unzweckmäßig, ja schädlich.« Zwar räumte er ein: »Laut Vereinsgesetz nimmt die Frau innerhalb der Bewegung die gleiche Stellung wie der Mann ein. Das weibliche Mitglied zahlt seinen Beitrag, nimmt an den Generalmitgliederversammlungen teil, an Versammlungen an sich usw.« Das sei jedoch nicht entscheidend. »Die Frage ist: Soll sich die Frau an der politischen Leitung der Bewegung beteiligen, oder soll ihre besondere Wesensart auch zu einem besonderen Wert für die Bewegung gewonnen werden?« Hitler bezog Position: »Der erste Standpunkt ist der von Frauenrechtlerinnen, der zweite ist natürlich und damit für die Bewegung zweckmäßig. Als Nationalsozialisten wünschen wir, dass die Frau eine Helferin im Kampfe des Mannes ist.«[77]

Durch den Antrag war ihm klar geworden, dass er die weiblichen Mitglieder wenigstens erwähnen sollte. Zum Parteitag gab er deshalb einen Aufruf heraus, der sich ausdrücklich an die »Parteigenossinnen! Nationalsozialistinnen! Deutsche Frauen und Mädchen!« richtete und in dem es hieß, »Zehntausende und aber Zehntausende junger Männer« kämen zum Parteitag. Sie brächten »damit schwere persönliche Opfer«, denn »vom Munde spart sich der Bergmann jede Mark ab, die die weite Fahrt nach Nürnberg kostet, nicht weniger der Arbeiter unserer Städte, der kleine Angestellte«. Angesichts dessen sollten Nationalsozialistinnen ihren Anteil leisten: »Deutsche Frauen und deutsche Mädchen! Ihr habt die heilige Pflicht, diese Kämpfer unseres Volkes, die jederzeit bereit sind, für die Freiheit ihr eigenes Blut hinzugeben, so zu begrüßen, wie einst die deutschen Frauen und Mädchen die scheidenden Helden im August 1914 gegrüßt hatten. Keine Frau und kein Mädchen geht nach Nürnberg, ohne denen Blumen mitzubringen, die sich selbst dem Vaterlande geweiht haben!«[78] Das reichte vielen gerade jüngeren Sympathisantinnen zwar nicht: »Wie wünschten wir Frauen damals, Männer zu sein, um mitfahren zu können und den Führer zu sehen«, erinnerte sich eine Bäuerin aus der tiefkatholischen Eifel. Sie hatte wie andere Frauen »jeden Pfennig zusammengehalten zur Anschaffung neuer Uniformstücke« und musste nun ihren Bruder mit seinen Kameraden nach Nürnberg ziehen lassen.[79]

Obwohl viele Frauen zur nationalsozialistischen Bewegung gehören wollten, waren sie doch mehr geduldet als willkommen. Rückblickend begründete die Reichsparteileitung das intern sogar: »Die geringe Zahl der weiblichen Mitglieder erklärt sich ohne Weiteres dadurch, dass die Partei kämpferischen und politischen Charakter trägt und damit notwendigerweise im Wesentlichen Männer zur tätigen Mitarbeit anzog.«[80] Erst 1931 wurde die NS-Frauenschaft gegründet, die aber nie eine der SA vergleichbare Bedeutung erlangte.

## ALLTAG DER BEWEGUNG

Die wichtigste Aufgabe der NSDAP-Mitglieder war fortwährende Propaganda für Hitlers Botschaft. Attraktiv machte die Bewegung das Gemeinschaftsgefühl, das intensiv gepflegt wurde, abhängig vom Engagement der jeweils verantwortlichen Funktionäre vor Ort. Die Sektion Schwabing der Ortsgruppe München zum Beispiel veranstaltete neben den meist wöchentlichen Sprechabenden, also im weiteren Sinne politischen Treffen in Gasthäusern, und offiziellen Mitgliederversammlungen eine Fülle von Festen und Ausflügen. Wie in normalen Freundeskreisen beging man Geburtstage, Silberhochzeiten oder Vaterschaften zusammen. Ein Nationalsozialistischer Geselligkeitsring bot Freizeiten in einer selbst errichteten

Berghütte an. Ein eigenes Mitteilungsblatt, monatlich zwei verviel-
fältigte Schreibmaschinenseiten, enthielt außer Terminen auch Stel-
len- und Wohnungsangebote. Daneben gab es Sportgruppen, eine
Kapelle, einen Gesangsverein und sogar eine NSDAP-eigene Leih-
bibliothek; bedürftige Parteigenossen konnten um offenbar zinslose
Unterstützung aus einer Gemeinschaftskasse bitten, in die wohl-
habendere Mitglieder einzahlten. Das Jahr gipfelte jeweils in einer
aufwendigen Weihnachtsfeier, die mindestens 300 Reichsmark kostete – fast zwei übliche Monatsgehälter.[81]

Ein so vielfältiges Alltagsangebot war zwar nicht normal in der
NSDAP, Feste und Weihnachtsfeiern gab es aber in vielen Ortsgruppen, bei denen mittels Spenden kleine Geschenke für mittellose
Anhänger besorgt wurden. Mitunter ordnete die Parteiführung
sogar an, rund um Weihnachten provozierende Aktionen zu unterlassen; so wurden die Festtage zur »Ausspannung vom Kampf« und
zur »Feier innigster Kameradschaft«.[82] Üblich waren auch Radtou-
ren in Uniform, die gleichermaßen dem Vergnügen dienten wie
Präsenz der NSDAP demonstrieren sollten.

Im Bezirk Berlin-Charlottenburg erschien ein regelmäßiges Mitteilungsblatt für die Sektion Mommsen rund um die Mommsen-
straße. Es war hektografiert, natürlich »nur für den inneren Partei-
dienst« gedacht und musste für 20 Pfennig gekauft werden. Neben
Abschriften von Artikeln aus NS-Blättern enthielt es auch Informa-
tionssplitter aus anderen Zeitungen, zudem Veranstaltungsankün-
digungen und Nachrichten aus der Partei. Wichtig waren die Adressen nationalsozialistischer Geschäfte in der Nähe, vom Obstladen
über Gastwirtschaften bis hin zu Versicherungsvertretern, einem
Frauenarzt sowie einem Mediziner für Homöopathie.[83]

Einen Verein mit dem Namen Soziales Heim richtete die Ortsgruppe Gelsenkirchen ein, dessen Aufgabe die »Unterstützung
unbemittelter Parteimitglieder« war. Bedürftige erhielten hier kostenlos gebrauchte Kleidung, es gab warme Mahlzeiten und Aufent-
haltsräume mit nationalsozialistischen Zeitungen und Büchern
sowie Spielen. Ehefrauen von NSDAP-Mitgliedern betrieben das

Soziale Heim ehrenamtlich.[84] »Die Not wurde immer größer«, erinnerte sich die Darmstädterin Helene Radtke an den Jahreswechsel
1929/30: »So war die Frauenschaft eine der wichtigsten Organisationen innerhalb der Bewegung. Es wurde zur Linderung der Not viel
beigetragen und jeder teilte gern mit dem, der nichts hatte.«[85] Viele
nationalsozialistisch gesinnte Frauen engagierten sich, etwa als
»Kassiererinnen bei Parteiversammlungen« oder übernahmen
andere organisatorische Aufgaben, während ihre Männer im engeren Sinne propagandistisch tätig waren.[86]

In Berlin dagegen erteilte im November 1926 der frisch ernannte
Gauleiter Joseph Goebbels allen nicht politischen Gesprächen eine
rüde Absage: »Die Gaugeschäftsstelle ist ein Arbeitsraum des Gaus
Berlin-Brandenburg, als solche nicht zu verwechseln mit einer Wär-
mehalle oder einem Wartesaal. Parteigenossen haben auf der Geschäftsstelle nur dann Zutritt, wenn sie Parteiangelegenheiten zu
erledigen haben. Der Gauführer ist nach vorheriger Anmeldung auf
der Geschäftsstelle während der Geschäftsstunden zu sprechen.
Anmeldungen zwecks Klatsch u. ä. sind zwecklos. Der Gauführer
lässt sich grundsätzlich nur in sachlichen Angelegenheiten sprechen.«[87] An den Festen seines Gaus nahm Goebbels gleichwohl teil:
»Gestern Abend noch in Lichtenberg zu einer recht proletarischen
Weihnachtsfeier. Es ist einfach rührend, wie diese primitiven und
doch so guten Menschen an mir hängen«, notierte er am 28. Dezember 1928. Einen Tag später freute er sich über die Einladung zur
Schöneberger SA: »Die Jungens führen Sprechchöre auf, die geradezu vorbildlich sind. Welch ein reges geistiges Leben doch schon in
den einzelnen Gruppen herrscht.«[88]

Gerade bei der SA war derlei aber nicht unbedingt üblich, weshalb die Führung anordnete, den Mitgliedern mehr Sportmöglich-
keiten anzubieten: »Welcher SA-Führer würde nicht aufatmen; sieht
er doch jetzt einen Weg, seine Kameraden aus den mehr oder minder dumpfen Zusammenkunftsräumen mit ihrem Bierdunst und
Tabaksqualm herauszubringen.«[89] Gruppengefühl und die gemeinsame Gestaltung von Freizeit, über die gerade die Arbeitslosen unter

den SA-Leuten reichlich verfügten, gehörten zu den anziehendsten Angeboten der NSDAP. Darin ähnelte sie durchaus der KPD, während die SPD sich bemühte, ihren Anhängern Sport- und Bildungsangebote zu machen.

## MOTIVE UND KONSEQUENZEN

Attraktivität gewann der Nationalsozialismus natürlich durch die vermittelte Gewissheit, sich für eine wichtige Idee einzusetzen. Kritik und offene Ablehnung in der persönlichen Umgebung, manchmal auch durch die Familien, wirkten auf viele Hitler-Anhänger anspornend – jedenfalls im Rückblick: »Unbeirrbar ging ich meinen Weg«, erinnerte sich der Gründer der NSDAP-Ortsgruppe Scheuerdorf nahe Osnabrück. Er war sich sicher, in höherem Auftrag zu handeln: »Es ging ja nicht um mich, sondern um das Wohl des ganzen deutschen Volkes.«[90] Die Hitler-Bewegung habe sich »ein Ziel gesetzt, für das zu kämpfen jedem aufrichtigen Deutschen eine helle Freude sein musste«, meinte ein Berliner Nationalsozialist.[91] Das rechtfertigte seiner Meinung nach jeden Einsatz. Ähnlich sah es der junge Adlige Friedrich Christian Prinz zu Schaumburg-Lippe, der als Jahrgang 1906 den Krieg aus der Perspektive eines hochprivilegierten Kindes erlebt hatte. Der »Glaube Hitlers führte uns, Menschen aller Stände und Klassen, zusammen. Seine Bewegung wurde jedem von uns zur neuen Heimat. Wir konnten alles opfern, ohne dabei mehr zu geben, als wir durch ihn bekamen.«[92]

Instinktiv setzte die Parteiführung einen Wettbewerb unter den Mitgliedern in Gang: Wer verkaufte die meisten Propagandabroschüren, wer sammelte die meisten ausgefüllten Aufnahmescheine? »Ehrgeiz? Ja, den gab es schon«, erinnerte sich der Berliner Emil Setny: »Aber er war kerngesund. Einer suchte den anderen an Leistung zu übertreffen. Um der Sache, um der Bewegung willen.«[93]

Doch solches Engagement hatte Folgen – echte und lediglich gefühlte. »Verfolgt, verfemt, verlacht, verspottet und steinhart«

seien die Nationalsozialisten geworden, beschrieb der Handwerker Erich Koch seine Erfahrungen.[94] Über »gesellschaftliche Ächtung« und »wirtschaftlichen Boykott« klagte ein Münchner Parteigenosse.[95] Um seine Festanstellung beim Staat fürchtete der Berliner Alfred Kotz: »Ich hatte als Beamter nichts zu gewinnen, aber alles zu verlieren.«[96] Der Versicherungsangestellte Carl John klagte: »Im Dienst hatte ich fast nur Feinde, und es war zuweilen unerträglich, die Lügen, die über uns verbreitet wurden, mitanzuhören.«[97] Reinhold Voss schilderte sein Engagement als hochriskant: »Es gehörte ein Stück Heroismus dazu, und es war halber Selbstmord, sich öffentlich als Nazi oder Hitler-Anhänger zu bekennen.«[98] Der Potsdamer Reichsbankangestellte Julius Gebert klagte, das Verteilen von Flugblättern und nationalsozialistischen Zeitungen sei oft »mit Lebensgefahr verbunden« gewesen.[99] Mit Gummiknüppeln habe die Polizei seine Kameraden vom »Weg des Nationalsozialismus« abbringen wollen, behauptete Hermann Kreye, »wodurch man aber nur das Gegenteil erreichte«.[100]

Viele »alte Kämpfer« der Partei klagten darüber, dass sie wegen ihres Einsatzes für die Hitler-Bewegung wirtschaftliche Nachteile hätten in Kauf nehmen müssen. Das traf gelegentlich zu, oft dürfte es sich aber um eine bequeme Entschuldigung für das eigene Scheitern gehandelt haben. Die Schwierigkeiten des elterlichen Geschäftes in Bad Ems führte ein 1926 der NSDAP beigetretenes Jungmitglied auf seine politische Überzeugung zurück: »Von Hause aus wurde mir nun jedes öffentliche Auftreten verboten«, erinnerte er sich: »Eine Zeitlang ging ich in Zivil aus und zog bei einem Kameraden meine Uniform an.« Doch das wurde schnell aufgedeckt. Daraufhin hätten die »marxistischen« und »jüdischen« Gegner jedes Mittel angewendet, »um uns zur Kapitulation zu zwingen; jedoch je größer der Terror, desto fanatischer kämpften wir weiter«.[101] Ein wirtschaftlich gescheiterter Bäcker namens Sens, der sich Ende der 1920er-Jahre als Hausierer über Wasser hielt, wütete rückblickend gegen die Staatsverwaltung: »Wir wurden aus der Volksgemeinschaft, soweit man davon überhaupt reden konnte, ausgestoßen. Die rotverseuchten Arbeitsämter und Behörden sorgten für die Entlassung der wenigen Kameraden, die noch in Lohn und Brot standen. Sie dachten nicht im Entferntesten an eine Arbeitsvermittlung für uns.«[102]

Den Drogisten Reinhold Wolf spornte seine Entlassung sogar an – jedenfalls stellte er es Jahre später so dar: »Der aus politischen Gründen erfolgte Verlust meiner Stellung konnte mich nicht mürbemachen. Er stärkte mich vielmehr in dem Willen, mich noch sturer für den Nationalsozialismus einzusetzen.«[103] Ähnlich reagierte der Berliner Alfred Klinghammer, als angeblich wegen seiner Mitgliedschaft in der NSDAP erst seine kleine Tochter nicht versetzt, dann sein älterer Sohn am Gymnasium schikaniert wurde.[104]

Als Volkspartei umfasste die NSDAP praktisch alle Gruppen der deutschen Gesellschaft. Zwar war der Name Arbeiterpartei angesichts der nicht ganz repräsentativen Zahl von Arbeitern unter den Mitgliedern leicht übertrieben, aber doch nicht völlig falsch. Große Teile der übrigen Klientel, Handwerksgesellen und kleine Angestellte, Bauern und Landarbeiter, entsprachen sozial ungefähr dem SPD-Milieu der Facharbeiter in Industriestädten. Einen genauen Überblick über die eingeschriebenen Anhänger aber hatte nicht einmal die zuständige Reichsschatzmeisterei in München, was an der gewählten Art der Verwaltung lag. Stets jedenfalls gehörten zur NSDAP deutlich weniger Mitglieder, als die ausgegebenen Nummern anzudeuten schienen, zeitweise weniger als halb so viele.

# GELD

Genau wie es die Führer der NSDAP
proklamierten, finanzierte sich ihre Partei
sehr geschickt aus eigener Kraft.
*Henry A. Turner, Historiker* [1]

## PARTEIENFINANZIERUNG

Geld ist eine ernste Angelegenheit; das wissen jene, die viel haben,
und erst recht die, denen es an Mitteln mangelt. Also fast alle. Die
Parteien in der Weimarer Republik mussten auf direkte Finanzierung aus Steuermitteln verzichten und sich das Geld für ihre Tätigkeit anderweitig beschaffen. Grundsätzlich gab es drei Quellen: Beiträge und jeweils kleine Summen von vielen Unterstützern, vor allem
den Mitgliedern; große Spenden von wenigen, vor allem reichen
Gönnern und Firmen; außerdem Einkünfte aus eigenen Unternehmen, vor allem Verlagen. Teilweise auch Geld, stets aber Arbeits-
kraft investierten schließlich die öffentlich besoldeten Parlamentarier in ihre jeweilige Organisation. Die verschiedenen Parteien
nutzten all diese Geldquellen in jeweils unterschiedlichem Maße.

Die bürgerlichen und wirtschaftsnahen DDP, DVP und DNVP
finanzierten sich im Wesentlichen aus Fonds, in die Firmen und
potente Unternehmer einzahlten. Für einige gab es feste Vertei-
lungsschlüssel, andere Fonds entschieden von Jahr zu Jahr neu über
die Verwendung ihrer Mittel. Manche Konzerne stifteten auch
erhebliche Summen direkt, so die IG Farben. Die linksliberale DDP
bestritt ihren Etat wesentlich aus solchen Industriespenden, 1924
zum Beispiel zu 93 Prozent und 1928 zu 80 Prozent; bei DNVP und

DVP war es ähnlich. Meist verlangten die Geldgeber Gegenleistungen; manchmal mussten sich Parlamentskandidaten sogar schriftlich verpflichten, bei ihrer Tätigkeit »im Landtag und Ausschüssen das Gesamtinteresse der Industrie im Einvernehmen mit dem Industrieverband wahrzunehmen«.[2] Solche Abgeordneten waren nicht mehr als gekaufte Lobbyisten. Mitgliedsbeiträge spielten für diese Parteien dagegen eine untergeordnete Rolle, und manche parteinahe Zeitung wurde sogar aus Geheimfonds der Reichsregierung alimentiert, wenn Geld fehlte. So unterstützten die Blätter des reaktionären Hugenberg-Konzerns die DNVP zwar politisch, aber kaum finanziell.

Auch das Zentrum erhielt Firmenspenden, jedoch in geringerem Maße. Wichtiger für die Finanzierung des politischen Katholizismus war die Kirche, die Gläubige regelmäßig zur Unterstützung für die Partei aufrief und Wahlkämpfe mit eigenen Mitteln förderte. Als Gegenleistung stimmte sich die Partei eng mit der katholischen Hierarchie ab. Von seinen Abgeordneten verlangte das Zentrum, dass sie einen Teil der Diäten an die Parteikasse abführten. Ihre Zeitungen trugen dagegen wenig zur Finanzierung bei; die ökonomisch stärksten Blätter in Preußens Rheinprovinz oder in Westfalen gehörten privaten Verlagen.

Anders bei der SPD: Die sozialdemokratische Presse finanzierte zeitweise nennenswert die politische Arbeit; zudem saßen auf Redakteursstellen oft Sozialdemokraten, die sonst ihren Lebensunterhalt außerhalb der Politik hätten verdienen müssen. Parlamentarier der SPD führten nach einem fein gerasterten Schlüssel einen Teil ihrer Einkünfte an die Parteikasse ab. Hinzu kamen die regelmäßigen Mitgliedsbeiträge, die bei der SPD, der mit rund einer Million eingeschriebener Anhänger größten Partei, beträchtlich waren. Ende der 1920er-Jahre musste die SPD freilich wiederholt den noch größeren Allgemeinen Deutschen Gewerkschaftsbund um Unterstützung bitten.

Die KPD, deren Mitglieder und Wähler weitgehend aus der Unterschicht stammten, konnte mit normalen Beiträgen nicht genug Geld für ihre Arbeit einnehmen; Unternehmensspenden erhielt sie praktisch gar nicht. So finanzierte sich die Partei einerseits mittels Zuschüssen der Komintern aus Moskau, andererseits durch die Unterstützung wohlhabender, aber sozialistisch gesinnter Bürger und zeitweise durch Erträge des Presse- und Filmkonzerns, den Willi Münzenberg aufgebaut hatte. Das eigentliche KPD-Blatt hingegen, die *Rote Fahne*, machte immer wieder Verluste, auch weil es so oft für Tage oder Wochen verboten wurde.

## DIE KASSEN DES SCHATZMEISTERS

All diese Geldquellen nutzte auch die NSDAP – jedoch auf ihre Art. Verantwortlich für die Parteifinanzen war seit März 1925 Franz Xaver Schwarz. Innerhalb kurzer Zeit brachte er die bis dahin chaotisch geführte Kasse in Ordnung und organisierte die Parteigeschäftsstelle neu, die zugleich die Ortsgruppe München betreute. Seinen ersten Kassenbericht legte Schwarz im Mai 1926 vor. Demnach hatten sich die Einnahmen der Reichsleitung zwischen Februar 1925 und April 1926 auf 55 000 Reichsmark belaufen, die Ausgaben auf 54 700 Reichsmark. Zugleich waren 18 000 Reichsmark Mitgliedsbeiträge offen, weitere 15 000 Reichsmark Außenstände mussten sogar abgeschrieben werden. Die größten Ausgabeposten betrugen 14 000 Reichsmark Gehälter für die festangestellten Mitarbeiter der Geschäftsstelle einschließlich Schwarz selbst, 8500 Reichsmark an nicht näher benannten »Aufwandsentschädigungen« und 8000 Reichsmark für den Umbau der NSDAP-Büros; die Hälfte war vorfinanziert und der Rest sollte durch Sonderbeiträge der Mitglieder aufgebracht werden.[3]

Im nächsten Kassenbericht von Ende Juli 1927 konnte Schwarz schon deutlich höhere Zahlen für das abgeschlossene Rechnungsjahr verkünden: Die Gesamteinnahmen der Reichsleitung betrugen von Januar bis Dezember 1926 etwa 114 600 Reichsmark, davon 86 000 Reichsmark an Mitgliedsbeiträgen, 12 000 Reichsmark Spenden, 10 000 Reichsmark Überschüsse aus Veranstaltungen und 12 000 Reichsmark aus dem Baufonds, wohl dem Ertrag der Sonderabgabe für Mitglieder. Doch musste der Schatzmeister hohe Außenstände reklamieren: 34 000 Reichsmark nicht gezahlter Beiträge. Hingegen freute sich Schwarz, dass er den Nationalsozialisten seiner Heimatstadt ein Lob aussprechen konnte:»Besonders bildet die Ortsgruppe München eine Hauptstütze der Zentrale, die allein an Beiträgen über 13 000 Reichsmark, an freiwilligen Spenden für den Baufonds fast 11 000 Reichsmark aufgebracht hat.« Beinahe genauso erfreulich war, dass die Einnahmen des gesamten Jahres 1926 im folgenden Jahr bereits in den ersten sechs Monaten fast erreicht worden waren: 104 500 Mark zählte die Reichsleitung.[4]

Die so geweckten Erwartungen wurden vom Gesamtjahr 1927 sogar noch übertroffen: Bei 254 996 Reichsmark Einnahmen vermeldete Schwarz 252 146 Reichsmark Ausgaben. Die mehr als verdoppelten Zuflüsse führte er auf zusätzlich geworbene zahlende Anhänger zurück; nur 6000 Reichsmark an ausstehenden Beiträgen fehlten. Abermals habe die Ortsgruppe München den größten Anteil zum Etat der Reichsleitung beigesteuert, nämlich zwölf Prozent.[5]

Laut Schwarz stammte der überwiegende Teil der Parteimittel aus Mitgliedsbeiträgen. Da der Schatzmeister wusste, dass seine offiziellen Rechnungsbücher jederzeit kontrolliert werden konnten, führte er parallel schwarze Kassen. Denn längst nicht alle belegten Zahlungen tauchten in den vereinsrechtlich vorgeschriebenen Berichten an die NSDAP-Mitgliederversammlungen auf. Im September 1928 fasste die Polizeidirektion München einige Informationen zusammen, die ihre Mitarbeiter zu den »Geldquellen der NSDAP« gesammelt hatten. Demnach gewährte ein prominenter Münchner Kunsthändler 1925 ein Darlehen von 30 000 Reichsmark, um das Comeback der Partei vorzufinanzieren, vor allem den Wiederaufbau des *Völkischen Beobachters*. In Schwarz' offizieller Buchführung tauchte dieser gewaltige Betrag jedoch nicht auf – und auch nicht die Rückzahlung, denn Ende 1925 hatte der Gönner sein Geld zurückverlangt. Für ungedeckte Wechsel der NSDAP in Höhe von 10 000 Reichsmark kam 1926 ein pensionierter Major aus Starnberg auf – auch diese Summe nannte Schwarz in seinem Kassenbericht nicht. Wie viel ein Vortrag des Parteichefs vor mehr als 400 Mitgliedern eines elitären Hamburger Wirtschaftsklubs am 28. Februar 1926 einbrachte, blieb ebenfalls unbekannt. Dabei rief ein deutschnationaler Reichstagsabgeordneter zu Spenden für die konkurrierende NSDAP auf; mehrere Tausend Reichsmark dürften zusammengekommen sein, die im Kassenbericht aber nicht auftauchten. Im August 1927 gelang es Hitler nach Informationen der Münchner Polizei zudem, einen oder mehrere Unternehmer aus Sachsen zu Spenden von bis zu 8000 Reichsmark zu bewegen – auch das ein Posten, der sich in den offiziellen Büchern des Reichsschatzmeisters nicht auffinden ließ.[6]

## MYTHOS GROSSSPENDEN

Die von Hitler-Gegnern immer wieder vermuteten sechs- oder gar siebenstelligen Großspenden aus der Schwerindustrie gab es nicht.[7] Zwar bemühte sich der im Ruhrgebiet bestens vernetzte Manager Emil Kirdorf, der NSDAP Kontakte zur Spitze der Konzerne zu verschaffen. Hitler verfasste im Juli 1927 sogar eigens ein 22-seitiges Pamphlet mit dem Titel *Der Weg zum Wiederaufstieg*, das Kirdorf als Privatdruck vervielfältigen ließ: »Diese Broschüre habe ich dann in meinem Namen in Kreisen der Industrie und der Wirtschaft verbreitet. In der Erkenntnis, dass nur die Politik Adolf Hitlers zum Ziel führen werde, habe ich mich in der Folgezeit ganz seiner Bewegung zur Verfügung gestellt.«[8] Doch zu der erhofften Unterstützung kam es offenbar nicht, obwohl sich einige führende Ruhrindustrielle Ende Oktober 1927 in Kirdorfs Haus bei Essen mit Hitler trafen.

Möglicherweise übernahm Kirdorf einmal persönlich Verbindlichkeiten der NSDAP; jedenfalls erzählte Hitler das gern: »Ich hatte für die Partei einen Wechsel über 40 000 Mark unterschrieben. Gel-

der, die ich erwartete, blieben aus, die Parteikasse war leer, der
Fälligkeitstermin rückte immer näher, ohne dass ich Hoffnung
hatte, das Geld noch zusammenzubringen. Ich erwog bereits den
Gedanken, mich zu erschießen, denn mir blieb kein anderer Aus-
weg«, gab seine langjährige Privatsekretärin Christa Schroeder die
oft gehörte Anekdote wieder: »Vier Tage vor dem Fälligkeitstermin
erzählte ich Frau Geheimrat Bruckmann von meiner misslichen
Lage, die sofort die Sache in die Hand nahm, Geheimrat Kirdorf
anrief und mich veranlasste, zu ihm zu fahren. Kirdorf erzählte ich
von meinen Plänen und gewann ihn sofort für mich. Er stellte
mir das Geld zur Verfügung und so konnte ich den Wechsel noch
rechtzeitig einlösen.«[9] Auch Goebbels kannte diese Geschichte; er
notierte 1936, noch zu Lebzeiten des Industriemanagers: »Führer
erzählt, wie er sich einmal erschießen wollte, weil ihm die Wechsel-
schulden über den Kopf wuchsen. Da hat ihm Kirdorf mit 100 000
Mark geholfen.«[10] Falls es diese Nothilfe gegeben hatte, so tauchte sie
jedenfalls nicht in Franz Xaver Schwarz' Kassenbericht auf. Hitlers
Schilderung passt nicht zusammen mit den nachweisbaren Daten
seiner Bekanntschaft mit Kirdorf: Er lernte ihn am 3. Dezember
1926 in Essen kennen, gegen Ende einer zweiwöchigen Reise mit sieben Auftritten im Rheinland und im Ruhrgebiet. Das nächste Treffen fand am 4. Juli 1927 in München statt, im Haus von Elsa Bruckmann; nach diesem Gespräch entstand die erwähnte Broschüre *Der
Weg zum Wiederaufstieg*. Das dritte Treffen schließlich war der län-
gerfristig geplante Vortrag Hitlers vor Ruhrindustriellen. Hinzu
kommt, dass Kirdorf als knauserig bekannt war, sodass Zweifel an
der Finanzhilfe an sich, zumindest an ihrer Höhe bleiben.

Mit Sicherheit spendete der Konzernerbe Fritz Thyssen an die
Nationalsozialisten – unter seinem Namen erschien 1941 sogar ein
Buch mit dem Titel *I paid Hitler*, das jedoch den Umfang dieser
Unterstützung fantasievoll nach oben schraubte.[11] Tatsächlich dürfte
Thyssen der NSDAP zwischen 400 000 und einer Million Reichs-
mark zur Verfügung gestellt haben, unter anderem für den Kauf des
»Braunen Hauses«, der Parteizentrale in München: sehr viel Geld,

aber für einen Dutzende Millionen schweren Unternehmer überschaubar. Dass Thyssen am 28. Februar 1936 dem US-Botschafter in
Berlin, William E. Dodd, sagte, er habe »einen beträchtlichen Teil
seines Vermögens für Hitler geopfert«, war übertrieben.[12]

Nachweislich kein Geld bekam die NSDAP-Reichsschatzmeiste-
rei von der Ruhrlade, einem informellen Zusammenschluss von
zwölf Großindustriellen. Sie stützten, reaktionär eingestellt, zwar
die DNVP unter Hugenberg, waren aber bis auf ihr Mitglied Fritz
Thyssen der NSDAP gegenüber skeptisch. Die DNVP musste 1930
im Gegenzug für die Spenden zusagen, dass sie keine Kooperationen mit der Hitler-Bewegung eingehen werde. Ab 1931 erhielten
Hermann Göring und der NSDAP-nahe Wirtschaftsjournalist Walther Funk persönliche Zuwendungen von Industriellen, später auch
Gregor Straßer – einzelne Mitglieder der Ruhrlade hofften wohl, auf
diese Weise »gemäßigte« Nationalsozialisten zu fördern.[13]

Mitunter versuchte Preußens politische Polizei, mit nachrichten-
dienstlichen Mitteln der vermuteten Finanzierung der Hitler-Bewegung durch die antidemokratisch eingestellten Köpfe der Schwerindustrie auf die Spur zu kommen. So gelang es einem Agenten,
Einblick in die internen Abrechnungen des Bergbauvereins zu
bekommen, eines Zusammenschlusses der Steinkohleproduzenten
im Ruhrgebiet. Er fand jedoch keine Hinweise auf eine Unterstützung der NSDAP, ebenso wenig beim nordwestdeutschen Zweig des
Verbandes Deutscher Eisen- und Stahlindustrieller.[14]

Weitverbreitet war die Annahme, die NSDAP bekomme hohe
Summen aus dem Ausland; vor allem der antisemitische Autoindus-
trielle Henry Ford wurde oft genannt. Die *New York Times* griff
Ende 1922 entsprechende Spekulationen auf. Ein Reporter suchte
die NSDAP-Geschäftsstelle auf und stellte fest, dass an der Wand in
Hitlers Büro ein Porträt von Ford hing; auf einem Tisch im Bespre-
chungsraum lagen Übersetzungen der Hetzschrift *Der internationale Jude*, die unter Fords Namen erschienen war. Mitarbeiter der
Parteizentrale lächelten den Reporter wissend an, erzählten aber
nichts über die Beziehung zwischen ihrem Chef und dem Industri-

ellen.[15] Es war wohl ein inszeniertes Werben um Unterstützung. Jedenfalls sagte Hitler, als ihn Anfang 1923 der US-Vizekonsul in München, Robert D. Murphy, aufsuchte, »die Organisation von Herrn Ford hat unserer Partei leider noch kein Geld zukommen lassen«.[16] Auch war der Versuch des Hochstaplers Kurt Lüdecke gescheitert, bei dem Unternehmer Devisen für die NSDAP zu akquirieren.[17]

Dennoch hielt sich das Gerücht, der US-Magnat habe die deutschen Antisemiten finanziell unterstützt. Noch fast fünf Jahre später sah Hitler sich genötigt, jede Zahlung aus den Vereinigten Staaten öffentlich zu bestreiten: »Der Demokrat Ford soll uns mit kolossalen Beträgen unterstützt haben«, sagte er im Januar 1928 und fügte hinzu: »Lauter ganz erbärmliche Lügen, von A bis Z aus den Fingern gesogen.«[18] Inzwischen hatte sich Ford von dem unter seinem Namen erschienenen antisemitischen Machwerk distanziert; Anfang 1930 verschwand auch seine positive Erwähnung im zweiten Band von *Mein Kampf* bei der Überarbeitung für die Volksausgabe.[19]

## HITLERS PRIVATE FINANZEN

Die Parteispitze brauchte stets viel Geld. Schon vor dem Putsch 1923 hatte Hitler regelmäßig erhebliche Summen bei reichen Gönnern gesammelt, vor allem in München und Berlin, aber auch in der Schweiz; das waren in der Regel Zuwendungen aus Privatmitteln, keine steuerlich begünstigten Unternehmensspenden. Manchmal war ein Kredit dabei, dessen Raten erst einvernehmlich gestundet wurden, bevor der Gläubiger schließlich die gesamte Schuld erließ. Persönlich lebte der NSDAP-Chef zwar recht bescheiden: Er wohnte zur Untermiete in der Thierschstraße in München-Lehel, besaß nur wenige Anzüge und ließ sich oft von Anhängern einladen. Andererseits legte er Wert auf eine »standesgemäße« Motorisierung und verbrauchte bei seinen Reisen große Summen. Zwischen privaten

Ausgaben und Kosten für die Parteiarbeit trennte Hitler nicht – er sah überhaupt keinen Unterschied.

Daran änderte sich auch nach seiner Entlassung aus der Landsberger Haft Ende 1924 nichts. Er bezog wieder sein altes Zimmer, reizte aber das Münchner Finanzamt durch den Kauf eines extrem teuren Mercedes-Sondermodells, mit dem er sich herumchauffieren ließ. Ausweislich seiner Steuererklärungen waren die beantragten Werbungskosten exorbitant und keinesfalls gedeckt von den anfangs schleppenden Einnahmen aus dem Verkauf von *Mein Kampf*.[20] Zwischen 1925 und 1929 gab Hitler seine jährlichen Bruttoeinkünfte mit 12 000 bis knapp 20 000 Reichsmark an – ein Vielfaches des durchschnittlichen Einkommens, aber doch zu wenig, um seine Ausgaben zu decken. Denn er zahlte eigenen Angaben zufolge 300 Reichsmark pro Monat an seinen Privatsekretär Rudolf Heß sowie jeweils 200 Reichsmark an eine Schreibkraft und an seinen Fahrer. Zusätzlich machte er jährliche Reisekosten von pauschal 6000 Reichsmark geltend. Dem Finanzamt schrieb er: »Meine Tätigkeit als Politiker kann von meiner Tätigkeit als Schriftsteller so wenig getrennt werden wie etwa die Reisen eines Reiseschriftstellers von seiner schriftstellerischen Tätigkeit.«[21]

Vergleichsweise viel Geld bekam Hitler vom parteieigenen Eher-Verlag überwiesen, in dem *Mein Kampf* erschien: von 1925 bis Ende 1929 laut dem Honorarbuch des Verlages insgesamt 66 399,50 Reichsmark, also pro Jahr 16 600 Reichsmark brutto. Dem standen angegebene Personalkosten von 8400 Reichsmark gegenüber, in Wirklichkeit waren es deutlich mehr. Hinzu kamen die Kosten für den Mercedes, für Hotels, die Untermiete in München sowie ab dem Frühjahr 1927 1200 Reichsmark Jahresmiete für das Haus Wachenfeld auf dem Obersalzberg – also fast ein durchschnittliches Jahresgehalt allein für sein privates Urlaubsquartier.[22] Als Haushälterin beschäftigte er hier seine Halbschwester, die trotz freier Logis ebenfalls bezahlt werden musste.

Auch wenn Hitler sich bei seinen Besuchen in gutbürgerlichen Lokalen wie dem Café Heck, dem Schellingsalon oder der Osteria

Bavaria weiterhin bevorzugt einladen ließ, ebenso wie abends zu Kinovorstellungen, Operetten und Opern, hätte er ohne regelmäßige diskrete Unterstützung aus der Kasse des Reichsschatzmeisters seinen Lebenswandel nicht bezahlen können. Woher Franz Xaver Schwarz die für Hitlers private Ausgaben bestimmten Mittel nahm, ist unklar; in den NSDAP-Kassenberichten tauchte kein entsprechender Posten auf. In jedem Fall dankte es ihm der Parteichef wenigstens im kleinen Kreis noch anderthalb Jahrzehnte später mit den Worten, der Schatzmeister sei die »wunderbarste Mischung von gewissenhafter Genauigkeit da und von Großzügigkeit hier«.[23]

Doch auch unabhängig von Schwarz besorgte sich der NSDAP-Chef immer wieder Geld. Im September 1925 schenkte ihm seine Bewunderin Helene Bechstein einen echten Breughel, den Hitler für 25 000 Mark einem Leihhaus in München überließ, die Hälfte des eigentlichen Wertes. Jahre später bekam Bechstein zwar nicht das Bild zurück, wohl aber den vollen Schätzpreis erstattet. Neben solchen Deals hatte der NSDAP-Chef weiter keine Probleme damit, von Privatleuten Geld anzunehmen: Der Münchner Fabrikant Ludwig Stiegler gewährte ihm laut Polizeiinformationen im Frühjahr 1927 ein »Darlehen für private Zwecke« in Höhe von 2000 Reichsmark.[24] Und der Verleger Hugo Bruckmann bürgte 1929 für die Miete einer fast 400 Quadratmeter großen Luxuswohnung am Münchner Prinzregentenplatz, in die Hitler mit seiner Nichte und seiner Haushälterin zog, zusätzlich umsorgt von einem Dienerehepaar und einer Putzfrau.

Auf seinen Reisen kam Hitler teilweise privat unter, in den Häusern wohlhabender Anhänger, er nutzte aber auch Hotels. Bei Berlin-Besuchen übernachtete er mehr als zehn Jahre lang, von November 1920 bis Dezember 1930, stets im Hotel Sanssouci am Potsdamer Platz. Kein Haus der ersten Kategorie, aber ebenso wenig eine billige Absteige. Der Stammgast kam meist mit einigen Mitarbeitern im Schlepptau; mehrmals blieb er einen ganzen Monat, oft eine bis drei Wochen, zwischendurch immer wieder einzelne Nächte: Für das Sanssouci war der Gast aus München ein sehr gutes

Geschäft. Ende der 1920er-Jahre wünschte sich Hitler jedoch eine repräsentativere Adresse für seine Aufenthalte in der Reichshauptstadt; seine Wahl fiel auf das modernste Hotel Europas, das riesige Excelsior am Anhalter Bahnhof. Der Hotelier Curt Elschner soll abgelehnt haben, als eines Tages mehrere NSDAP-Funktionäre erschienen und eine Zimmerflucht für ihren Parteichef buchen wollten. Vielleicht redete sich Elschner auch damit heraus, alle zusammenhängenden Zimmer seien bereits vergeben – so lautet eine andere Variante derselben Geschichte. Bis auf Weiteres blieb Hitler also im Sanssouci.

1930 verbesserten sich seine finanziellen Verhältnisse erheblich, dank des steil steigenden Absatzes von *Mein Kampf*. Hitlers angemeldetes Einkommen lag nun bei 48 472 Reichsmark und damit dreimal so hoch wie im Vorjahr. Nun wechselte er auch die Unterkunft in der Reichshauptstadt und logierte seit dem 3. Februar 1931 regelmäßig im mondänen Hotel Kaiserhof am Wilhelmplatz in Mitte, genau gegenüber der Reichskanzlei. Dieses Domizil sollte den Machtanspruch seiner Partei bekräftigen. Die Ausgaben im Kaiserhof, dem neben dem Adlon am Pariser Platz teuersten Hotel Berlins, waren zwar nicht so exorbitant, wie Hitler später behauptete, nämlich 10 000 Reichsmark pro Woche. Aber zum Beispiel im September 1931 berechnete das Luxusquartier für sieben Zimmer an drei Tagen einschließlich Mahlzeiten 650,86 Reichsmark – vier durchschnittliche Monatseinkommen.[25]

## KLAMME GAUE

Von solchem Luxus konnte Joseph Goebbels Ende 1926 nur träumen. Privat kam der neue Gauleiter als Untermieter bei einem Redakteur des *Berliner Lokalanzeigers* unter, dienstlich suchte er umgehend anständige Büroräume. Wegen Mietrückständen hatte die Berliner NSDAP-Geschäftsstelle im August 1926 aus ihrem bisherigen Quartier ins feuchte Parterre eines heruntergekommenen

Hinterhofs ausweichen müssen, das nach Meinung Reinhold Muchows »mehr zum Keller als zum Zimmer« neigte. Rasch bürgerte sich bei lokalen NSDAP-Mitgliedern der Spottname »Opiumhöhle« ein.[26] Goebbels fand bald neue Räume, die zum 1. Januar 1927 bezogen werden konnten: »Vier Zimmer in der Lützowstraße, erstklassig.«[27] Das nötige Geld trieb er auf, indem er den Nationalsozialistischen Freiheitsbund gründete, eine Unterorganisation der Partei, in die gegen zusätzliche Beiträge wohlhabende Parteigenossen eintreten konnten. Laut Goebbels brachte das auf Anhieb 1600 Reichsmark ein.[28] Angeblich flossen monatlich weitere 1500 Reichsmark, in Wirklichkeit vielleicht ein Drittel davon, jedenfalls aber genug für die »mit allen modernen Büro-Einrichtungen versehenen Zimmer nebst zwei Fernsprechanschlüssen«.[29]

So gut hatte es der Gau Württemberg nicht. Regelmäßig klagte Eugen Munder über die »schlechten Geldverhältnisse« der Partei.[30] Anmeldungen würden künftig »nur entgegengenommen, wenn die Aufnahmegebühren mit übersandt werden«.[31] Mitunter streckte Munder privat Geld vor und musste dann des Öfteren auf Rückzahlung pochen. Die Ortsgruppe Esslingen schuldete dem Gauleiter Mitte 1926 immerhin »50 Reichsmark für 1000 Hitler-Reden, fünf Delegiertenkarten und zehn Schriften ›Südtiroler Frage‹ zu 50 Pfennig«. Ungehalten schrieb die Gauleitung: »Da Herr Munder diese Beträge aus eigener Tasche vorgestreckt hat, darf ich bitten, die Sache in Bälde in Ordnung zu bringen.«[32] Anfang Februar 1928 machte Munders Nachfolger Wilhelm Murr einen Kassensturz und kam auf ein Guthaben von gerade einmal 57,01 Reichsmark. Um Miete in der vergleichsweise teuren Landeshauptstadt zu sparen, verlegte er die Gauleitung von Stuttgart in seine Heimatstadt Esslingen; das Inventar bestand aus »einem Schreibtisch, einem Rollschrank und einem Stuhl«.[33] So war es naheliegend, dass Murr eine Rundfrage bei allen Ortsgruppen in Württemberg startete, ob man zur Landtagswahl am 20. Mai 1928 antreten solle. Man wagte es – und hatte danach rund 1000 Reichsmark Schulden, vor allem bei Druckereien und Anbietern von Werbeflächen.[34]

Noch prekärer war die Lage im Parteibezirk Bochum. Eine einzige Ortsgruppe hatte dort im Oktober 1926 etwa 120 Reichsmark Schulden aufgehäuft – bei gerade einmal 14 zum Teil auch noch arbeitslosen Mitgliedern. Die Tilgung, kündigte der Ortsgruppenleiter an, solle »durch freiwillige Beiträge« erfolgen: »Von der Opferwilligkeit unserer Parteigenossen hängen weitere Veranstaltungen ab. Eine Sammlung bei Nichtmitgliedern lehne ich ab.«[35] Die verfügbaren Mittel waren so bescheiden, dass Funktionäre nur dann reisen konnten, zum Weimarer Parteitag der NSDAP oder zu den Generalmitgliederversammlungen in München, wenn jemand die Kosten übernahm. Nur weil Joseph Goebbels bis Ende Oktober 1926 zur dreiköpfigen Gauleitung zählte und ein begehrter Redner war, dessen Reisespesen andere Ortsgruppen gern trugen, war der Gau überregional überhaupt präsent.

Und das, obwohl es durchaus inoffizielle Spenden gab. Ernst Arnold, der Direktor der großen Henrichshütte in Hattingen, stellte beispielsweise im März 1926 der NSDAP 1500 Reichsmark zur Verfügung; dafür fuhr Goebbels persönlich in die Zechenstadt: »Gleich nach Hattingen. Geld holen.«[36] Die Spende musste vertraulich bleiben, denn Arnold saß für die DNVP im Stadtrat. Im Januar 1927 erhielt Goebbels von einem Parteigenossen 1200 Reichsmark für die *Nationalsozialistischen Briefe*.[37] Im Oktober zeigte er sich von einer Spende ernsthaft überrascht: »Nach der Rede kommt ein brauner Bengel zu mir und überreicht mir 1500 Mark. Geschenkt! Heiliger Pankraz!«[38] Anfang April 1928 notierte er: »Eben bringt mir ein Jemand 1000 Mark. Hurra!«[39] Von einer älteren Russin namens Potempa erhielt er am 19. November 1929 weitere beachtliche 5000 Reichsmark – zweieinhalb durchschnittliche Jahresgehälter. Im Gegenzug ließ er sich von der Frau bereitwillig bemuttern und nahm sie mit ihren beiden Enkelinnen in den Reichstag mit.[40] Im Dezember schenkte offenbar eine andere »deutschrussische Dame« ihm »4000 Mark und einen wundervollen Pelzmantel. Und bittet dabei um Verzeihung, dass es nicht mehr ist.«[41] Eine Ausnahme blieb zu Goebbels' Leidwesen eine Spende von 10 000 Mark.[42]

Auch die Ortsgruppe in Gelsenkirchen-Buer rühmte sich rückblickend, »verdeckte Spenden aus der örtlichen Geschäftswelt und
von Mittelständlern« erhalten zu haben.[43] Diese Gönner wollten
nicht bekannt werden; deshalb entstanden als Tarnorganisationen
ein Kulturbund und ein Deutscher Freiheitsbund. In ihnen wurden
»die Volksgenossen aufgefangen, die mit der Bewegung sympathisierten, aber aus irgendeinem Grund nicht Mitglied sein konnten
oder wollten«.[44] Diese Tarnung funktionierte nur eingeschränkt; so
hielt das Bochumer Polizeipräsidium fest: »Als Mitglieder kommen
hauptsächlich Personen in Frage, die öffentlich nicht als Mitglieder
der NSDAP bekannt werden möchten. Sie gehören vorwiegend den
bessergestellten Kreisen an. […] Durch besondere freiwillige Spenden unterstützen diese Mitglieder die NS-Bewegung.«[45]

## ROBERT BOSCH ALS GEGNER

Manchmal drückten die Geldsorgen derart, dass die NSDAP zu
Mitteln am Rande der Legalität griff. Ein Versuch des Gaus Württemberg, an Spenden zu kommen, war denn auch nicht weit entfernt von Schutzgelderpressung. Anfang 1927 sandte die Stuttgarter
Landesgeschäftsstelle einen Bettelbrief an den als liberal bekannten
Unternehmer Robert Bosch: »Über kurz oder lang« müsse man
»mit Gewalttätigkeit von links rechnen«, hieß es darin; man warne
vor »kommunistischen und sozialistischen Sturmabteilungen«. Die
NSDAP habe im Gegensatz zu den Kommunisten »den Schutz des
rechtmäßig erworbenen Eigentums auf ihr Programm geschrieben«. Sie allein sei »durch die Begeisterung ihrer Anhänger« in der
Lage, dem linken Terror entgegenzutreten. Dann kam die Hauptsache: »Leider ist dies ohne bedeutende Geldmittel nicht zu
machen.« Da die »Kassen des reichen Judentums« der NSDAP ver-
schlossen seien und »ausschließlich der linksradikalen Umsturzvor-
bereitung« dienten, bleibe den Nationalsozialisten nichts anderes
übrig, »als uns an die deutsch und deutsch-völkisch gesinnten

Kreise aus Industrie und Handel mit der Bitte um Unterstützung zu
wenden«. Das Schreiben formulierte recht genaue Vorstellungen:
»Wenn uns auch einmalige größere Spenden willkommen sind, so
legen wir doch besonderen Wert auf regelmäßige Wiederholung
derselben, da wir nur dadurch in die Lage kommen, unsere laufenden Unkosten zu bestreiten.« Es folgte ein Appell: »Wir hoffen, dass
Sie sich unserer dringenden Bitte nicht verschließen«, dann Informationen für die Zahlung: Überwiesen werden sollte auf ein Post-
scheckkonto unter dem Namen des Geschäftsführers der württembergischen NSDAP, Eugen Wizemann. Der Brief schloss mit den
Worten: »Wer rasch gibt, gibt doppelt.«[46]

Wie viele ähnlich formulierte Briefe Wizemann an Unternehmen
in Württemberg verschickte, ist unbekannt. Oft wurden solche
Gesuche sicher schlicht ignoriert; eine gewisse Zahl von Adressaten
aber dürfte Geld in die Hand genommen haben, um Schwierigkeiten aus dem Weg zu gehen. Robert Bosch, alles andere als deutsch-
völkisch gesinnt, ließ das Schreiben zunächst unbeantwortet. Wenig
später startete ein lokales NSDAP-Blatt jedoch eine Kampagne
gegen ihn, in der scheinheilig das »in Geldsäcken versteinerte Herz«
des Unternehmers beklagt wurde – seinem allseits gelobten sozialen
Engagement zum Trotz.[47]

In diesem Fall hatte die NSDAP falsch kalkuliert. Statt klein bei-
zugeben und doch noch zu zahlen oder mindestens zu schweigen,
ließ der Patriarch in seiner Werkszeitschrift zurückschlagen: Der
Bettelbrief wurde im *Bosch-Zünder* abgedruckt, zusammen mit
einem beißenden Kommentar über »verschmähte Liebe«, die sich
oft in Hass verwandele, den »Revolverschorrnalismus« der NSDAP
und ihre »saubere Gesellschaft«. Das Fazit: »Lassen wir sie geifern.«
Robert Bosch konnte es sich erlauben, die Hitler-Bewegung ver-
ächtlich zu machen; seine Position in Stuttgart war bis auf Weiteres
unangreifbar. Für die württembergische Gauleitung war das überaus unangenehm. Eugen Munder verlangte eine Richtigstellung, da
er nicht beteiligt gewesen sei an dem Brief der Geschäftsstelle unter
Wizemann: Ein Nationalsozialist schob die Schuld auf den anderen.

Der *Bosch-Zünder* vermeldete in seiner nächsten Ausgabe diesen Wunsch – ergänzt um die Bemerkung, solche »Peinlichkeiten« sollten die »Hitler-Brüder unter sich ausmachen«. Ob »Eugen Wizemann oder Eugen Munder wird zudem ›g'hopft wie g'sprunge‹ sein«.[48]

## SELBSTFINANZIERUNG

Die wichtigste Finanzquelle der Hitler-Bewegung waren ihre Mitglieder und deren Bereitwilligkeit, kleine Summen zu spenden. Das Beitragswesen war das verwaltungstechnische Herz der NSDAP. Pro Monat zahlte jedes Mitglied anfangs 50 Pfennig, später eine Reichsmark; hinzukamen regional schwankende Aufnahmegebühren, Kosten für die Ausstellung des Mitgliedsbuches und ähnliche Summen von jeweils einigen Groschen. Das waren Beiträge in der gleichen Größenordnung, wie sie auch die große Mitgliederpartei SPD erhob.[49] Ebenfalls wie bei der Sozialdemokratie profitierten Arbeitslose, Jugendliche, Hausfrauen und Rentner von verminderten Gebühren. Für die Verteilung der so eingenommenen Mittel auf die Reichsleitung, den Gau und die jeweilige Ortsgruppe gab es komplizierte Schlüssel. Kassiert wurde das Geld vor Ort, wofür Marken in Mitgliedsbücher geklebt wurden; per Postanweisung gelangten die Beiträge meist wöchentlich an die nächsthöhere Ebene.

Die Zahlungsmoral war in den ersten Jahren schlecht. Für 1926 musste Franz Xaver Schwarz konstatieren, dass mehr als ein Viertel der fälligen Beiträge nicht gezahlt worden war.[50] Um die Außenstände zu reduzieren, griff man zu mitunter rabiaten Mitteln. So kam es im Ruhrgebiet zum Beispiel häufig vor, dass die Gauleitung säumigen Ortsgruppen drohte, sie nicht länger mit Propagandamaterial zu versorgen und ihnen keine Redner mehr zuzuteilen. In der örtlichen Parteipresse erschienen reihenweise Bekanntmachungen, welche lokalen Organisationen Schulden hatten, teilweise mit Angabe der ausstehenden Summe. Die schmerzhafteste Sanktion

war, einen schon zugesagten Auftritt des Parteichefs wieder abzu-
sagen. Dies geschah 1926 beinahe der Ortsgruppe Essen: »Wie wir
bereits in unserem Rundschreiben ankündigten, werden wir die
Hitler-Veranstaltung von Essen unnachsichtig verlegen, falls wir
nicht spätestens bis zum 25. Mai 1926 im Besitz Ihrer Abrechnung
und Überweisung der rückständigen Beitragszahlungen sind.«[51]
Offenbar kam die Ortsgruppe der Aufforderung nach, denn Hitler
sprach drei Wochen später in Essen.

Auch Eugen Munder musste im Februar 1927 zu Drohungen
greifen: »Ortsgruppen, die im neuen Jahr mit ihren Beiträgen länger
als drei Monate im Rückstand sind, werden künftig aufgelöst.«[52]
Immer wieder mahnte Schatzmeister Schwarz, fast keiner seiner
Begleitbriefe zu neu ausgestellten Mitgliedsbüchern kam ohne Erin-
nerung an noch nicht gezahlte Beiträge aus.[53] Über Schulden wurde
in teilweise harschen Briefwechseln korrespondiert, so zwischen der
Gauleitung Württemberg und der Ortsgruppe Nürtingen. Munders
Nachfolger Wilhelm Murr forderte die Zahlung ausstehender Beiträge, worauf er zur Antwort bekam: »Wir sind eine junge Ortsgruppe mit 42 Mitgliedern. Davon ist ein Drittel arbeitslos. Unsere
Kasse ist leer.« Auf eine weitere Zahlungsaufforderung folgte eine
schneidende Replik: »Verständnis- und Disziplinlosigkeit dürfen
Sie uns deshalb nicht vorwerfen. Ich war selbst 13 Jahre aktiv Soldat
und weiß genau, was Disziplin ist. Wir bezahlen unsere Schulden.
Doch muss die Gauleitung so lange auf unsere Beiträge verzichten,
bis die Sache im Reinen ist.«[54]

Selbst wenn alle regulären Mitgliedsbeiträge gezahlt wurden,
reichte dieses Geld nicht, um die Kosten zu tragen. Deshalb setzte
die NSDAP stets auch auf zusätzliche Beiträge ihrer Mitglieder. Mit
leichter Bewunderung hielt das Münchner Polizeipräsidium fest:
»Die Parteileitung verstand es außerdem auf alle mögliche Art und
Weise, ihren Mitgliedern finanzielle Opfer aufzuerlegen. Wenn es
sich hier auch nur um kleinere Beträge handelte, so bildeten diese
Zuwendungen durch die Masse doch eine nicht zu unterschätzende
Geldquelle für die Partei.«[55] Zusätzlich zu den regulären Beitrags-

marken gab es andersfarbige zu deutlich höheren Werten, bis hin zu
gelben für fünf Reichsmark und grünen ganz ohne Angabe, in die
der örtliche Parteikassierer höhere Summen eintragen konnte. Sie
wurden nach Erwerb gestempelt und ins Mitgliedsbuch geklebt.
Steuerlich geltend machen konnten die Mitglieder diese Spenden
aber nicht. Dennoch zahlten begüterte NSDAP-Mitglieder teilweise
monatlich »bis zu 20 Reichsmark«, hielt das Polizeipräsidium Köln
1930 fest – immerhin ein Achtel des durchschnittlichen Monatsein-
kommens.[56]

Einen großen Beitrag leisteten zudem weibliche Hitler-Anhänger,
ob nun formal Parteimitglieder oder nicht. Meist aus gespartem
Haushaltsgeld spendeten sie nennenswerte Summen.[57] Als Joseph
Goebbels am 7. November 1929 vor rund 600 Berlinerinnen über
den Sinn einer nationalsozialistischen Frauenorganisation sprach,
kam er auf das Projekt einer eigenen Berliner NSDAP-Tageszeitung
zu sprechen – das erfordere 40 000 Reichsmark und 4000 zahlende
Abonnenten. Noch am selben Abend konnte er sich über Zusagen
in Höhe von 4500 Reichsmark freuen, also von jeder Zuhörerin ein
Brutto-Tageslohn.[58] Kurz darauf hielt er fest: »Die ersten 3000
Reichsmark für die Tageszeitung habe ich schon in bar. Eine Dame
überreichte sie mir und wünschte dabei viel Glück. Deutschland hat
doch noch opferfreudige Menschen!«[59] Zwei Wochen nach seiner
Bitte notierte der Berliner Gauleiter: »Nachmittags Besprechungen
mit der Frauengruppe. Die Frauen arbeiten mit viel Fleiß und Eifer.
Ich glaube, sie bekommen 40 000 Mark sehr bald zusammen.«[60] Am
7. Januar 1930 hielt er fest: »Die Frauen haben schon 26 000 Mark
und 2000 Abonnenten zusammen. Bravo!«[61] Aber auch kleine Summen waren willkommen. Die noch nicht einmal 18 Jahre alte Marlene Heder und ihre noch ein Jahr jüngere Schwester zum Beispiel
»opferten gern und häufig bei den Kampfschatzsammlungen; wenn
auch nicht viel, aber das, was wir hatten«.[62] Die gleichaltrige Erna
Stoyke spendete ihr »geringes Taschengeld«.[63] Andere Mitglieder
wie der Ostpreuße Hermann Nieswand sahen in ihren Gaben ausdrücklich ein »Beispiel zur Nachahmung«.[64]

Da die NSDAP ab 1929 keine Haushaltszahlen mehr veröffentlichte und sich kaum aussagekräftige Akten erhalten haben, liegen
nur für wenige Regionen dank Überlieferungssplittern Hochrech-
nungen vor. Möglich ist ein Vergleich der Finanzierung der SPD
und der NSDAP im Rheinland. Die lokale Sozialdemokratie, der
Bezirk Oberrhein, verfügte 1930 über 28575 Mitglieder, die im
gesamten Jahr 161981 Reichsmark Beiträge zahlten – rechnerisch
47 Pfennig pro Kopf und Monat; davon führten die Ortsvereine
34839 Reichsmark an die Parteizentrale in Berlin ab.[65] Dagegen
nahm der gebietsmäßig ähnlich große NSDAP-Gau Rheinland 1930
von seinen knapp 10000 Mitgliedern gewaltige 750000 Reichsmark
ein; gut die Hälfte davon ging nach München. Jedes Mitglied zahlte
im Durchschnitt also monatlich rund sechs Reichsmark – das
Zwölffache eines Sozialdemokraten.

Ein wesentlicher Faktor für diese enormen Erträge war, dass die
NSDAP für parteieigene und öffentliche Veranstaltungen Eintritt
verlangte und diesen auch durchsetzen konnte. Die NSDAP dürfte
die einzige Gruppe der deutschen Vereinsgeschichte sein, die sogar
zu Generalmitgliederversammlungen Karten verkaufte. Bei der
Wiederbegründung am 27. Februar 1925 kostete die Teilnahme eine
Reichsmark, die mehr als 3000 Besucher gern bezahlten.[66] Halb so
teuer war der Eintritt bei der Mitgliederversammlung 1926, und nur
noch 30 Pfennig kostete die Teilnahme 1927.[67] Bei diesem Preis blieb
es bei den Generalmitgliederversammlungen 1928 und 1930. Auch
regionale Versammlungen kosteten Eintritt, wenn prominente Redner auftraten, bei Gregor Straßer oder Joseph Goebbels meist 20 bis
30 Pfennig.

Teurer war die Teilnahme an Versammlungen mit Hitler. Hier
wurde meist eine Reichsmark Eintritt verlangt, von denen 50 Pfennig an die Reichsschatzmeisterei in München abzuführen waren.
Die örtliche Parteiorganisation musste zudem die Miete des Saales
tragen. Für die Brauereien, in deren Räumen solche Veranstaltungen meist stattfanden, war dies immer dann ein gutes Geschäft,
wenn es nicht zu Schlägereien zwischen SA-Leuten und Hitler-Geg-

nern kam. Bei den Preisen war die Partei in der Lage, flexibel zu reagieren. Nachdem es am 11. Mai 1927 in Nürnberg Proteste gegeben hatte, weil der verlangte Eintritt von einer Reichsmark für eine Hitler-Rede zu hoch erschien und der Saal nur zur Hälfte gefüllt war, senkte die Nürnberger NSDAP für den nächsten Auftritt des Parteichefs einen Monat später den Preis auf 50 Pfennig.[68] Andererseits konnte für Veranstaltungen, die erkennbar überlaufen sein würden, der Eintrittspreis schon mal auf drei Reichsmark steigen.

Außerdem rief die Partei ihre Mitglieder immer wieder zu parteiinternen Sammlungen auf. Schon vor der Wiederbegründung hatte Hitler Beiträge zu einem speziellen Pressefonds verlangt, um den *Völkischen Beobachter* zu finanzieren.[69] Da öffentliche Sammlungen genehmigungspflichtig waren, gab es häufiger Streit mit den Behörden. Am 5. Juni 1925 sandte die Polizeidirektion München der Parteigeschäftsstelle ein Einschreiben:»Gelegentlich öffentlicher Versammlungen der NSDAP werden des Öfteren Sammlungen von Geldbeträgen vorgenommen. Eine Genehmigung zur Vornahme dieser Geldsammlungen ist nicht vorhanden; dieses Vorgehen ist daher strafbar und kann nicht weiter geduldet werden.«[70] Die NSDAP bat in einem förmlichen Schreiben an das Bayerische Innenministerium um die pauschale Genehmigung für Spendenwerbung, was nach einer mehrwöchigen Prüfung abgelehnt wurde.

Franz Xaver Schwarz bestritt in einer Vernehmung die Strafbarkeit der weiterhin veröffentlichten Spendenaufrufe, denn sie richteten sich eben nur an Nationalsozialisten; darunter wollte der Schatzmeister »nur solche Personen« verstanden wissen, »die tatsächlich eingetragene Mitglieder des Vereins sind«.[71] In diesem Sinne äußerte sich danach auch Hitler. Am 23. Mai 1927 sagte er unter dem Jubel seiner Anhänger, »er bestimme den Parteibeitrag, nicht der Polizeipräsident«. Möglicherweise anwesende Spitzel, fuhr er fort, sollten »notieren, dass er diesen Aufruf nur an die Mitglieder des Nationalsozialistischen Deutschen Arbeitervereins richte«, formal der Träger der NSDAP.[72] Die Spendenbitte begründete Hitler damit, dass in Norddeutschland und Nürnberg schon Musikkapellen bestünden und München hierin nicht zurückstehen dürfe. Bis zum Parteitag müsse die Kapelle 36 Mann stark sein; von den Spenden sollten Instrumente gekauft und erwerbslose Musiker unterstützt werden.

Für größere Summen war die NSDAP durchaus auch bereit, ihre »ehernen« Grundsätze zu ignorieren. Ganz offen, durch eine Eigenanzeige im *Völkischen Beobachter*, warb Franz Xaver Schwarz Ende Mai 1930 um finanzielle Unterstützung, die rechtlich einer gewöhnlichen Anleihe entsprach: »Mitglieder, welche wirtschaftlich in der Lage sind, sollen es sich zur Ehre anrechnen, wenn sie der Bewegung verzinsliche Darlehen, von 500 Reichsmark an aufwärts, zur Verfügung stellen.«[73] Über den Zinssatz verriet die Mitteilung des Schatzmeisters nichts; das wäre dann vielleicht doch zu viel gewesen für die Anhänger einer Partei, die in ihrem »granitenen« 25-Punkte-Programm die »Brechung der Zinsknechtschaft« gefordert hatte.[74]

Die hohe Spendenbereitschaft unter den NSDAP-Mitgliedern nutzten indes auch Kriminelle aus; so warnte der *Völkische Beobachter*: »Seit einiger Zeit treiben eine ganze Reihe von Schwindlern ihr Unwesen in den Reihen der Parteigenossen. In allen Bezirken tauchen Leute auf, die unter irgendeinem Vorwand Geld sammeln für den Kampfschatz, für die SA, für die SA-Gefangenen und Verwundetenhilfe usw., ohne im Besitz eines mit parteiamtlichem Stempel versehenen Ausweises zu sein.« Offenbar fielen manche Anhänger der Hitler-Bewegung darauf herein, denn das Blatt appellierte: »Parteigenossen, gebt keinen Pfennig an solche wilden Sammler!« Die Warnung schloss: »Übereifrige Parteigenossen und SA-Kameraden, unterlasst das wilde Sammeln. Ihr könntet in einen falschen Verdacht kommen und entsprechend behandelt werden.«[75]

## BÜRGERKRIEGSVERSICHERUNG

Ein zusätzlicher Beitrag, den ab Ende 1928 alle Parteimitglieder zu zahlen hatten, war für die Hilfskasse der NSDAP gedacht. Aus den anfangs 30 Pfennig, bald schon 60 Pfennig im Monat wurde ein

Fonds finanziert, der wie eine Unfall- und Haftpflichtversicherung funktionierte. Im Todesfall wurden an die Hinterbliebenen eines eingetragenen Hitler-Anhängers einmalig 2000 Reichsmark, bei hundertprozentiger Invalidität sogar 5000 Reichsmark gezahlt. Verletzte erhielten drei Reichsmark tägliches Krankengeld. Noch wichtiger aber waren wohl die Summen für Schäden, die am Eigentum von Fremden angerichtet wurden: 10 000 Reichsmark. Für Personenschäden im Zuge von politischen Auseinandersetzungen, die Nationalsozialisten schuldhaft verursachten, betrug die Haftungsgrenze pro Fall sogar gewaltige 100 000 Reichsmark. Es handelte sich also um eine Bürgerkriegsversicherung.

Ursprünglich hatte die SA-Führung ihre Schlägertrupps mittels normaler Policen bei kommerziellen Assekuranzen absichern wollen. In einem internen Vorschlag schrieb SA-Chef Franz Pfeffer: »Wir verlangen von unseren Parteigenossen den Einsatz der ganzen Person. Der Freiheitskampf erfordert es, den Parteigenossen auch in Lagen führen zu müssen, bei denen er Leib und Leben einsetzt oder zu Schaden kommen kann.«[76] Um die Begeisterung der Männer nicht zu bremsen, sollte deshalb die SA-Versicherung mögliche Schäden abdecken helfen. 1927 gelang es, entsprechende Policen mit verschiedenen Versicherern auszuhandeln; sie kalkulierten mit zunächst 40 000 zahlenden Versicherungsnehmern, später nur noch mit 20 000. Jedoch schlossen in den ersten Monaten lediglich 7400 SA-Leute die Sammelpolicen ab; gleichzeitig fielen die Schadensersatzleistungen deutlich höher aus als von den Versicherern vorab berechnet. Aus diesem Grund endete der Versuch, eine Absicherung bei privatwirtschaftlichen Anbietern zu erreichen, bereits nach anderthalb Jahren – die laufenden Verträge wurden nicht mehr verlängert.

Die direkte Folge waren zunächst spontane Spendenaufrufe, oft genug bei SA-Leuten, die selbst mitgeprügelt hatten und mitunter verletzt worden waren: »Nach jeder Versammlung musste am Tag danach gesammelt werden. Markbeträge, deren Aufbringung wirklich mühselig war, ergaben dann in einigen Tagen die Rechnungen, die wir zu decken hatten.«[77] Auf Dauer konnte das nicht funktionieren. An die Stelle einer klassischen Versicherung und spontaner Sammlungen trat daraufhin die in Eigenverantwortung geführte Umlage, die Hilfskasse genannt wurde. Um sich für das Scheitern des ersten Versuchs bei kommerziellen Versicherungsgesellschaften zu revanchieren, startete der *Völkische Beobachter* parallel zum Aufbau dieser Kasse eine Kampagne. Mehrere Artikel berichteten über einen angeblichen »Versicherungsskandal«.[78] Von einer »Krisis im Versicherungswesen« war die Rede, die natürlich das »jüdische Finanzkapital« verschuldet habe.[79] Das Geschäftsgebaren der Gesellschaften sei unseriös, denn mit den Beiträgen zahlreicher kleiner Leute werde an den Börsen spekuliert. Konsequent folgten Artikel unter der Parole »Versichert nicht bei internationalen Konzernen!«.[80]

Die Alternative sollte eine gegenseitige Absicherung nach Hitlers Prinzip »Alle für einen« darstellen.[81] Gottfried Feder kündigte vollmundig eine eigene Versicherungspolitik der NSDAP an: »Endziel unserer Bestrebungen wird es sein, den Versicherungsschutz in eigene Regie zu nehmen, sodass unsere Parteigenossen nicht mehr wie heute veranlasst sind, ihre Beiträge und Versicherungsprämien an kapitalistisch orientierte Gesellschaften zu bezahlen, auf diese Weise die Macht der uns im Grunde feindlichen Gesellschaften stärkend.«[82] Für die Leitung der NSDAP hatte die neue Konstruktion der Hilfskasse nur Vorteile: Policen mussten nicht mehr verkauft werden – der Beitrag wurde einfach von den Kassenwarten vor Ort eingezogen; wer sich ohne Begründung weigerte, riskierte seine Mitgliedschaft. So zahlten schon Anfang 1930 rund 120 000 NSDAP-Mitglieder monatlich in die Umlage ein. Eine staatliche Kontrolle der Einnahmen und Ausschüttungen dieser vereinseigenen Kasse gab es nicht, weil die Hilfskasse keinen Rechtsanspruch der Beitragsleistenden auf Auszahlungen anerkannte – im Gegensatz zu normalen Versicherungen, die das Reichsaufsichtsamt für Privatversicherungen überwachte. Von Beginn an verwaltete Martin Bormann diese Hilfskasse, die nach einer anderthalbjährigen Phase des

Übergangs ab dem 1. September 1930 sämtliche Versicherungsleistungen für NSDAP-Anhänger übernahm.

## »EINER DER BESTEN WITZE DER DEMOKRATIE«

Willkommen waren der NSDAP vor allem auch die Entschädigungen, die ihre Abgeordneten erhielten. Ganz offen sprach Hitler den planmäßigen Missbrauch an. Am 22. Mai 1926, die NSDAP verfügte zu dieser Zeit gerade einmal über vier Reichstagsabgeordnete und rund 50 Parlamentarier in Landtagen, sagte er auf einer Mitgliederversammlung in München: »Sie wissen, dass ich immer den Standpunkt vertreten habe, dass wir uns an den Wahlen nicht beteiligen wollen. Wir gingen von dem Grundsatz ab und sind nun in den Parlamenten vertreten.« Den Grund hierfür nannte er unmissverständlich: »Für uns ist die Fahrkarte der Abgeordneten die Hauptsache. Sie bietet die Möglichkeit, Agitatoren herumzuschicken, dient also ebenso wie die Diäten ausschließlich der Partei. Die Herren, die uns in den Parlamenten vertreten, fahren z. B. nicht nach Berlin, um dort ihre Stimmzettel abzugeben, sondern reisen mit ihren Fahrkarten ununterbrochen herum, im Dienste unserer Bewegung.«[83] Das traf zu; im Reichstagswahlkampf 1928 absolvierten die bayerischen Landtagsabgeordneten Rudolf Buttmann, Wilhelm Grimm und Julius Streicher in gut zwei Monaten 105 Auftritte.[84] Dafür fuhren sie fast immer mit der Reichsbahn. Besonders Joseph Goebbels profitierte von diesem Abgeordnetenprivileg. Zynisch bekannte er drei Wochen vor der Wahl 1928 öffentlich, sollte er ins Parlament gewählt werden, sehe er sich nicht als MdR, also als Mitglied des Reichstages, sondern als IdF – als »Inhaber der Freifahrkarte«.[85]

Nicht nur die kostenlosen Reisemöglichkeiten ihrer Abgeordneten nutzten der NSDAP. Zudem waren die Mitglieder der Landtage und des Reichstages finanziell durch die Abgeordneten-Entschädigungen gut ausgestattet: Zwischen 300 und 750 Reichsmark Diäten pro Monat bekamen einfache Abgeordnete in der zweiten Hälfte der

1920er-Jahre – das Doppelte bis Fünffache des durchschnittlichen Einkommens; Parlamentarier mit zusätzlichen Aufgaben als Geschäftsführer oder Fraktionsvorsitzende erhielten noch mehr. Hauptamtliche Funktionäre, die ein Abgeordnetenmandat hielten, mussten auf Bezüge aus der NSDAP-Kasse ganz oder zum großen Teil verzichten – das entlastete die Parteifinanzen erheblich. Zu Recht nannte der Sozialdemokrat Carlo Mierendorff die Abgeordneten der Hitler-Bewegung »mit Freifahrkarte, Immunität und Dauerdiäten ausgestattete Parteisekretäre« und merkte an: »Ein besseres Rückgrat zum Aufbau einer Parteiorganisation ist nicht denkbar.«[86]

Hitler erwartete von den Abgeordneten seiner Partei, dass sie arme Parteimitglieder alimentierten. Die regelmäßigen Aufforderungen an betuchtere Anhänger im *Völkischen Beobachter* und auf Versammlungen, zum Beispiel Fahrtkosten für SA-Angehörige zu übernehmen, die sich das nicht selbst leisten konnten, zielten auch auf NSDAP-Parlamentarier. Offenbar gelang das jedoch nicht im erhofften Maße, sodass 1930 eine pauschale Abgabe der Reichstagsfraktion an die Zentrale in Höhe von zehn Prozent aller Diäten angeordnet wurde; im Gegenzug erließ die Reichsschatzmeisterei den Parlamentariern die Mitgliedsgebühren, um den Überweisungsaufwand zu reduzieren.

Die angesichts der Wirtschaftskrise Ende 1930 pauschal reduzierten Diäten änderten am Beitrag der Parlamentarier zu den NSDAP-Finanzen wenig. Zwar sank die Abgeordneten-Entschädigung für normale Reichstagsabgeordnete von 750 auf 600 Reichsmark, doch die Zahl der Mandate hatte sich bei der Septemberwahl verneunfacht. Der bayerische Landtag, der seine Mitglieder mit 300 Reichsmark entschädigte, sofern sie in München lebten, und mit 450 Reichsmark bei einem Wohnsitz außerhalb, musste für einige Abgeordnete der NSDAP die höhere Summe zahlen, denn sie zogen schon bald nach der Wahl in Vororte. Ob die deutlich höhere Diät der Antrieb dafür war, wie die sozialdemokratische *Münchner Post* mutmaßte, ließ sich nicht belegen.[87]

»Das wird immer einer der besten Witze der Demokratie bleiben, dass sie ihren Todfeinden die Mittel selbst stellte, durch die sie vernichtet wurde«, schrieb Goebbels rückblickend zynisch. »Die verfolgten Führer der NSDAP traten als Abgeordnete in den Genuss der Immunität, der Diäten und der Freifahrkarte. Damit waren sie vor dem Angriff der Polizei gesichert und durften sich mehr zu sagen erlauben als gewöhnliche Staatsbürger und ließen sich außerdem die Kosten ihrer Tätigkeit vom Feinde bezahlen.«[88]

Die NSDAP finanzierte ihren Aufstieg, trotz teilweise erheblicher Spenden externer Unterstützer, im Wesentlichen mit dem Geld ihrer Mitglieder – Beiträgen, Eintrittsgeldern zu Veranstaltungen und vor allem zusätzlich mobilisierten freiwilligen Spenden. Eine systematische Unterstützung durch Großkonzerne gab es bis zur Machtübernahme nicht. Die Kassen waren meistens ziemlich leer, denn vor allem Hitler selbst verbrauchte durch seinen Lebens- und Reisestil hohe Summen, ganz im Gegensatz zu seiner Selbstdarstellung.

# ERFOLG

Keine andere Partei in der deutschen
Geschichte hat in so kurzer Zeit einen derartigen
Sprung in der Wählergunst [...] geschafft.
*Jürgen W. Falter, Politologe*[1]

## VORBEBEN

Vor jedem großen Erdstoß gibt es Warnsignale, doch nicht jedes
Rütteln ist zwangsläufig ein Vorbeben. Die wirklichen Vorboten
großen Unheils sind schwierig zu erkennen. Wer zu oft vor einer
angeblich bevorstehenden Katastrophe warnt, die dann nicht eintritt, wird unglaubwürdig. Bei der ersten Landtagswahl des Jahres
1929 erreichte die NSDAP im winzigen Freistaat Lippe genau 2713
Stimmen, 3,4 Prozent. Das war zwar das Doppelte wie im selben
Wahlbezirk bei der Reichstagswahl 1928, aber immer noch im
Bereich einer Splitterpartei. Auch die vier Prozent bei der nächsten
Wahl in Mecklenburg-Schwerin waren nicht wirklich besorgniser-
regend, wenngleich es sich ebenfalls um eine Verdoppelung han-
delte. Im deutlich größeren Sachsen dagegen verdreifachte sich der
Anteil für die Hitler-Bewegung im Mai 1929: Die Dynamik der
Erfolge steigerte sich.

Besonders sichtbar wurde das bei den Kommunalwahlen in Preußen, Sachsen und Hessen, die alle am 17. November 1929 stattfanden. Gegenüber ihrem Ergebnis bei der Reichstagswahl 1928 konnte
die NSDAP ihren Stimmenanteil in Berlin fast vervierfachen – von
1,6 auf 5,8 Prozent. 132 097 Berliner votierten für die Hitler-Bewegung; damit zogen 13 Nationalsozialisten in die Stadtverordneten-

versammlung ein. Die NSDAP war nun eine Größe, mit der man rechnen musste. In Gelsenkirchen-Buer fiel der Zuwachs nicht ganz so stark aus – der Anteil an Stimmen für die NSDAP stieg lediglich von 0,9 auf 1,9 Prozent, was zu einem der 71 Stadtratsmandate führte. In Ostpreußen erreichte die NSDAP respektable 39 710 Stimmen oder 4,3 Prozent, viermal so viel wie 1928. »Es ist doch so gekommen, wie wir hoffen und glauben durften: ein überwältigender Aufstieg im ganzen Lande und vor allem in Berlin«, schrieb Goebbels am 18. November 1929: »Das habe ich in meinen kühnsten Träumen nicht erwartet.«[2]

Der Königsberger SPD-Reichstagsabgeordnete Ludwig Quessel untersuchte das Wahlergebnis in den *Sozialistischen Monatsheften*. Das »zur Einsicht und Umkehr mahnende Kennzeichen« der Kommunalwahlen sei der »starke Aufstieg der Nationalsozialisten«, der »mit fast gesetzmäßiger Regelmäßigkeit überall in Erscheinung trat«. Offenbar sei ein Stimmungswandel im Gange; der Umschwung weise »darauf hin, dass der Glaube an einen ruhigen Aufstieg des deutschen Volkes breiten Massen verloren gegangen und an seine Stelle die Sehnsucht nach der Gewalt als Retterin aus sozialer Not getreten« sei. Dafür fand der Sozialdemokrat ein handfestes Indiz: Ende Oktober 1929 lag die Arbeitslosigkeit um die Hälfte höher als zur selben Zeit 1928 – und das noch ganz unabhängig von den Verwerfungen, die fast zeitgleich der Schwarze Donnerstag an New Yorks Börse auslöste. Wochen bevor dessen Folgen Deutschland erreichten, schrieb Quessel hellsichtig: »Die nationalsozialistische Welle, die, mächtig ansteigend, am 17. November 1929 Preußen, Sachsen und Hessen überflutete, ist keine Zufallserscheinung. Sie ist ein Warnzeichen, das ernste Beachtung verdient.«[3]

Wähler aus allen sozialen Schichten, auch aus der Arbeiterschaft, hatten für die NSDAP gestimmt. Goebbels übertrieb jedoch, als er notierte: »Wir haben vor allem in proletarischen Gegenden starken Zuwachs. Dem Gesamtmarxismus jagten wir 70 000 Stimmen ab.«[4] Tatsächlich verlor die SPD mit 4,5 Prozent von allen Parteien am stärksten; da KPD und DNVP bei einer um ein Zwölftel geringeren

Wahlbeteiligung faktisch stabil blieben, DVP sowie Zentrum leicht und die liberale Wirtschaftspartei auf niedrigem Niveau sogar deutlich zulegten, dürften 60 000 ehemalige SPD-Wähler zur NSDAP gewechselt sein. Diese Verschiebungen fanden nicht »in proletarischen Gegenden« statt. Vielmehr verzeichnete die SPD in Arbeiterbezirken wie dem Wedding, Prenzlauer Berg oder Friedrichshain Verluste von meist vier Prozent, die NSDAP dagegen Gewinne von rund 2,5 Prozent. Deutlich höher war ihr Zuwachs dagegen in bürgerlichen Vierteln wie Steglitz mit 7,5 Prozent, Schöneberg mit 6,6 Prozent und Wilmersdorf mit 6,5 Prozent: Diese Gewinne lagen über den lokalen Verlusten der Sozialdemokratie. Die Wähler der Hitler-Bewegung konnten also nicht überwiegend aus vormaligen SPD-Anhängern bestehen. Quessels Parteifreund Carlo Mierendorff vermutete: »Die NSDAP mobilisiert vor allem Nichtwähler, ja sie ist geradezu die ›ideale‹ Partei der Nichtwähler.«[5] Da es 1929 noch keine repräsentativen Vor- und Nachwahlumfragen gab, die Grundlage für seriöse Wechselwähleranalysen, sind genauere Angaben nicht möglich.

Dafür erhob das Statistische Amt der Stadt Berlin exakte Daten über die Wahlentscheidung nach Geschlecht. Frauen hatten bei den gültigen Stimmen für die Kommunalwahl 1929 ein leichtes Übergewicht von 52,4 zu 47,6 Prozent, wobei der Anteil der weiblichen Nichtwähler 2,7 Prozent höher war als bei Männern, denn die Geschlechterverteilung in der wahlberechtigten Gesamtbevölkerung betrug 55,1 zu 44,9 Prozent. SPD und DDP hatten bei ihren Wählern mit 52,5 zu 47,5 Prozent und 52,1 zu 47,9 Prozent fast exakt die Geschlechterverteilung aller abgegebenen Stimmen. Das katholische Zentrum und die protestantisch-reaktionäre DNVP dagegen gewannen jeweils wesentlich mehr Frauen als Männer: 62,2 zu 37,8 Prozent und 59,5 zu 40,5 Prozent. Umgekehrt war es bei den extremen Parteien: 45,6 zu 54,4 Prozent bei der KPD und 46,8 zu 53,2 Prozent bei der NSDAP zugunsten männlicher Wähler.

## WILLKOMMENER MÄRTYRER

Ende 1929 verkörperte der 22-jährige Horst Wessel, der in Fried-richshain den SA-Sturm Nr. 5 führte, die Berliner NSDAP.[6] Der Sohn eines deutschnationalen Pfarrers setzte sogar Joseph Goebbels unter Druck, der genervt in sein Tagebuch schrieb, Wessel bedauere »den Mangel an Aktivismus in der SA«. Der Gauleiter bekannte: »Ich sitze in der Zwickmühle. Werden wir in Berlin aktivistisch, dann schlagen unsere Leute alles kurz und klein. Und dann wird Isidor uns lächelnd verbieten. Wir müssen vorerst Macht sam-meln.«[7] Mit dem Schmähnamen »Isidor«, einer Erfindung der KPD, meinte Goebbels den Berliner Polizeivizepräsidenten Bern-hard Weiß, der unnachgiebig den Rechtsstaat gegen beide politi-schen Extreme verteidigte.[8] Doch Goebbels bekam Wessel nicht in den Griff. Er sei ein »braver Junge, der mit einem fabelhaften Idea-lismus spricht«, doch fürchtete der Gauleiter, der charismatische Wessel könne ihm gefährlich werden. Nach Goebbels war er der meistbeschäftigte Redner der Berliner NSDAP und beim Anwerben von Arbeitern für die Hitler-Bewegung erfolgreicher.

Er konnte zudem nicht nur gut reden, sondern auch einigerma-ßen dichten. Jedenfalls schrieb er auf die Melodie eines Gassenhau-ers ein SA-Lied. Die erste Strophe lautete: »Die Fahne hoch, die Reihen fest geschlossen/SA marschiert, mit ruhig festem Schritt/ Kameraden, die Rotfront und Reaktion erschossen/marschieren im Geist in unseren Reihen mit.«[9] Erstmals gesungen wurde der Text wohl am 26. Mai 1929 von Männern seiner SA-Standarte in Frank-furt (Oder); *Der Angriff* druckte den Text am 23. September 1929 ab.[10] Doch noch blieb Wessels Werk ohne größere Resonanz.

Das änderte sich Anfang 1930. Wessel wohnte mit seiner Freun-din, einer ehemaligen Prostituierten, als Untermieter bei der Witwe Elisabeth Salm. Doch er zahlte den vereinbarten Aufschlag auf die Miete nicht, breitete sich sogar auf weitere Räume der Wohnung aus und drohte seiner Vermieterin. Am 14. Januar 1930 wehrte sich Eli-sabeth Salm: Ihr verstorbener Mann hatte zum Rotfrontkämpferbund gehört; bei dessen früheren Kameraden beklagte sich die Witwe und nannte den Namen ihres Untermieters. Zu dieser Zeit kursierten Handzettel, die Wessel unter der Überschrift »Sturmführer – Arbeitermörder« zeigten.[11] Der lokale Chef des Rotfrontkämpferbundes schickte einen Trupp los, der dem renitenten Untermieter eine »proletarische Abreibung« verpassen sollte. Die Männer klopften gegen zehn Uhr abends an Wessels Zimmertür. Als der SA-Führer öffnete, schoss einer der Kommunisten sofort. Die Kugel traf Wessel in den Mund; die Täter flüchteten. Der Verletzte wurde ins nächste Krankenhaus gebracht und umgehend operiert, doch entfernt werden konnte das im Kopf steckende Geschoss nicht.

Joseph Goebbels erkannte das Potenzial, das der Anschlag auf Wessel hatte. Im *Angriff* forderte der Berliner NSDAP-Chef, die Täter »zu Brei und Brühe« zu schlagen.[12] Anfang Februar 1930 verschlechterte sich der Zustand des Schwerverletzten rapide; Goebbels notierte scheinheilig, Wessel sehe aus »wie ein Gerippe. Ich habe große Sorge, ob wir ihn durchbekommen«.[13] Viele Berliner Hitler-Anhänger nahmen ihm seine Erschütterung ab.[14] Jedoch wollte Goebbels Wessel auf keinen Fall »durchbekommen«, denn als Märtyrer war er viel mehr wert. Außerdem konnte ein Toter seine eigenen Interessen nicht mehr stören. Öffentlich ließ er das Lied »Die Fahne hoch« singen und lancierte in den meisten NS-Blättern große Berichte über das Heldentum des SA-Führers. Als Wessel fünf Wochen nach dem Attentat seinen Verletzungen erlag, schrieb Goebbels unter dem Titel »Die Fahne hoch!« einen besonders schwülstigen Leitartikel: »Ich sehe im Geiste Kolonnen marschieren, endlos, endlos. Ein gedemütigtes Volk steht auf und setzt sich in Bewegung. Das erwachende Deutschland fordert sein Recht: Freiheit und Brot!«[15]

Beim Trauerzug am 1. März 1930 gab es Tumulte; die KPD hatte ihre Anhänger mobilisiert, die ein Pfeifkonzert veranstalteten und Steine über die Friedhofsmauer warfen: »Die Vorfälle bei seiner Beerdigung konnte ich vom Fenster unserer Wohnung in der Lothringer Straße mit ansehen«, erinnerte sich der Jurastudent Kurt Lie-

belt: »Diese Dinge sind für meine heutige Einstellung wohl von ent-
scheidender Bedeutung.«[16] Der Mord führte zu vielen Parteieintritten
aus Solidarität; Walter Naumann begründete seine Entscheidung,
aktiv für die NSDAP tätig zu werden, ausdrücklich mit Wessels
Schicksal – »trotz vieler Einwände meiner Frau«.[17]

## DURCHBRUCH IN OSTPREUSSEN

Noch 1928 hatte Ostpreußen mit nur rund 200 Mitgliedern zu
den schwächsten Gauen der NSDAP gehört. Entsprechend niedrig
fiel das Reichstagswahlergebnis am 20. Mai aus: Nur 8105 von
999 325 gültigen Stimmen im Wahlkreis bedeuteten 0,8 Prozent –
das schlechteste Ergebnis im Reich. Auch deshalb ernannte Hitler
einen neuen Statthalter: Erich Koch aus Elberfeld, einen Intimfeind
von Joseph Goebbels. Er sollte sich in der offenbar schwierigen Provinz um Königsberg bewähren. Und der 32-Jährige erwies sich in
der Tat als rastlos: Ständig reiste er durch Ostpreußen und hielt
allein im ersten Jahr mehr als 270 Reden. Als verärgerte NSDAP-
Mitglieder ihm vorhielten, seine Ansprachen seien »zu radikal«, er
»schreie zu sehr«, entgegnete Koch, im »bürgerlich gedämpften
Ton« erreiche man nichts.[18] Hitler teilte diese Sicht: Schon bald kam
er demonstrativ nach Ostpreußen.

Koch schulte besonders engagierte Mitglieder als Redner; zusammen mit seinem Propagandaleiter lud er ihre »Akkus auf«, wie der
Ex-Soldat Wilhelm Domning schrieb: »Unvergesslich sind mir die
Stunden, in welchen unser Gauleiter seiner kleinen Rednerschar die
geistigen Waffen schärfte zum Kampf für unseren Führer.«[19] Der
Landarbeiter Heinz Gefaeller jubelte über den neuen Gauleiter: »Er
brachte uns den Gedanken des Sozialismus aus seiner rheinischen
Heimat nach dem reaktionären Ostelbien.«[20] Dazu bereitete Koch
ein eigenes Parteiblatt vor, die Wochenzeitung *Ostdeutscher Beobachter* – denn der *Völkische Beobachter* erreichte die wenigen Abonnenten in Ostpreußen oft mit zwei Tagen Verspätung, war also

»nicht mehr aktuell«, wie ein Tilsiter Nationalsozialist klagte.[21]
Anders als der gut situierte Bäckermeister Waldemar Magunia verfügte Koch jedoch über keine eigenen Mittel und konnte das Blatt
daher nicht privat vorfinanzieren; im Gegenteil, er war sogar praktisch bankrott, musste sich selbst ein neues Paar Schuhe von einem
befreundeten Rechtsanwalt schenken lassen und zeitweise im Kir-
chenasyl schlafen. Um dennoch eine eigene Zeitung herausbringen
zu können, griff Koch auf 3500 Reichsmark aus einer Sammlung
unter Mitgliedern zurück, die eigentlich für die Reise einer ostpreußischen Delegation zum Reichsparteitag in Nürnberg gedacht war.
Kritiker beschimpfte er als »Nörgler und Stänkerer« und verkündete, »dass ich es gar nicht nötig habe, ihnen Rechenschaft über
meine Handlungen zu geben. Wir sind hier kein demokratischer
Wahlverein, in dem Abstimmungen das Tun der Führer bestimmen,
sondern stehen nun einmal zum Führerprinzip«.[22] Am 1. September
1929 erschien der *Ostdeutsche Beobachter* das erste Mal, mit einer
bescheidenen Auflage von 1900 Stück.[23]

Der Erfolg gab Erich Koch recht: Bei den Kommunalwahlen am
17. November 1929 hängte sein Gau mit 4,3 Prozent die NSDAP in
Westfalen mit ihren 2,9 Prozent deutlich ab. In Königsberg selbst
erreichte die Hitler-Bewegung mit 5,7 Prozent fast das gleiche
Ergebnis wie in der Reichshauptstadt. Noch spektakulärer war, was
der ostpreußischen NSDAP am 2. Juni 1930 gelang: Bei den Studen-
tenwahlen an der Königsberger Universität erzielte der Nationalsozialistische Deutsche Studentenbund 32,6 Prozent. Das war zwar
weniger als an Bayerns Universitäten – aber in Königsberg gab es
anders als dort noch kaum eine Organisation des NSDStB. Aus dem
Stand ein Drittel der Wähler zu gewinnen war höchst wertvoll.
Besonders aggressive Nationalsozialisten exmatrikulierte die Uni-
versitätsleitung auch nach dem Wahlsieg zwangsweise.[24]

Die Parteien in Berlin registrierten den Aufschwung der NSDAP
dennoch nicht ausreichend: Am 16. Juli 1930 lehnte der Reichstag
mit den Stimmen sowohl der Republikfeinde KPD, DNVP und
NSDAP wie der eigentlich staatstragenden Sozialdemokratie den

von Reichskanzler Heinrich Brüning vorgelegten Haushaltsentwurf
für das laufende Jahr ab. Danach musste das Parlament zwingend
aufgelöst werden; die fälligen Neuwahlen terminierte man auf
den 14. September 1930. Angesichts der grassierenden Wirtschaftskrise mit ständig steigenden Arbeitslosenzahlen und sinkenden
Reallöhnen war dies eine verhängnisvolle Entscheidung. Denn
eigentlich hätte der Reichstag noch bis ins Frühjahr 1932 amtieren
können.

## STREIT IN BERLIN

Der Tod von Horst Wessel hatte die Spannungen innerhalb der
NSDAP in der Reichshauptstadt überdeckt, doch bald nach dem
Begräbnis brachen sie verschärft wieder auf. Goebbels sah sich zwei
Gegnern gegenüber: Walther Stennes, dem SA-Chef der östlichen
Reichsteile einschließlich Berlins, und Otto Straßer, dem besonders
sozialistisch gesinnten Bruder von Reichsorganisationsleiter Gregor
Straßer. Schon bald nach der Ankunft des neuen Gauleiters hatte es
Streit gegeben; Otto Straßer sei ein »Mistvieh«, schrieb Goebbels
und warf ihm vor, der »Satan der ganzen Bewegung« zu sein, der
»vernichtet werden muss, komme es wie es wolle«.[25] Stennes war im
Sommer 1928 demonstrativ aus der NSDAP ausgetreten und erst
zurückgekehrt, als der Gau mit einem Darlehen von 3000 Reichsmark Forderungen der SA erfüllte.

Zwei Jahre später eskalierten beide Konflikte erneut. Otto Straßer
brachte mit Unterstützung seines Bruders sein bisheriges Wochenblatt *Der nationale Sozialist* nun täglich auf den Berliner Markt. Das
war eine klare Kampfansage an Goebbels – zumal dessen Blatt *Der
Angriff* nicht vorankam: »Die Straßer-Zeitungen nehmen überhand,
wir und der *Beobachter* werden ganz an die Wand gedrückt.« Hitler
ließ seinen Statthalter hängen, der am Parteichef zu zweifeln begann:
»München, incl. Chef, hat bei mir allen Kredit verloren. Ich glaube
ihnen nichts mehr. Hitler hat mir – aus welchen Gründen, das ist

egal – fünfmal das Wort gebrochen. Das ist eine bittere Erkenntnis, und ich ziehe daraus innerlich meine Schlüsse.«[26] Zwar bemühte sich der Parteichef daraufhin nach Berlin, doch der Versuch, die Kluft zwischen den renitenten »linken Nationalsozialisten« und seinen hörigen Anhängern zu überbrücken, sickerte in die Öffentlichkeit durch. »Die Auseinandersetzungen innerhalb der Nationalsozialistischen Partei anlässlich der Anwesenheit Hitlers in Berlin waren sehr stürmisch«, schrieb die *Münchner Telegramm-Zeitung*: »In der Partei wird der ganze Zwiespalt für einen Gegensatz in ›nördliche‹ und ›südliche‹ Parteigruppen erklärt, der sich in den Namen Hitler und Gregor Straßer verkörpert.«[27] Das war ziemlich treffend, obwohl Hitler im *Völkischen Beobachter* umgehend dementierte: »Weder besteht in der NSDAP ein Riss noch ein Gegensatz zwischen dem Abgeordneten Straßer und mir.«[28]

Zu dessen Bruder äußerte er sich nicht, denn bald kam es zum endgültigen Bruch mit Otto Straßer. In einem offenen Brief an Goebbels zog Hitler ausnahmsweise einen klaren Strich: »Seit Monaten verfolge ich als verantwortlicher Leiter der NSDAP Versuche, in die Reihen der Bewegung Uneinigkeit, Verwirrung und Disziplinlosigkeit hineinzutragen.« Leider hätten sich einzelne Parteimitglieder in den Dienst dieser Absichten gestellt: »Unter der Maske, für den Sozialismus kämpfen zu müssen, wird eine Politik zu vertreten versucht, die vollkommen der Politik unserer jüdisch-liberal-marxistischen Gegner entspricht.« Goebbels erhielt eine Blankovollmacht für die »rücksichtslose Säuberung« der Berliner NSDAP und den Dank seines Führers im Voraus. Ausdrücklich nannte Hitler Berlin den »schwersten Platz des Reiches«.[29] Daraufhin zogen es Otto Straßer und seine Gefolgsleute vor, aus der NSDAP auszutreten; sie verbreiteten eine Erklärung mit dem Titel »Die Sozialisten verlassen die NSDAP!«.[30] Doch nur rund 800 Parteigenossen traten zur neu gegründeten Kampfgemeinschaft Revolutionärer Nationaler Sozialisten über – für die Hitler-Bewegung war das nicht existenzgefährdend, auch wenn manch »stark sozialistisch denkender Nazi« mit Straßers Abgang haderte.[31]

Bedrohlicher war der zweite Konflikt. Schon vorher hatte es wiederholt kleinere Revolten von SA-Verbänden gegeben. So trat ein
Münchner SA-Sturmführer aus Protest gegen die Parteiführung
zurück.[32] In Stuttgart versuchten SA-Funktionäre, gegen den Willen
des Gauleiters Wilhelm Murr einen neuen Ortsgruppenleiter aus
ihren Reihen durchzusetzen; sie schrieben nach München: »Die
unhaltbaren Zustände in der Ortsgruppe Stuttgart zwangen die SA,
SS und SA-Reserve-Führung, zu einer Besprechung zusammenzu-
kommen, in der nach einer Lösung gesucht wurde. Wir haben uns
einstimmig auf folgenden Standpunkt gestellt: Als Ortsgruppen-
führer für Stuttgart kommt nur Hans Kuhn in Frage.« Der Kandidat erklärte sich in einem Zusatz zu diesem Brief bereit, »zum
Wohle der Ortsgruppe Stuttgart die Leitung« in die Hand zu nehmen.[33] Da München nicht reagierte, berief Kuhn eine außerordent-
liche Mitgliederversammlung der Stuttgarter Ortsgruppe ein, zu
der Gauleiter Murr und Württembergs SA-Chef Dietrich von Jagow
nicht eingeladen wurden. Sie erfuhren zufällig von dem Treffen,
gingen hin und versuchten erfolglos, die Versammlung aufzulösen.
Die Teilnehmer wählten »nach Soldatenratsmanier« Hans Kuhn
zum neuen Ortsgruppenchef, obwohl Jagow darauf hinwies, dass
solche Positionen vom Gauleiter durch Ernennung besetzt würden.
Murr kündigte den ungehorsamen Parteigenossen die schärfste
Sanktion an: »Gegen alle diese schwebt nunmehr ein Ausschlussver-
fahren.«[34]

Bei den bevorstehenden Reichstagswahlen konnte die NSDAP
mit erheblich mehr Mandaten rechnen. Das weckte Begehrlichkei-
ten; am 27. Juli blieb SA-Chef Franz Pfeffer demonstrativ einer
Funktionärstagung in München fern, weil Hitler seine Forderung
nach SA-Kandidaten auf den Wahllisten abgelehnt hatte. Der Parteichef ignorierte das Signal. Pfeffer trat zurück, doch Hitler nahm
seinen Abschied nicht an, sondern warf ihm Unterschlagung vor;
außerdem weigerte er sich, Walther Stennes zu empfangen. »Ernste
Unterredung über die SA. Da muss nach der Wahl einiges geändert
werden. Sie wird unter Pfeffer und Stennes zu selbstständig«,

notierte Goebbels: »Ich traue vor allem dem Stennes nicht.«[35] Die Skepsis war berechtigt: Ende August 1930 verweigerte die Berliner SA dem Gauleiter den Gehorsam, dann stürmte ein Stennes-treuer Trupp die gerade erst bezogene neue Berliner Parteigeschäftsstelle. Die Zeitungen der Reichshauptstadt versuchten nicht einmal, ihre Schadenfreude zu unterdrücken; mit Häme quittierten sie die Beschwichtigungen der Führung in München. Zwei Wochen vor der Reichstagswahl konnte Goebbels einen Riss zwischen NSDAP und SA nicht zulassen; er musste nachgeben. Auch Hitler kam eilig nach Berlin, sprach mit Stennes und machte Zugeständnisse. Gerade noch einmal war der offene Bruch vermieden worden; der Chef der ostdeutschen SA hielt still. Bis auf Weiteres.

## TRIUMPH

Die NSDAP verkündete seit der Auflösung der Reichstages, sie werde »einen großen Sieg erringen«.[36] Hitler stilisierte die Abstimmung mitunter zur Entscheidungsschlacht: »Wenn wir in wenigen Wochen zur Wahl schreiten und wenn wir durch diese nicht aus diesem System herauskommen, was soll dann in Wirklichkeit in Deutschland gebessert werden können?«[37] Er sprach wiederholt vom »Wendetag der deutschen Geschichte« und drohte: »Am 14. September 1930 wird entweder das System der jahrzehntelangen Belügung unseres Volkes gerichtet und damit gestürzt, oder Deutschland geht den Weg ins Verderben bis zur letzten Konsequenz.«[38] Mangels Umfragen stocherte Hitler im Nebel – er relativierte in seinen Reden öfter seine Euphorie: »Ob wir siegen, wir wissen es nicht; ob wir groß siegen, wir wissen es nicht; ob wir 50 Mandate bekommen, wir wissen es nicht; ob wir 100 bekommen, wir wissen es nicht«, sagte er am 18. August 1930 in Köln.[39] Ein anderes Mal ging er von einer noch größeren möglichen Spanne aus: »Ob wir 50 Mandate bekommen oder 70, ja ob wir 300 bekommen würden, das hätte nichts zu sagen.«[40] Dann dämpfte er wieder überzo-

gene Erwartungen und erklärte, der 14. September werde »noch
kein Zahltag« sein.[41]

Anders Berlins NSDAP-Chef: »Der Wahlerfolg ist uns doch
sicher!«, notierte Goebbels am 7. September 1930. Fünf Tage später
zeigte er sich hoffnungsvoll: »Ich schätze in Berlin etwa 250 000
Stimmen.« Das würde, bei erwartbaren 1,25 Millionen Wählern,
einem Anteil von 20 Prozent entsprechen. Bei bis zu fünf Reden am
Tag verausgabte sich der Gauleiter; in der Nacht zum Wahlsonntag
schrieb er: »Ich bin ganz herunter, hochgradig nervös, abgekämpft,
blass und bleich.« Doch er blieb dabei: »Ich erwarte einen ganz großen Sieg.«[42] Bei den Berliner Mitgliedern kam diese Botschaft an.
Der frühere Frontsoldat Ernst Woldt beschrieb die Stimmung seiner
Parteizelle: »Dass dieser Wahlgang ein Riesenerfolg für uns werden
musste, war allen klar. Unermüdlich war die SA auf den Beinen,
Propagandamärsche, Plakatekleben, Handzettelverteilen – all das
musste von wenigen bewältigt werden. Kein Abend verging ohne
Marsch, Rad- oder Autofahrt.«[43] Gern zahlten die Mitglieder für
Lastwagenmiete und Benzingeld.[44]

Doch längst nicht alle Nationalsozialisten waren so optimistisch
wie Goebbels und seine Berliner Anhänger. Vermutlich aus Münchner Parteikreisen sickerte die Erwartung durch, die NSDAP könne
im künftigen Reichstag bis zu 70 Mandate gewinnen, was etwa vier
Millionen Stimmen entspräche.[45] Auch ein solches Ergebnis wäre
ein großer Erfolg, denn gegenüber der Wahl vom Mai 1928 würde
die NSDAP die Zahl ihrer Unterstützer damit verfünffachen. Die
bürgerlich-liberale *Vossische Zeitung* nahm diese Möglichkeit und
die Erwartungen der Kommunisten zum Anlass, auf der Titelseite
ihrer Ausgabe vom Wahlsonntag einen Aufruf zu veröffentlichen:
»Wählt republikanisch!«, hieß es dort in ungewohnt großer Schrift-
type. Und weiter: »Wählt Fortschritt, nicht Umsturz! Wählt Ver-
nunft, nicht Fanatismus! Wählt Führer, nicht Verführer!«[46]

Als die ersten Ergebnisse erkennbar wurden, zeigte sich: Der Aufruf hatte nicht gefruchtet. Die NSDAP hatte noch mehr gewonnen
als erwartet und ihren Stimmenanteil sogar verachtfacht; als einzige

**ABBILDUNG 1:** Aggressiv erzwingt Adolf Hitler den ersten »Reichsparteitag« der NSDAP auf dem Marsfeld – München Ende Januar 1923

**ABBILDUNG 2:** Als Mythos wird selbst die klägliche Niederlage des Hitler-Putsches langfristig zum Erfolg – München am 9. November 1923

**ABBILDUNG 3:** Das Gruppengefühl der Mitglieder gehört zu den anziehendsten Angeboten der NSDAP – ein SA-Sturm posiert um 1930.

**ABBILDUNG 4:** Die höchste Ehre für jeden NSDAP-Ortsverband ist der Besuch von Adolf Hitler zum Sprechabend – Schnappschuss um 1930

**ABBILDUNG 5:** »Die einzige Form, in der sich die SA an die Öffentlichkeit wendet, ist das geschlossene Auftreten« – Aufmarsch in Bremen 1931/32

**ABBILDUNG 6:** Zu den ersten Aufgaben der Partei-Polizei SS gehört das Verteilen von Flugblättern – Schnappschuss aus dem Wahlkampf 1932

**ABBILDUNG 7:** Den »Führer« und seine gläubigen Anhänger inszeniert Heinrich Hoffmann auf diesem gestellten Foto – München Dezember 1931

**ABBILDUNG 8:** Wer Nägel in dieses Bild des Parteiführers schlagen lassen will, muss dafür spenden – Schnappschuss vermutlich Ende 1932

ABBILDUNG 9: Auf die Reichspräsidentenwahl 1932 setzt Hitler seine Hoffnung, doch die Propaganda verfängt nicht – Schnappschuss März/April 1932

ABBILDUNG 10: Das wichtigste Propagandainstrument der NSDAP sind ihr »Führer« selbst und besonders seine Reden – Schnappschuss von 1933/34

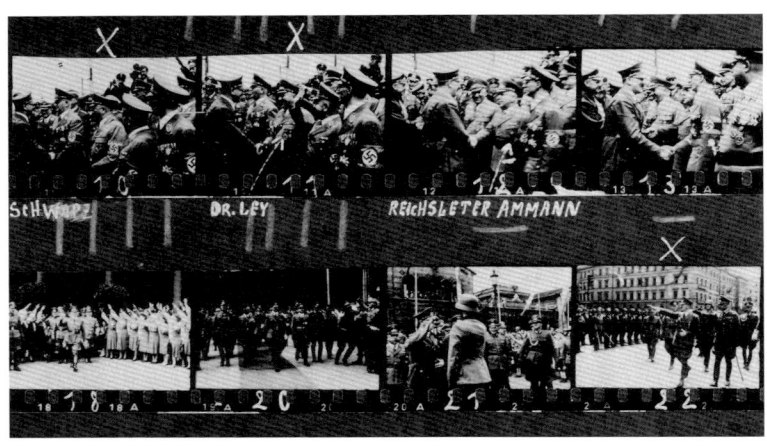

**ABBILDUNG 11/12:** In der »Hauptstadt der Bewegung« kostet Adolf Hitler den Triumph seines Sieges über Frankreich aus. Kontaktbogen eines Fotografen des Ateliers Heinrich Hoffmann (o.) und ein Ausschnitt. Hitler begrüßt den Geschäftsführer der NSDAP, Max Amann – München, 10. Juli 1940

**ABBILDUNG 13:** Die Hitlerjugend verkörpert das Selbstverständnis der NSDAP: Der Einzelne ist nichts, allein die Gruppe zählt – Nürnberg, September 1938

**ABBILDUNG 14:** Deutschlands Jugend muss in Sicherheit gebracht werden, und die Partei organisiert ihre Verschickung – Posen, 16. Oktober 1940

**ABBILDUNG 15:** Hilfe für Ausgebombte bietet in erster Linie die Partei, auch wenn manche ihren Hausrat retten können – Berlin, Frühjahr 1944

**ABBILDUNG 16:** Am Ende kann der von der Partei organisierte Volkssturm nur noch alte Männer und halbe Kinder mobilisieren – Berlin, Anfang Mai 1945

andere Partei hatte gegenüber 1928 die KPD leicht zugelegt. Am
stärksten verlor die unter ihrem Vorsitzenden Alfred Hugenberg auf
hart antirepublikanischen Kurs geschwenkte DNVP: mehr als die
Hälfte ihrer Stimmen. Die SPD sank um ein Sechstel, die bürgerlichen Parteien stärker. Als relativ stabil erwies sich allein das katholische Zentrum. »Ein schwarzer Tag für Deutschland«, notierte der
Schriftsteller Harry Graf Kessler in sein Tagebuch: »Die Nazis haben
ihre Mandatszahl fast verzehnfacht, sind von zwölf auf 107 Mandate
gekommen und so die zweitstärkste Partei des Reichstages geworden.« Der international hervorragend vernetzte Adlige ahnte: »Der
Eindruck im Ausland muss katastrophal sein, die Rückwirkung
außenpolitisch und ökonomisch verheerend.« Völlig zutreffend
analysierte er: »Wir stehen damit, bei 107 Nazis, 41 Hugenbergern
und über 70 Kommunisten, also etwa 220 Abgeordneten, die den
heutigen deutschen Staat radikal verneinen und revolutionär beseitigen wollen, vor einer Staatskrise.«[47]

Noch in der Nacht auf Montag gab Hitler bekannt: »Heute ist
zum ersten Mal für zahllose Menschen, die viele Jahre mit größtem
Fleiß und mit dem Einsatz ihres Lebens gearbeitet haben, ein Tag
des Lohnes.« Die NSDAP werde »auf ganz gesetzmäßigem Wege«
weiterarbeiten, aber nicht aus Einsicht: »Das Ziel kann uns ja die
Verfassung nicht vorschreiben, sondern nur den Weg.«[48] Dem fügten sich seine Anhänger: »Der Führer wollte legal zur Macht kommen. Wir kämpften also auch mit legalen Mitteln«, erinnerte sich
der Ostpreuße Heinz Gefaeller.[49] Das war nur ein Lippenbekennt-
nis: »Legal bis zur letzten Galgensprosse, gehenkt wird trotzdem!«,
lautete ein Spruch von Goebbels, der Berliner Parteigenossen besonders gefiel.[50] Hitler warnte jedoch vor »Zersetzungsversuchen« der
Gegner; es gelte nun, »geschlossen wie ein Mann hinter der Führung zu stehen«. Und er versprach: »Die Stunde wird kommen, wo
wir endgültig die Macht haben werden. Am Ende unseres Weges
werden die Worte stehen: Ihr seid Deutschland!«[51]

Der Erfolg fiel nicht überall gleich groß aus. Spektakulär war das
Ergebnis in Ostpreußen; gegenüber der Wahl 1928 hatte die NSDAP

hier ihren Stimmenanteil fast verdreißigfacht – ein persönlicher
Sieg des Gauleiters Koch.[52] Dagegen enttäuschte der Zuwachs im
prozentual stärksten Wahlkreis Schleswig-Holstein mit einer knappen Versiebenfachung von vier auf 27 Prozent fast schon. Im Ruhrgebiet lag der Stimmenanteil zwar um den Faktor zehn bis zwölf
über dem Ergebnis von 1928, doch in absoluten Anteilen konnten
die Gaue Westfalen-Nord und Westfalen-Süd mit gut zwölf und
knapp 14 Prozent nicht zufrieden sein. Ihr schlechtestes Ergebnis im
gesamten Reich erzielte die Hitler-Partei in Württemberg: 9,4 Prozent. Offenbar hatte der Streit in Stuttgart potenzielle Wähler abge-
schreckt. Sein Gespür hatte ausgerechnet der Gauleiter der Reichshauptstadt verloren. In der Wahlnacht jubelte Goebbels noch: »In
Berlin 360 000 Stimmen. Das hätte ich nicht erwartet.«[53] Doch es
handelte sich um eine Falschmeldung. Die Auszählung ergab vielmehr 158 257 Stimmen oder 12,8 Prozent.

## ERKLÄRUNGSVERSUCHE

Von 35,8 Millionen Wählern hatten gut 13 Millionen für NSDAP,
KPD oder DNVP gestimmt: ein Schock. Harry Graf Kessler rechnete sich vor, dass »über ein Drittel, nämlich etwa 35 Prozent der
aktiv sich an den politischen Entscheidungen beteiligenden Deutschen republik- und staatsfeindlich sind«. Zynisch fügte er hinzu:
»Allerdings würden sich diese 13 Millionen nie unter sich über eine
neue Staatsform einigen können, sondern sich zunächst gegenseitig
totschlagen.« Beruhigend fand er das nicht, wenngleich die Konsequenz ihm als desillusioniertem Liberalem durchaus gelegen kam:
»Daher bleibt die Republik trotz Allem die einzig heute in Deutschland mögliche Staatsform.«[54]

Die meisten Beobachter blieben in festgefügten Mustern gefan-
gen und übersahen die radikale Veränderung, die vor sich ging. Der
sozialdemokratische Soziologe Theodor Geiger attestierte als Grund
für den Erfolg der NSDAP eine »Panik im Mittelstand«. Die Hitler-

Bewegung habe sich von der »randalierenden Giovinezza«, also einer faschistischen Jugendbewegung im Sinne von Benito Mussolinis Anhängern, »zur Partei der Erniedrigten und Beleidigten« gewandelt. Der Mittelstand sei auf die »Phraseologie des Nationalsozialismus« hereingefallen. Er zeigte sich überraschend zuversichtlich: »Wäre Grund zu der Annahme, diese Wahlen seien das ›Erwachen Deutschlands‹ gewesen, so müsste man einem Ausbruch des Faschismus besorgt entgegensehen. Es ist nicht so. So ernst die innenpolitische Lage auch sein mag, mir scheint, dass wir die letzten Geschehnisse in mancher Hinsicht sogar als Erfolg betrachten können.« Der »nationalsozialistische Koller« werde sich im Wesentlichen auf die bisherigen Parteimitglieder beschränken; die Wähler am 14. September 1930 seien »Menschen, die im wirtschaftlich kritischsten Augenblick seit 1923 den Kopf verloren haben und einmal ihrer Empörung Luft gemacht haben«.[55]

In der linken *Weltbühne* attestierte der gerade erst knapp 24-jährige Journalist Walther Karsch der NSDAP einen »allgemeinen Run auf die Diäten«. Auf diese Idee konnte man angesichts der Auseinandersetzungen um die Wahllisten durchaus kommen. Ebenso naheliegend war die Vermutung, dass sich Hitlers Wahlsieg »aus der tiefen Depression« erkläre, »von der weite, politisch nicht sehr interessierte Schichten ergriffen worden« seien. Völlig falsch lag Karsch mit der Annahme, Hitler werde sich den bürgerlichen Parteien »fügen, weil er unter allen Umständen an die Futterkrippe will«, und in eine Koalition mit der NSDAP als Juniorpartner einwilligen. Seine Leser und wohl auch sich selbst beruhigte der *Weltbühnen*-Autor: »Wer nun noch etwa glaubt, man werde wenigstens mit dem Antisemitismus ernst machen, der beruhige sich. Zum Pässebesorgen und Kofferpacken liegt gar keine Veranlassung vor. Um den Juden eins auszuwischen, müsste man die Verfassung ändern. Wo ist die nötige Zweidrittelmehrheit?« Die antijüdische Rhetorik sei »nichts mehr als ein Aushängeschild«.[56]

Ähnlich sah es der kommunistische Intellektuelle Hans Jäger. Hitler habe seinen »Antisemitismus abgeschwächt«, meinte er.

»Eine kleine Dosis davon, wenn sie nicht in Pogrome und Besitz-
gefährdungen ›ausartet‹, lassen sich die Kapitalisten ja schon gefallen.« Ohnehin sei der Nationalsozialismus eine »Seifenblase« und
»ungefährlich«. Ein erstaunlicher Schluss, denn gleichzeitig sah Jäger,
dass von den 6,4 Millionen NSDAP-Wählern fast die Hälfte dem
Proletariat zuzurechnen sei: »Um diese zwei bis drei Millionen geht
der Kampf«, schloss er. Um ihre Stimmen müsse die KPD ringen,
»damit sie nicht den Weg des Faschismus und des ›deutschen Sozialismus‹ wählen, sondern den Weg der proletarischen Diktatur«.[57]

Näher an der Realität lag Hans Neisser, in Kiel Dozent für Natio-
nalökonomie. Er nahm aufgrund sorgfältiger statistischer Verglei-
che der regionalen Wahlergebnisse an, dass 15 bis 20 Prozent der
NSDAP-Wähler aus der Facharbeiterschaft der Industrie stammen
dürften, weitere 20 bis 25 Prozent aus der Landwirtschaft, die übrigen aus dem kleinen und gehobenen Mittelstand einschließlich der
Beamtenschaft. Unter den Erst- und Jungwählern, schätzte Neisser,
hätten mindestens 25 Prozent NSDAP gewählt. Daraus leitete der
Sozialdemokrat eine klare Strategie ab: Die SPD müsse sich vor
allem um die Stabilisierung ihrer Wählerschaft unter den Industriearbeitern bemühen und außerdem die Jugendlichen gewinnen, »die
ohne Kenntnis der Vorkriegszeit und der Kriegsereignisse keine
Vorstellungen von den Fortschritten besitzen können, die dank der
Arbeit der SPD erreicht worden sind«.[58]

In der Reichstagswahl 1930 hatte sich die NSDAP als Volkspartei
des Protestes erwiesen: Alle sozialen Schichten gehörten zu ihren
Wählern. Zwar waren der Mittelstand leicht über- und die Arbeiterschaft gegenüber dem gesellschaftlichen Durchschnitt unterrepräsentiert. Aber die Unterschiede fielen geringer aus als bei der SPD,
für die Facharbeiter deutlich öfter stimmten als statistisch erwartbar, oder als bei der KPD, unter deren Anhängern die Tagelöhner
und Erwerbslosen stark überwogen. Nur die Wählerschaft des
katholischen Zentrums einschließlich ihres Ablegers Bayerische
Volkspartei entsprach in ähnlichem Maße dem sozialen Mittel wie
die Hitler-Bewegung.[59]

## GEWALTEXZESSE

Nach dem Erdrutscherfolg der NSDAP hatten viele Beobachter ver-
mutet, von der Hitler-Bewegung gehe nun keine Putsch-Gefahr
mehr aus. Die »Angst vor einem faschistischen Umsturz« sei »ziemlich unbegründet«, hieß es, oder auch: »Wenn der Nationalsozialismus jemals Chancen hatte, erfolgreich mit Gewalt zu rebellieren, so
hat er sie in dieser Wahl verloren.«[60] Eine so gewaltige Anhängerschaft könne nicht putschistisch gesinnt sein. Harry Graf Kessler
hingegen glaubte zwar, dass die NSDAP-Führung »auf einen Putsch
gar nicht so begierig« sein dürfte, dennoch »durch ihre Anhänger
unter Hinweis auf die einzigartige Chance sogar gezwungen werden« könnte loszuschlagen. Schlimmstenfalls malte er sich eine
»neue, revanchistische und antisemitische Revolution« aus.[61]

Es gab durchaus Nationalsozialisten, die darauf hofften – doch
Hitler hatte kein Interesse an einem neuen Putsch.[62] Das hieß aber
nicht, dass seine Bewegung nun der Gewalt als politischem Mittel
abgeschworen hätte, im Gegenteil: In den folgenden zwei Jahren
eskalierten die Auseinandersetzungen zwischen Nationalsozialisten
und Kommunisten zu zeitweise bürgerkriegsähnlichen Zuständen.
Sie waren das Ventil für den aufgestauten Hass vieler SA-Leute, die
sich am Legalitätskurs der Parteiführung störten. Natürlich stellten
sie sich selbst als Opfer dar, die von der Polizei nicht ausreichend
geschützt würden.[63] Kommunistische Kriegsveteranen standen in
der Tat der SA in Gewalttätigkeit wenig bis gar nicht nach. Doch die
Eskalation ging meist auf Hitler-Anhänger zurück; viele Parteimitglieder waren darauf auch stolz, so wie Fritz Keppner: »Die Pirma-
senser SS, der ich damals angehörte, hatte sich einen guten Ruf
gemacht, da wir stets bei Händeln und Saalschlachten gut aufräum-
ten.«[64]

Schon vor der Reichstagswahl waren Uniformverbote ergangen,
stets gegen die SA, manchmal auch gegen Nachfolger des verbotenen Rotfrontkämpferbundes. Doch die SA umging das Verbot
ebenso einfach wie geschickt: Statt in braunen Hemden marschier-

ten ihre Männer nun einheitlich mit nacktem Oberkörper oder in weißen Hemden auf, statt des Hakenkreuzes oft mit einer weißen Nelke im Knopfloch.[65] Dagegen nützten auch verschiedene Verschärfungen des Verbotes nichts: Rückte die Polizei bei einem Aufmarsch solcher »weißen Mäuse« an, um die Teilnehmer zu zerstreuen, zogen sich die SA-Leute von der Straße auf die Bürgersteige zurück, wo man sie als vermeintlich normale Passanten nicht belangen konnte. Die einfallsreiche Reaktion auf das Verbot führte sogar zu Parteieintritten; der Landwirt Max Hausmann begründete seinen Aufnahmeantrag mit seinem Zorn, als die Polizei die »SA zwang, ihr Ehrenkleid auszuziehen«.[66]

Das Ziel der mehr oder minder uniformierten SA-Märsche war die offene Konfrontation mit dem politischen Gegner.[67] »Die Pfeifen gellen, die Schläge donnern auf die zum Platzen gespannten Trommelhäute, dann kommt der Musikzug unter Führung des Sturmführers. In Viererreihen ausgerichtet, wie beim Parademarsch, schwenkt die Spitze der Standarte um die Ecke, unbeirrt vom ohrenbetäubenden Brüllen, vom Pfeifen und gellenden Niederrufen der roten Einheitsfront«, beschrieb ein SA-Veteran 1934 rückblickend eine typische Auseinandersetzung in Berlin: »Die Antifa ist nicht mehr zu halten. Nur wenige Meter entfernt wird hier das Feldzeichen der Nazis an ihnen vorbeigetragen – und schon ertönt der erwartete Pfiff! Jetzt! Das Zeichen zum Angriff!« Sofort flogen die Fäuste, knallten Gürtel, Knüppel und Totschläger: »Mann gegen Mann ringen hier zwei Weltanschauungen um das Recht der Straße, […] um die Eroberung der deutschen Straßen überhaupt.«[68] Die Opfer nahmen zu: Hatte es in Berlin 1925 bis 1930 rund ein Dutzend Todesfälle bei Auseinandersetzungen politisch verfeindeter Schlägertrupps gegeben, darunter fünf Nationalsozialisten, so starben allein im Jahr 1931 mindestens sechs Hitler-Anhänger und acht Kommunisten, 1932 sogar 14 SA-Leute und fast genauso viele ihrer linken Gegner.[69]

Nicht ganz so häufig waren Todesopfer jenseits des Schlachtfeldes Berlin. Dennoch sorgte eine Saalschlacht in München 1930 für

Schlagzeilen: Im Volkarthof droschen Hunderte SA-Männer und Kommunisten aufeinander ein; es gab Dutzende zum Teil Schwerverletzte, die Einrichtung war zerstört.[70] Die SA-Führungen von München und Oberbayern empfahlen daraufhin ihren Mitgliedern die Anschaffung von Elektroschockern, die mit einer Spannung von 20 000 Volt den Gegner »augenblicklich kampfunfähig« machen sollten.[71] Da die einer Armbanduhr ähnlichen Waffen aber recht teuer waren, folgten der Empfehlung wohl nur wenige SA-Leute. Immer wieder gingen Münchner Schutzmannschaften auf Weisung des Polizeipräsidenten Julius Koch scharf gegen SA-Aufmärsche vor; so trieben Polizeireiter im Juli 1931 einen Protestmarsch von »Weißhemden« auseinander. Als vor der neuen, pompösen Parteizentrale, dem »Braunen Haus« in der Brienner Straße, uniformierte SA-Wachen postiert wurden, erhob Koch Einspruch. Männer in Braunhemden durften nur innerhalb des Hauses Wache stehen, nicht aber vor der Tür. Sofort erregte sich der *Völkische Beobachter*, der Polizeipräsident wolle wohl festlegen, »welchen Hausanzug« ein Nationalsozialist zu tragen habe und ob er einen halben Meter weiter links oder rechts stehen müsse.[72]

Um die SA effektiver einsetzen zu können, wurden die Braunhemden in manchen Städten regelrecht kaserniert. In Stuttgart richtete man im Hinterhaus der Ortsgeschäftsstelle ein SA-Heim ein, in dem sich je nach Tageszeit stets ein oder zwei Dutzend Männer aus verschiedenen SA-Stürmen aufhielten. Ab 22 Uhr konnten sie sich hinlegen, aber »ohne abzuschnallen«. Als eine Gruppe junger Kommunisten am 9. November 1930 in Zuffenhausen eine NSDAP-Versammlung zum siebten Jahrestag des Putsches stören wollten, griff ein SA-Trupp sie sofort mit Messern an. Der 22-jährige Hermann Weißhaupt erlitt mehrere Stiche in den Bauch, an denen er zwei Wochen später starb: das erste Opfer politisch motivierter Straßengewalt in Württemberg seit der Revolution. Der Täter, ein SA-Mann, kam wegen Körperverletzung mit Todesfolge ins Zuchthaus.

Statt angesichts solcher Exzesse zur Deeskalation überzugehen, setzte die örtliche Parteileitung Übungen an, deren Zweck bürgerkriegsähnliche Einsätze waren. Der Stuttgarter SA-Motorsturm, in dem Männer mit eigenen Motorrädern als schnelle Eingreiftruppe zusammengefasst waren, bekam zum Beispiel am 20. September 1931 den Befehl, einem angeblich unter Beschuss geratenen SA-Lastwagen zu Hilfe zu kommen. Der Sturmführer forderte, »es sei festzustellen, wie stark die Gegner wären, und im gleichen Verhältnis sei anzugreifen.« Ein Informant berichtete der Polizei weiter: »In rasendem Tempo ging es los. Die Überfallstelle war mit weißem Papier markiert. Dann wurde in Schützenlinie angegriffen.«[73]

Als die Behörden wegen der Fülle solcher Übergriffe ein Verbot von SA und SS erließen, reagierten deren Mitglieder auf bereits gewohnte Weise: »Uns machte das nicht viel aus, denn plötzlich war der ganze Sturm Mitglied der Jungschützenabteilung eines vaterländischen Kleinkaliberschießvereins«, erinnerte sich der Stuttgarter SA-Mann Walter Graulich: »Auf dem Schießplatz wurde nach Einbruch der Dunkelheit unter Aufstellung von Wachen unser gewöhnlicher SA-Dienst immer schön weitergemacht. Kam eine Polizeistreife, so saßen wir als gemütliche Schützen bei einem Glas Most oder Bier und wurden so nie entdeckt.«[74]

Nicht nur in Großstädten, auch in der ostpreußischen Provinz war Gewalt Alltag. Nahe dem Dorf Lauth bei Königsberg fand im Februar 1931 in einem Landgasthof eine Versammlung der örtlichen NSDAP statt. »Auf einmal hören wir Singen«, erinnerte sich die Teilnehmerin Elisabeth Zastrau: »Aha, jetzt kommt die Kommune.« Schnell versammelten sich einige Dutzend Kommunisten, »sichtbar bewaffnet mit Stöcken, Steinen und Knüppeln. So wollen sie in den Saal hinein«. Die anwesenden Landjäger, preußische Provinzgendarmen, verhinderten das. Doch zwischen Gasthof und Dorf kam es zu heftigen Schlägereien, auch zu Schüssen. Ein Überfallkommando der regulären Schutzpolizei aus Königsberg trennte die Gegner, doch bevor es die SA-Leute abziehen ließ, durchsuchte man alle nach Waffen. Gefunden wurde nichts – jedoch konnte Elisabeth Zastrau unkontrolliert gehen: Sie hatte jede Menge Totschläger und Schlagringe in ihrem Kleid versteckt. Die SA marschierte unter

Gesang durch Lauth und hätte »am liebsten das ganze Dorf gesäubert«, schrieb die Nationalsozialistin: »Aber die Polizei begleitete uns bis zur Stadt.«[75] Genau das Gleiche berichtete der SA-Truppführer Fritz Keppner über eine Saalschlacht in Pirmasens: »Waffentragen war uns ja bekanntlich verboten, und als die Polizei eintraf, fand man bei uns natürlich nichts. Die Waffen waren unter die Röcke der anwesenden Frauen gefallen; meine Mutter hatte schon allein sechs solcher Dinger in den Kleidern hängen.«[76]

## LEGALITÄTSKURS UND ÜBERGRIFFE

Bewaffnete Attacken passten jedoch nicht zum Kurs der Mäßigung, den Hitler angekündigt hatte. NS-Gegner sahen dadurch die Chance, den Parteichef der Lüge zu überführen. Im Mai 1931 musste er auf Drängen eines Nebenklage-Anwaltes als Zeuge vor dem Kriminalgericht Berlin erscheinen. Es ging um einen Überfall, den SA-Leute auf das Lokal Eden-Palast verübt hatten; drei Gäste waren durch Schüsse verletzt worden, einer davon lebensgefährlich. Vier Täter hatte die Staatsanwaltschaft wegen Landfriedensbruch und versuchtem Totschlag angeklagt. Gefragt, ob es Rollkommandos der SA gebe, antwortete Hitler: »Nein, ich halte es für gänzlich ausgeschlossen, dass irgendein Sturm in Berlin sich in dieser Weise mit einer Aufgabe betraut gefühlt hätte.« Seine Partei lehne »Gewaltmethoden auf das Schärfste ab«.

Doch dann redete sich Hitler in Rage: »Die SA hatte das absolute Verbot, gewaltsam vorzugehen oder zu provozieren. Aber in der Notwehr lässt es sich schwer entscheiden, wo die Grenze zwischen Notwehr und Angriff ist. Wenn ein SA-Mann monatelang von roten Mördern …« Der Vorsitzende Richter unterbrach ihn: »Ich bitte, diesen Ausdruck zu unterlassen.« Hitler hob neu an: »Wenn ein SA-Mann monatelang verfolgt wird, so kann ich mir vorstellen, dass er in der Not den Augenblick der Notwehr verkennt.« Dann griff der Verteidiger ein: »Die Öffentlichkeit meint, die Legalität der Nationalsozialisten sei eine getarnte Legalität, sie sei keine echte Legalität. Daher muss dem Zeugen Hitler Gelegenheit gegeben werden, die Legalität an einzelnen Beispielen zu zeigen.« Der Parteichef nutzte die Vorlage:»Der Weg der Partei ist notwendig ein legaler. Die SA ist nicht bewaffnet. Ich greife ein, wo ich von einer Waffe höre. Wo ist die Partei, die grundsätzlich den Parteimann, der eine Waffe hat, ausschließt? Nicht die kommunistische, nicht die sozialdemokratische Partei. Die Organisation ist tatsächlich unbewaffnet. Würde ich hören, dass irgendwo Waffen sind, ich würde sie der Behörde ausliefern.«[77]

Zu dieser dreisten Behauptung fiel den Richtern nichts ein – sie entließen den Zeugen Hitler. Am Abend genoss er mit Goebbels seinen Erfolg vor Gericht:»Der Tag, der so düster begann, ist hell und gut ausgeklungen. Schwein muss der Mensch haben«, notierte der Gauleiter:»Die Legalität ist wieder mal leidlich erhärtet. Wer's nun nicht glaubt.«[78] Drei der angeklagten SA-Männer erhielten je zweieinhalb Jahre Haft, deutlich weniger als von der Staatsanwaltschaft beantragt, der vierte wurde wegen Mangels an Beweisen freigesprochen.

Der politische Gegner und die Polizei waren nicht die einzigen Ziele, die SA-Trupps dem Legalitätsschwur ihres Parteichefs zum Trotz angriffen. Hinzu kamen zahlreiche antisemitische Übergriffe, meist kleinere Attacken, doch manchmal auch organisierte Überfälle. Öffentlich registriert wurden fast nur die größeren Ausschreitungen; Rempeleien, Beleidigungen und ähnliche Vorfälle meldeten die Betroffenen meist nicht mehr, denn die Polizei legte derlei Anzeigen lediglich ab. Nach der Eröffnung des Reichstags am 13. Oktober 1930, zu dem die 107 NSDAP-Abgeordneten trotz Uniformverbot in Braunhemden erschienen, kam es zu Ausschreitungen. Die Schaufenster jüdischer Geschäfte, besonders des renommierten Kaufhauses Wertheim am Leipziger Platz, wurden eingeschlagen, Kunden angepöbelt und eingeschüchtert. Rund hundert Täter nahm die Polizei fest, überwiegend jugendliche Hitler-Anhänger; die *Vossische Zeitung* schrieb vom »Terror der Halbwüchsi-

gen«.[79] Die meisten wurden ermahnt und nach Hause geschickt –
einige brüsteten sich Jahre später mit ihren Taten. Manche Nationalsozialisten glaubten, die Täter seien Kommunisten gewesen, die
Sanktionen gegen die NSDAP provozieren wollten.[80]

Knapp ein Jahr später, zum jüdischen Neujahrsfest Rosch ha-
Schanah Mitte September 1931, demonstrierten rund tausend SA-
Leute in Charlottenburg gegen die vermeintliche »Verjudung« Berlins. Der gerade erst ernannte SA-Führer der Reichshauptstadt,
Wolf Graf Helldorff, ließ sich im offenen Wagen den Boulevard auf
und ab fahren und stachelte seine Männer an. Aus den ersten
Sprechchören »Wir haben Hunger! Wir wollen Arbeit!« wurden
rasch Parolen wie »Juda verrecke!« und »Schlagt die Juden tot!«.[81]
Die SA-Leute verprügelten, wer ihnen »verdächtig« oder »jüdisch«
vorkam. Helldorff befahl, ein Café zu stürmen. Die Marmortische
auf dem Bürgersteig wurden in die Schaufenster geworfen, die SA
schlug die Gäste und demolierte die Inneneinrichtung.

Die Polizei wurde von den Ausschreitungen überrascht. »Wo sie
aber erschien, griff sie, wie Augenzeugen berichten, scharf durch.
Gegen elf Uhr abends war die Ruhe wiederhergestellt.«[82] Rund
50 Nationalsozialisten wurden festgenommen; in Schnellverfahren
verurteilte das Amtsgericht Charlottenburg 27 Angeklagte wegen
Landfriedensbruch zu Strafen von neun bis 21 Monaten Haft. Das
war mehr, als bis dahin in ähnlichen Fällen verhängt worden war.
Helldorff tauchte zunächst unter, wurde dann jedoch von einem
anderen Gericht zu nur sechs Monaten Haft verurteilt und wegen
seines angeblich schlechten Gesundheitszustandes sofort entlassen.

Kleinere Aktionen gegen Juden starteten Partei- und SA-Mitglieder im gesamten Reich. In München verbreitete ein früherer Teilnehmer des Hitler-Putsches, inzwischen NSDAP- und SS-Funktio-
när, auf eigene Kosten antisemitische Klebezettel in großer Auflage,
oft mit bösartigen Karikaturen.[83] Jüdische Geschäfte wurden bewor-
fen, Kunden angerempelt und bespuckt. Die für den Einzelhandel
zuständige Gauabteilung empfahl den Mitgliedern den »Kampf
gegen Marxisten und Juden« als Hauptaufgabe.[84] Meist gelang es der

Polizei nicht, Tatverdächtige zu fassen, und wenn doch, kamen die
oft jugendlichen Antisemiten bald wieder frei.

## ANTISEMITEN IM ZWIESPALT

Doch so wichtig der Hass auf Juden für die Hitler-Anhänger auch
war, so wenig passte er ab 1930 ins mittelfristige Konzept der Partei.
Propagandachef Goebbels hatte schon im Vorfeld der Reichstagswahl eine Neuausrichtung angeordnet, mit der man Wähler jenseits
antisemitischer Kreise ansprechen wollte. Die Schlagzeilen des *Völkischen Beobachters* konzentrierten sich noch stärker auf den »Marxismus«, unter dem unterschiedslos KPD und SPD verstanden wurden, auch wenn die beiden Parteien verfeindet waren. Außerdem
richtete sich die Hetze der NSDAP verstärkt gegen die bürgerlich-
demokratischen Parteien, vor allem gegen den relativ stabilen politischen Katholizismus, der als »Zentrumsbonzokratie« geschmäht
wurde.[85]
    Der Antisemitismus, der noch im Wahlkampf 1928 die NSDAP-
Plakate dominiert hatte, verschwand weitgehend. Intellektuelle wie
der Leipziger Doktorand und NS-Sympathisant Ulrich von Hasselbach begrüßten diese Veränderung. In seiner Dissertation karikierte er 1931 die antisemitische Manie, die lange die Außendarstel-
lung der Partei bestimmt hatte: »Die Juden haben – nach vorheriger
Verabredung! – die deutschen Arbeiter verführt und mästen sich
jetzt in den Hotels und Sommerfrischen, die Demokratie ist eine
jüdische Erfindung, und in England und Frankreich sind die Juden
so mächtig, dass die Demokratie dort konsolidiert ist.«[86] Der Kurs-
wechsel in der Propaganda erschloss ganz neue Wählerschichten.
Auf diese Weise konnte der Berliner Vertreter Otto Dietrich,
deutschnational gesinnt, aber kein Judenhasser, für die NSDAP
gewonnen werden. Er traf in Gera auf Nationalsozialisten, die »in
unerschütterlicher Liebe zu ihrem Führer für den deutschen Sozialismus eintraten. Sie sprachen von der Ausrottung des Marxismus,

vom Kampf gegen Reaktion und bürgerliche Standesauffassung, von der Verbannung jeglicher Politik aus der Kirche und von der Aufrichtung des sozialistischen deutschen Arbeiterstaates.«[87]

Diese Veränderung registrierten auch Beobachter; der Sozialdemokrat Carlo Mierendorff schrieb 1931, in der NSDAP überwögen drei Haupttendenzen: »Erstens die antikapitalistische Tendenz, zweitens die antiproletarische bzw. antimarxistische Tendenz, drittens die antidemokratische Tendenz. Eine vierte Tendenz, die antisemitische, hat früher dominiert. Ihr kommt heute nur noch regionale oder Nebenbedeutung zu. Die anderen haben das Übergewicht erhalten.«[88]

Das war einerseits richtig, andererseits aber irreführend, denn Mierendorff übersah, dass Hitler, Goebbels und andere Nationalsozialisten instinktiv unterschiedliche Zielgruppen differenziert ansprachen: In öffentlichen Großveranstaltungen und auf Plakaten sowie in Aufmachern der Parteiblätter wurde der Judenhass gezügelt, um potenzielle Unterstützer nicht abzuschrecken. Die mit antijüdischen Botschaften überhaupt erreichbaren Sympathisanten waren 1930/31 bereits mobilisiert; um weiter zu wachsen, musste sich die NSDAP nach außen moderater geben. Damit saßen die radikalen Antisemiten in einem Zwiespalt, denn diese Zurückhaltung schwächte den Zusammenhalt der bisherigen Anhängerschaft, zumal Gruppierungen wie die DNVP die Lücke füllten: Anfang der 1930er-Jahre waren ihre öffentlich verbreiteten antisemitischen Parolen beispielsweise in Gelsenkirchen noch aggressiver als die der Hitler-Anhänger.

NSDAP-intern änderte sich an der Hetze hingegen wenig bis nichts. Der Adjutant der SS-Standarte München, Karl Osberg, erklärte am 27. Januar 1932 in einer geschlossenen Parteiversammlung, »der Jude« sei »in seinem Inneren nur ein Fremdkörper, ein giftiger Zersetzungsstoff«. Osberg spulte die üblichen Vorurteile ab, die sich in der öffentlichen Propaganda kaum mehr fanden: Juden hätten eine »bewundernswerte Hinterlist« gepaart mit »Feigheit«, drückten sich vor »Arbeit und ihren Gefahren«. Das Motiv des

»Egels«, der sesshaft würde, wo »er am meisten saugen konnte«, tauchte ebenfalls auf.[89]

Als Strategie für verunsicherte Antisemiten erwies sich, den Hauptgegner KPD als Tarnorganisation »der Juden« zu attackieren – angesichts der meist bürgerlichen Überzeugungen assimilierter deutscher Juden abstrus, aber für das Gruppengefühl vieler Nationalsozialisten wichtig.[90] Auch an dem Hass, den Julius Streichers antisemitisch-pornografisches Wochenblatt *Der Stürmer* aus Nürnberg verbreitete, änderte sich wenig. Doch bei einer Auflage von nicht mehr als 20 000 Exemplaren umfasste die Leserschaft wohl nur eine mittlere fünfstellige Zahl überzeugter Antisemiten.

## REBELLION DER SA

Die leicht gebremste Aggressivität der Parteiführung löste Missfallen bei vielen Anhängern aus, denn gerade diese hatte die Bewegung für sie anziehend gemacht. An der Basis, meist in der SA, gab es deshalb Verärgerung, gerade in Großstädten, in denen der Nationalsozialismus proletarisch geprägt war. Doch was am 1. April 1931 in Berlin geschah, war beispiellos: Der oberste SA-Führer Ost, Walther Stennes, besetzte mit einigen Dutzend ihm treu ergebener Männer das Büro der Gauleitung und übernahm auch die regionale Zeitung, den *Angriff*.

Es hatte Warnsignale gegeben: »Starke Missstimmung in der SA gegen München«, hatte Goebbels am 4. März 1931 notiert: »Da muss man rechtzeitig bremsen.« Er wolle Stennes »in den berechtigten Forderungen der SA« unterstützen, gleichzeitig aber »allen Putschismus gegen die Partei oder Hitler schärfstens bekämpfen«.[91] Der Gauleiter ließ sein persönliches Überfallkommando aus SS-Leute für den Notfall üben: »Probealarm meines Stoßtrupps. In zwei Minuten ist er auf Telefonanruf an der Wohnung. So ist's gut.«[92] Die »SA-Sache« machte Goebbels »schwere Sorgen«, schrieb er am 25. März 1931. Drei Tage später klagte er: »Stennes gibt keine Ruhe.«

Obwohl sich die Lage zuspitzte, verließ der Gauleiter am 31. März Berlin, um in Dresden zu sprechen und danach in Weimar Hitler zu treffen. Zufällig am selben Tag entschied Ernst Röhm, der ins Amt zurückgekehrte SA-Stabschef, Stennes nach München zu versetzen – eine Degradierung.

Daraufhin brach der Aufstand los. In Goebbels' Abwesenheit besetzten Stennes' Männer wie schon im August 1930 die Geschäftsstelle der Berliner NSDAP. *Der Angriff*, der nachmittags erschien, brachte am 1. April die Schlagzeile: »Hauptmann Stennes nicht abgesetzt!« – in der vorangegangenen Nummer hatte das Gegenteil gestanden.[93] Die seriösen Berliner Blätter berichteten am 2. April von der »Führerkrise im Hitler-Lager«, einer »Palastrevolution in Berlin« und der »Rebellion der SA-Leute gegen Hitler«.[94] Weil gleichzeitig in Thüringen ein Misstrauensantrag der SPD gegen den ersten nationalsozialistischen Minister Wilhelm Frick Erfolg hatte, keimte Hoffnung auf: »Zwei schwere Rückschläge am selben Tag, das ist auch für die Nationalsozialisten zu viel!«[95] Das sahen viele Parteimitglieder ähnlich, so der SS-Mann Wilhelm Götze: »Stark hemmend« wirkte sich der »Abfall von Stennes« aus, hielt er drei Jahre später fest.[96]

Doch weil anders als im August 1930 keine wichtige Wahl bevorstand, griff Hitler hart durch. Schnell bekam er den »Kladderadatsch«, so Goebbels, in den Griff.[97] Zunächst verstieß Hitler in einem offenen Brief an seinen Berliner Statthalter vom 2. April 1931 Stennes und schloss alle »Saboteure« aus der NSDAP aus. Außerdem erneuerte er die »Generalvollmacht«, die Berliner Partei zu säubern, gab ihm also die gleiche Aufgabe wie schon nach dem Bruch mit Otto Straßer, obwohl der Gauleiter daran gescheitert war.[98] In einem langen Artikel im *Völkischen Beobachter* entband Hitler alle SA-Leute vom Gehorsam gegenüber ihrem ehemaligen Vorgesetzten Stennes. Nur noch zwei weitere Aufrufe zur Neuorganisation der Berliner SA waren nötig, bis der Parteichef sich durchgesetzt hatte; Goebbels' *Angriff* verkündete am 4. April 1931 das »Ende des Meutererklüngels«.[99] Stennes hatte seine Position über-

schätzt; der »Spuk« war vorbei.[100] Der SA-Mann Josef Schulz freute
sich: »Eine Stennes-Revolte konnte uns nicht von unserer großen
Linie abbringen.«[101]

## ENTSCHEIDUNGSJAHR 1932

Seit 1930 hatte die NSDAP viele Erfolge gesammelt; sogar gelegent-
liche Rückschläge konnten sie nicht aufhalten. Angesichts dessen
verhieß das neue Jahr für ihre Gegner wenig Gutes: »Trauriges Sil-
vester. Ende eines katastrophalen Jahres und Beginn eines voraus-
sichtlich noch katastrophaleren«, hielt Harry Graf Kessler frustriert
fest.[102] Darin war sich der Weltbürger einig mit dem Romanisten
Ernst Robert Curtius, den er ansonsten wenig schätzte: »Alle Menschen in Deutschland spüren, dass das Jahr 1932, in das wir soeben
eingetreten sind, ein Jahr der großen Entscheidungen werden wird«,
schrieb der Bonner Gelehrte am Neujahrstag: »Es muss besser werden, weil es nicht mehr schlechter werden kann.«[103] Unter umge-
kehrtem Vorzeichen, ansonsten aber ähnlich dachte Goebbels. In
den frühen Morgenstunden des 1. Januar 1932 notierte er: »Das neue
Jahr – es wird und muss die Entscheidung bringen.« Am folgenden
Tag vermerkte er: »Nun kann der Endspurt beginnen.«[104] Darin war
er sich mit vielen Anhängern der Bewegung einig. Der 18-jährige
Franz Albrecht Schall schrieb: »Und nun mit Volldampf voraus ins
Neue Jahr! Heil Hitler und Heil Deutschland!«[105]

Im Neujahrsaufruf des *Völkischen Beobachters* machte Hitler Versprechungen, die fast alle übertrieben waren. Die Nationalsozialisten seien inzwischen »zur größten Partei Deutschlands geworden«,
behauptete er.[106] Eine Lüge, denn die NSDAP hatte zwar Ende 1931
die Mitgliedsnummer 800 000 ausgegeben, aber die SPD zählte zur
selben Zeit rund eine Million Mitglieder. In Wirklichkeit hatte die
Hitler-Bewegung sogar nur 570 000 zahlende Anhänger.[107] Mehr als
verdreifacht hatte sich seit Anfang 1931 allerdings die Zahl der SA-
und SS-Mitglieder – jedoch nicht von »rund hunderttausend« auf

»weit über 300 000«, sondern von 88 000 auf 260 000.[108] Am wichtigsten war Hitler aber ein dritter Wert: »Die Zahl unserer Anhänger beträgt schon jetzt mehr als 15 Millionen.« Bei gut 44 Millionen Wahlberechtigten, von denen erfahrungsgemäß vier Fünftel abstimmen würden, bedeutete das: Die NSDAP rechnete mit einem Ergebnis von bis zu 45 Prozent. Doch statt Zufriedenheit zu verbreiten, tat der Parteichef das Gegenteil: »Nationalsozialisten! Wir gehen nunmehr in das neue Jahr hinein in der Überzeugung, dass es das schwerste Jahr des Kampfes unserer Bewegung sein wird.«[109]

Im Frühjahr 1932 lief die Amtszeit des 85 Jahre alten Reichspräsidenten Paul von Hindenburg regulär aus. Die NSDAP lehnte es ab, seine siebenjährige Wahlperiode durch einen Reichstagsbeschluss zu verlängern, wie die Reichsregierung vorgeschlagen hatte. Denn zur Neuwahl wollte Hitler selbst antreten; es sollte seine erste Kandidatur überhaupt werden. Das direkt vom Volk gewählte Staatsoberhaupt hatte laut der Weimarer Verfassung nicht nur repräsentative Aufgaben, sondern ernannte den Reichskanzler. Der Reichspräsident konnte darüber hinaus zu jeder Zeit Neuwahlen ansetzen. Und vor allem durfte er Notverordnungen erlassen; damit ließ sich am Parlament vorbeiregieren. Angesichts dieser Rechte erschien der NS-Führung Hitlers Wahl ins höchste Amt als der direkte Weg zur Macht über Deutschland.

Also konzentrierten sich die meisten NSDAP-Mitglieder im Frühjahr 1932 darauf, diesen Weg zu bahnen. Zehntausende Nationalsozialisten holten »alles aus sich heraus«, machten »die Nacht zum Tage«, arbeiteten tagsüber, um unmittelbar nach Geschäftsschluss »im Braunhemd hinaus auf die Straße oder in rauchige Säle« zu gehen und »den Letzten von der Idee Adolf Hitlers zu überzeugen«.[110] Ein Wahlkampf »größten Ausmaßes begann«, erinnerte sich der Berliner Aktivist Ernst Woldt: »Wahre Papierfluten überschwemmten Deutschland.«[111] Sein Kamerad Otto Dietrich schrieb: »Immer wieder wurden unerhörte Stöße an Propagandamaterial, Flugblättern, Zeitungen und Broschüren unter die Massen geschleudert, um die Volksgenossen aufzurütteln und das schuldige System in die Knie zu zwingen.«[112] Um wirklich alle potenziellen Wähler zu mobilisieren, sollten sogar »Schlepperdienste« organisiert werden, meist von motorisierten SA-Leuten, um »mit uns sympathisierende Säumige, Kranke und Gebrechliche an die Wahlurnen zu bringen«.[113]

## MISSLUNGENER ERSTER ANLAUF

Als Problem erwies sich, dass Hitler juristisch kein Deutscher war, sondern staatenlos: Er hatte am 7. April 1925 per Brief an die Stadt Linz auf seine österreichische Staatsbürgerschaft verzichtet, von der er nicht wusste, »ob sie nicht ohnehin erloschen ist«.[114] Danach hatte er mehrere Versuche unternommen, deutscher Staatsbürger zu werden. Doch eine reguläre Einbürgerung in Bayern scheiterte und vorerst ebenso die Idee, sich durch eine Anstellung als Beamter einen deutschen Pass zu sichern – weder die Verpflichtung als Kunstprofessor in Weimar gelang noch die als Politikdozent in Braunschweig. Schlimmer noch: Als Anfang Februar 1932 öffentlich bekannt wurde, dass Hitler sich zwei Jahre zuvor zum Reviervorsteher in der thüringischen Provinz hatte machen lassen wollen, lästerte der sozialdemokratische *Vorwärts*: »Wir sagen nichts gegen das ehrenwerte Amt eines Gendarmeriekommissars, aber die Groteske liegt in der gespreizten Pfaueneitelkeit des Herrschers vom Braunen Haus, der sich plötzlich in dem weltentlegenen Städtchen Hildburghausen auf ein kleines Pöstchen niederlässt, als wolle er nun wirklich sieben Gendarmen und drei Landjäger kommandieren.« Das *Berliner Tageblatt* bemerkte hämisch: »Die Witzblätter der gesamten Welt sind für geraume Zeit mit Stoff versorgt.«[115]

Gerade noch rechtzeitig zur Wahl wurde das Problem gelöst, unter erheblichem Aufsehen: Das Land Braunschweig ernannte, auf Drängen des nationalsozialistischen Innenministers Dietrich Klagges, den NSDAP-Chef zum Regierungsrat an seiner Gesandtschaft in Berlin. Damit wurde er automatisch Staatsbürger Braunschweigs, Deutscher und mithin wählbar. In der Begründung hieß es: »Die

Aufgaben Hitlers werden insbesondere darin bestehen, für die Berücksichtigung der wirtschaftlichen Interessen des Landes Braunschweig in weitestem Umfange tätig zu sein, namentlich sich auch der Erlangung von Aufträgen für die braunschweigische Wirtschaft anzunehmen« – der NSDAP-Chef sollte also als Lobbyist tätig werden.[116] Erst einmal aber nahm er Urlaub, bis zum Ende des Wahlkampfes. Der *Völkische Beobachter* kommentierte: »Wir betrachten die Einbürgerung Hitlers als eine allerdings späte Genugtuung für eine Unterlassung, die von 20 Millionen Deutschen täglich als Beleidigung« empfunden worden sei. Die Zeit seit Hitlers Meldung als Freiwilliger beim Bayerischen Heer im August 1914 sei »eine 17-jährige Schmach für den deutschen Namen«. Ohnehin handele es sich nur um »eine äußere Formalität, denn in unseren Herzen ist Hitler längst der erste deutsche Staatsbürger«.[117]

Im ersten Wahlgang um das Amt des Reichspräsidenten zweieinhalb Wochen später votierten trotz aller Mobilisierung weder 20 noch 15 Millionen Deutsche für Hitler, sondern nur 11,3 Millionen: 30,1 Prozent der abgegebenen Stimmen. Gegenüber der vorangegangenen Reichstagswahl hatte Hitler das Ergebnis der NSDAP zwar abermals um drei Viertel gesteigert, war aber immer noch weit von einer eigenen Mehrheit entfernt. Franz Albrecht Schall freute sich zwar über die Zuwächse, fügte in seinem Tagebuch aber hinzu: »Trotzdem gab es manche, die niedergeschlagen waren, dass Hitler nicht die absolute Mehrheit erhielt.«[118] Auch Goebbels musste die Niederlage eingestehen: »Langsam tropfen die Meldungen ein. Es steht faul.« Gegen 22 Uhr wusste er: »Wir sind geschlagen. Furchtbare Aussichten!« Alle Zuwächse nutzten nichts: »Unsere Parteigenossenschaft ist deprimiert und mutlos.«[119] Ähnlich ging es besonders begeisterten Parteigenossen: »Bittere Stunden verbrachten wir am Radio und noch bitterere draußen auf der Straße, wenn alle höhnisch lachten und spotteten, wegen der Schlappe, die wir erlitten hatten«, berichtete die Hitler-Gläubige Marlene Heder.[120] Am Abend der Wahl warteten Braunhemden in ihren Sturmlokalen, SA-Heimen und anderen Quartieren auf den Einsatzbefehl, der aber nicht

kam. Ob die SA Schlüsselstellungen von Politik und Sicherheits-
apparat hätte besetzen sollen, außerdem kritische Zeitungsverlage,
wie Beobachter spekulierten?[121] Oder ging es vor allem darum, über-
mütige SA-Leute an Ausschreitungen zu hindern, die im Falle eines
Sieges Hitlers drohten ebenso wie bei einem unbefriedigenden Ausgang?

Mit dem Ergebnis konnte die NSDAP nicht zufrieden sein. Nirgendwo im Reich war ihr Kandidat auch nur in die Nähe der absoluten Mehrheit gelangt, nicht einmal in der Hochburg Ostpreußen.
Nur in zwei der 35 Wahlkreise lag Hitler überhaupt vor Hindenburg,
in Schleswig-Holstein und Chemnitz-Zwickau, aber jeweils nur
wenige Prozent. Im Ruhrgebiet, in Württemberg, in Oberbayern
und in Berlin hingegen erhielt der greise Weltkriegs-General mindestens doppelt so viele Stimmen wie sein NSDAP-Herausforderer,
manchmal sogar noch mehr. Weil dem Amtsinhaber jedoch eine
knappe Viertelmillion Stimmen zur absoluten Mehrheit fehlte, kam
es zu einem zweiten Wahlgang vier Wochen später. Einmal mehr
trieben die NS-Funktionäre ihre Anhänger an, doch in deren Reihen hatte sich nach der Enttäuschung Trübsal breitgemacht. Viele
reagierten mit Befehlsverweigerung oder blieben einfach daheim.
Die Ostpreußin Elisabeth Zastrau kaschierte ihre Zurückhaltung
nach der ersten Runde der Reichspräsidentenwahl mit gesundheit-
lichen Problemen: »Ich war durch den zermürbenden Kampf allmählich sehr nervös und herzkrank geworden. Daher musste ich
mich des Öfteren von allem zurückziehen.«[122]

Um dieser Stimmung zu begegnen, organisierten die Funktionäre
noch mehr Wahlkundgebungen, noch mehr Umzüge.[123] Keine Partei
war annähernd so aktiv wie die NSDAP. Freilich ließ die Besucher-
zahl öfter zu wünschen übrig; während in den Jahren zuvor die Säle
in München stets zu mehr als der Hälfte gefüllt waren, sank die Aus-
lastung 1932 einer Bilanz der bayerischen Polizei zufolge auf nur
noch 32 Prozent.[124] Auf vielen Versammlungen deuteten die Redner
das enttäuschende Ergebnis um. So sagte Reichsjugend-Führer Baldur von Schirach unter dem Jubel angetretener Hitlerjungen: »Als

wir am Abend des 13. März das Ergebnis der Wahlen erfuhren, da wussten wir alle: Dieser Tag bedeutet für uns einen Sieg, der in der Geschichte der Bewegung überhaupt beispiellos ist.« Schirach bediente sich eines schlichten Tricks – er übertrieb die Stärke der Gegner maßlos, um den eigenen Erfolg größer erscheinen zu lassen: »Gegen uns der Apparat eines Systems, das mit allen verfügbaren Mitteln unsere Aufklärung des Volkes verhindert! Und allein auf uns gestellt haben wir noch 30 Prozent des gesamten wahlberechtigten Volkes auf unserer Seite.«[125]

Die Strategie verfing; nach zwei Wochen Depression stürzten sich die meisten Hitler-Anhänger erneut in die Agitation auf der Straße, gerade noch rechtzeitig vor dem zweiten Wahlgang am 10. April 1932. Der würde zwar angesichts der wenigen Stimmen, die Hindenburg noch gefehlt hatten, sicher nicht die Wahl des NSDAP-Chefs ins höchste Staatsamt bringen. Dafür stilisierte die NS-Propaganda die Abstimmung zum Plebiszit über den Staat. Hitler konnte rund zwei Millionen Stimmen zulegen, vornehmlich von bisherigen Unterstützern des Stahlhelm-Kandidaten Theodor Duesterberg, der nicht wieder antrat. Hindenburg steigerte sein Ergebnis nur um 700 000. Eine niedrigere Beteiligung, vor allem wohl von frustrierten Kommunisten, deren Kandidat Ernst Thälmann bei der Abstimmung im März chancenlos auf dem dritten Rang gelegen hatte, führte zu rechnerisch 36,8 Prozent Anteil für die NSDAP: »14 Millionen standen nun in einer Front«, freute sich eine Trierer Nationalsozialistin.[126] Diesmal war die Partei vorbereitet und schaltete sofort auf die nächsten Wahlkämpfe um, denn in gleich fünf Ländern standen reguläre Landtagswahlen an.


## WIRKUNGSLOSES VERBOT

Plötzlich raffte sich die Reichsregierung zu einer Demonstration ihrer Möglichkeiten auf. Einen Tag nach Hindenburgs Wiederwahl sickerte durch, dass der kommissarische Reichsinnenminister Wilhelm Groener die paramilitärischen Verbände der NSDAP verbieten werde – offiziell begründet mit der Alarmierung nach dem ersten Wahlgang im März und den zahlreichen seither verübten Gewalttaten. Vor allem die Regierungen in Preußen, Bayern und Württemberg hatten auf ein formales Verbot gedrängt. Am frühen Morgen des 12. April 1932 notierte Joseph Goebbels in sein Tagebuch: »Spät in der Nacht noch Hitler angerufen. SA-Verbot fürs ganze Reich droht.« Die Parteiführung stand unter Druck: Kaum war der Gauleiter von einem Wahlkampfauftritt in Königsberg zurück in der Reichshauptstadt, zitierte ihn der Parteichef ins Hotel Kaiserhof. Natürlich ging es um das SA-Verbot. Der Propagandaleiter hielt den Stoßseufzer fest: »Hoffentlich geht es noch einmal gut.«[127]

Es ging nicht gut: Am 13. April 1932 erließ das Reichskabinett gestützt auf den Reichspräsidenten eine »Notverordnung zur Sicherung der Staatsautorität« und löste damit SA und SS, alle ihre Unterorganisationen wie Motor-SA oder Reiter-SS sowie sämtliche Stäbe auf. Räume der Organisationen wurden von der Polizei besetzt, durchsucht und versiegelt. In der Begründung zum Verbot hieß es: »Jede private Gewaltorganisation kann deshalb ihrem Wesen nach keine legale Einrichtung sein.«[128] Angesichts dessen gab auch das SPD-nahe Reichsbanner Schwarz-Rot-Gold zwei Tage später bekannt, sich baldmöglichst neu ordnen zu wollen. Zwar war der republikanisch-demokratische Veteranenverband anders als SA und SS keine Bürgerkriegsarmee, aber dennoch militärähnlich gegliedert. Doch es war zu spät: Hindenburg verlangte nach dem Verbot der NS-Wehrverbände auch die Auflösung des Reichsbanners. Groener verstand das als Misstrauensbeweis und trat zurück.

Die SA hatte sich »mit Lammsgeduld entwaffnen und auseinandersprengen« lassen, wie Harry Graf Kessler irritiert notierte: »Sieht fast verdächtig aus!«[129] Er behielt recht: Seit Wochen hatten sich die Braunhemden darauf vorbereitet, dass ihre Organisation eventuell verboten werden könnte. Zwar waren nun die spektakulären Aufmärsche in Uniform nicht mehr möglich. Doch den Zusammenhalt der Mitglieder konnte man durch die Versieglung der offiziellen Räumlichkeiten nicht zerschlagen. Die Männer trafen sich einfach in Zivil in Kneipen, oft denselben, in denen sie zuvor im Braunhemd herumgesessen hatten. Außerdem waren nur die SA und ihre Tochtergruppierungen verboten worden, nicht aber die NSDAP selbst. Also fanden weiter zahlreiche Veranstaltungen statt, auf denen junge Männer in Zivil und oft mit Armbinden mit der Aufschrift »Ordner« den »Saalschutz« versahen.

Hitler persönlich »empfahl« seinen »ehemaligen Kameraden der SA und SS« per Aufruf im *Völkischen Beobachter*: »Ihr seid von jetzt ab nur noch Parteigenossen. Ihr erfüllt als Parteigenossen Eure Pflicht, indem Ihr Euch in den Sektionen und Ortsgruppen zu der politischen Wahlarbeit als Parteigenossen freiwillig mehr als je zur Verfügung stellt. Gebt den augenblicklichen Machthabern keinen Anlass, unter irgendwelchen Vorwänden die Wahlen aussetzen zu können.«[130] Nach einem kurzen Schreckmoment sah auch Goebbels das Positive an dem wirkungslosen Verbot. Als Hindenburgs Verlangen, das Reichsbanner ebenfalls zu verbieten, publik wurde, notierte er: »Nur nicht. Jetzt schon so lassen, damit das schreiende Unrecht offenbar bleibt.«[131]

## FOLGENLOSE SIEGE?

Das Ergebnis der Landtagswahlen am 24. April 1932 war trotz SA-Verbot eindeutig: In Preußen erreichte die NSDAP mehr als acht Millionen Stimmen. Goebbels jubilierte: »Phänomenaler Sieg für uns. Am Ende 160 Mandate. Weitaus die stärkste Partei.«[132] Die DNVP hatte zwei Drittel, die SPD ein Drittel ihrer Wähler gegenüber 1928 verloren. Der relative Stimmenanteil für die Hitler-Bewegung lag mit 36,3 Prozent ein halbes Prozent unter dem zweiten Durchgang der Reichspräsidentenwahl. Und, schlimmer noch: Die Bürger hatten zwar das bis dahin parlamentarisch gestützte Kabinett von Ministerpräsident Otto Braun abgewählt, aber keine Chance

auf eine neue Regierung eröffnet. »Die ›Rechte‹ hat neun Mandate
zu wenig. Was nun?«, grübelte Goebbels: »Es muss etwas geschehen.
Wir müssen Macht bekommen. Sonst siegen wir uns zu Tode.«[133]
Vorerst blieb der Sozialdemokrat Braun geschäftsführend im Amt.

Auch in drei der vier anderen Landtagswahlen verfehlte die
NSDAP ihr Wahlziel: den legalen Griff nach der Macht. In Würt-
temberg wurde die Hitler-Bewegung zwar mit 26,4 Prozent stärkste
Kraft, doch gab es keinen Partner für eine Koalition im Stuttgarter
Landtag. Fast schon eine Demütigung war, dass die Nationalsozia-
listen in Bayern nur zweitstärkste Kraft wurden; die katholisch-kon-
servative Bayerische Volkspartei erhielt genau 1233 Stimmen mehr.
Die NSDAP hatte ihr Wählerpotenzial offenbar ausgeschöpft. In
Hamburg lag sie nur knapp 7500 Stimmen vor der SPD. In allen drei
Ländern blieben die bisherigen Regierungen geschäftsführend im
Amt. Lediglich im kleinen Anhalt mit nicht einmal einer Viertelmil-
lion Wahlberechtigten konnte die NSDAP die Regierung dominieren.

Weitaus wichtiger aber war die Politik im Reich. Fünf Tage nach
der Preußen-Wahl begann eine Intrige gegen Reichskanzler Heinrich Brüning. General Kurt von Schleicher, Hindenburgs wichtigster Strippenzieher, nahm Kontakt zu Hitler auf, um einem neuen,
reaktionären Regierungschef die Unterstützung der NSDAP im
Reichstag zu sichern. Nach kurzem Zögern stellte der Parteichef
klare Bedingungen: Vorher sollten das SA-Verbot aufgehoben, der
bisherige Reichstag aufgelöst und Neuwahlen ausgerufen werden.
Auf den angebotenen Deal wollten sich die Nationalsozialisten nicht
einlassen; Goebbels notierte: »Nur keine Verantwortung bis zur
Wahl, aber dann alle.«[134] Hitler bekam seinen Willen: Das SA-Verbot fiel nach nur zwei Monaten Gültigkeit am 16. Juni, die Neuwahl
des Reichstages fand am 31. Juli 1932 statt.

Eine Explosion der Gewalt dominierte den Wahlkampf. Weit
mehr als hundert Tote und fast 1500 Verletzte zählten die Behörden
im Reich; die meisten stammten aus den Reihen der Hauptgegner
NSDAP und KPD, aber auch Sozialdemokraten, Gewerkschafter

sowie völlig unpolitische Menschen kamen bei Ausschreitungen zu Schaden. Die Eskalation führte dazu, dass die SA-eigene Bürgerkriegsversicherung für das gesamte Jahr 14 055 Schadensfälle zu bearbeiten und größtenteils zu begleichen hatte, zum dritten Mal in Folge mehr als eine Verdoppelung innerhalb von zwölf Monaten.[135]

Das Ergebnis fiel aus wie erwartet: Die NSDAP mobilisierte abermals nahezu ihre gesamte potenzielle Wählerschaft und errang fast 13,8 Millionen Stimmen. Mit 37,3 Prozent und künftig 230 Mandaten bildete sie die stärkste Fraktion. Dennoch war die Führung enttäuscht – per Wahl würde die Hitler-Bewegung nicht die Kanzlerschaft erringen. Goebbels notierte in sein Tagebuch: »Zur absoluten Mehrheit kommen wir so nicht. Also anderen Weg einschlagen.«[136]

In gut zweieinhalb Jahren, von Ende 1929 bis Mitte 1932, vollzog sich der rasante Aufstieg der NSDAP von einer Kleinpartei zur stärksten politischen Kraft Deutschlands. Er war nur möglich, weil sowohl die demokratischen Parteien wie Reichspräsident Paul von Hindenburg einen Fehler nach dem anderen machten. Beide Auflösungen des Parlaments, die zu den vorzeitigen Reichstagswahlen von September 1930 und Juli 1932 mit ihren Erfolgen für die NSDAP führten, waren unnötig. Nur das Vermeiden weiterer Wahlkämpfe und konsequente Sanktionen gegen die SA hätten den Aufschwung der Nationalsozialisten aufhalten können. Doch die Spitze des Reiches tat das Gegenteil.

# VABANQUE

Nun hing alles vom Verhalten der National-
sozialisten ab. Es war die Alles-oder-Nichts-Strategie
Hitlers, die Schleichers Konzept durchkreuzte.
*Hans-Ulrich Thamer, Historiker*[1]

## ABGEWIESEN

Wer viel riskiert, kann viel gewinnen – oder alles verlieren. In parlamentarischen Demokratien ist es üblich, dass nach einer Wahl das
Staatsoberhaupt den Spitzenkandidaten der stärksten Fraktion mit
der Regierungsbildung beauftragt. Nach dem Ergebnis vom 31. Juli
1932 wäre das Adolf Hitler gewesen. Doch die Weimarer Republik
war keine parlamentarische Demokratie mehr: Heinrich Brüning,
Kanzler von Ende März 1930 bis Ende Mai 1932, gehörte zum Zentrum, der lediglich viertstärksten Fraktion, und hatte bewusst ohne
den Reichstag regiert; seither amtierte mit Franz von Papen ein
erklärter Parlamentsverächter. Seine Aufgabe war es, »eine Synthese
der nationalen Elemente zu schaffen«, also die Nationalsozialisten
einzubinden. »Zu diesem Zweck habe die Reichsregierung Neuwahlen zum Reichstag veranlasst«, beschrieb Papen im Kabinett die
»politische Lage« am 10. August 1932: »Der Ausgang dieser Wahl
habe das Vorgehen der Reichsregierung gerechtfertigt.« Da den
Nationalsozialisten im Wahlkampf »alle Chancen zugestanden«
worden seien, womit Papen die Aufhebung des SA-Verbotes
meinte, stehe nun »ihr wahres Kräfteverhältnis« fest. Jetzt müsse
die »Rechtsbewegung an den Staat« herangezogen werden. Papen
räumte ein, dass diese Aufgabe nicht leicht zu lösen sei, denn »bei

den Nationalsozialisten sei eine gewisse Enttäuschung unverkenn-
bar, dass sie trotz stärkster Propaganda nur 37,3 Prozent der Wähler-
stimmen auf sich vereinigt hätten«.[2]

Am 13. August 1932 kam es nach Sondierungen vorab zu den
entscheidenden Gesprächen. Die *Vossische Zeitung* wusste bereits,
worum es ging:»Der Kanzler wird heute Adolf Hitler offiziell mitteilen, dass er drei Nationalsozialisten Sitze in seinem Kabinett
anbieten wolle, darunter das Amt des Vizekanzlers und das des
Reichsinnenministers.« Große Chancen rechnete sich Papen nicht
aus; die Zeitung berichtete weiter:»Sollte Hitler ablehnen und auf
seiner Ernennung zum Reichskanzler bestehen, worauf man vorbereitet sein muss, da die Parteiführung sich bereits festgelegt hat,
dann wird der Reichspräsident das letzte Wort zu sprechen haben.«[3]

Genau so kam es. Zunächst traf Hitler am Vormittag Reichswehr-
minister Kurt von Schleicher, dann den Kanzler. Doch das Gespräch
entwickelte sich von Beginn an falsch; Hitler übte »an der Tätigkeit
des jetzigen Kabinetts starke Kritik«. Nur deshalb hätten die »marxistischen Parteien« einen Stimmenzuwachs von drei Millionen
erzielt. Was er damit meinte, blieb schleierhaft, denn SPD und KPD
hatten bei der Wahl am 31. Juli 1932 im Saldo lediglich 170 000 Stimmen gegenüber 1930 zugelegt, und ohnehin war es unsinnig, die
beiden verfeindeten Parteien zusammenzurechnen. Hitler forderte,
sie »mit Feuer und Schwert« auszurotten; man dürfe dabei »auch
nicht vor Blutvergießen zurückschrecken«. Er habe sich »die Ver-
nichtung der marxistischen Parteien zum Lebensziel« gesetzt.
Daher müsse er »die Führung der Regierungsgeschäfte in vollem
Umfange für sich beanspruchen. Denn er könne nur nach seinen
Methoden regieren«.

Papen erinnerte Hitler an seine Zusage vom Juni, das jetzige
Kabinett nach den Wahlen tolerieren zu wollen; davon wollte der
NSDAP-Chef aber nichts mehr wissen. Auch die Aussicht auf den
Vizekanzlerposten stimmte Hitler nicht um. Vielmehr erhöhte er
den Einsatz, indem er das für den Samstagnachmittag angesetzte
Gespräch mit Hindenburg absagte; es habe wenig Sinn, »sich mit

dem Herrn Reichspräsidenten noch zu zanken«.[4] Papen aber bestand auf dem Termin um 16.15 Uhr; über das Gespräch veröffentlichte die Regierung ein Kommuniqué: »Reichspräsident von Hindenburg empfing heute Nachmittag in Gegenwart des Reichskanzlers von Papen den Führer der NSDAP Adolf Hitler zu einer Besprechung über die politische Lage und die Frage einer Umbildung der Reichsregierung. Der Reichspräsident richtete an Hitler die Frage, ob er bereit sei, selbst sowie mit anderen geeigneten Persönlichkeiten der NSDAP in die von dem Reichskanzler von Papen geleitete Regierung einzutreten. Herr Hitler verneinte dies und stellte an den Herrn Reichspräsidenten die Forderung, ihm die Führung der Reichsregierung und die gesamte Staatsgewalt in vollem Umfange zu übertragen.« Hindenburg lehnte »sehr bestimmt« ab, weil er es nicht verantworten könne, der nationalsozialistischen Bewegung die gesamte Regierungsgewalt zu übertragen. Denn sie sei gewillt, »diese Macht einseitig anzuwenden«.[5]

Laut dem vertraulichen Protokoll von Staatssekretär Otto Meissner fragte Hindenburg noch: »Sie werden also dann in Opposition gehen?« Hitler antwortete: »Es bleibt mir jetzt nichts anderes übrig.« Das nahm der Reichspräsident hin, ermahnte den NSDAP-Chef jedoch, »sich Ihrer Verantwortung und Ihrer Pflicht vor dem Vaterlande bewusst zu bleiben«. Und er warnte: »Gegen etwaige Terror- und Gewaltakte, wie sie leider auch von Mitgliedern der SA-Abteilungen verübt worden sind, werde ich mit aller Schärfe einschreiten.«[6] Das erregte den abgewiesenen Gast; unmittelbar nach Verlassen des Präsidentenbüros kündigte er vor Papen und Meissner an, das ungenügende Angebot werde zum Sturz Hindenburgs führen. Eine unerhörte Drohung, aber Hitler konnte nicht anders – seine Kompromisslosigkeit zwang ihn dazu.

## REAKTIONEN

Die ergebnislosen Gespräche über eine Beteiligung der NSDAP an der Regierung führten zu sehr unterschiedlichen Reaktionen. Paul Kreuzmann, Parteimitglied seit Herbst 1925, erinnerte sich: »Alle atmeten auf, als der Führer an jenem 13. August 1932 den Posten eines Vizekanzlers ausschlug.«[7] Offenbar gab es im völkischen Spektrum viele, die mit einem Umfallen Hitlers rechneten, »da er nunmehr ja einen offiziellen Posten erhalten könne«.[8] Ein schon älterer Anhänger betonte, er habe nie am NSDAP-Chef gezweifelt, »weil ich überzeugt war, dass Adolf Hitler von seiner Forderung, die Führung zu erhalten, nicht abgehen und dass die andere Seite sie noch nicht bewilligen werde«.[9] Ein jüngeres Mitglied lobte, dass es der »Nationalsozialismus ablehnte, sich mit kleinen Zugeständnissen abzufinden, jedoch die Mitverantwortung zu übernehmen«.[10]

Vorsichtig optimistisch zeigte sich die *Vossische Zeitung*: »In einigen Monaten schon können neue Situationen gegeben sein, wenn den Nationalsozialisten erst völlig zu Bewusstsein gekommen sein wird, dass auch ihre Bäume nicht in den Himmel wachsen, und dass auch für sie Politik nur die Kunst des Möglichen ist.«[11] *Die Weltbühne* hingegen warnte: »Dieses Gefühl der Erleichterung mag begreiflich sein; begründet ist es nicht. Und so gewiss wir heute einen Optimismus brauchen, der – wenn nicht auf den nächsten – auf den übernächsten Tag vertraut, so gewiss wäre es für die deutschen Republikaner der Untergang, wenn sie sich jetzt auch nur die geringsten Illusionen machten.«[12] Positives konnte Harry Graf Kessler nicht erkennen: »Die entscheidende Unterredung zwischen Hindenburg und Hitler hat nur 13 Minuten gedauert. Was nun? Bürgerkrieg oder ruhmloses Abbröckeln der Nazi-Bewegung?«[13] Das wussten auch viele Anhänger nicht so recht: »Als der Reichspräsident im Jahre 1932 aber den Führer mit der Führung nicht beauftragte, saßen wir abends in unserem Sturmlokal und sahen uns verbissen an«, erinnerte sich ein SA-Mann: »Wir machten unseren

Führern keine Vorwürfe, aber wir hätten in diesen Stunden auf
Befehl des Führers unser Leben aufs Spiel gesetzt und wären gegen
die Regierung marschiert.«[14]

Im Foreign Office in London rechnete man mit der Möglichkeit
eines Aufstandes.[15] Der britische Botschafter in Berlin, Sir Horace
Rumbold, vermutete, dass es künftig wohl keinesfalls mehr zu
einer Zusammenarbeit zwischen Papen und Hitler kommen werde.[16]
Darin war er sich mit Goebbels einig, der notierte: »Kampf! Die
Herren werden schon mürbe werden. Das sind keine Cromwells,
sondern kleine Spießer mit Napoleon-Komplexen.«[17] Entscheidend
war, wie die Masse der NSDAP-Anhänger auf Hitlers Entscheidung
reagierte: Würde sich die Partei spalten, in einen moderaten Flügel,
der eine reaktionäre Regierung stützte, und einen radikalen um Hitler und seine engsten Vertrauten? In London jedenfalls rechnete
man damit.[18] Falls die völkische Bewegung zerbrechen sollte, sah
Rumbold in Gregor Straßer den mutmaßlichen Anführer der gemäßigten Kräfte; er sei der »fähigste der nationalsozialistischen Führer
und ein starker Mann«.[19]

Nun häuften sich Austritte aus der NSDAP – wer im Hinblick auf
eine baldige Beteiligung an der Macht Mitglied geworden war, zog
sich zurück: »Diese Ablehnung wurde nun von den Systemparteien
dermaßen propagandistisch ausgenutzt, dass sogar manche Anhänger der Bewegung missmutig wurden.«[20] Jeder dritte Nationalsozialist, der 1930 beigetreten war, schied bis Ende 1932 wieder aus, und
jedes fünfte Mitglied aus dem Jahr 1931.[21] »Der 13. August, an dem
der Führer ›nein‹ sagte, brachte die erste Belastungsprobe für die
Millionenbewegung«, erinnerte sich Heinz Gefaeller.[22] Das spürte
auch Goebbels, denn die Reichshauptstadt blieb das Schlachtfeld,
auf dem das Kräftemessen zwischen Hitler-Bewegung, Kommunisten und dem Staat ausgetragen wurde: »Die tollsten Gerüchte werden kolportiert. Das ist Berlin«, notierte er am 9. September 1932.
Auf Verhandlungen gab er nichts: »Ich vertraue nur auf den Kampf.
Unsere Position muss noch mehr gefestigt werden. Das ist das Entscheidende. Und dann ist die Sache noch nicht reif. Schluss mit den

Gerüchten! Kämpfen, Angreifen, Schlagen! Das ist die Parole. Und darunter allein können wir siegen!«[23]

Hitler selbst zeigte sich unnachgiebig und putschte seine Anhänger weiter auf; sein Berliner Statthalter setzte derweil die Reichshauptstadt unter Druck: Die Gewalt zwischen KPD und NSDAP eskalierte weiter. Allein sechs Nationalsozialisten wurden bei Kämpfen von September bis November getötet; der Blutzoll der Kommunisten lag noch höher.[24] Die Sanktionen des Staates blieben moderat. Zwar verurteilte ein Schnellgericht fünf SA-Leute zum Tode, die im schlesischen Potempa einen Kommunisten aus dem Bett geholt, niedergeschossen und erschlagen hatten. Doch die NSDAP entfachte einen Propagandasturm zugunsten der Täter, der am 2. September 1932 zu ihrer Begnadigung zu lebenslänglichem Zuchthaus führte. Für die Anhängerschaft war solche Parteinahme enorm wichtig: Sie sandte das Signal aus, dass der rücksichtslose Kampf fortgesetzt werde.

## RÜCKSCHLAG

Nach dem Scheitern der Verhandlungen am 13. August 1932 war klar, dass es bald schon wieder Wahlen geben musste, denn gegen praktisch den gesamten Reichstag konnte auch ein vom Reichspräsidenten gestützter Kanzler wie Franz von Papen nicht regieren. Die einzige Alternative war, das Parlament aufzulösen und die Neuwahl über die vorgeschriebene Frist von 60 Tagen hinaus zu verschieben. Doch das wäre offener Verfassungsbruch gewesen, der mit Hindenburg nicht zu machen war. So erschien Reichskanzler Franz von Papen schon zur zweiten Sitzung der gerade erst gewählten Volksvertretung am 12. September 1932 mit der Auflösungsorder. Die nächste Wahl wurde für den 6. November angesetzt – die längste mögliche Frist.

Noch einmal stürzte sich die Wahlkampfmaschine NSDAP in die Schlacht – und brach sogar ein Tabu: Anfang November gingen die

Nationalsozialisten ein Zweckbündnis mit der KPD ein. Eigentlich ging es um eine eher geringe Lohnkürzung von zwei Pfennigen pro Stunde bei der Berliner Verkehrs-Gesellschaft. Die Gewerkschaften lehnten angesichts erfolgversprechender Verhandlungen mit der Geschäftsführung einen Streik ab, doch am 2. November 1932 riefen die KPD, die rund ein Drittel des Betriebsrates beherrschte, und die NSDAP gemeinsam zum »wilden« Ausstand auf. 24 Stunden später standen praktisch alle städtischen Verkehrsmittel still; der Streik legte das öffentliche Leben teilweise lahm, es gab Tote und Verletzte. »Am 6. November war dann der Entscheidungstag. Durch den Straßenbahner-Streik waren die Straßen sehr belebt«, erinnerte sich ein Berliner Parteigenosse.[25] Schon am folgenden Tag nämlich mussten KPD und NSDAP ihren rechtswidrigen Streik abbrechen – ihnen liefen die Unterstützer davon. »Verloren!«, notierte Goebbels.[26]

Nicht nur beim Arbeitskampf in Berlin, sondern auch bei der Wahl. Denn das Ergebnis fiel anders aus als erhofft: Statt eines erneuten Zuwachses verlor die NSDAP, zum ersten Mal seit ihrer Neugründung. Gut zwei Millionen Wähler weniger als am 31. Juli 1932 stimmten für sie; ihr Anteil sank von 37,3 auf 33,6 Prozent, die Zahl der Mandate von 230 auf 196. »Resultate schlecht. Ekelhaftes Hinwürgen«, ärgerte sich Goebbels: »Nun stehen wir vor schweren Kämpfen. Die Partei muss gehalten werden, die Stimmung gehoben, die Organisation gefestigt.«[27] Viele einfache Mitglieder waren nun doch verunsichert. Hatte der Nationalsozialismus seinen Höhepunkt schon überschritten? Hätte Hitler das Amt des Vizekanzlers annehmen sollen, da er »jetzt leer ausginge«? Bedeutete das Ergebnis: »Jetzt geht's doch bald zu Ende« mit der NS-Bewegung, wie sich ein Anhänger von einem Kollegen spöttisch anhören musste?[28] Der Berliner Chemiker Friedrich Schaub berichtete, der Rückschlag bei den Novemberwahlen habe bei ihm »bange Gefühle für die weitere Entwicklung des Nationalsozialismus« ausgelöst.[29] Jedenfalls rückblickend nicht so tragisch nahm hingegen der Reichsbankbeamte Karl Buschkowski die Verluste: »Die Wahlen im November 1932 fegten die lockeren Anhänger der Bewegung weg.«[30]

## SPALTUNG?

Die doppelte Niederlage brachte die NSDAP so nahe an eine Spaltung wie nie zuvor. Denn Hitler hielt bei einem weiteren Gespräch mit Hindenburg am 21. November 1932 an seinen Maximalforderungen fest, obwohl der Reichspräsident signalisierte, Hitler zum Kanzler zu ernennen, wenn »für eine von Ihnen geführte Regierung eine sichere, arbeitsfähige Mehrheit mit festem, einheitlichem Arbeitsprogramm im Reichstag« zustande käme. Der Parteichef verlangte hingegen ein Präsidialkabinett unter seiner Führung. »Sollte aber die Absicht bestehen, nunmehr überhaupt zu rein altparlamentarischen Regierungsformen zurückzukehren, dann müsste meiner Überzeugung nach dieses Wollen Eurer Exzellenz offen bekannt gegeben werden.« Denn daran werde die NSDAP nicht mitwirken.[31] Goebbels hielt das Angebot für eine »Falle« und fürchtete: »Man will Hitler fangen, ihn von der Macht ausschalten, ihm die Schuld zuschieben und ihn damit vernichten.«[32]

Das sahen nicht alle führenden Nationalsozialisten so. Schon fünf Tage vor dem Treffen Hindenburg–Hitler hatte Gregor Straßer auf der Titelseite des *Völkischen Beobachters* einen Artikel veröffentlicht, der in eine andere Richtung wies: »Das Gebot der Stunde« sei die »Rettung des deutschen Volkes«. Er forderte, die NSDAP als die »zur größten deutschen Partei überhaupt gewordene Bewegung in den Staat einzubauen«, um eine »Regierung auf breiter Basis« zu erreichen. Die Hauptaufgabe eines solchen Kabinetts laut Straßer: »Das Denken in Geld und der liberalistische Wirtschaftsgedanke haben den Trümmerhaufen von heute verursacht, das Denken in Arbeit und das Bekenntnis zur Nationalwirtschaft unter Ablehnung aller Experimente werden den Aufbau bringen.«[33] War das nun »Taktik oder Angebot«, fragte die *Frankfurter Zeitung*.[34]

Während Hitlers Gespräch mit Hindenburg sagte Straßer zu einem Vertrauten, hoffentlich werde »Adolfs Sturheit« nicht wieder alles verderben.[35] Er wurde enttäuscht: Nach einem förmlichen Briefwechsel lehnte Hitler am 23. November 1932 den »Versuch

der Bildung einer parlamentarischen Mehrheitsregierung« als nicht
»aussichtsreich« ab und gab den Auftrag zurück.[36] Zuvor hatte er
noch zu Kurt von Schleicher gesagt, er werde jedes Kabinett unter
einem reaktionären Kanzler bekämpfen und auch anderen Mitgliedern seiner Bewegung untersagen, sich zu beteiligen: »Irgendeine
Verbindung mit der Reichsregierung lehne er ab.«[37]

Am selben Tag jedoch ließ Gregor Straßer den Reichswehrminis-
ter wissen, er stünde bereit, »sich persönlich in die Bresche zu werfen«.[38] Nun war die Verwirrung komplett: Der Parteichef lehnte jede
Zusammenarbeit ab, der nicht faktisch die Unterwerfung des
Reichspräsidenten vorausging – sein zweiter Mann aber, immerhin
Leiter der NSDAP-Organisation, bot eine Kooperation zu Hindenburgs Bedingungen an. Über Mittelsmänner wurde ein Kompromiss ausgehandelt, der eine Regierungsbeteiligung der NSDAP
ohne Gesichtsverlust für Hitler ermöglichte: Straßer sollte als Vizekanzler in ein Kabinett unter Kurt von Schleicher eintreten, Hitler
aus der aktiven Politik ausscheiden. Am 30. November 1932 traf sich
die NSDAP-Führung in Weimar, um zu beraten: »Entscheidende
Konferenz«, hielt Goebbels fest: »Straßer ist für Beteiligung. Malt
sonst schwarz in schwarz. Hitler scharf gegen ihn. Bleibt konsequent. Bravo!« Schließlich gab der Organisationsleiter nach – aber
nur scheinbar. Der Berliner Gauleiter, inzwischen nicht mehr nur
der beste Redner der NSDAP nach Hitler, sondern auch sein wichtigster Vertrauter, schrieb in sein Tagebuch: »Hitlers Stunde kommt.
Wenn wir fest bleiben. Ich bin für schroffste Haltung. Keine Versöhnung mit den Reaktionären. Die Krise wird uns nach oben heben.
Straßer liegt falsch. Hitler ist der große, überragende Stratege. Ihm
nach! Dann werden wir siegen.«[39]

Danach sah es aber gerade nicht aus. Bei den politisch unbedeutenden, aber symbolisch wichtigen Kommunalwahlen in Thüringen
am 4. Dezember 1932 büßte die NSDAP gegenüber der Reichstagswahl am 31. Juli in manchen Wahlkreisen 40 Prozent und mehr ihrer
Stimmen ein.[40] Noch am Abend des Wahlsonntags, als die ersten
Ergebnisse in Berlin eintrafen, trafen sich Straßer und der nun zum

Reichskanzler ernannte Schleicher. Dabei akzeptierte der NSDAP-Organisationsleiter das Angebot, als Privatmann ins Reichskabinett einzutreten, und zwar auf dem Posten eines Vizekanzlers. Der Parteichef war empört; Goebbels notierte: »Große Beratung über Haltung zu Schleicher. Straßer und Frick sind nicht sattelfest. Hitler hat scharfe Zusammenstöße mit ihnen. Lage der Partei nicht allzu rosig. Aber da darf man doch nicht kapitulieren.«[41]

Am 8. Dezember 1932 verbreiteten sich im Berliner Regierungsviertel Gerüchte, Gregor Straßer habe eine »Palastrevolution« vor. Gleichzeitig diktierte der zweite Mann der NSDAP einen kurzen Brief an Hitler, durch den er von allen Parteiämtern zurücktrat. »Faule Begründungen«, fasste Goebbels zusammen: »Partei an den Staat führen und so. Natürlich alles nicht stichhaltig. Will Minister werden.«[42] Bald nach Straßers Brief traf ein weiteres Rücktrittgesuch bei Hitler ein, diesmal von Gottfried Feder, der sein Schreiben anders als Straßer gleich an die Presse gab. Die Gegner der NSDAP sahen die Bewegung bereits zerfallen. In dieser Situation spielte Hitler wieder einmal Alles oder Nichts – er rief seine Vertrauten zusammen und kündigte radikale Konsequenzen an: »Wenn die Partei zerfällt, mache ich in drei Minuten Schluss.«[43] Am folgenden Tag drohte Hitler im Hotel Kaiserhof führenden NSDAP-Funktionären: »Wenn Sie mich aber alle verlassen wollen, so hat die Arbeit meines Lebens und der Kampf dafür keinen Sinn mehr, denn dann bricht die Bewegung zusammen.« Und abermals demonstrierte er, dass er keine Kompromisse akzeptiere: »Ich warte, bis man mir das Kanzleramt anbietet. Dieser Tag kommt, er ist wahrscheinlich näher, als wir glauben.«[44] Hitler setzte sich durch. Gregor Straßer akzeptierte, in einen dreiwöchigen »Erholungsurlaub« zu gehen, Feder zog seinen Brief kleinlaut zurück, und ein halbes Dutzend NSDAP-Reichstagsabgeordnete, die Straßer hatten folgen wollen, gaben ebenfalls auf.[45] Die Reichstagsfraktion richtete eine Ergebenheitsadresse an den Parteichef. »Ich sitze noch lange mit Hitler zusammen«, notierte Goebbels: »Er ist ganz glücklich.«[46]

Überraschenderweise waren sich die meisten seriösen Journalisten recht einig darin, was sie in den ersten zehn Dezembertagen erlebt hatten – das zeigten ihre gut zwei Wochen später verfassten Rückblicke auf die Politik des Jahres 1932. »Der gewaltige national-sozialistische Angriff auf den demokratischen Staat ist abgeschlagen und durch einen mächtigen Gegenangriff aus der Sphäre Papen/Schleicher beantwortet worden«, kommentierte die *Frankfurter Zeitung.*[47] Das *Berliner Tageblatt* höhnte: »Überall, in der ganzen Welt, sprachen die Leute von ... wie hieß er doch schon mit Vornamen: Adalbert Hitler. Später? Verschollen!«[48] Die *Vossische Zeitung* befand: »Die Hyperpolitisierung des letzten Jahres, das die Nationalsozialisten um jeden Preis zum ›Jahr der Entscheidung‹ machen wollten, war zu jäh, um echt zu sein. Was Feuer schien, war Fieber. Um so größer ist jetzt die Ermattung.«[49]

Ähnlich sah es Carl von Ossietzky; er schrieb in der *Weltbühne:* »Dass eine Partei, die vor ein paar Monaten noch alles forderte und nach ihrem Umfang auch fordern konnte, sich heute schon in Krämpfen windet, ist natürlich ein einzigartiges Schauspiel.«[50] Auch das *Berliner Tageblatt* hielt die Zukunft der NSDAP bereits für vergangen: »Hitler, der ›Führer‹, ist nicht mehr frei in seinen Entscheidungen und Entschlüssen, er ›führt‹ nicht mehr, er wird geführt«, hieß es am 11. Januar 1933.[51] Manche jubelten sogar: »Das Tragische für Deutschland und das deutsche Volk liegt in der Tatsache, dass es Hitler gelungen ist, die Dummheit restlos zu mobilisieren«, bemerkte ein anonymer Autor in der *Weltbühne* vom 17. Januar. Tot sei die NSDAP zwar noch nicht, aber doch »mindestens angetötet. Adolphus Imperator Rex, Herr der Heerscharen – sein Nekrolog sei hier erspart: Adolphus ist der Mann der verpassten Gelegenheiten; das Jahr 1932 hat sie ihm massenhaft geboten. Er schlug nicht ein. Er schlug aus.«[52]

## FOLGENREICHES GERÜCHT

Seit August 1932 hatte Hitler nacheinander drei Angebote des Reichspräsidenten zur Regierungsbeteiligung der NSDAP abgelehnt: Er wollte weder Vizekanzler eines Präsidialkabinetts werden noch Kanzler einer parlamentarischen Mehrheitsregierung. Und über die Alternative, nicht selbst Verantwortung zu übernehmen, sondern andere führende Nationalsozialisten abzuordnen, wollte er nicht einmal nachdenken. Die Unnachgiebigkeit der NSDAP-Chefs führte dazu, dass nur noch zwei Möglichkeiten zu bleiben schienen: Entweder hatte Reichskanzler Kurt von Schleicher Erfolg mit dem Vorhaben, die bisherigen politischen Lager aufzubrechen und eine »Querfront« von pragmatischen Sozialdemokraten und Gewerkschaftern über die bürgerliche Mitte bis hin zu gemäßigten Nationalsozialisten zustande zu bringen. Oder Hindenburg musste den blockierten Reichstag auflösen, ohne Neuwahlen anzusetzen, und einen Mann seines Vertrauens Deutschland mittels Notverordnungen regieren lassen, notfalls gestützt auf die Reichswehr. Und das für mehrere Monate, vielleicht ein oder zwei Jahre, jedenfalls bis der spürbare Abwärtstrend die NSDAP aus ihrer Position als stärkste Partei gespült haben würde. Da regelmäßig Landtags- und Kommunalwahlen anstanden, müsste sich die Hitler-Bewegung alle paar Monate in Wahlkämpfen verausgaben, ohne eine realistische Machtoption in Berlin gewinnen zu können. Angesichts ihrer inneren Spannungen und der bekanntermaßen knappen Finanzen der Partei könnte dieses gefährliche Spiel aufgehen, wenn nur der Reichspräsident standhaft blieb.

Dieses Kalkül übersah einen wesentlichen Faktor: den Ehrgeiz von Menschen, die am eigenen Unvermögen gescheitert waren, jedoch die Schuld nicht bei sich suchten. So ein Mann war Franz von Papen. Der fast unbekannte Reaktionär war Anfang Juni 1932 als manipulierbare Marionette ins Kanzleramt gehievt worden, hatte aber in den sechs Monaten seiner Amtszeit Gefallen an der großen Politik gefunden. Deshalb nahm er Schleicher persönlich übel, dass er Anfang Dezember wieder abgesetzt worden war. Gefährlich war Papen, weil er auch jetzt noch direkten Zugang zum Reichspräsidenten hatte, dem das unterwürfige Auftreten des Kurzzeit-Kanzlers schmeichelte. Ein Intrigenspiel begann.

Am 4. Januar 1933, die Reichshauptstadt erholte sich noch von ihrem Silvesterkater, trafen sich Papen und Hitler in Köln, im Haus eines Bankiers. Eigentlich waren die beiden verfeindet. Doch sie verband Machtgier und der gemeinsame Gegner Schleicher. Papen offerierte Hitler seinen Einfluss bei Hindenburg und verlangte im Gegenzug, in führender Position in ein künftiges Kabinett eingebunden zu werden. Doch so leicht ließ sich der Reichspräsident nicht instrumentalisieren. Paul von Hindenburg – greise, aber nicht dumm – wusste, was er wollte: eine neue Regierung, die ohne offenen Verfassungsbruch regieren konnte, also eine Mehrheit im Reichstag hinter sich hatte. Gleichzeitig jedoch, eine Folge seines ausgeprägten Standesdünkels, lehnte er es weiter ab, »den österreichischen Gefreiten zum Wehrminister oder Reichskanzler zu machen«. Das sagte das Staatsoberhaupt seinem höchsten Soldaten, Kurt von Hammerstein, noch am Vormittag des 26. Januar 1933. »Äußerst empfindlich« verbat er sich »jede politische Beeinflussung« durch den General und brach das Gespräch ab – für Hammerstein eine Demütigung.[53]

Zwei Tage später überwarf sich Hindenburg endgültig mit dem amtierenden Reichskanzler und verabschiedete Kurt von Schleicher angeblich mit den Worten: »Ich danke Ihnen, Herr General, für alles, was Sie für das Vaterland getan haben. Nun wollen wir mal sehen, wie mit Gottes Hilfe der Hase weiterläuft.«[54] Die Entlassung quittierte der nun ehemalige Kanzler harsch: »Das ist Treubruch.«[55] Umgehend beauftragte der Reichspräsident einen Vertrauten, als »homo regius«, also als sein informeller Stellvertreter, Verhandlungen über die künftige Regierung zu führen – sich selbst traute der 85-Jährige diese Aufgabe nicht zu. Die Wahl fiel auf Franz von Papen.

Weiter lehnte Hindenburg freilich ab, Hitler mit der Führung eines Präsidialkabinetts zu beauftragen – stand doch hinter ihm gut ein Drittel der deutschen Wähler; es war dem NSDAP-Chef also zuzumuten, sich eine eigene Mehrheit im Parlament zu suchen. Papen redete dem Staatsoberhaupt zu, die Forderungen seines neuen Verbündeten zu erfüllen, doch Hindenburg blieb stur. Nicht einmal beim Vorsitzenden der DNVP, Alfred Hugenberg, hatte der »homo regius« Erfolg: Der mit Hitler verfeindete Reaktionär wollte seine auf 8,3 Prozent geschrumpfte Partei nicht in ein Bündnis mit der NSDAP führen. Natürlich sickerten diese misslungenen Gespräche durch, und so verbreitete sich im Regierungsviertel die Ansicht, am nächsten Tag werde erneut ein Minderheitskabinett unter Papen berufen werden. Es war der 29. Januar 1933.

Am Nachmittag dieses Sonntages begann ein Gerücht zu kursieren. Angeblich planten der Ex-Kanzler Kurt von Schleicher und der gedemütigte General Kurt von Hammerstein einen Staatsstreich. Die ihnen treu ergebene Potsdamer Garnison werde das Regierungsviertel besetzen, Hindenburg auf sein Landgut Neudeck in Ostpreußen abschieben und eine Militärdiktatur errichten. Sogar der Zeitpunkt des Putsch-Beginns wurde genannt: der folgende Vormittag gegen 10.45 Uhr. Sowohl Ex-Kanzler Heinrich Brüning als auch Hans Schäffer, der Generaldirektor des liberalen Ullstein-Verlages, hörten vage davon, der ehemalige Oberreichsanwalt Ludwig Ebermayer ebenso wie Frankreichs stets gut informierter Botschafter in Berlin, André François-Poncet.[56] Und natürlich auch Goebbels: »Also Staatsstreich. Drohung, Ernst, Kinderei?«, notierte er in der Nacht zum 30. Januar 1933.[57]

An dem Gerücht war kein wahres Wort. Schleicher und Hammerstein hatten nie vor, zu Gewalt zu greifen. Der abgesetzte Reichskanzler fürchtete einen Bürgerkrieg, in dem die Reichswehr zwischen der Linken und der Rechten stehen würde: ein »äußerst unerwünschter Einsatz«. Der oberste Soldat der Reichswehr zog aus dieser Einsicht die Konsequenz und suchte Hitler am selben Nachmittag, an dem er angeblich einen Putsch vorbereitete, zu einer »Aussprache« auf.[58] Danach ging Hammerstein auf ein Reitturnier.

Ohnehin hatte er seinen wichtigsten Mitarbeiter, den Chef des Truppenamtes General Wilhelm Adam, unmittelbar vor dem Wochenende in den Winterurlaub fahren lassen.

Dennoch bekam Franz von Papen wegen des Gerüchts bei einem erneuten Vier-Augen-Gespräch von Hindenburg das Einverständnis, Hitler die Leitung eines Präsidialkabinetts anzubieten: Die Sorge vor dem vermeintlich drohenden Coup d'État war stärker als seine Vorbehalte. Das neue Kabinett wurde über Nacht zusammengestellt, denn um elf Uhr am Montag sollte die Vereidigung stattfinden. Zeit für Einwände blieb nicht; nur Alfred Hugenberg, designierter Wirtschaftsminister, sträubte sich. Denn entgegen aller Absprachen verlangte Hitler beim Treffen im Vorzimmer des Reichspräsidenten auf einmal baldige Neuwahlen. Papen überredete den DNVP-Chef, die Regierungsbildung daran nicht scheitern zu lassen – unterstützt von Meissner, der gute Manieren ins Feld führte:»Meine Herren, die Vereidigung durch den Herrn Reichspräsidenten war um elf Uhr angesetzt. Es ist 11.15 Uhr. Sie können den Herrn Reichspräsidenten nicht länger warten lassen.«[59] Eine Viertelstunde später war das neue Kabinett eingeschworen. Goebbels jubilierte:»Es ist so weit. Wir sitzen in der Wilhelmstraße. Hitler ist Reichskanzler. Wie im Märchen!«[60]

## AM ZIEL

Die Ernennung Hitlers kam unerwartet. Harry Graf Kessler notierte: »Die Verblüffung war groß; ich hatte diese Lösung und noch dazu so schnell nicht erwartet.«[61] Theodor Eschenburg, junger Referent eines Industrieverbands, erinnerte sich:»Ich war wie erschlagen und konnte mir einfach nicht erklären, wie das eben für unwahrscheinlich Geglaubte gleichsam über Nacht hatte eintreten können.«[62] Sogar überzeugte Hitler-Anhänger hatten damit nicht gerechnet. Theodor Strumpf war »überrascht«, Bernhard Lipki hatte die»Machtübernahme« frühestens 1935 erwartet.[63] Auch Franz

Albrecht Schall konnte es nicht fassen: »Es kam für uns etwas plötzlich«, schrieb er in sein Tagebuch: »Ich bin selbst noch halb ungläu-
big. Welche Möglichkeiten tun sich auf!«[64]

Erstaunen spiegelte sich auch in der Presse; die *Vossische Zeitung*
befand: »Die Zeichen stehen auf Sturm.«[65] Der *Vorwärts* stellte fest:
»Der Reichspräsident hat mit der Ernennung dieser Regierung die
furchtbarste Verantwortung übernommen, die jemals ein Staatsoberhaupt übernommen hat.«[66] In der *Frankfurter Zeitung* stand zu
lesen: »Wir haben in diesem Augenblick, in dem Herrn Hitler die
Kanzlerschaft des Deutschen Reiches übertragen worden ist, offen
auszusprechen, dass er bis zur Stunde den Beweis menschlicher
Qualifikation für dieses hohe Amt der Nation schuldig geblieben
ist.«[67] Und die *Berliner Morgenpost* kommentierte: »Wir werden also
die Taten der neuen Regierung daraufhin zu prüfen haben, ob sie
mit ihrem Eid in Einklang zu bringen sind. In aller Ruhe, mit kühler
Sachlichkeit, wie sie unter politischen Gegnern allgemein Übung
sein sollte. Wir werden uns durch nichts provozieren lassen, und
empfehlen allen, die von diesem Regierungswechsel nicht erbaut
sind, das Gleiche zu tun.«[68]

Naturgemäß befriedigte Hindenburgs Entscheidung die Anhänger der Hitler-Bewegung. Für Ernst Woldt brachte der 30. Januar
»die Erfüllung unserer Sehnsucht«, Erich Klein fand ihn »glor-
reich«, und Paul Kreuzmann nannte den Tag schlicht »historisch«.[69]
Willy Wolf wurden vor Freude »die Augen feucht«, und Wilhelm
Protz dankte »mit Tränen in den Augen einem gütigen Schicksal,
das mich diesen Tag noch erleben ließ«.[70] Willy Kähler empfand es
als ein »erhebendes Gefühl, nach hartem Kampf doch zum Sieg
gekommen zu sein«, Heinz Mai sah einen »Aufstieg aus dem Dun-
kel«.[71] Ähnlich dachten Nationalsozialistinnen; Marlene Heder
fühlte sich »wie von schwerem Alpdruck befreit«, Hertha von Reuss
dankte der »Vorsehung« und Lissy Schneider war »stolz, ein wenig
für diesen Sieg mitgekämpft zu haben«.[72]

Zwischen Anfang August 1932 und Ende Januar 1933 riskierte Hitler kontinuierlich alles, was er bis dahin geschaffen hatte. Er setzte

den Bestand seiner Partei und deren bisherige Erfolge aufs Spiel, weil er keinerlei Zugeständnisse machen wollte und konnte. Dreimal lehnte er ernst gemeinte Angebote des Reichspräsidenten ab, politische Verantwortung zu übernehmen, weil seine Maximalforderung nicht erfüllt wurde. Am Ende waren es ein selbstverliebter Intrigant und ein Gerücht, die ihm die ganze Macht verschafften. Wahrscheinlich war dieser Ausgang seines Vabanque-Spiels nicht, dennoch trat er ein. Am 30. Januar 1933 siegte Hitlers Kompromisslosigkeit. Die NSDAP wurde Staatspartei – den Reiz der Radikalität aber büßte sie ein.

# DER REIZ DER MACHT

# MÄRZGEFALLENE

> Opportunisten eilten, nachdem die
> NSDAP Regierungspartei geworden war,
> in Heerscharen zur Hitler-Bewegung.
> *Wolfgang Benz, Historiker*[1]

## FALSCHE ERWARTUNGEN

Erfolg macht attraktiv. Auf der Seite des Siegers stehen zu wollen, ist eine ganz normale menschliche Regung. Man darf nur nicht zu früh damit beginnen. Anfang Februar 1933 glaubten viele Beobachter der deutschen Politik, die neue Regierung unter Reichskanzler Adolf Hitler werde entweder keine lange Amtszeit haben oder ganz andere Machtverhältnisse etablieren als auf den ersten Blick zu vermuten. In der *Weltbühne* hielt Carl von Ossietzky das Kabinett Hitler eher für eine »dramatische Episode« als für eine »Dauerherrschaft«; Letzteres sei nur dann denkbar, wenn die nationalsozialistischen Minister auf ihre »mitgebrachten Konfliktgelüste« verzichteten.[2] Der Sozialdemokrat Kurt Schumacher hielt den neuen Kanzler grundsätzlich für überschätzt: »Adolf Hitler hat den Schein der Macht für sich in Deutschland. Damit ist er seinem einzigen Beruf treu geblieben, damit erfüllt er seine historische Mission: Früher war er Dekorateur, heute ist er Dekoration«, ätzte der Abgeordnete: »Das Kabinett heißt Adolf Hitler, aber das Kabinett ist Alfred Hugenberg. Adolf Hitler darf reden, Alfred Hugenberg wird handeln.«[3] Ähnlich sah es Theodor Wolff, mit mehr als 26 Jahren Amtszeit als Chefredakteur des *Berliner Tageblatts* der Doyen der Hauptstadtpresse. Er erwartete das baldige Scheitern der neuen

Ministerriege. Deren starker Mann sei ohnehin nicht der Kanzler, sondern der »Reichswirtschaftsdiktator Hugenberg«.[4]

Auch auf dem rechten Flügel der deutschen Politik mutmaßte man gern über die Machtverhältnisse in der Regierung. Der konservative Journalist Hans Zehrer, wie Wolff ein überzeugter Gegner der NSDAP, konstatierte, dass »Herr Hugenberg jetzt seine Diktatur aufgerichtet und die Herrschaft über die zukünftige Wirtschaftsgestaltung« erlangt habe.[5] Der DNVP-Chef fühlte sich selbst in einer taktisch guten Situation. »Wir rahmen also Hitler ein«, erwiderte er einem Kritiker der NS-Regierungsbeteiligung.[6] Der Architekt der neuen Koalition, Vizekanzler Franz von Papen, meinte sogar, sich den NSDAP-Chef »engagiert« zu haben; einen Zweifler bügelte er ab: »Was wollen Sie denn! Ich habe das Vertrauen Hindenburgs. In zwei Monaten haben wir Hitler in die Ecke gedrückt, dass er quietscht.«[7]

Viele internationale Beobachter hegten kaum Befürchtungen. Der Schweizer Theologe Karl Barth, Professor an der Universität Bonn, schrieb in einem Privatbrief, er glaube nicht, dass die Regierung Hitler »in irgendeiner Richtung den Anbruch großer Neuigkeiten bedeuten« werde. Deutschland sei »nach innen und außen ein viel zu schwer beweglicher Körper, als dass sich durch solche Bewegungen in der Fassade etwas ändern« könne.[8] Der tschechische Diplomat Camill Hoffmann notierte: »Keine nationalsozialistische Regierung, keine revolutionäre Regierung, obwohl sie den Namen Hitler trägt. Kein Drittes Reich, kaum ein zweieinhalbtes.«[9] Der US-Geschäftsträger in Berlin, Alfred W. Kliefoth, informierte das State Department in Washington D. C., dass die deutsche Wirtschaft die neue Regierung »mit Skepsis und Reserve« betrachte – auch wenn der als Hitler-Unterstützer auftretende ehemalige Reichsbankpräsident Hjalmar Schacht das Gegenteil behaupte.[10] Verwirrt über die Entwicklung zeigte sich Frankreichs Botschafter, André François-Poncet; zugleich warnte er, mit der Ernennung des NSDAP-Chefs habe man einen Wolf in den Schafstall gelassen, um ihn unschädlich zu machen.[11] Sir Horace Rumbold vertrat die Ansicht, Papen habe die NSDAP »gerettet«.[12]

Das neue Kabinett leitete sofort einen Politikwechsel ein, beispielsweise durch die erneute Auflösung des Reichstages am 1. Februar 1933, durch das Verbot des SPD-Blattes *Vorwärts* am 2. Februar
und zwei Tage später durch die erste von mehreren Notverordnungen, die Grundrechte der Weimarer Verfassung substanziell ein-
schränkten. In weniger als einer Woche war klar, dass das Kabinett
Hitler sich eben nicht an die Verfassung halten wollte und dass der
Reichspräsident bereit war, dem Kanzler die Notstandskompeten-
zen zu übertragen, die er vorherigen Regierungen verweigert hatte.
Nach knapp drei Wochen im Amt fühlte sich der kommissarische
Innenminister in Preußen, Hermann Göring, stark genug, indirekt
zur Gewalt gegen Andersdenkende aufzurufen – mitten im Wahlkampf. In einem Runderlass vom 17. Februar 1933 verfügte er, dem
Treiben »staatsfeindlicher« Organisationen müsse »mit schärfsten
Mitteln« entgegengetreten werden. Insbesondere gegen »kommunistische Terrorakte und Überfälle« sei »mit aller Strenge« und
»wenn nötig, mit der Schusswaffe vorzugehen«. Es folgte faktisch
ein Schießbefehl: »Polizeibeamte, die in Ausübung dieser Pflichten
von der Schusswaffe Gebrauch machen, werden ohne Rücksicht auf
die Folgen des Schusswaffengebrauchs von mir gedeckt. Wer hingegen in falscher Rücksichtnahme versagt, hat dienstrechtliche Folgen
zu gewärtigen.«[13] Fünf Tage später ernannte Göring 40 000 SA- und
SS-Männer in Preußen zu Hilfspolizisten. Sie sollten offiziell die
staatliche Polizei unterstützen; in Wirklichkeit hatten sie die angeblich durch Staatsfeinde »gefährdete öffentliche Sicherheit« zu verteidigen.[14]

## »BRAUNE INFLATION«

Schon vor der Brandstiftung im Reichstagsgebäude, die Marinus
van der Lubbe am Abend des 27. Februar 1933 verübte, war klar,
dass Hugenberg nicht der starke Mann des Kabinetts war und Hitler alles andere als »Dekoration«.[15] Doch der für die NSDAP über-

raschende Reichstagsbrand bot die Gelegenheit, den Kampf gegen den inneren Gegner massiv zu verschärfen: Zehntausende Menschen wurden verhaftet, die SA verbreitete ungehindert Angst und Schrecken. Dennoch brachte die Wahl vom 5. März 1933 nicht die von Hitler erhoffte absolute Mehrheit für die NSDAP, sondern nur 43,9 Prozent; die Regierung blieb angewiesen auf ihre reaktionären Koalitionspartner, die als Kampffront Schwarz-Weiß-Rot angetreten waren und acht Prozent errungen hatten. Dennoch war der Nationalsozialismus ab sofort Deutschlands dominierende Kraft.

Das hatte unmittelbar spürbare Folgen. Im Februar 1933 waren rund 30 600 Menschen in die Partei eingetreten, nur unwesentlich mehr als vor Hitlers Ernennung zum Reichskanzler: Im Januar hatte die Reichsschatzmeisterei 26 700 Eintritte verzeichnet. Nach dem Reichstagsbrand verdoppelte sich die Zahl der Neumitglieder – im März 1933 traten 78 600 Deutsche bei. Doch die richtige Flut folgte im nächsten Monat: »Da kam der Andrang der Volksgenossen zur Partei. Jeder wollte aufgenommen werden«, schrieb der Pfälzer Heinrich Mayer rückblickend.[16] Mehr als eine Viertelmillion Deutsche traten im April bei.[17] Gleichzeitig versiebenfachte sich die Zahl der Anträge, sodass die NSDAP zum 1. Mai 1933 um weitere rund 1,6 Millionen registrierte Anhänger wuchs.[18] Der Ostpreuße Fritz Behrendt nannte diese Entwicklung bündig eine »braune Inflation«.[19]

Natürlich war die Partei mit diesem Ansturm überfordert: In vielen örtlichen Geschäftsstellen stapelten sich Aufnahmeformulare bis unter die Decke. Es dauerte Monate, bis die Anträge auch nur erfasst waren; bis Ende 1933 warteten noch rund eine halbe Million Antragsteller auf die Bearbeitung ihres Begehrens.[20] Mitunter dauerte es drei Jahre, bis die NSDAP-Zentrale in München Mitgliedsausweise ausgefüllt und versandt hatte; als offizielles Beitrittsdatum wurde dennoch der 1. Mai 1933 festgelegt. »Organisatorisch musste schon etwas geleistet werden«, erinnerte sich das 1930 eingetretene Mitglied Fritz Fischer.[21] »Wir hatten in Stuttgart an einem Tag bis zu

2500 Neuanmeldungen zu bearbeiten«, beklagte sich Kreisleiter Otto Maier.[22]

Der Umgang mit Aufnahmegebühren und Beiträgen unterschied sich regional. Zwar sollte prinzipiell erst nach der Zuteilung einer Mitgliedsnummer kassiert werden, doch wegen der Ende der 1920er-Jahre verbreiteten schlechten Zahlungsmoral forderten manche Ortsgruppen Geld bereits von der Abgabe des Aufnahmeantrags an. Bezahlt wurde grundsätzlich vor Ort; die Einnahmen reichte der lokale Schatzmeister meist per Postanweisung an die nächsthöhere Ebene der Hierarchie weiter. Dieses dezentrale Beitragssystem führte zu einer unbekannten Zahl »schwarzer« Mitglieder, die zwar ihren Beitritt beantragt hatten und ordentlich bezahlten, aber in der Statistik noch nicht auftauchten, weil die Anträge noch nicht bearbeitet waren. Ihr Geld dürfte mindestens zum Teil in den Taschen örtlicher Funktionäre verschwunden sein.[23]

Der Zustrom missfiel vielen »alten Kämpfern«. Einer ärgerte sich, dass »Leute, die uns früher bis aufs Messer bekämpft haben, sich nun aufnehmen ließen«.[24] Ein anderer schrieb: »Jeder, der noch vor 24 Stunden unser größter Gegner war, wollte uns jetzt davon überzeugen, dass er schon wer weiß wie lange Nationalsozialist war, es aber nicht zeigen konnte.«[25] Am 28. Mai 1933 protestierten Altmitglieder der Stuttgarter NSDAP beim Gautag mit Plakaten gegen die Schwemme, auf denen zu lesen war: »Wir brauchen Kämpfer, keine Mitläufer!«[26] Schnell kursierten Spitznamen für die wenig willkommenen Neumitglieder; Wörter wie »Konjunkturritter« oder »Maiveilchen« setzten sich aber ebenso wenig durch wie zwei Jahre zuvor die Prägung »Septemberlinge« für jene Mitglieder, die nach dem Erfolg bei der Reichstagswahl am 14. September 1930 eilig der NSDAP beigetreten waren. Sehr erfolgreich wurde hingegen ein anderes Wort, das einen eingeführten Begriff umdeutete: »Märzgefallene«. Das war eigentlich der respektvoll gemeinte Name für die 270 Toten der Berliner Barrikadenkämpfe im März 1848; man hatte sie gemeinsam auf dem Friedhof der Märzgefallenen beigesetzt.

Fatalistisch nahm den Zustrom der SS-Mann Alfred Kotz, Mitglied seit 1930: »Wir alten Parteigenossen waren uns klar darüber,
dass der Tag kommen würde, da wir uns vor ›Nationalsozialisten‹
nicht würden retten können.«[27] Doch viele »alte Kämpfer« beanspruchten einen uneinholbaren Vorsprung. Der Berliner Ernst Glogau war sich sicher: »Keiner, der nach dem 30. Januar 1933 zu uns
stieß, kann überhaupt ermessen, wie viel moralische und seelische
Not des alten Kämpfers mit diesem Akt ihren Abschluss fand.«[28]
Und der Stuttgarter Eduard Himpel befand: »Wir haben heute in
unseren Reihen viele Menschen, die überhaupt noch nicht wissen,
um was es bei uns geht. Diesen haben wir voraus, dass wir Männer
sind, die dieses Reich erkämpft haben, und wir sind es, auf deren
Schultern es heute ruht.«[29]

## EINE ANDERE PARTEI

Durch die Mitgliederschwemme veränderte sich die NSDAP massiv. Zwar veröffentlichte die Reichsschatzmeisterei keine detaillier-
ten Zahlen, denn sie verfügte nicht einmal selbst darüber. Doch der
verbreitete Eindruck bedurfte solcher Fakten nicht: »Massen gesin-
nungsloser Elemente« seien nach der Ernennung Hitlers zum Kanzler in die Partei geströmt, klagte der Greifswalder Student Manfred
Pechau, seit 1930 im Umfeld der NSDAP engagiert, allerdings selbst
auch erst seit dem 1. Mai 1932 Mitglied. Die wirklichen »alten Kämpfer«, die schon vor den Wahlen 1930 beigetreten waren, lehnten die
»ängstlichen, nach Verdienst jagenden Bürger« ab, die unbedingt
dazugehören wollten.[30]
    Der Zustrom machte die NS-Bewegung älter und bürgerlicher.
Rund zwei Drittel aller nun registrierten Mitglieder waren erst nach
der Ernennung Hitlers zum Kanzler beigetreten.[31] Hatte der Alters-
durchschnitt der Neumitglieder vor dem Erfolg bei der Septemberwahl 1930 noch 27,5 Jahre betragen, so stieg er nun auf 34,3 Jahre.
Während bis zum 30. Januar 1933 die Ledigen unter den Neumitglie-

dern eine leichte, aber stabile Mehrheit gehabt hatten, machten nun die Verheirateten mehr als drei Fünftel aus. Auch die soziale Struktur änderte sich: Der Anteil an Arbeitern, vorher 41 Prozent, sank auf nur noch 33 Prozent; dafür gewannen die Angestellten und Beamten von 21 auf 30 Prozent stark hinzu. Auch die Zahl der Akademiker in der NSDAP erreichte einen neuen Höchstwert: Fast jedes zehnte Mitglied verfügte nun über einen Hochschulabschluss; bis zur Machtübernahme war es nur gut jeder zwanzigste Hitler-Anhänger gewesen. Der Männeranteil stieg von 91,6 auf 94,9 Prozent.[32]

In einer privaten Aufzeichnung von Anfang 1934 differenzierte der Kieler Soziologe Rudolf Heberle verschiedene Gruppen von NSDAP-Neumitgliedern; der Wissenschaftler verlor später wegen eines jüdischen Urgroßvaters die Anstellung und emigrierte in die USA. Unter den »früheren Gegnern des Nationalsozialismus«, die jetzt die Seiten gewechselt hatten, schrieb Heberle, gäbe es »einige, die ehrlich, aber nicht sehr klardenkend sind«. Sie hätten »ganz bewusst das Opfer des Intellekts gebracht und sich entschlossen unter Bruch mit ihrem bisherigen Standpunkt zum neuen Regime bekannt«. Eine zweite Gruppe seien jene, »die im Herbst 1932 Hitler noch für den Gottseibeiuns hielten, seit dem 5. März oder seit dem 1. Mai aber behaupten, sie seien eigentlich schon immer nationalsozialistisch gewesen«. Bei manchen handele es sich um »glatten Selbstbetrug«, bei anderen um »Lüge«, bei einigen aber treffe diese Darstellung überraschenderweise zu: »Diese hatten in Hitler den Führer einer plebejischen, halb bolschewistischen Revolution gesehen, von der sie den Ruin der bürgerlichen Gesellschaft fürchteten, und nun erkannten sie mit einem Male, dass Hitler gerade die Erhaltung dieser bürgerlichen Gesellschaft bedeutete«. Selten seien hingegen »echte Opportunisten, die offen erklären, man müsse eben mit den Wölfen heulen«.[33]

Trotz der Masse an Anträgen erhielt die NSDAP den Anspruch aufrecht, Bewerber zu überprüfen. Der *Völkische Beobachter* bekräftigte das am 30. April 1933 in einem Artikel mit der Überschrift »Der

Ansturm der Gesinnungstüchtigen«. Zwar gebe es aufrechte »Volksgenossen«, die gute Gründe für ihren erst jetzt erfolgten Beitritts-
antrag hätten, etwa weil sie Beamte seien oder als Geschäftsleute in
Orten mit »überwiegend jüdischer Kundschaft« ihren Lebensunterhalt verdienten. Beides war unzutreffend, denn spätestens seit 1932
wurde kein NSDAP-Mitglied im Staatsdienst mehr allein deswegen
gemaßregelt und es gab, bei einem jüdischen Bevölkerungsanteil
von 0,9 Prozent im Reich, keinen einzigen Ort, in dem die Kundschaft »überwiegend jüdisch« gewesen wäre. Aber viel häufiger
seien Antragsteller, die in der NSDAP einen »Geselligkeitsverein«
sähen, eine »Standesorganisation« oder sogar einen »Club zukünf-
tiger Staatsmänner«. Sie verdienten »eine Abweisung ihres späten
Gesuchs«.[34]

## MITGLIEDERSPERRE

Als dieser Artikel im Parteiblatt erschien, hatte die Schließung der
NSDAP schon begonnen. In Abstimmung mit Hitler verfügte
Reichsschatzmeister Franz Xaver Schwarz am 19. April 1933 einen
Aufnahmestopp. Die Nachricht wurde zufällig ausgerechnet an Hit-
lers Geburtstag über die *Nationalsozialistische Parteikorrespondenz*
verbreitet. Goebbels Berliner Abendzeitung *Der Angriff* brachte die
Meldung nur klein und weit hinten im Blatt, der *Völkische Beobachter* sogar erst mit einem Tag Verspätung auf seiner vorletzten Seite in
einer unbedeutenden Rubrik.[35] Die *Vossische Zeitung* dagegen, deren
Redaktion zwar schon eingeschüchtert, aber noch nicht auf Linie
gebracht war, veröffentlichte die Meldung am 21. April 1933 auf der
Titelseite fettgedruckt: »Der Andrang in die NSDAP ist nach der
Machtergreifung durch die Bewegung so ungeheuer geworden, dass
sich die Reichsleitung im Einvernehmen mit dem Führer veranlasst
sieht, mit Wirkung vom 1. Mai 1933 bis auf Weiteres neuerdings
eine Mitgliedersperre zu verfügen.« Genau beschrieben wurden die
Auswirkungen dieses Stopps: »Nach diesem Zeitpunkt darf keine

Dienststelle der Bewegung Neuanmeldungen mehr entgegenneh-
men. Die Gaue können bis längstens 15. Mai die vor dem 1. Mai bei
den Dienststellen eingegangen Neuanmeldungen der Reichsleitung
vorlegen.« Natürlich hatte der Aufnahmestopp aber Ausnahmen:
Weiter Anträge stellen konnten Hitlerjungen, die 18 Jahre alt wurden, Angehörige der Nationalsozialistischen Betriebszellenorganisation, der NS-Arbeiterorganisation, sowie alle, die aktiven »Dienst
in der SA oder SS« leisteten, ohne bereits Parteimitglieder zu sein.[36]

Wer *Mein Kampf* gründlich gelesen hatte, den überraschte die
Verfügung des Schatzmeisters nicht. Im zweiten Band von 1926
hatte Hitler geschrieben: »Die größte Gefahr, die einer Bewegung
drohen kann, ist ein durch zu schnelle Erfolge abnorm angewachse-
ner Mitgliederstand.« Er fürchtete opportunistische Motive: »Denn
so sehr auch eine Bewegung, solange sie bitter zu kämpfen hat, von
allen feigen und egoistisch veranlagten Menschen gemieden wird,
so schnell pflegen diese die Mitgliedschaft zu erwerben, wenn durch
die Entwicklung ein großer Erfolg der Partei wahrscheinlich geworden ist.« Aus dieser Einsicht zog der Parteichef eine klare Konsequenz: »Es ist deshalb sehr notwendig, dass eine Bewegung aus rei-
nem Selbsterhaltungstrieb heraus, sowie sich der Erfolg auf ihre
Seite stellt, sofort die Mitgliederaufnahme sperrt.« Nur so könne der
»Kern der Bewegung unverfälscht frisch und gesund« erhalten werden.[37]

Die Mitgliedersperre wurde umgesetzt: Im Juni 1933 gab es nur
noch rund 15 000 Bewerbungen – weniger als ein Prozent der vom
1. bis zum 15. Mai gemeldeten Anträge. Im Juli sank die Zahl auf nur
noch 2300. In den folgenden Monaten schwankten die Begehren
zwischen 900 und 10 900: gemessen an den Verhältnissen im Frühjahr marginal. Wer Beziehungen zu NSDAP-Funktionären hatte,
versuchte vielfach, auf Umwegen doch noch aufgenommen zu werden. Julius Lippert, Nationalsozialist seit April 1927, Chefredakteur
des *Angriffs* und seit März 1933 als Staatskommissar Kopf der Berliner Stadtverwaltung, setzte sich am 12. Mai 1933 beim noch besser
vernetzten SS-Führer Kurt Daluege für eine Reihe von »Persönlich-

keiten« ein, die »den Wunsch haben, der NSDAP trotz der bestehenden Mitgliedersperre beizutreten«. Lippert bürgte für sie: »Ein
großer Teil ist mir aus meiner Tätigkeit in der Berliner Stadtverwaltung bekannt. Ich trage keinem von den Genannten gegenüber das
geringste Bedenken, die Aufnahme in die Partei zu vollziehen.«
Daluege leitete die Bitte an Rudolf Heß weiter. Hitlers Privatsekretär
war inzwischen als »Stellvertreter des Führers« für Parteiangelegenheiten zuständig. Daluege nannte Ausnahmen vom Aufnahmestopp
»dringendst wünschenswert«, hatte aber keinen Erfolg. Schatzmeister Schwarz antwortete: »Ich bedaure unendlich, Ihnen mitteilen zu müssen, dass Ihrem Antrag auf Aufnahme der in Ihrer
Liste Aufgeführten aus grundsätzlichen Erwägungen nicht entspro-
chen werden kann. Ausnahmen können nicht gemacht werden.«[38]
   In Wirklichkeit wurden natürlich Ausnahmen gemacht, sofern
der Wunsch nur von weit genug oben kam. Seinem Vorgesetzten
Heß konnte Schwarz die Bitte um Aufnahme des Münchner Rechts-
anwaltes Heinrich Heim nicht abschlagen.[39] Eine entsprechende
Bitte des Beauftragten für Wirtschaftsfragen im Heß-Stab allerdings hatte keinen Erfolg.[40] Auch auf ein Gesuch des Prinzen Franz-
Joseph von Hohenzollern-Sigmaringen über den Reichsstatthalter
in Bayern, Franz Ritter von Epp, antwortete Martin Bormann lediglich, dass im Falle einer Lockerung der Mitgliedersperre »Ihrer Aufnahme in die NSDAP nichts mehr im Wege« stehe.[41]

## ALTERNATIVEN

Natürlich versuchten viele der von der Partei abgewiesenen Bei-
trittswilligen, ihre Unterstützung für den Nationalsozialismus dennoch zu dokumentieren. In Frage kam dafür zunächst die SA. Zwar
galt formal der Grundsatz, dass SA-Leute gleichzeitig der Partei beitreten sollten, doch in der Praxis spielte das keine Rolle mehr. Ende
Januar 1933 verfügte sie über knapp 700000 Mitglieder; am 20. März
hob Stabschef Ernst Röhm faktisch den Prüfungsvorbehalt auf,

indem er verfügte, dass »kein vaterländisch gesinnter deutscher Mann« auf den Eintritt in die SA zu verzichten brauche.[42] Das galt sogar für ehemalige Mitglieder konkurrierender politischer Gruppen, die sich lediglich drei Monate politisch zu bewähren hatten. Weil bald die SA-Verwaltung unter der Menge an Aufnahmeanträgen zu ersticken drohte, verfügte zwar auch Röhm eine Sperre, die aber anders als bei der Partei nicht konsequent umgesetzt wurde. Außerdem wurden die meisten Mitglieder des reaktionären Frontkämpferverbandes Stahlhelm pauschal in die SA überführt. Im Sommer 1934 zählte die aktive SA rund 2,9 Millionen Mitglieder zwischen 18 und 45 Jahren; hinzu kamen knapp 1,4 Millionen der nicht mehr aktiven Reserve aus älteren, oft nur formalen Mitgliedern. In diesen Zahlen waren auch Sonderformationen wie Motor-SA, Flieger-SA oder Reiter-SS eingeschlossen.

Die neu beigetretenen Mitglieder wurden so gut wie nie zu Sonderaufgaben im Rahmen der Eroberung der Macht im Land herangezogen; diese fielen Veteranen der Wahlkämpfe und Saalschlachten des Jahres 1932 zu. Als Hilfspolizisten in Frage kamen nur im NS-Sinne bewährte Männer, aus deren Kreis als nochmalige Auswahl die SA-Feldpolizei gebildet wurde. Sie betrieb unter anderem die Haft- und Folterstätte in der Berliner General-Pape-Straße, in der in einem Dreivierteljahr rund 2000 Menschen eingesperrt waren; etwa 30 wurden hier ermordet. Auch in anderen improvisierten frühen Konzentrationslagern wie Heuberg für Württemberg, Dachau für Oberbayern, Bergkamen-Schönhausen für das Ruhrgebiet oder Quednau in Königsberg bestanden die Wachmannschaften aus SA- und SS-Leuten, die ihre Brutalität gegenüber Andersdenkenden bereits bewiesen hatten.

Solche Aufgaben hatten andere NS-Gliederungen nicht zu übernehmen; vielleicht gerade deswegen wichen hierhin Menschen aus, die sich zur neuen Regierung bekennen wollten, ohne ihr Leben ansonsten zu verändern. Das bis zur Machtübernahme noch relativ kleine Nationalsozialistische Kraftfahrerkorps verzeichnete 1933/34 einen steilen Anstieg der Mitgliederzahl, zumal weder ein Führer-

schein noch ein eigenes Automobil Voraussetzung waren. Die Hitlerjugend verzwanzigfachte ihre Mitglieder, von 108 000 Ende 1932
auf knapp 2,3 Millionen Ende 1933. Wie bei der SA gab es geschlossene Übertritte ganzer anderer Verbände, die sich unter Druck auf-
lösten.

Der Zustrom zur NSDAP und ihren Gliederungen nach der
Machtübernahme war absehbar gewesen und überraschte die Funktionäre dennoch; Vorbereitungen gab es nicht. Während der reso-
lute Franz Xaver Schwarz für die eigentliche Partei, gestützt auf die
von Hitler in *Mein Kampf* formulierten Prinzipien, relativ rasch
einen Aufnahmestopp durchsetzte, misslang das Gleiche bei der SA;
andere Organisationen wie die Hitlerjugend setzten sogar auf möglichst großen Zustrom. Wenige Monate nach dem 30. Januar waren
gut fünf Prozent der Deutschen in der NSDAP organisiert und weitere rund 20 Prozent in Gliederungen der Partei. In zuvor unvor-
stellbarem Tempo hatten die Märzgefallenen die deutsche Gesellschaft verändert.

# KORRUPTION

Die Segnungen der Patronage wurden von
nationalsozialistischen Aktivisten nicht etwa
verschämt entgegengenommen, sondern als
»Wiedergutmachung« lautstark eingefordert.
*Frank Bajohr, Historiker* [1]

## PATRONAGE FÜR PARTEIGENOSSEN

Wer eine Vertrauensstellung nutzt, um sich selbst oder anderen
Vorteile zu verschaffen, handelt korrupt. Man nennt das je nach
Einzelfall »Bestechung« oder »Bestechlichkeit«, »Vetternwirtschaft«
oder »Klüngel«. Korruption gibt es in jedem politischen System –
mal stärker und mal schwächer. Die NSDAP hatte in der Zeit ihres
Aufstieges solche Fälle aggressiv attackiert. Julius Lippert, Chefredakteur des *Angriff*, stellte 1930 fest: »Die Korruption liegt nun einmal im System und in der menschlichen Unzulänglichkeit seiner
Träger.« [2] Den »republikanischen Saustall auszumisten« und den
»Pfuhl der Korruption« trockenzulegen, gehörte zu den oft wieder-
holten Versprechungen der NS-Propaganda. [3] Ab Frühjahr 1933
schwappte eine Welle von Entlassungen, Festnahmen und Anklagen
wegen Korruption durch Deutschland. Zehntausende Mitarbeiter
im öffentlichen Dienst, Polizei und Justiz wurden aus ihren Stellungen entfernt, ihrer Versorgungsansprüche beraubt, mitunter auch
verurteilt. Die Vorwürfe waren meist, aber nicht immer konstruiert;
dennoch gab es kaum eine Möglichkeit, sich zu wehren: Wer die
Entlassungen in Frage stellte, geriet schnell selbst ins Visier oder
musste das zumindest befürchten.

Das Vorgehen folgte einem Muster, das der Nationalökonom Alfons Goldschmidt schon 1929 in der *Weltbühne* beschrieben hatte: »Noch jede Regie, Diktatur oder Demokratie, hat mit der sonoren Behauptung angefangen: Nun wird der alte Schweinestall ausgemistet.« Allerdings verschwindet Korruption durch solche Säuberungen niemals, wie Goldschmidt ebenfalls wusste: »Es geschieht dann eine Umbuchung, das heißt, an die Stelle der alten Krippengenießer kommen neue, und meist sind es mehr als die früheren.«[4] Genau das trat in Deutschland ein – mit Unterstützung der neu besetzten Führungsebenen. Zunächst ging es darum, erwerbslose Parteimitglieder in bezahlte Stellungen zu bringen, um ihnen ein Auskommen jenseits der äußerst schmalen Fürsorge zu garantieren.

Schon im Mai 1933 hatte die NSDAP-Fraktion im Preußischen Landtag beschlossen, für die bevorzugte »Unterbringung« von Mitgliedern zu sorgen, die niedrigere Nummern als 100 000 hatten, also spätestens 1928 beigetreten waren.[5] Zwei Monate später verfügte Rudolf Heß: »Alle Nationalsozialisten, gleichgültig, ob sie sich in parteiamtlicher, staatlicher oder privater Stellung von entsprechendem Einfluss befinden, haben nach besten Können Sorge zu tragen, dass noch arbeitslose Mitglieder der NSDAP, deren Eintrittsdatum vor dem 30. Januar 1933 liegt, bevorzugt in Arbeit kommen.« Das solle »ein Ausgleich dafür sein, dass Nationalsozialisten, die sich vor dem 30. Januar 1933 öffentlich zur NSDAP bekannten«, schwere Nachteile erfahren hätten. Engagement in der Hitler-Bewegung sollte nicht nur bei »gleicher Befähigung« den Ausschlag geben; zusätzlich sei zu berücksichtigen, »dass selbst etwas geringere Befähigung bei den ›Altparteigenossen‹ oft ausgeglichen wird durch erhöhten Arbeits- und Aufbauwillen«. In Handel und Gewerbe seien »Altparteigenossen« sogar »stets zu bevorzugen«. Doch das galt nur für Mitglieder, die vor dem 30. Januar 1933 beigetreten waren; ein späteres Aufnahmedatum dürfe »nicht von ausschlaggebender Bedeutung« sein.[6] Offensichtlich erreichte diese Verfügung nicht ihr Ziel. Jedenfalls klagte Martin Bormann, Heß' Statthalter in München, am 6. November 1933, dass »erst einmal die

Parteigenossen mit der Mitgliedsnummer bis 300 000 untergebracht werden« müssten. Erst dann könne man erwägen, einen weiteren Kreis »zur Unterbringung« vorzusehen.[7] Es sollten also die
Anhänger bevorzugt werden, die bis zur Septemberwahl 1930 beigetreten waren.[8]

Aber nicht nur die NSDAP selbst, auch die SA beanspruchte
eine Bevorzugung ihrer erwerbslosen Mitglieder. Der Präsident der
Reichsanstalt für Arbeitsvermittlung, Friedrich Syrup, stand vor
unvereinbaren Wünschen: Karl Ernst, der Berliner SA-Chef, forderte, ein Ende der »Sonderaktion« komme nicht in Frage, »solange
die SA bzw. die SS noch einen Arbeitslosen haben«. Darüber
beschwerte sich wiederum Goebbels' Stellvertreter in Berlin, Artur
Görlitzer: »Praktisch bedeutet das das Aufhören jeder Arbeitsvermittlung für Parteigenossen und Amtswalter auf lange Zeit« – eine
»ungeheuerliche Degradierung der Parteigenossenschaft«. Görlitzer sandte ein Telegramm an die Parteizentrale:»Ich bitte für sofortige Gleichstellung Sorge tragen zu wollen.« Schließlich entschied
Heß, dass die Parteimitglieder bevorzugt vermittelt werden sollten,
die bereits vor 1933 ein Amt in der NSDAP innegehabt hatten.[9]

## VERWALTUNG

Am schnellsten unterbringen ließen sich verdiente Anhänger in der
Verwaltung. Hatten Anfang 1933 bei Reich, Ländern und Kommunen noch rund 700 000 Deutsche als Beamte, Angestellte oder
Arbeiter Geld verdient, so betrug ihre Zahl fünf Jahre später 1,2 Millionen: eine Steigerung um 71 Prozent. Unter den neu geschaffenen
Stellen gab es viele, die man vor der Machtübernahme der NSDAP
nicht gebraucht hatte – zum Beispiel Staatskommissare, natürlich
mit jeweils eigenen Stäben aus Referenten, Sekretärinnen und Fah-
rern, Verbindungsleute zwischen Staat und Partei sowie Beauftragte
für alle möglichen Themen; fast alle wurden aus Steuermitteln
bezahlt.

Oft waren die Gehälter üppig. Kommissare wurden in der gleichen Gehaltsstufe eingruppiert wie die Leiter der Verwaltung, die
sie überwachten. Aber auch auf unteren Ebenen wurde großzügig
bezahlt. Im Frühjahr 1933 stellte der Verbindungsstab der NSDAP in
der Reichskanzlei vier SA- und SS-Leute ein, um die für Hitler ein-
gehende Post zu öffnen und zu sortieren; es ging um rund 1000
Briefe pro Tag. »Zur Erledigung dieser Aufgabe«, teilte ein Mitarbeiter dem Finanzministerium mit, habe man vertrauenswürdige Männer »herangezogen, die nach ihrer beruflichen Vorbildung Bank-
beamte oder kaufmännische Angestellte sind und erhebliche Zeit
arbeitslos waren«. Obwohl es sich um »Hilfskräfte« handelte, erhielten sie fast doppelt so viel wie der Tarifvertrag für vergleichbare
Aufgaben vorsah.[10]

An der Spitze lokaler Verwaltungen wurden viele Stellen frei, die
bislang demokratische Politiker besetzt hatten: Bis Ende Mai 1933
waren schon mehr als 560 leitende Gemeindebeamte beurlaubt oder
formal abgesetzt; als Nachfolger kamen meist Nationalsozialisten
zum Zuge. In München folgte Karl Fiehler, bereits seit 1920 Mitglied
der NSDAP, dem konservativen Oberbürgermeister Karl Schar-
nagl. In Gelsenkirchen ersetzte Carl Böhmer, Mitglied seit März
1928, das liberale Stadtoberhaupt Emil Zimmermann. Dieses Muster wiederholte sich bis hinab in kleine Gemeinden: Im Weindorf
Moselkern übernahm im Mai 1933 Peter Wirschem, Mitglied der
NSDAP seit 1929 und Ortsgruppenleiter, das Bürgermeisteramt von
einem Zentrums-Vertreter.[11] Gab es wirklich gar keine interessierten
»alten Kämpfer«, konnten ganz junge Nationalsozialisten zum Zuge
kommen. Gerade 21 Jahre alt war der 1912 im hessischen Weiterhain
geborene Karl Friedrich Nau, als er »durch das Vertrauen der Kreisleitung« Bürgermeister seiner Heimatgemeinde wurde.[12]

Immerhin die Hälfte der 36 Landratspositionen in Ostpreußen
besetzte die NSDAP bis Juni 1933 neu. Entlassen wurden alle Sozialdemokraten sowie mehrere Vertreter des Zentrums und moderate
Konservative. Vorläufig im Amt bleiben durften dagegen 18 reaktionäre Landräte ausnahmslos aus der DNVP; die Hälfte von ihnen

verloren ihre Stellungen aber dann bis Ende 1934. Zu dieser Zeit
waren auch drei Viertel aller ostpreußischen Bürgermeister Parteimitglieder. Auf dem platten Land der Provinz gab es hingegen zu
wenig NSDAP-Anhänger, um die ehrenamtlichen Positionen als
Gemeindevorsteher zu besetzen; hier gehörte 1934 nur jeder sechste
Amtsträger der Partei an. Attraktiv waren Funktionen in der kommunalen Verwaltung nur, wenn sie ein bequemes Auskommen
boten.

NSDAP-Mitglieder in Staatsfunktionen bekamen in der Regel
ihre aktive Tätigkeit in Partei oder SA auf das Laufbahnalter des
öffentlichen Dienstes angerechnet, was zu einer höheren Eingrup-
pierung führte. Genügten die persönlichen Voraussetzungen des
Bewerbers den Einstellungsbedingungen nicht, so konnte ein Pri-
vatdienstvertrag geschlossen werden, der nach einer gewissen
Bewährungszeit in ein Beamtenverhältnis überführt wurde. Auf
diese Weise stieg ein gelernter Klempner zum Leiter des Strafvoll-
zugs in Hamburg auf, der den Insassen des KZ Fuhlsbüttel im Herbst
1933 eine Verschärfung der Haftbedingungen mit den Worten
ankündigte: »Das Strafvollzugsamt wird Ihnen als bewussten Feinden des nationalsozialistischen Staates zielbewusst, unerbittlich und
hart unter Einsatz aller Mittel beweisen, dass niemand ungestraft
den Staat Adolf Hitlers in seiner Aufbauarbeit stören darf.«[13]

## STAATSBETRIEBE

Fast genauso direkten Zugriff wie auf die Verwaltung hatte die
NSDAP ab 1933 auf Stellen in staatsnahen Betrieben. Die beiden
größten Unternehmen im Eigentum des Staates, Reichsbahn und
Reichspost, bauten ihr Personal erheblich aus. Die Bahnbelegschaft
wuchs von Ende 1932 bis Ende 1934 von 616 000 auf 647 000 Beamte,
Angestellte und Arbeiter. Generaldirektor Julius Dorpmüller, der
seit 1926 die Geschäfte der Reichsbahn führte, hatte schon am
24. März 1933 alle Reichsbahn-Mitarbeiter aufgefordert, ihre »volle

Kraft« für die »nationale Regierung« einzusetzen.[14] Die Entscheidungen der formal unabhängigen Reichsbahn-Führung ordneten
sich der NS-Wirtschaftspolitik unter. Noch stärker stockte die
Reichspost auf: von 351000 Mitarbeitern Ende 1932 auf 383000
Ende 1934. Auch hier handelte es sich meist um Stellen in der Verwaltung und in Verbindungsstäben. Ende 1937 rühmte sich die Post,
in vier Jahren rund 30000 »verdiente Nationalsozialisten« aufgenommen zu haben; ihre wesentliche Qualifikation war eine niedrige
NSDAP-Mitgliedsnummer.[15]

Das mit gut 21000 Mitarbeitern größte kommunale Unternehmen Deutschlands, die Berliner Verkehrs-Gesellschaft, hatte in der
Weimarer Republik als SPD-Hochburg gegolten. Im April 1933
ernannte Hermann Göring den NSDAP-Landtagsabgeordneten
Johannes Engel, einen gelernten Dreher, zum Verkehrs-Stadtrat
Berlins und damit zum Aufsichtsratschef der BVG. Er entließ den
bisherigen Vorstand wegen angeblicher Verfehlungen mit »soforti-
ger Wirkung fristlos unter Aberkennung weiterer Gehalts- und Pen-
sionsansprüche«. Strafanzeigen führten zu nichts, denn die Vorwürfe waren haltlos; an den Kündigungen änderte sich trotzdem
nichts.[16] Innerhalb der kommenden Monate wurden knapp 2000
BVG-Mitarbeiter aus politischen oder »rassischen« Gründen entlassen und 3000 neu angestellt; vielfach erhielten die frei gewordenen Stellen auch nationalsozialistische Mitarbeiter aus niedrigeren
Positionen, oft ohne Rücksicht auf ihre Qualifikation. Darüber
berichtete das Personalamt der BVG am 6. Dezember 1934 an Engel:
»Frei werdende Angestelltenposten sind fast durchweg von ›alten
Kämpfern‹ besetzt worden.« Außerdem wurden Arbeiter »zwecks
Wiedergutmachung des ihnen früher zugefügten Unrechts zu Angestellten befördert«.[17]

Ähnliches geschah bei regionalen Eigenbetrieben. In Berlin übernahm der NSDAP-Stadtverordnete Karl Kaspar, seit Juli 1925 Mitglied, im Frühjahr 1933 gleich mehrere Aufsichtsratsposten bei kommunalen Versorgern, unter anderem der Gasag. Parallel dazu wurde
er in der erweiterten Gauleitung zuständig für Kommunalwirtschaft

und Technik. Er nutzte die Gelegenheit, um sich eine Position maß-
zuschneidern: Nach einiger Zeit wechselte er als Direktor zu den
neu formierten Wasserwerken und bezog ab sofort ein Monatsgehalt von 2800 Reichsmark – fast genauso viel wie ein Reichsminister
und das Fünffache seiner Bezüge vor 1933.[18]

In Stuttgart zögerte der am 16. März 1933 zum Staatskommissar
ernannte Nationalsozialist Karl Strölin ebenfalls nicht lange: Schon
nach vier Tagen im Amt setzte er die Direktoren des städtischen
Elektrizitätswerks, des größten Krankenhauses und der öffentlichen
Bäder sowie mehrere hohe Beamte der Stadtverwaltung ab; ihre
Stellen gingen zum Teil an Bekannte, zum Teil an vormalige Unter-
gebene, die ihren Aufstieg mit unbedingter Loyalität dankten.
Andere württembergische Nationalsozialisten versuchten, die Patronage zu begrenzen. Um dennoch eine Personalpolitik im Sinne
der NSDAP zu garantieren, schuf man im Innenministerium eine
übergeordnete Abteilung für Körperschaftsverwaltung, die ein
bewährter NSDAP-Landtagsabgeordneter leitete, der seit Oktober
1929 Mitglied war.

Der Effizienz der regionalen Verwaltung gab auch Ostpreußens
Gauleiter Erich Koch den Vorrang gegenüber der Belohnung ver-
dienter »alter Kämpfer«. Bei der Besetzung verantwortungsvoller
Posten griff er nur dann auf Parteigenossen zurück, wenn sie Fach-
leute waren. Die Mitglieder seines Stabes, die nur selten die nötigen
Fähigkeiten hatten, mussten sich mit zwar ordentlich dotierten,
aber oft unwichtigen Stellen zufriedengeben. Koch war der Fall des
Gauleiters von Pommern eine Warnung. Wilhelm Karpenstein hatte
so viele unqualifizierte »alte Kämpfer« in Leitungsfunktionen berufen, dass die Verwaltung bald faktisch ebenso lahmgelegt war wie
die Versorgungsbetriebe der Gauhauptstadt Stettin.[19] Hitler setzte
Karpenstein deshalb ab.

## PRIVATWIRTSCHAFT

Auch jenseits von Verwaltung und staatseigenen Betrieben wurden Nationalsozialisten ab Frühjahr 1933 bevorzugt eingestellt. »Durch Fühlungnahme mit der Privatwirtschaft«, bilanzierte ein ins Landesarbeitsamt abgeordneter Beauftragter der Gauleitung Berlin, »konnten in drei Monaten annähernd 1000 Parteigenossen in Arbeit gebracht werden«. In Stuttgart hatte der *NS-Kurier* am 1. September 1933 einen Aufruf »Gebt Arbeit für SS und SA« veröffentlicht, in dem die Einstellung von Nationalsozialisten zur »Ehrenpflicht« der Geschäftswelt erklärt wurde. Ein halbes Jahr später bilanzierte das Blatt, es sei gelungen, 2000 SA- und SS-Männer sowie Funktionäre der NSDAP »wieder in den Arbeitsprozess« einzugliedern.[20]

Für gewinnorientierte Unternehmen waren viele Mitglieder schlicht ungeeignet; sie wurden deshalb meist im öffentlichen Dienst versorgt. In der Privatwirtschaft gab es aber ebenfalls erstaunliche Karrieren. Ein ostpreußischer Bankbuchhalter stieg 1933 zunächst in die gut dotierte Vertrauensstellung eines Kassierers seiner Filiale in Tilsit auf und wurde schon wenige Monate später zum zweiten Vorstand berufen; seine niedrige Mitgliedsnummer 10 980 dürfte dabei entscheidend gewesen sein. »Alle wichtigen Positionen sind mit Nationalsozialisten besetzt«, schrieb er 1934, »aber die Menschen sind zum Teil noch die Alten.«[21] Es blieb noch viel zu tun für den gerade einmal 27-jährigen »alten Kämpfer«.

Es konnte für Unternehmen hilfreich sein, altgediente Nationalsozialisten einzustellen – so sicherte man sich im Falle eines Falles gut vernetzte Fürsprecher. Auf diese Weise »boten sich wieder Verdienstmöglichkeiten« für den Verlagsvertreter Otto Dietrich, der 1931 seine Stellung verloren hatte: »Am 1. November 1933 erhielt ich die Alleinvertretung der *Deutschen Lederwaren- und Kofferzeitung* für Berlin und die Provinz Brandenburg.« Wenig später kam die Anzeigenleitung für ein Mitteilungsblatt der NS-Gemeinschaft Kraft durch Freude hinzu.[22]

Mitunter stritten Nationalsozialisten untereinander um lukrative

Posten. Die Dresdner Bank weigerte sich im Frühjahr 1933, den Depositenkassenvorsteher Hermann Tönnies, Mitglied seit 1929, kommissarisch in den Bankvorstand zu berufen, obwohl er aus oberen Etagen der NSDAP-Reichsleitung protegiert wurde. Daraufhin drohte der »alte Kämpfer« unverhohlen: »Ich sehe schon, dass es notwendig werden wird, mit meiner Sturmabteilung meine kommissarische Einsetzung als Vorstandsmitglied der Dresdner Bank zu erzwingen. Es wird Ihnen eine Frist bis morgen früh um acht Uhr gesetzt.«[23] Gegen diese offene Erpressung mobilisierte der Bankvorstand als »Berater« Erich Niemann. Dessen zentrale Qualifikation war, dass er einen persönlichen Kontakt zu Hermann Göring hatte und seit 1931 der NSDAP angehörte. Göring maßregelte Tönnies umgehend und wollte dafür sorgen, dass er wegen »eigenmächtigen Handelns« aus der Partei ausgeschlossen würde. Das wiederum verhinderte Otto Wagener, Leiter der Wirtschaftspolitischen Abteilung der NSDAP. Schließlich einigten sich beide Seiten – auf Kosten der Bank: Niemann wurde zum Direktor mit einem Jahresgehalt von 36 000 Reichsmark zuzüglich Boni ernannt. Tönnies bekam zwar nicht den noch besser dotierten Vorstandsposten, dafür aber mehrere Funktionen auf mittlerer Ebene; sein Jahreseinkommen stieg von 8100 auf mehr als 13 000 Reichsmark.

## KARRIEREN

Die Förderung alter Parteigenossen führte zu überraschenden Karrieren. Der arbeitslose Gärtner Friedrich Luther aus Neustadt (Pfalz), der 1929 als Selbstständiger gescheitert war, übernahm im Mai 1933 die örtliche Stadtgärtnerei: »Damit wurde das mir zugefügte Unrecht wieder gutgemacht.«[24] Beim Finanzamt in der Reichshauptstadt kam Hermann Winscher unter – obwohl der Versehrte des Weltkrieges seine Lehre als kaufmännischer Angestellter 1914 wegen des Krieges abgebrochen hatte. Nach Tätigkeiten als Hilfskraft und längerer Erwerbslosigkeit war er nun dem »Schicksal so dankbar, dass es mir wieder vergönnt ist, produktive Arbeit zu leisten«.[25] Josef Schulz aus Linz am Rhein, der unter anderem als Aushilfe bei der Deutschen Bank und als selbstständiger Vertreter auf Provisionsbasis gearbeitet hatte, stieg im Frühjahr 1933 zum Staatskommissar auf, kontrollierte also die Verwaltung seiner Heimatgemeinde. Hier erhielt er »Einblick in die korrupten Zustände der Vergangenheit«; der Nepotismus der Gegenwart störte ihn dagegen nicht.[26]

Manche Beförderung erfolgte wegen personalpolitischer Bedürfnisse der NSDAP. Der Dorfschullehrer Franz Fischer, seit 1931 Ortsgruppenleiter im tiefsten Odenwald, wurde im Juli 1933 ins südhessische Michelstadt versetzt, um dort gleichzeitig die örtliche Partei und die Stadtschule zu leiten; stolz nannte er sich fortan »Rektor«.[27] Der Propagandaleiter der Ortsgruppe im hessischen Langen, Willi Barth, ein gelernter Tiefbauingenieur, stieg am 15. April 1933 zum Stadtbaumeister auf. Der kommissarische Bürgermeister des Ortes, der NSDAP-Landtagsabgeordnete Heinrich Göckel, hatte ihn eingestellt; er brauchte einen voll besoldeten Helfer vor Ort. »Die Berufung kam für mich überraschend«, erinnerte sich Barth, »hatte ich doch niemals in der Kampfzeit das Ziel einer Anstellung erstrebt.«[28]

Oft profitierten Nationalsozialisten unmittelbar von politisch motivierten Entlassungen. Im kleinen Gelsenkirchener Leihamt verlor 1933 ein jüdischer Taxator seine Anstellung, die ein Parteigenosse übernahm, der sich in der Stadt einen Namen als Aktivist gemacht hatte. 1937 wurde er bevorzugt verbeamtet, wozu »seine ununterbrochene aktive Einsatzbereitschaft« für die Partei beitrug, die ihm der zuständige Kreisleiter bestätigte. »Seine Berücksichtigung gemäß der für verdiente Kämpfer der NSDAP erlassenen Sonderbestimmungen« könne »nur befürwortet werden«.[29]

Selbst ein im Streit mit Hitler geschiedener ehemaliger Funktionär wie Eugen Munder, 1925 bis 1928 Gauleiter der württembergischen NSDAP, profitierte, obwohl er überhaupt nicht Mitglied war: Er stieg bei der AOK Stuttgart in eine Leitungsfunktion auf. Eine Folge seiner fachlichen oder persönlichen Qualifikation konnte diese Laufbahn nicht sein. Denn Munder war alles andere als charakterlich geeignet für die Funktion, erwies er sich doch als unbeherrscht, rücksichtslos und machtgierig.

Manchmal gab es freilich aus Parteikreisen Kritik an der um sich greifenden Patronage – oft aus Neid, gelegentlich aber auch aus ideologischen Gründen. So wehrte sich Alfred Rosenberg, Chefredakteur des *Völkischen Beobachters*, Ende Februar 1933 gegen Bemühungen, dem Wiener Philosophen Othmar Spann einen Lehrstuhl in Berlin zu verschaffen. »Derartige Unternehmungen könnten als programmatisch aufgefasst werden und die Einheit unseres Aufbruchs gefährden.«[30] Rosenberg hatte Spann, geheimes Mitglied der NSDAP, schon 1931 aus seinem Kampfbund für deutsche Kultur ausschließen lassen – er dachte ihm zu eigenständig. Nach dem »Anschluss« 1938 saß Spann fast fünf Monate im KZ Dachau.

## PERSÖNLICHE BEREICHERUNG

Politisch motivierte Einstellungen waren der größte, aber nicht der einzige Komplex von Korruption in Deutschland nach 1933. Der Antisemitismus eröffnete Möglichkeiten, persönlich zu profitieren. Bei Durchsuchungen der Häuser wohlhabender Juden »beschlagnahmten« SA-Trupps Bargeld, Schmuck und andere Wertsachen. Jüdische Geschäftsinhaber wurden zu »Spenden« genötigt, die oft direkt in die Taschen der Geldeintreiber wanderten. Opfer solcher Übergriffe, die sich bei der Polizei beschwerten, wurden bestenfalls ignoriert, konnten aber auch auf Wochen in ein Konzentrationslager eingewiesen werden. Obwohl nur ein Bruchteil solcher Selbstbereicherungen dokumentiert wurde, enthalten überlieferte Partei- und Gerichtsakten Tausende Hinweise. Verfolgt wurden solche Vergehen meist nur, wenn höher gestellte Nationalsozialisten darauf bestanden, weil sie einen Sündenbock für eigene Verfehlungen brauchten.

Anfang April 1933 erschienen zwei Angehörige des NS-Partei-

sicherheitsdienstes SD im ostpreußischen Pillau beim Ortsgruppenleiter und legten ihm ein Dokument mit der Unterschrift von
Gauleiter Koch und dessen Stellvertreter Ferdinand Großherr vor.
Demnach sollten ihnen alle NSDAP-Stellen volle Unterstützung
gewähren. Worum es ging, verstand der Ortsgruppenleiter schnell:
Die beiden Besucher verlangten nach Adressen wohlhabender
Juden. Ein Kontrollanruf bei Großherr ergab, dass alles »in Ordnung« wäre. In Begleitung eines einheimischen NSDAP-Mitglieds
gingen die beiden SD-Angehörigen nun zum reichsten Juden von
Pillau und erpressten ihn um einen »erheblichen Geldbetrag«; der
ortskundige Helfer bekam einen Anteil. Die beiden SD-Männer
behielten ebenfalls etwas, den Großteil lieferten sie aber wohl beim
stellvertretenden Gauleiter ab. Obwohl der Vorgang sowohl Hitlers
Adjutanten in der Reichskanzlei wie dem Stab von Rudolf Heß
bekannt wurde, kam lediglich der Pillauer Helfer als Sündenbock
vor Gericht und erhielt eindreiviertel Jahre Haft. Die beiden SD-
Angehörigen, die noch weitere Erpressungen in Ostpreußen begingen, blieben »aus Gründen des Partei- und Staatsinteresses« ebenso
straffrei wie Großherr, der mutmaßliche Auftraggeber. Dabei war
der Sachbearbeiter in der NSDAP-Zentrale überzeugt, dass die
Erpressungen »mit Wissen der Gauleitung erfolgt« seien. Großherr
und Koch blieben jedoch bis 1945 in ihren Parteiämtern.[31]
    Pech hatte der westfälische Nationalsozialist Fritz Pithan, obwohl
seine Beschwerde wegen Korruption zutraf. Er hatte Schiebereien
bei der örtlichen NS-Handwerks-, Handels- und Gewerbeorganisa-
tion sowie der Gauleitung angezeigt – und wurde deshalb vom Parteigericht »mit einer Verwarnung unter gleichzeitiger Aberkennung
der Fähigkeit zur Bekleidung eines Parteiamtes auf die Dauer von
einem Jahr« bestraft. Die beschuldigten Funktionäre hingegen sprachen die NSDAP-Richter frei, obwohl die Vorwürfe gar nicht
geprüft worden waren. 1938 zeigte die Verurteilung eines der Jahre
zuvor angezeigten Funktionäre wegen Unterschlagung, dass Pithan
mindestens zum Teil richtiggelegen hatte.[32]
    Ob korrupte NSDAP-Funktionäre ignoriert oder vielleicht doch

bestraft wurden, hing allein von den Kontakten der Täter ab. Christian Weber, einer von nur vier Duzfreunden Hitlers in der NSDAP und von Goebbels respektvoll »bayerisches Urviech« genannt, war allgemein als ungeheuer gierig bekannt.[33] Der »Wirtschaftsbeauftragte« Münchens kassierte Amtsbezüge von 70 000 Reichsmark und zusätzlich 72 000 Reichsmark für sein persönliches Büro, bekam eine »Dotation« Hitlers von 50 000 Reichsmark und noch einmal 25 300 Reichsmark von der Stadtverwaltung für seine »Verdienste«; von einer Handelsfirma in Frankfurt nahm er über längere Zeit hinweg 20 000 Reichsmark im Jahr an.[34] Angesprochen auf illegale Provisionen antwortete er der eidesstattlichen Erklärung einer Zeugin zufolge: »Wer an der Quelle sitzt, macht's; wenn ich es nicht mache, macht es ein anderer.«[35] Die Freundschaft zu Hitler schützte Weber, auch als Reichsschatzmeister Franz Xaver Schwarz ihn in einem Brief an Martin Bormann direkt attackierte. Webers Verhalten entbehre »nicht einer gewissen Komik«, ihm müssten »ein für alle Mal« die Grenzen klargemacht werden.[36] Selbst Oberbayerns Gauleiter Adolf Wagner sprach sich gegen Weber aus – ohne Erfolg.

In der Summe wohl noch korrupter war Berlins Gauleiter. Zwar unterdrückte Joseph Goebbels wiederholt Fälle offensichtlicher Selbstbereicherung von Funktionären, nahm aber selbst ungeniert praktisch jede Art von Vorteilen an. Nur wenige Wochen nach Gründung der Stiftung Winterhilfswerk des Deutschen Volkes im September 1933 notierte er zum Beispiel: »Eine Korruption aufgedeckt. Organisation überprüft.«[37] 1935 entließ er den Leiter der NSDAP-Filmabteilung Arnold Raether und schrieb zur Begründung: »Ordnung und Sauberkeit müssen sein.«[38] Schon wenige Tage später vermerkte er im Tagebuch, in seinem Ministerium gebe es Korruption: »Täte mir sehr leid. Muss aber aufgedeckt werden.«[39] Gleichzeitig bewies er Verständnis für menschliche Schwächen: »Die Landesstellenleiter müssen finanziell und rangmäßig viel besser gestellt werden. Sonst ist die Korruption unvermeidlich. Wenn einer mit Hunderttausenden umgeht und selbst 190 Reichsmark verdient – das geht eben nicht.«[40] Das Thema trieb ihn um; er notierte: »Die Gehälter sind nicht hoch genug. Das ist eine Ursache der Korruption. Wir werden da bald Abhilfe schaffen.«[41]

Höhere Löhne konnten die Gier wirklich korrupter Charaktere nicht dämpfen. Das hätte Goebbels auch an sich selbst erkennen können. Obwohl er, der schon seit 1928 als Reichstagsabgeordneter hervorragend verdiente, als Minister ständig steigende Bezüge erhielt, nahm er riesige Geschenke der Stadt Berlin und des Filmkonzerns Ufa an, so eine Landvilla am Bogensee mit 1600 Quadratmetern Wohnfläche für mehr als 2,5 Millionen Reichsmark. Mit Steuermitteln ließ er seine Dienstvilla in den Berliner Ministergärten komplett umbauen und neu ausstatten – für insgesamt mehr als vier Millionen Reichsmark.

## FREMD- UND SELBSTWAHRNEHMUNG

Natürlich redeten die Deutschen über die Korruption und die Patronage. Der Volksmund deutete die Abkürzung NSDAP schnell als »Na, Suchst Du Auch'n Pöstchen?«.[42] Doch weil die schon in den ersten Monaten 1933 unter massivem Druck gleichgeschaltete Presse zwar über angebliche Bestechlichkeit von Funktionsträgern aus der Zeit vor 1933 berichtete, aber so gut wie nie über Verfehlungen von NSDAP-Mitgliedern, blieb es meist bei relativ harmlosen Gerüchten. Eine kritische Öffentlichkeit gab es nicht mehr.

Die illegalen *Deutschland-Berichte* der Exil-SPD informierten im Schnitt zweimal im Jahr über Unterschlagungen durch Nationalsozialisten. Doch ihr Leserkreis war klein, denn jede Verbreitung der grünen Hefte konnte harte Strafen nach sich ziehen. Verständlich aus Sicht des Regimes, waren die Beispiele doch oft peinlich. Etwa das eines SA-Führers aus der Umgebung Münchens, der 1934 ihm anvertrautes Geld des Winterhilfswerks behalten hatte. »Die Zeitungen durften über diesen Fall nichts berichten«, fügte der Berichterstatter hinzu.[43] Ein anderer Helfer der Exil-SPD schrieb über die Verhältnisse in Württemberg: »Die Korruption ist so ungeheuerlich, dass es gar nicht mehr möglich ist, alle Fälle aufzuzählen. Jeder kleine Ort hat seinen Fall oder gar mehrere. Aber das Volk ist so abgestumpft, dass es der NSDAP leicht fällt, diese Fälle immer wieder zu vertuschen.«[44] In Berlin unterschlug ein Wohnungsverwalter namens Knocke Mietzahlungen – obwohl der bewährte ehemalige SA-Kämpfer ein üppiges Monatsgehalt von 520 Reichsmark bezog. Als das Vergehen im Sommer 1934 bekannt wurde, musste er in Zwangsurlaub gehen. Bald aber gab die Hausverwaltung per Aushang bekannt: »Alle Gerüchte über die Unterschlagungen des Verwalters Knocke sind unwahr.« Wer sie weiterverbreite, werde bestraft. Knocke habe »lediglich infolge besonderer Umstände einen Gehaltsvorschuss von 1700 Reichsmark entnommen«.[45] Er bekam daraufhin eine andere, noch besser bezahlte Stelle.

In Berlin gab es 1935 eine Serie von Prozessen gegen 26 Nationalsozialisten, die Leitungspositionen bei örtlichen Krankenkassen übernommen hatten. Das Verfahren war öffentlich, wurde aber von den Zeitungen totgeschwiegen, denn ans Licht kam ein Sumpf von Korruption. Sechs Angeklagte hatten mit Kassengeldern Grundstücke gekauft; fünf andere täuschten bei Revisionen trickreich die Prüfer: Sie liehen einander aus ihren Kassen Geld, um Fehlbeträge zu vertuschen; einer fälschte bei einem mehrere Jahre alten Auszahlungsbeleg das Datum, um die unterschlagene Summe als offizielle Ausgabe verrechnen zu können. »Die Urteile ergingen in Höhe von anderthalb bis zweieinhalb Jahren Gefängnis«, bilanzierten die *Deutschland-Berichte*.[46]

Die Fülle von Korruption sorgte für schlechte Stimmung, wie die Gestapo Berlin im Sommer 1935 berichtete: »Mit Erbitterung wird überall davon gesprochen, dass selbst höhere Parteileiter ein höchst anstößiges Leben führen, sich Schlemmereien hingeben, Unterschlagungen und Veruntreuungen begehen und um sich einen Byzantinismus großziehen, der an Vorkriegszeiten erinnert.«[47] Da sich aber daran nichts ändern ließ, folgten meist Resignation und höchstens stille Wut. Nur gleichermaßen naive wie wirklich überzeugte »alte Kämpfer« der NSDAP konnten glauben, was der Ex-

Kommunist und SA-Mann August Zimmermann mit Inbrunst verkündete: »Durch die Berufung Adolf Hitlers zum Reichskanzler
leben wir heute in dem saubersten Staat der Welt.«[48]

Die NSDAP betrachtete nach der Machtübernahme den Staat als
Beute – auf allen Ebenen, vom einfachen SA-Mann bis zu Rudolf
Heß, Hitlers Stellvertreter in allen Parteifragen. Während der Vorwurf der Korruption viele Funktionsträger der Republik fortspülte,
versuchten Hunderttausende Nationalsozialisten, sich ihren Anteil
zu sichern. Die meisten hatten Erfolg, vor allem wenn es um den
Aufstieg in Positionen ging, für die sie nicht annähernd qualifiziert
waren. Zwar gab es wegen Unterschlagung und ähnlicher Delikte
Tausende Verfahren vor Partei- und sogar Strafgerichten, am korrupten Charakter der NSDAP-Herrschaft änderten sie jedoch
nichts.

# VOLKSGEMEINSCHAFT

Der Einzelne zählte nichts; seine Bedeutung bestand
darin, Glied einer großen Gemeinschaft zu sein.
*Ernst Piper, Historiker*[1]

## EINE NEUE AUFGABE

Wer sein Ziel erreicht hat, sollte sich ein neues suchen; sonst drohen
bestenfalls Langeweile, schlimmstenfalls Depression. Adolf Hitler
hatte seine Partei konsequent zur Waffe für Wahlkämpfe ausgebaut;
diese Funktion jedoch war spätestens ab dem 14. Juli 1933 überflüssig. An diesem Tag wurde die »Neubildung von Parteien« verboten; legale politische Organisationen waren nur noch die NSDAP
und ihre Gliederungen.[2] Zwar fanden auch danach noch Rituale
statt, die formal Abstimmungen ähnelten – auf Reichsebene dreimal
bis 1938. Doch antreten durfte nur noch eine Liste, aufgestellt von
der NSDAP. Auf die Wahlzettel für die zeitgleich abgehaltenen
Volksabstimmungen waren zwar Felder für »Ja« und »Nein«
gedruckt, aber kaum jemand traute sich, seine Ablehnung durch ein
Kreuz zu dokumentieren. SA-Leute standen in allen Wahllokalen,
in denen örtliche Parteifunktionäre die Vorstände stellten. Da Zeitungen wie Radiosender domestiziert waren und die Propaganda
vom neu gebildeten Goebbels-Ministerium in Berlin geleitet wurde,
brauchte man die Wahlkampfmaschine NSDAP nicht mehr.

Die offizielle Zustimmung erreichte im Reichsdurchschnitt stets
Werte zwischen knapp 90 und 99 Prozent; solche Ergebnisse waren
mit Sicherheit verfälscht. Denn natürlich wandelten sich nicht alle
zwölf Millionen Wähler, die im März 1933 für die SPD oder die KPD

gestimmt hatten, in überzeugte Nationalsozialisten. Deshalb erteilte Adolf Hitler seiner Partei im Sommer 1933 einen neuen Auftrag: »Der heutige Zustand muss verbessert und die Menschen, die ihn verkörpern, müssen zur nationalsozialistischen Staatsauffassung erzogen werden.«[3] Schon im zweiten Band von *Mein Kampf* stand zu lesen, dass die NSDAP nach der Eroberung der Macht »die gesamte Leitung« zu bilden habe, »bis die bisherigen Grundsätze und Lehren der Partei zum Fundament und Inhalt des neuen Staates« geworden, notfalls »aufgezwungen« seien.[4]

Die »Erziehung« zum Nationalsozialismus als Fundament hatte zwei Voraussetzungen: die Ausgrenzung vermeintlich »Volksfremder« und die Kontrolle angeblicher oder wirklicher Gegner. Im 25-Punkte-Programm von 1920 hieß es: »Staatsbürger kann nur sein, wer Volksgenosse ist. Volksgenosse kann nur sein, wer deutschen Blutes ist, ohne Rücksichtnahme auf Konfession. Kein Jude kann daher Volksgenosse sein.« Und weiter: »Wer nicht Staatsbürger ist, soll nur als Gast in Deutschland leben können und muss unter Fremden-Gesetzgebung stehen.«[5] Ähnlich sahen es einfache Mitglieder der NSDAP: »Alles Art- und Rassefremde« müsse »unentwegt« bekämpft werden, bekannte der Frankfurter Willi Schmidt.[6] Eine so verstandene Volksgemeinschaft war für viele Hitler-Anhänger zentral.

»Die Partei als weltanschauliches Erziehungsinstrument muss das Führerkorps des deutschen Volkes werden«, hieß es im *Reichsorganisationsbuch* der NSDAP, der »Bibel« der Partei: »Dieses Führerkorps ist für die restlose Durchdringung des deutschen Volkes im nationalsozialistischen Geiste und für die Überwindung der im Volk zum Teil noch wurzelnden Abhängigkeit von international gebundenen Kräften verantwortlich.« Außerdem sei die »Fach- und Sacharbeit« zu überwachen und sicherzustellen, dass sie nach »nationalsozialistischer Ausrichtung durchgeführt« werde.[7]

Diesen neuen Auftrag nahmen viele Parteimitglieder sehr ernst: »Die NSDAP war in den Staat eingegliedert«, erinnerte sich der Berliner Nationalsozialist Bruno Stiffel an den Sommer 1933. Doch erst

»jetzt begann die schwierigste Arbeit«, fuhr der Sachbearbeiter einer vormals gewerkschaftsnahen Versicherung fort: »In unserer Verwaltung hatte ich als Obmann darüber zu wachen, dass die Interessen des Staates und der Partei nicht angegriffen werden. Bei der Gegnerschaft in unserer Verwaltung gehörte die ganze Kraft dazu, um sich durchzusetzen.«[8]

## EIN ENGES NETZ

Um die deutsche Gesellschaft zu »erziehen«, also zu kontrollieren und von »Fremdem« zu reinigen, knüpfte die NSDAP ein engmaschiges Netz über das ganze Land. Dazu bedurfte es weder Weisungen noch Befehlen von oben, treibende Kräfte waren die Mitglieder selbst. Die »alten Kämpfer« sowieso, die sich nun in der Lage sahen, ihre seit Jahren verfolgten Ziele umzusetzen. Aber ebenso viele Märzgefallene, die mit vorauseilendem Gehorsam den Verdacht des Opportunismus zu zerstreuen suchten.

Die Zahl der Mitglieder war stark angestiegen. In der Reichshauptstadt beispielsweise von 55 604 am 30. Januar 1933 auf 138 117 zum 1. Januar 1935, in München von rund 10 000 auf 30 770, und in Ostpreußen von 27 526 auf 86 281.[9] Schon um diese enorme Zahl zu betreuen, also Beiträge zu kassieren, sie mit Propaganda zu versorgen und zu beschäftigen, brauchte die NSDAP eine Fülle neuer Funktionsträger; sie wurden in der Parteisprache »Politische Leiter« genannt und auf Adolf Hitler vereidigt. Ihre Zahl betrug knapp zwei Jahre nach der Machtübernahme in ganz Deutschland 502 662 – bei knapp 2,5 Millionen Mitgliedern. Mitgerechnet waren hier die Funktionsträgerinnen der NS-Frauenschaft, nicht jedoch die Amtsinhaber anderer Parteigliederungen, die bis auf minderjährige HJ-Führer oft gleichzeitig Funktionen in der NSDAP innehatten. Jedes fünfte Mitglied übte am Stichtag 1. Januar 1935 eine Parteifunktion aus; bei einer Wohnbevölkerung von 45 Millionen Erwachsenen im Schnitt also jeder 90. Deutsche.

Die halbe Million Politische Leiter waren noch einmal unterschieden. Etwas mehr als jeder zweite, genau 280 916, galt als
»Hoheitsträger«. Sie leiteten formal selbstständig ihr jeweiliges
Gebiet, was ihnen ein Gefühl der Bedeutung geben sollte: »Sie vertreten in ihrem Bereich die Partei nach innen und außen.« Zu ihren
Aufgaben gehörte die »ordnungsgemäße und gute Betreuung aller
Volksgenossen in ihrem Hoheitsbereich«. Das war mit Erwartungen
verbunden: »Durch Festsetzung bestimmter regelmäßiger Sprech-
stunden soll jedermann Gelegenheit haben, mit seinem Hoheitsträger in Verbindung zu treten.«[10] Die übrigen 227 746 Politischen
Leiter unterstützten als Stabsangehörige die »Hoheitsträger«. Allein
in den 20 724 Ortsgruppen und Stützpunkten gab es 181 065 solche
Mitarbeiter.[11] Alle Leiter waren der nächsthöheren Ebene unterstellt; so herrschte steter Druck, den Erwartungen der Partei zu
genügen.

Die Reichsorganisationsleitung beschrieb die Aufgaben des Politischen Leiters: Er sei »kein Beamter, sondern immer der politische
Beauftragte des Führers. Er muss klar sehen und denken. Er muss in
Krisenzeiten des Volkes der feste Pol sein und unbedingt gehor-
chen.« Das Profil gipfelte in der Formel: »Der politische Leiter muss
Prediger und Soldat zugleich sein.« Nie dürfe ein solcher Amtsträger »Bürokrat werden, immer muss er im Volk und für das Volke
tätig sein. Er muss Vorbild sein.« Dieser Erwartung genügten viele
Politische Leiter offenbar nicht, denn zugleich mahnte das *Reichsorganisationsbuch* ausdrücklich: »Jede Vetternwirtschaft hat zu
unterbleiben.« Als noch schlimmer galt, die ständige Weiterentwicklung des Apparates zu behindern: »Wer tüchtige Parteigenossen nicht aufkommen lässt, weil er Angst hat, sie könnten ihn aus-
stechen, ist ein erbärmlicher Wicht und ein Schädling der Partei.«[12]

Alle Politischen Leiter sollten ihren Dienst im »Parteianzug« erledigen, also in Uniform; dafür schuf die NSDAP ein an militärischen
Vorbildern ausgerichtetes, differenziertes Gefüge mit bis zu 30 verschiedenen Diensträngen. Im *Organisationsbuch* waren den Uniformen der Politischen Leiter mehr als zehn Seiten und ein halbes

Dutzend farbige Tafeln mit Beispielen gewidmet. Autorisierte Konfektionsgeschäfte boten die Kleidungsstücke an; man konnte die Uniformen aber auch nach Maß anfertigen lassen. Die Kosten trug jeder Politische Leiter selbst. Nicht aus eigener Tasche bezahlen mussten die oberen rund zehn Prozent der NSDAP-Amtsträger die »Ehrenwaffe«, die zur Ausstattung aller Funktionäre ab der Ebene Ortsgruppenleiter aufwärts gehörte; es handelte sich um eine Polizeipistole vom Typ Walther PPK.

## BLOCKWARTE UND »GOLDFASANE«

Die enorme Zahl von einer halben Million Funktionären war straff organisiert. Ganz unten stand der Blockleiter, der bis zur Machtübernahme parteiintern Blockwart genannt worden war.[13] »Der Blockleiter ist Führer und Berater aller in seinem Blockbereich tätigen Parteigenossen«, hieß es im *Organisationsbuch*: »Er hat aufklärend, ausgleichend und helfend im Sinne der Bewegung zu wirken« und müsse »Prediger und Verfechter der nationalsozialistischen Weltanschauung gegenüber den seiner politischen Betreuung anvertrauten Volks- und Parteigenossen« sein.[14] Ein Blockleiter war für 40 bis 60 Haushalte in seinem Wohnumfeld mit 150 bis 175 Personen zuständig. Zum Jahresbeginn 1935 gab es in Deutschland 204 359 Blockleiter; mehr als 70 Prozent von ihnen waren erst nach dem 30. Januar 1933 der NSDAP beigetreten.[15] Jeder Blockleiter sollte einen bis acht Blockhelfer zur Verfügung haben, die aber nicht notwendigerweise selbst NSDAP-Mitglieder sein mussten, sondern zum Beispiel auch HJ-Mitglieder unter 18 Jahren sein konnten.

Eine Stufe höher rangierte der Zellenleiter als Verantwortlicher für vier bis acht Blöcke, also ungefähr 600 bis 1000 Einwohner. Nach unten sollte er die ihm unterstellten Blockleiter zu ordnungsgemäßer Arbeit anhalten und nach oben berichten, an die nächste Ebene des Ortsgruppenleiters. Außerdem veranstalteten Zellenleiter Versammlungen für »alle Volksgenossen« ihrer Zelle. »An die-

sen Zellenabenden wird kein schwungvoller Vortrag gehalten, sondern beispielsweise ein Kapitel aus Adolf Hitlers *Mein Kampf*
vorgelesen«, legte das *Organisationsbuch* fest: »Derartige Zellen-
abende können durch Gesang und musikalische Umrahmung würdig ausgestaltet werden.«[16] Von den 54976 Zellenleitern, die es zum
Stichtag 1. Januar 1935 gab, hatten 57 Prozent bereits vor der Machtübernahme zur NSDAP gehört.[17]

Die niedrigen Funktionsträger der Partei wie Block- und Zellenleiter, ihre Blockhelfer, Inhaber entsprechender Funktionen von
NS-Gliederungen wie der Nationalsozialistischen Volkswohlfahrt
und formal unabhängiger Organisationen wie dem Reichsluftschutzbund hießen bei der Bevölkerung einheitlich Blockwart.[18]
Auch wenn dieser Sprachgebrauch in der NSDAP selbst nicht mehr
üblich war, wurde so der Blockwart zum teilweise geachteten, teilweise gefürchteten Sinnbild der Bürokratie, die Deutschland innerhalb von weniger als zwei Jahren überzog.

Für die höheren NSDAP-Funktionäre bürgerte sich ein anderer
Begriff ein: »Goldfasan«.[19] So nannte der Volksmund die Mitglieder
der Parteielite in Anlehnung an die »Parteianzüge«, die sie laut
*Reichsorganisationbuch* tragen sollten: schwarze Hosen, hellbraune
Uniformjacke mit goldfarbenen Abzeichen und je nach Hierarchie-
ebene hellblauen, grauen, roten oder goldenen Applikationen. Angesichts ihres oft sehr stolzen Gehabes lag die Assoziation zum
farbenprächtigen Federkleid der männlichen Goldfasane, einer
Unterart der Hühnervögel, sehr nahe.

Die höheren Parteifunktionäre waren ebenfalls in eine straffe
Hierarchie eingebunden. Typisch für sie waren die Ortsgruppenleiter, zu denen grundsätzlich, wenn auch mit kleineren Zuständig-
keitsbereichen die Stützpunktleiter zu zählen waren.[20] Ortsgruppen
umfassten 50 bis 500 Parteimitglieder und maximal 3000 Haushalte;
den nicht überall im Reich eingerichteten Stützpunkten waren 15 bis
50 Parteimitglieder zugeordnet. 95 Prozent aller höheren Parteifunktionäre standen auf dieser Ebene, repräsentierten also die
NSDAP in ihrem Lebensumfeld, meist gegenüber 5000 bis 10000

»Volksgenossen«. Aufgrund des strikt durchgesetzten »Führerprinzips« hatten sie vor Ort viel Einfluss, denn sie standen in direktem Kontakt mit der Bevölkerung, die wenig Möglichkeiten hatte, gegen die Tätigkeit der Funktionäre wirksam zu protestieren. Von den insgesamt 20 724 Stützpunkt- und Ortsgruppenleitern waren drei Viertel vor dem 30. Januar 1933 der Partei beigetreten; unter ihnen machten also die Märzgefallenen einen weit unterdurchschnittlichen Teil aus.

Ortsgruppenleiter waren ehrenamtlich tätig, übten aber gerade in den ersten Jahren nach der Machtübernahme oft noch zusätzlich bezahlte Funktionen in der Verwaltung aus. Diese Art von Personalunion bewährte sich nicht, wie selbst die Reichsorganisationsleitung in der vertraulichen Parteistatistik von 1937 feststellte: »Es ist sehr oft zu beobachten, dass Politische Leiter ihre Stellung als Hoheitsträger der NSDAP von ihrer Stellung als Vorsteher von staatlichen und kommunalen Dienststellen nicht immer klar unterscheiden können.« Wenn auch die Organisation der NSDAP und die staatliche Verwaltung einander »in jeder Hinsicht zu unterstützen« hätten, so müsse dennoch die unterschiedliche Zuständigkeit unbedingt gewahrt bleiben: »Die Partei hat im Allgemeinen eine weltanschauliche Aufgabe zu erfüllen und kann nur vorübergehend in besonderen Fällen eingreifen oder zusätzlich bei Versagen der dafür zuständigen Dienststelle nachhelfen.« Bürgermeister sollten sich »politisch dem zuständigen Ortsgruppen- bzw. Stützpunktleiter« verpflichtet fühlen, hieß es vage.[21]

Die nächsthöhere Ebene der NSDAP bildeten Anfang 1935 die 827 Kreisleiter; wobei die regionale Einteilung ihrer Zuständigkeitsgebiete nicht immer den Kreisen der Verwaltung entsprach. Sie sollten hauptamtlich tätig sein, also voll bezahlt werden.[22] Doch scheiterte die umgehende Festanstellung aller Kreisleiter nach der Machtübernahme an den trotz des enormen Mitgliederwachstums fehlenden Mitteln der Partei. Deshalb forderte die Reichsorganisationsleitung im selben Jahr, dass »die Kreisleiter der NSDAP finanziell so sicher gestellt werden, dass sie in ihrem Auftreten und Ansehen repräsentative und in ihrer Tätigkeit eine persönliche Herausstellung erfahren«.[23]

Bis 1933 hatten sehr viele NSDAP-Funktionäre auf dieser Ebene ihr Auskommen durch Diäten als Parlamentsabgeordnete gehabt, doch mit der Abschaffung der regionalen Volksvertretungen fiel diese Finanzierungsmöglichkeit weg, auch wenn der nun rein nationalsozialistisch besetzte Reichstag neue Versorgungsgelegenheiten bot. Im Gau Westfalen-Süd, zu dem Gelsenkirchen-Buer gehörte, standen im Februar 1937 sieben voll bezahlte Kreisleiter 16 ehrenamtlichen Funktionären gegenüber; in Berlin wurde die Mehrzahl der Politischen Leiter der zehn Kreisleitungen nicht von der Partei entlohnt, mit Ausnahme der stets hauptamtlichen Geschäftsführer. Dennoch waren die Funktionäre auf dieser Ebene keineswegs neben- oder ehrenamtlich tätig. Fast alle Funktionäre, die formal anderswo angestellt waren, profitierten von langfristigen Beurlaubungen, Freistellungen oder – im Falle von Lehrern – von Reduzierungen ihres Unterrichtsdeputats bis auf null.

Voll dotiert und zusätzlich fast immer massiv begünstigt durch Bereicherung und Vorteilsnahme waren die rund drei Dutzend Gauleiter der NSDAP. Sie bildeten zusammen mit den verantwortlichen Funktionären der Parteizentrale, den 18 Reichsleitern, die engere Führung der NSDAP. Viele von ihnen waren 1933 als Reichsstatthalter eingesetzt worden, auf eigens geschaffene Verwaltungspositionen, die der Zentralisierung des vormals föderalistischen Staates dienten. Der Protz der Gauleiter wurde bald sprichwörtlich in der Bevölkerung; doch viel mehr als Flüsterwitze und Gerüchte gab es nicht – man konnte sich nirgends beschweren.

Selbst die oberste Ebene der Parteihierarchie herrschte nicht völlig willkürlich. Zwar durften die Gauleiter in ihrem Gebiet einigermaßen uneingeschränkt schalten und walten, solange sie nicht den Missmut Hitlers herausforderten. In solchen Fällen aber konnten auch die höchsten regionalen Parteifunktionäre umgehend abgesetzt werden, wie es Wilhelm Karpenstein 1934 geschah oder zwei Jahre später Wilhelm Kube, der die Frau eines Hitler-Vertrauten vor

Zeugen als Jüdin bezeichnet hatte. Doch das blieben Ausnahmen –
von den Gauleitern, die 1933 im Amt waren, blieben zwei Drittel bis
zum Ende des Dritten Reiches aktiv; nur fünf wurden abgesetzt, vier
starben.

Die wichtigsten Doppelfunktionäre auf Staats- und Parteiebene
trafen sich regelmäßig; von 1933 bis Kriegsbeginn fanden, meist
unter Leitung von Rudolf Heß, 27 Tagungen der Gau- und Reichs-
leiter statt. Mal forderte Goebbels eine »Reinigung der Partei«, mal
stritt man über die Reform der Reichsverwaltung, wobei es »viel
Stunk um Personalfragen« gab, mal über die Kirchenpolitik.[24] Manche Tagung dauerte wie die im Juli 1934 drei Tage; andere nur wenige
Stunden wie im Dezember 1934, als sich Goebbels beschwerte:
»Heute Gauleitertagung und Kabinett. Tolle Hetze.«[25] Meist sprach
Heß, oft der Propagandaminister, manchmal Reichsorganisationsleiter Robert Ley, gelegentlich sogar Hitler. Ergebnisoffen diskutiert
oder gar abgestimmt wurde auf diesen Tagungen nicht; im Gegenteil ging es im Sinne des Führerprinzips darum, den Willen der
Reichsführung den oberen Instanzen der Regionen bekannt zu
machen, damit diese ihn nach unten durchsetzten.


## KREATIVER HASS


Die NS-Ideologie war ab Sommer 1933 die Richtschnur in allen auch
nur entfernt politischen Fragen. Oft empfanden Märzgefallene und
noch stärker jene Angehörige anderer Parteigliederungen, die vom
Aufnahmestopp am Beitritt gehindert worden waren, gegenüber
»alten Kämpfern« Minderwertigkeitskomplexe; viele versuchten,
ihre ideologische Standhaftigkeit zu demonstrieren. Das führte zu
einer Dynamik, die für die Ausgeschlossenen der Volksgemeinschaft bedrohlich war und mitunter lebensgefährlich sein konnte.
Zuerst galt das natürlich für deutsche Juden; sie litten ohnehin seit
Hitlers Machtübernahme unter der nun grundsätzlich antisemitischen Regierungspolitik.

Aus Sicht der NSDAP erwies sich die erste organisierte juden-
feindliche Aktion als Fehlschlag. Schon seit Mitte März 1933 hatten
Parteifunktionäre, mit Goebbels und dem *Stürmer*-Herausgeber
Julius Streicher an der Spitze, auf einen öffentlichen Schlag gegen
das Judentum gedrängt. Sie setzten bei Hitler durch, dass eine
reichsweite Aktion »zur Abwehr der jüdischen Boykott- und Gräu-
elhetze« angesetzt wurde. Hintergrund waren Aufrufe in internationalen Zeitungen, aus Protest gegen Übergriffe auf deutsche Juden
keine deutschen Produkte mehr zu kaufen – eine rhetorische Forderung, hinter der keine auswärtige Regierung stand.

Am 1. April 1933 ab zehn Uhr morgens sollten SA- und SS-Leute
alle jüdischen Geschäfte, Arzt- und Anwaltspraxen in Deutschland
bis auf Weiteres blockieren. Plakate mit der Aufforderung »Deutsche! Wehrt Euch! Kauft nicht bei Juden!« wurden gedruckt, Schmä-
hungen auf Schaufenster gemalt, in ruhigen Seitenstraßen auch
jüdische Läden geplündert. Kaufhäuser im Besitz jüdischer Eigen-
tümer mussten ganz geschlossen bleiben. SA-Leute in Uniform blockierten in der Reichshauptstadt mehr als tausend meist kleine
Geschäfte und Büros, 600 in München, jeweils viele Dutzende in
Stuttgart, Gelsenkirchen und den größeren Gemeinden Ostpreußens. Viele Betriebe öffneten aus Vorsicht an diesem Samstag gar
nicht.

Doch der Boykott erwies sich als Misserfolg: Zahlreiche Kunden
ignorierten die SA-Trupps vor Geschäften, die ihrerseits nicht wag-
ten, gegen normale Bürger so brutal vorzugehen wie etwa gegen
Kommunisten. Der NS-Gegner Erich Ebermayer schrieb in sein
Tagebuch: »Vor dem Eingang stehen zwei SA-Männer. Das Geschäft
ist aber nicht geschlossen. Man kann hineingehen und kaufen, wenn
man den Mut hat.« Er hatte genügend Mut: »Beim Betreten des
Ladens sagt der SA-Mann in durchaus höflichem, diszipliniertem
Ton: ›Jüdisches Geschäft!‹ Wir, ebenso höflich und diszipliniert:
›Danke, wir wissen Bescheid!‹ Erstaunter Blick des SA-Mannes,
aber nirgends eine Anpöbelei.«[26] In Gelsenkirchen fielen abfällige
Bemerkungen über SA-Wachen vor Geschäften: »Der da? Der soll

doch erst mal seine Schulden dort begleichen!«[27] In Königsberg registrierte der Anwalt Paul Ronge: »In der Stadt war Trubel! Aber nicht Begeisterung, sondern Neugier. Jeder wollte sehen, wie der Boykott aussah.«[28]

Das Echo sowohl im Ausland als auch beim deutschen Handel und im konservativen Bürgertum war verheerend.[29] Schon am Samstagnachmittag wurde die Aktion ausgesetzt und zwei Tage später offiziell beendet. Vor allem am 31. März 1933 hatten viel mehr Kunden als üblich in den teilweise bekanntermaßen jüdischen, teilweise bereits gekennzeichneten Läden eingekauft. Der Kreisleiter von Allenstein vermerkte ärgerlich: »Die jüdischen Geschäfte waren an beiden vorangehenden Tagen direkt überfüllt.«[30] Tatsächlich gab es in den folgenden zwei Jahren keine vergleichbaren Großaktionen mehr – dafür aber immer wieder Attacken einzelner Nationalsozialisten auf jüdische Geschäfte.

Noch viel schlimmer aber war die Fülle von Einschränkungen, die sich Behörden, aber auch Privatleute mit perverser Kreativität einfallen ließen. Dutzende Erlasse, Verordnungen und Durchführungsvorschriften beschnitten die Lebensmöglichkeiten deutscher Juden in den kommenden Monaten immer weiter: Jüdische Kindergärten bekamen keine Unterstützung mehr, jüdische Ärzte durften keine Krankschreibungen für Beamte mehr ausstellen und bald überhaupt keine »arischen« Patienten mehr behandeln. Jüdische Anwälte konnten nicht mehr vor Gericht auftreten, pauschal wurden Juden von der staatlichen Wohlfahrt ausgeschlossen. Sportklubs nötigten ihre jüdischen Mitglieder zum Austritt oder warfen sie hinaus. Das erste Badeverbot für Juden war im April 1933 ergangen, im Sommer folgten Strandbäder im ganzen Land. Ab Anfang Dezember galt der »Arierparagraf«, der Juden die Mitgliedschaft verbot, in fast allen Vereinen.

Treibende Kräfte dieser Taktik unzähliger Nadelstiche waren nicht immer, aber sehr häufig Märzgefallene, die so gleichermaßen ihren Erfindungsreichtum demonstrierten wie ihre Entschlossenheit, die NS-Ideologie umzusetzen. Da es sich jeweils scheinbar nur

um kleine, jedenfalls für Nichtbetroffene kaum spürbare Einschränkungen handelte, blieb großes öffentliches Aufsehen weitgehend
aus. Das genügte den besonders heftigen Judenhassern zwar nicht,
befriedigte aber zunächst die Bösartigkeit vieler anderer Nationalsozialisten.

## RÜCKSCHLÄGE IN ÖSTERREICH

Zu den wichtigsten Zielen der NSDAP gehörte die Eingliederung
Österreichs ins Deutsche Reich. Schon im ersten Punkt des Parteiprogramms hieß es: »Wir fordern den Zusammenschluss aller Deutschen auf Grund des Selbstbestimmungsrechtes der Völker zu
einem Groß-Deutschland.«[31] Hitler sah es genauso: »Deutschösterreich muss wieder zurück zum großen deutschen Mutterlande«,
schrieb er auf der ersten Textseite von *Mein Kampf*: »Gleiches Blut
gehört in ein gemeinsames Reich.«[32]

Doch die österreichischen Nationalsozialisten erwiesen sich als
unfähig, dieses Ziel zu verfolgen. Ihr einziger nennenswerter Kopf,
der Wiener Rechtsanwalt Walter Riehl, war 1924 im Streit ausgeschieden, blieb völkischen Ideen aber eng verbunden. Einem
Bekannten schrieb er 1927: »Ich stehe nicht auf dem Standpunkt,
dass ein einzelner Führer Gladiatorenkämpfe aufzuführen hat, sondern die Verkörperung eines Willens der Masse sein soll.«[33] Das war
klar auf Hitler gemünzt und typisch für die Auseinandersetzungen
im zutiefst verfeindeten, gleichermaßen antisemitischen wie deutsch-
national-sozialistischen Rechtsmilieu Österreichs.

Als Reaktion lehnte Hitler es »glattweg« ab, eine »Landesleitung
der NSDAP für ganz Österreich einzusetzen«. Auf einer Versammlung österreichischer Funktionäre in Freilassing bemerkte er, dass
niemand bisher »den Nachweis erbracht habe, für den Posten eines
Landesführers der österreichischen Nationalsozialisten geeignet zu
sein«. Bestehende Organisationen in den Bundesländern blieben
direkt der Parteileitung in München unterstellt. Auf Wien setze er

»keinerlei Hoffnungen«, eine »Wiederbelebung der nationalsozialistischen Bewegung« sei vor allem »in den übrigen Bundesländern
aussichtsvoll«.[34]

Wie in Deutschland brachte die Wirtschaftskrise auch Österreichs Nationalsozialisten neuen Schub. Bei den Wahlen zum Natio-
nalrat am 9. November 1930 vervierfachte sich der Anteil für die
offiziell als »Hitlerbewegung« angetretene NSDAP. Doch 111 627
Stimmen genügten nicht für ein einziges Mandat – verglichen mit
dem Durchbruch bei der Reichstagswahl sechs Wochen zuvor eine
herbe Enttäuschung. Daran änderten auch die Ergebnisse von vier
parallel am 24. April 1932 stattfindenden Wahlen in Wien, Niederösterreich, Salzburg und der Steiermark wenig. Zwar erreichte die
NSDAP hier zwischen knapp zehn und gut 20 Prozent, auf Kosten
der vorwiegend städtischen Großdeutschen Volkspartei und des
von konservativen Bauern dominierten Landbundes. Doch gelang
es ihr anders als in Deutschland nicht, nennenswert Wähler der beiden großen österreichischen Parteien zu gewinnen, der Christ-
lichsozialen und der Sozialdemokraten. Eine Regierungsbeteiligung
in einzelnen Ländern oder gar auf gesamtstaatlicher Ebene schien
praktisch unerreichbar.

Hitlers Ernennung zum Reichskanzler weckte bei österreichischen Nationalsozialisten neue Hoffnungen. Für den 1. Februar 1933
rief die Wiener NSDAP zur »Siegesfeier« auf, im »Zivilanzug« und
nicht in Uniform – offenbar wollte man keine Maßnahmen der
Behörden provozieren.[35] Auf einer Kundgebung am Karlsplatz sollte
Gauleiter Alfred Frauenfeld sprechen, inzwischen neben dem aus
Wiesbaden nach Wien abgeordneten Landesinspekteur Theo Habicht
der starke Mann der österreichischen NSDAP. Anschließend gab es
einen Fackelzug über den Ring. Ein Erfolg war die Veranstaltung
aber nicht, denn viel mehr als »dünne Reihen« und »hohle Phrasen«
brachten die Wiener Nationalsozialisten nicht zustande, berichtete
die sozialdemokratische *Arbeiter-Zeitung* hämisch.[36]

Anders als in Deutschland fühlte sich die NSDAP in Österreich
nicht einmal formal an ein Legalitätsgebot gebunden. Schon im offi-

ziellen *Dienstbuch der NSDAP* hatte Habicht im März 1932 geschrieben, man bereite den »Generalangriff auf Österreich« vor, wolle mit »einem gewaltigen Schwung die Bewegung vorwärts« reißen und »über alle Hindernisse hinweg den Gegner stürmend angreifen«. Gegen die in Österreichs konservativen Kreisen populäre Vorstellung eines »Ständestaates« hatte der Landesinspekteur die Idee eines »Parteistaates« gesetzt. Die NSDAP sei ein »Staat für sich«, die Mitglieder seien dessen Bürger, deren Rechte sich nach ihren Leistungen für den »Parteistaat« bemessen sollten.[37] Vom Gewaltmonopol des Staates hielt die österreichische NSDAP nichts.

Das demonstrierte sie mit vielen Übergriffen und Anschlägen. In Wien gab es im Frühjahr 1933 praktisch jede Woche Pöbeleien, Böllerwürfe und Attacken auf die Auslagen jüdischer Geschäfte. Im Sommer eskalierte die Gewalt zu einer Terrorwelle: Am 11. Juni wurde Richard Steidle, ein Anführer der Heimwehr, einer österreichisch-nationalistischen Miliz, bei einem Attentat schwer verletzt, einen Tag später explodierte in Wien ein Sprengsatz, der einen jüdischen Juwelier und einen Passanten tötete, neun weitere Menschen wurden verletzt. In der Nacht des 13. Juni feuerten Nationalsozialisten auf drei Heimwehr-Milizionäre, von denen einer seinen Verletzungen erlag. Die Regierung reagierte mit Massenverhaftungen, mit Hausdurchsuchungen und dem Verbot für Beschäftigte des öffentlichen Dienstes, der NSDAP anzugehören. Der Terror aber ließ sich so nicht zähmen: Am 19. Juni 1933 warfen zwei SA-Männer Handgranaten in eine Gruppe Heimwehr-Unterstützer; 17 Menschen wurden verletzt, einer starb.

Nun verbot die Regierung in Wien die österreichische NSDAP; das Adolf-Hitler-Haus in Wien wurde besetzt und geschlossen. Doch es war zu spät: Die Landesleitung und viele Militante hatten sich nach Deutschland abgesetzt. Rund 10 000 meist junge Aktivisten bildeten dort die Österreichische Legion, aus deren Reihen weitere Terroranschläge begangen wurden. Bis zum 24. Juli 1934 starben bei Sabotageakten und Fememorden an angeblichen Verrätern 22 Menschen, 223 weitere wurden verletzt.[38]

Die Gewalt der österreichischen Nationalsozialisten erreichte am
25. Juli 1934 ihren Höhepunkt, als ein Putschversuch gegen das auto-
ritär regierende, von Benito Mussolini gestützte Kabinett des Christ-
sozialen Engelbert Dollfuss scheiterte. Zwar konnte ein Kommando
aus SS-Leuten das Bundeskanzleramt sowie das Funkhaus in Wien
besetzen, doch dabei wurde der Kanzler getötet, was Hitler angesichts massiven politischen Drucks aus Italien zwang, sich zu distanzieren. Nach sechseinhalb Stunden gaben die Putschisten in
Wien auf, ließen sich entwaffnen und abtransportieren. Bei gleichzeitigen regionalen Aufständen kamen mehr als 220 Menschen ums
Leben, zur Hälfte Nationalsozialisten.

Hitler, der über den Putsch gut informiert gewesen war, entließ
daraufhin Landesinspekteur Habicht und sandte ein Beileidstele-
gramm an Wilhelm Miklas, Österreichs Bundespräsidenten. Nach
München 1923 hatte auch der zweite Versuch der NSDAP, eine
Regierung gewaltsam zu stürzen, als Desaster geendet, obwohl der
Plan besser ausgearbeitet gewesen war. Natürlich blieb die Partei
verboten; außerdem flüchteten mehr als 40 000 Mitglieder nach
Deutschland und Jugoslawien. Das schwächte die paramilitärische
Struktur der illegalen NSDAP massiv; dennoch gab es weitere
Anschläge, die bis Ende 1937 insgesamt zwölf Tote und 108 Verletzte
forderten. Doch an die Macht bomben konnten sich die österreichi-
schen Nationalsozialisten nicht.

## KONTROLLE

Offiziell waren »Betreuung« und »Erziehung« der Bewohner des
jeweiligen »Hoheitsgebietes« die zentralen Aufgaben jedes Politischen Leiters. In der Praxis erwiesen sich zwei andere Tätigkeiten
als wichtiger: das Einholen von »Auskünften« und das Verfassen
von »politischen Beurteilungen«. So beschwerte sich ein Ortsgruppenleiter aus Ulm, die Fülle der abzuliefernden Informationen
würde seine Mitarbeiter fast ständig binden. Solche Berichte wur-

den von den verschiedensten Instanzen der Partei und des Staates
angefordert, oft aber auch von Privatunternehmen. Grund konnte
der Antrag auf Mitgliedschaft in einer NSDAP-Gliederung sein,
erbetene Unterstützung wie Kinderbeihilfe oder Ehestandsdarle-
hen, aber ebenso mögliche Beförderungen oder Einstellungen. Für
die Immatrikulation an einer Universität konnte eine Beurteilung
im nationalsozialistischen Deutschland ebenso notwendig sein wie
für den Beginn einer Ausbildung. Manche Firmen ersuchten die
Partei routinemäßig um die Beurteilung der Bewerber auf freie Stellen; auf diese Weise wollten sie sich davor schützen, ehemalige aktive
Kommunisten oder Gewerkschafter anzustellen.

Solche Beurteilungen sollten nach einer Anweisung von Rudolf
Heß vom 14. Juni 1935 nur durch Parteifunktionäre »vom Kreisleiter an aufwärts« verfasst werden. Es sei nicht hinzunehmen,
dass »von allen möglichen Parteidienststellen politische Unbedenk-
lichkeitserklärungen ausgestellt« würden. Schon bald musste Heß
diese an sich klare Aufforderung wiederholen – offensichtlich
änderte sich an der abweichenden Praxis wenig bis nichts.[39] In
einem weiteren Rundschreiben von 1938 mahnte er nochmals Sorg-
falt an, »weil eine falsche Beurteilung bzw. Auskunft das Leben eines
Menschen zerstören« könne.[40] Es gab unzählige fast beliebige Erklärungen, die niedrige Funktionäre Bekannten ausstellten, um ihnen
zu helfen. Der HJ-Bannführer Oskar Riegraf schrieb einem Freund
Ende 1934: »Ich bestätige Dir gerne, dass ich Dich schon über fünf
Jahre als Künstler bewusst völkischer Einstellung kenne. Schon
Jahre hindurch hast Du nun Deine Kraft in den Dienst der HJ
gestellt.«[41]

Grundlage jeder Bewertung einer Person war ein vierseitiger Fragebogen, der theoretisch vom lokal zuständigen Ortsgruppenleiter
auszufüllen und an den zuständigen Kreisleiter weiterzuleiten war.
Darin mussten Angaben zu Stichwörtern wie »Charakter« oder
»Leumund« gemacht waren, außerdem zum Einkommen, der Teilnahme an Veranstaltungen der NSDAP und ihrer Gliederungen
oder die Spendenbereitschaft für das Winterhilfswerk.[42] Schon sol-

che Angaben erlaubten es, ein klares Profil zu erstellen – sofern die Informationen zutrafen. Das war jedoch oft nicht der Fall.

In aller Regel beauftragten die Ortsgruppenleiter ihre Zellenleiter und diese wiederum den zuständigen Blockleiter, die verlangten Informationen einzuholen. Zu deren Aufgaben gehörte es, Blockkarteien mit Angaben zu jedem einzelnen Bewohner zu führen, bis hinunter auf das Niveau von Hausbüchern. Hier war alles festzuhalten, was für die Beurteilung einer Person aus NSDAP-Sicht nützlich sein konnte: Neben allgemeinen Einschätzungen auch aktuelle und frühere Mitgliedschaften in der Partei und ihren Gliederungen, abonnierte Zeitungen, eventuell vorhandene Radioempfänger und ähnliche Details. Außerdem mussten Hauseigentümer jeden Mieterwechsel umgehend melden; wer dem nicht nachkam, dem wurden Strafen angedroht.[43] Wenn der jeweilige untere NSDAP-Funktionär die Person hinreichend zu kennen glaubte, um die es ging, gab er seine Meinung nach oben weiter – falls nicht, holte er sich die noch notwendigen Auskünfte ein, oft bei Bekannten oder Nachbarn. Theorie blieb der selbstbewusste Anspruch des Ulmer Kreisleiters Eugen Maier, der auf zwei, manchmal sogar drei »getrennten, voneinander unabhängigen Wegen politische und charakterliche Beurteilungen« einholen wollte, bevor er zu einem Urteil käme, weil davon »die Existenz eines deutschen Volksgenossen abhängen kann«.[44]

Naturgemäß schlugen sich sehr oft Klatsch und Tratsch, Gerüchte und Missgunst in den Beurteilungen nieder. Kontrollrechte oder gar die Möglichkeit zum Einspruch hatten die Betroffenen nicht; sie erfuhren selten bis nie, woran ein Antrag auf Unterstützung oder eine erhoffte Einstellung gescheitert waren. Wurde doch einmal eine solche Auskunft dem Betroffenen bekannt, gab es Beschwerden; so beklagte sich 1936 ein württembergischer Ortsgruppenleiter bei der Kreisleitung: »Wenn ich nicht die Gewähr dafür habe, dass meine Ermittlungen und Gutachten lediglich für die Partei und nicht für den Beanstandeten bestimmt sind, so kann ich mich künftig nicht mehr mit entsprechender Deutlichkeit ausdrücken.«[45]

Das Problem der Unzuverlässigkeit war in der Parteihierarchie bekannt, wie eine Klage von September 1935 zeigt: »Die Gauleitung macht in den letzten Monaten immer wieder die Erfahrung, dass die Auskünfte der Ortsgruppen nicht in vollem Maße stichhaltig sind, dass sich oft von verschiedenen Stellen eingeholte Auskünfte krass gegenüberstehen. Die Gauleitung hat dabei feststellen können, dass dies im Wesentlichen daran liegt, dass die politischen Leiter die Volksgenossen, über die sie befragt wurden, einfach nicht kannten.« Als Gegenmaßnahme schlug man vor, das Netz der Partei noch enger zu knüpfen, sodass nicht mehr ein Blockleiter »durchschnittlich hundert Familien zu betreuen« habe.[46]

Das geschah auch. In Stuttgart zum Beispiel waren bis Herbst 1937 in den meisten Ortsgruppen »sämtliche Blockhelferposten schon besetzt«, bis Herbst 1939 waren zudem flächendeckend und zusätzlich »Hausbeauftragte« eingesetzt.[47] Zu dieser Zeit betrug die Zahl der »Hoheitsträger« nicht mehr eine halbe, sondern rund eine dreiviertel Million. Zusätzlich band man systematisch Funktionäre anderer Partei- und Staatsorganisationen wie der NSV oder des Reichsluftschutzbundes in das Kontrollsystem ein. Alles in allem waren kurz vor Kriegsbeginn zwei Millionen Funktionäre mit der Überwachung der rund 57 Millionen erwachsenen Deutschen beauftragt. Auf jeden 30. Bewohner kam nun ein Funktionär im weiteren Sinne; in Stuttgart gab es 1938, bei 456 000 Einwohnern, rund 15 000 ehrenamtliche Blockleiter und Blockhelfer.[48]

Die Fülle der Kontrollaufgaben der unteren Parteifunktionäre führte jedoch zu Nachwuchsproblemen. Selbst langjährige NSDAP-Mitglieder bemühten sich, solchen Aufgaben zu entgehen – sei es wegen Überbeanspruchung, sei es wegen des schlechten Rufs der Funktion Blockleiter. Manchmal mussten sogar ehemalige politische Konkurrenten mit der Kontrolle betraut werden. So stieg in Stuttgart ein früheres SPD-Mitglied, das 1932 noch als überzeugter Hitler-Gegner gegolten hatte, drei Jahre später zum kommissarischen Blockleiter auf und wurde 1936 im Amt bestätigt.[49]

Eine Ausdünnung des Kontrollsystems konnte die NSDAP nämlich nicht zulassen. »Die Erledigung fast aller Aufgaben« hänge vom »Einsatz des Block- und Zellensystems in der Ortsgruppe« ab, betonte der Leiter des Stuttgarter Kreisorganisationsamtes. »Ein Großteil aller Probleme«, die es für die Partei »zu lösen« gäbe, und »aller Aktionen, die durchzuführen sind«, konzentrierten sich bei den Blockleitern und ihren Helfern.[50] Das war einer der Gründe, weshalb 1937 die Mitgliedersperre zuerst dosiert, dann faktisch ganz aufgehoben wurde. In den Monaten vom 1. Mai bis Ende November zählte die Reichsschatzmeisterei 783 466 Beitritte und bis Juni 1938 weitere 1 336 702.[51] Ende des Jahres hatte die NSDAP mehr als sechs Millionen zahlende Mitglieder.[52]

## DENUNZIATIONEN

Einen gewissen Ausgleich für den Zeitaufwand bot den niedrigen NSDAP-Funktionären das Gefühl, Macht über andere zu haben – also ihnen schaden zu können. Auch wenn Blockleiter am untersten Ende der Parteihierarchie standen: Gegenüber normalen »Volksgenossen« wie gegenüber den aus der Volksgemeinschaft ausgeschlossenen Einwohnern ihres »Hoheitsgebietes« genossen sie uneingeschränkte Autorität. Das »Führer«-Prinzip, das die NSDAP auf Deutschland übertragen hatte, sah Gehorsam nach oben, aber Weisungsbefugnis nach unten vor. Viele Funktionäre nutzten das für sich aus.

Sie konnten zum Beispiel konformes Verhalten erzwingen und jede echte oder angebliche Abweichung von den Erwartungen »feststellen«, also dokumentieren lassen. Ein Berliner Zeitzeuge erinnerte sich: »Die Angst war doch so groß, dass keiner wagte, keine Fahne herauszuhängen. Und dass jeder die Eintopfspende gab; ob er Eintopf kochte, war gleichgültig. Aber keiner wagte, sich auszuschließen.«[53] Seit dem 1. Oktober 1933 sollten alle Deutschen einmal im Monat sonntags nur Eintopf aus Resten essen statt des üblichen aufwendigen Feiertagsmahls; das gesparte Geld, mit pau-

schal 50 Pfennig pro Haushalt angesetzt, sammelten die zuständigen
Blockleiter oder ihre Helfer ein. Unter anderem dieser Aufgabe ver-
dankten sie den Spottnamen »Treppenterrier«, eine Erfindung des
Berliner Volksmunds für den Typus des übereifrigen kleinen Funk-
tionärs.[54] Blockleiter hatten jederzeit Zugang zu den ihnen zugewie-
senen Mehrfamilienhäusern – formal, um sich um die vorgeschriebene Haustafel zu kümmern, auf der Parteitermine und Sammlungen
angekündigt wurden. Viele verlangten und bekamen auch Zutritt zu
den Wohnungen. Für regimekritische oder auch nur unzureichend
vom Nationalsozialismus begeisterte Bewohner stellten die Blockleiter deshalb eine ständige Bedrohung dar.

Zudem beglichen sie oft persönliche Rechnungen. Typisch war
ein Schwabe, der Ende 1933 für die Inhaftierung zweier Brüder
sorgte, mit denen er persönlich im Streit lag. Die beiden Parteimitglieder, offenbar Märzgefallene, bezeichnete der Funktionär als
»verkommen« und als »ehemalige KPDler«. Über einen angeblich
unzureichend ehrerbietigen Gruß kam es zu einer Schlägerei. Der
Konflikt hatte eine Vorgeschichte, denn einer der Brüder hatte sich
schon bei Gauleiter Wilhelm Murr beschwert. Ein anderer Politischer Leiter warnte den Kreisleiter vor dem eigenen Schwager, den
er für potenziell kriminell hielt, und regte an, ihn »so lange im Auge«
zu behalten, »bis er durch mancherlei Proben voll und ganz unter
Beweis gestellt hat, dass er nicht der ist, als der sich in seiner Jugend
der menschlichen Gesellschaft vorgestellt hatte«.[55]

Block- und Ortsgruppenleiter waren perfekte Ansprechpartner
für Denunziationen aller Art: Man konnte sie problemlos und auch
ohne Zeugen informieren, zugleich hatte ihre Stimme Gewicht bei
der jeweils nächsthöheren Ebene oder der Polizei. Missgünstige
Nachbarn, Konkurrenten oder private Intimfeinde zeigten sich oft
schneller bereit, einem ständig präsenten Funktionär gegenüber
Mitmenschen anzuschwärzen, als ein Revier aufzusuchen oder gar
eine schriftliche Anzeige zu verfassen. Die meisten Beschwerden
führten wohl zu nicht mehr als einer Ermahnung, den Erwartungen
der nationalsozialistischen Ideologie besser zu genügen. Doch als

Alltagserfahrung prägten solche Erlebnisse die Wahrnehmung des Parteiapparates.

Manche NSDAP-Funktionäre aber machten sich weder der Spitzelei noch der Weitergabe von Denunziationen schuldig. Es gab auch »Leute, die sich absichern wollen und ein kleines Pöstchen übernehmen, und wenn sie sicher sind, dann lassen sie es laufen, wie es läuft«, erinnerte sich ein Berliner Zeitzeuge an die akzeptable Sorte solcher Funktionäre: »Das sind die wirklich angenehmen Genossen gewesen, im Gegensatz zu den Fanatikern! Wenn Sie auf einen Fanatiker gestoßen sind, da war die Sache natürlich schlecht, das war schwer.«[56]

## ORGANISIERTE ÜBERGRIFFE

Juden zu demütigen war für viele NSDAP-Mitglieder üblich. Die Gewissheit, für Übergriffe nicht bestraft zu werden, förderte antisemitische Reflexe. Für jüdische Deutsche war die Gefahr, jederzeit angegriffen werden zu können, ohne sich wirksam verteidigen zu dürfen oder die Aggressoren wenigstens strafrechtlich verfolgen zu lassen, sehr belastend; sie führte ihnen ihre Rechtlosigkeit vor Augen. Noch schlimmer als Aktionen einzelner Täter waren organisierte Attacken. Immer wieder befahlen NSDAP-Funktionäre ihren Untergebenen, koordiniert Juden zu überfallen.

Eine Welle antisemitischer Aktionen gab es im Frühjahr und Sommer 1935. Im ostpreußischen Christburg hing im April ein Plakat im Ankündigungskasten der NSDAP, auf dem es hieß: »Es nähert sich die Zeit des jüdischen Passahfestes, an dem eine jüdische Sekte zu ihren abergläubischen Gebräuchen Christenblut braucht. In der litauischen Stadt Tauroggen ist vor wenigen Tagen ein Mädchen abgeschlachtet worden.« Gefährdet seien alle Kinder und Jugendlichen. Unterzeichnet hatte der Ortsgruppenleiter.[57] In Wirklichkeit hatte in Tauroggen eine christliche Magd ihre uneheliche Tochter aus Verzweiflung getötet; sie wurde überführt und verurteilt.

In München wurden in der Nacht vom 11. auf den 12. Mai Hitlerjungen zu einem mitternächtlichen Appell befohlen – möglichst mit
»ätzender Farbe«. Eine Mutter berichtete der Erzdiözese empört:
»Als der Bub heimgekommen war (fünf Uhr morgens), fragte ich
ihn sofort, was er denn mit einer ätzenden Farbe zu tun hätte. Nach
längerem Zögern gestand er mir, dass sie die Schaufenster der Juden
bekleben und beschmieren mussten. Es wurden von jedem Trupp,
der so ungefähr 500 Mitglieder zählt, die 40 besten zu dieser Aktion
herausgesucht.«[58] Am folgenden Samstag zogen SS-Leute und
andere Nationalsozialisten durch die Münchner Innenstadt; das
Personal jüdischer Geschäfte wurde beschimpft, teilweise »schwer
misshandelt«. Eine Woche später, am 25. Mai, griff die Gewalt auf
Nicht-Juden über: »Gänzlich unbeteiligte Passanten, die ihrer Entrüstung über dieses Treiben Ausdruck gaben, wurden gleichfalls in
rohester Weise misshandelt«, beschwerte sich ein Rechtsanwalt.[59]
Damit hatten die verantwortlichen NS-Funktionäre es übertrieben;
Oberbayerns Gauleiter Adolf Wagner sah sich gezwungen gegen-
zusteuern. Verbrecherische Elemente hätten »Terrorgruppen« gebildet, verkündete er, um die »antisemitische Bewegung vorwärts
zu treiben«.[60] Bayerns Ministerpräsident Ludwig Siebert verteidigte
die Krawalle dagegen, weil die Behörden »die Pflege des antisemitischen Gedankens sich nicht so angelegen sein lassen, wie es der
nationalsozialistischen Weltanschauung entspricht«.[61]

Nur zwei Monate später kam es zu einer ähnlichen Aktion in der
Reichshauptstadt. Zuvor hatten junge Berliner Juden gegen einen
üblen antisemitischen Film protestiert, den ein Kino am Kurfürstendamm zeigte. Am 15. Juli 1935 attackierten daraufhin Demonstranten in weißen Hemden das Café Bristol und »begannen mit der
gewaltsamen Entfernung des jüdischen Publikums«, berichtete die
*Neue Zürcher Zeitung*: »Die meisten Juden zogen sich fluchtartig
zurück. Andere, die sich die Razzia nicht ohne Weiteres gefallen ließen oder sich sogar zur Wehr setzten, wurden unsanft angefasst. Es
gab Ohrfeigen und Rippenstöße und die Trümmer von zerschmet-
terten Stühlen flogen über die Marmortische.«[62] Die Übergriffe

erfolgten mit Billigung von Goebbels, der in sein Tagebuch schrieb: »Telegramm aus Berlin – Juden demonstrieren gegen einen antisemitischen Film« und fortfuhr: »Wirklich haarsträubend. Nun wird es wohl bald schnackeln.«[63]

Doch anders als von der NSDAP erwartet fiel die Resonanz der internationalen Presse wieder verheerend aus, weshalb erst Martin Bormann, dann dessen Chef Rudolf Heß gestützt auf Hitlers Autorität jede Form von »Selbsthilfe« gegen angebliche »jüdische Provokateure« untersagen ließ. Sie sei unnötig, weil »die Partei ihre grundsätzliche Einstellung zur Judenfrage nicht geändert hat und niemals ändern wird«.[64]

## »HEIM INS REICH«

Nach dem Rückschlag durch den gescheiterten Putsch Ende Juli 1934 blieb die NSDAP in Österreich zwar verboten, doch Hitler gelang es, den neuen Bundeskanzler Kurt von Schuschnigg international immer stärker zu isolieren. Im Juliabkommen von 1936 sagte die Reichsregierung zu, Österreichs Souveränität anzuerkennen und sich nicht in dessen innere Angelegenheiten einzumischen. Das galt ausdrücklich auch für die »Frage des österreichischen Nationalsozialismus«. Im Gegenzug verpflichtete sich die Regierung in Wien, einsitzende Nationalsozialisten zu amnestieren, sich außenpolitisch an das Deutsche Reich anzulehnen und zwei Vertrauenspersonen der nationalen Opposition in die Regierung aufzunehmen.[65] Der Fahndungsdruck auf österreichische Hitler-Anhänger sank in der Folge deutlich. Die Annexion war nur noch eine Frage der Zeit.

Doch selbst das war manchen zu langsam. Zum Beispiel Leopold Tavs, dem Wiener Gauleiter der illegalen NSDAP. Ende Januar 1938 durchsuchte die Polizei sein Haus und stellte dabei Pläne sicher, die dem Dritten Reich einen Vorwand liefern sollten, in Österreich einzugreifen – unter anderem Anschläge auf deutsche Diplomaten in

322                                                    Volksgemeinschaft

Wien. Um die Irritationen zwischen Wien und Berlin auszuräumen, die dadurch entstanden waren, reiste Schuschnigg zwei Wochen später zu einem Treffen mit Hitler nach Berchtesgaden. Doch der Reichskanzler hatte nicht vor, einen Ausgleich zu erzielen; er wollte diktieren. Nach einem zweistündigen Vier-Augen-Gespräch legte er Schuschnigg den Entwurf eines Abkommens vor, das die österreichischen Nationalsozialisten zur entscheidenden Partei machen würde, und erklärte dazu: »Verhandelt wird nicht, ich ändere keinen Beistrich. Sie haben entweder zu unterschreiben, oder alles Weitere ist zwecklos, und wir sind zu keinem Ergebnis gekommen. Ich werde dann im Laufe der Nacht meine Entschlüsse zu fassen haben.«[66] Schuschnigg beugte sich, glaubte aber, noch eine letzte Chance zu haben: eine Volksbefragung über Österreichs Unabhängigkeit, die er am 9. März 1938 ankündigte, einem Mittwoch – für den folgenden Sonntag.

Daraufhin schlug die österreichische NSDAP am 11. März 1938 zu: In vielen Städten und Gemeinden begannen Demonstrationen; mancherorts besetzten Hitler-Anhänger Rathäuser und zogen Hakenkreuzfahnen auf. Am späten Nachmittag trat Schuschnigg zurück; zuvor hatte er noch das geplante Plebiszit abgesagt. In Graz feierten bis zu 60 000 Menschen das Ende des unabhängigen Österreichs, in Wien stauten sich auf dem Ring Autokolonnen. Vielfach standen NSDAP-Anhänger in improvisierten Uniformen auf den Trittbrettern der Wagen, reckten den rechten Arm zum Hitler-Gruß und skandierten: »Nieder mit den Juden! Heil Hitler! Sieg Heil! Juda verrecke!« oder »Ein Volk, ein Reich, ein Führer, ein Sieg!«.[67]

Zehntausende Wiener wussten, dass sie sich nun besser absetzen sollten. Die Straßen zur tschechoslowakischen Grenze waren schnell verstopft, die Bahnhöfe überlaufen. Doch bald erschienen SA-Männer, die manche Fluchtwillige verhafteten, andere durchsuchten und beraubten. In wenigen Tagen nahmen Nationalsozialisten auf diese Weise mehrere Millionen Schilling ein.[68] Die meisten NS-Gegner wurden an der Grenze zurückgewiesen, weil sie keine Einreisevisa in die Tschechoslowakei hatten. In Österreichs Städten dominierte

derweil die NSDAP. Den Einmarsch der Wehrmacht seit dem
12. März 1938 verfolgten an den Straßenrändern unzählige Menschen, und bei Hitlers Auftritt in Wien am Nachmittag des 15. März
jubelten ihm rund eine Viertelmillion Österreicher zu. Eigens dafür
gaben viele Firmen ihren Mitarbeitern gegen Mittag frei, die Wiener
Frühjahrsmesse schloss bereits um zwölf Uhr. Österreich und damit
die österreichische NSDAP waren »heimgekehrt« ins Deutsche
Reich.

## ORGANISIERTER »VOLKSZORN«

Durch Flucht und Auswanderung hatte die Zahl der Juden in
Deutschland seit 1933 ständig abgenommen, obwohl Bösartigkeiten
wie die Ende 1931 zum Schutz vor Kapitalabzug eingeführte, nach
der Machtübernahme stark erhöhte »Reichsfluchtsteuer« und der
Mangel an aufnahmebereiten Ländern die Emigration erschwerten.
In Berlin zum Beispiel war der jüdische Bevölkerungsanteil von
knapp vier auf ungefähr zwei Prozent gesunken, in München von
1,6 auf 0,6 und in Gelsenkirchen von einem halben auf ein Drittel-
prozent. Doch das reichte der NSDAP nicht. Kontinuierlich stieg
der Druck auf die verbliebenen Juden – besonders im Sommer 1938.
   In der Reichshauptstadt führte die Polizei verstärkt Razzien in
jüdischen Einrichtungen durch, angefeuert von Goebbels, der vor
mehr als 300 Beamten gefordert hatte: »Nicht Gesetz ist die Parole,
sondern Schikane. Die Juden müssen aus Berlin heraus.«[69] Am
16. Juni verhafteten Polizisten mehrere Tausend Juden, angeblich
wegen Rauschgifthandels; es gab nie einen Beweis dafür. NSDAP-
Mitglieder waren ebenfalls aktiv; der US-Botschafter in Berlin,
Hugh R. Wilson, berichtete nach Washington D.C.: »Seit vergange-
nem Sonnabend wurden Gruppen von Zivilisten, meist zwei bis drei
Mann, beobachtet, wie sie an die Schaufenster von jüdischen Geschäften das Wort ›Jude‹ in großen roten Buchstaben malten.«[70]
Kurz darauf gab es einmal mehr eine Welle antisemitischer Aus-

schreitungen von SA-Trupps, Hitlerjungen und ganz normalen
Bürgern gegen so gekennzeichnete Läden. Ende Juni plünderte ein
Mob morgens gegen fünf Uhr ein jüdisches Warenhaus. Aber nicht
nur Geschäfte waren betroffen. Mitten in der Vorstellung stürmten
Polizisten ein Kino am Kurfürstendamm. Die Beamten riefen:
»Juden Hände hoch!« und trieben alle hinaus, die im Schreck
reagiert hatten.[71]

In München wurde die Hauptsynagoge in der Innenstadt im Juni
1938 abgebrochen; die Gemeinde hatte mit wenigen Tagen Vorwarn-
frist erfahren, dass sie das Grundstück zwangsweise verkaufen
müsse. Angeblich aus verkehrstechnischen Gründen, doch in Wirklichkeit wurde dort ein Parkplatz angelegt. Am 16. Juli 1938 besich-
tigten Hermann Göring und Heinrich Himmler die Innenstadt von
Gelsenkirchen, begleitet von örtlichen NSDAP-Funktionären und
der SA. Dabei drohte Göring, man werde das Stadtzentrum verwüs-
ten, »weil sich dort so viele jüdische Geschäfte befinden«.[72] Das
wollten die Gelsenkirchener Nationalsozialisten natürlich nicht –
die »Arisierung« jüdischer Betriebe wurde beschleunigt. Johannes
Rensmann übernahm fünf Wochen später »nach Übereinkunft mit
den zuständigen Parteistellen« ein jüdisches Kaufhaus, das er schon
seit Jahren als Geschäftsführer leitete. »So erfreulich diese Tatsache
ist, so wenig angenehm wird man überrascht, wenn man hört, dass
sich zurzeit noch rund 160 jüdische Betriebe in Gelsenkirchen
befinden«, hieß es in der offiziellen Stadtchronik.[73] In Wien, wo es
schon in den Wochen nach dem »Anschluss« zu antisemitischen
Ausschreitungen gekommen war, holten NSDAP-Mitglieder in der
Nacht vom 4. auf den 5. Oktober 1938 Juden aus den Betten. Sie
mussten ihre Schlüssel abgeben und sich sofort zu einem Bahnhof
begeben, »von wo sie Züge kostenlos und ohne Reisepass aus dem
Reichsgebiet bringen« würden.[74] Natürlich eine Lüge – es gab weder
Züge noch eine Ausreisemöglichkeit. Als die verschreckten Menschen zurückkehrten, fanden sie ihre Wohnungen geplündert vor.

Das waren regionale, oft sogar nur lokale Aktionen. Zum ersten
reichsweiten Pogrom seit dem Boykott 1933 kam es im Spätherbst

1938. Am 7. November hatte ein nach Paris geflüchteter junger Jude aus Hannover auf einen deutschen Diplomaten geschossen; er wollte auf diese Weise gegen die Abschiebung seiner Verwandten, die ursprünglich aus Polen stammten, als »Staatenlose« ins Niemandsland an der deutsch-polnischen Grenze protestieren. Unmittelbar danach war es zu Ausschreitungen gekommen; Propagandaminister Goebbels hatte sie mit Anweisungen an die Presse befeuert: »In eigenen Kommentaren ist darauf hinzuweisen, dass das Attentat des Juden die schwersten Folgen für die Juden in Deutschland haben muss.«[75] Entsprechende Artikel erschienen vielfach. Mit Folgen, wie der Berlin-Korrespondent der Londoner *Times* berichtete: »Die noch im Dritten Reich verbliebenen 400 000 Juden erwarten heute Nacht in Furcht und Angst einen erneuten Angriff auf ihre Rasse, der, sofern der Ton der amtlich gelenkten Presse als Anzeichen gewertet werden kann, an Gewalttätigkeit und Rohheit jeden während der vergangenen fünf Jahre stattgefundenen übertreffen wird.«[76]

So kam es – und wurde dann noch schlimmer. Nach dem Tod des Diplomaten am späten Nachmittag des 9. November 1938 nämlich sah Goebbels die Gelegenheit gekommen, ein angeblich spontanes Großpogrom auszulösen; in sein Tagebuch notierte er: »Nun ist es aber gar. Ich gehe zum Parteiempfang im Alten Rathaus. Riesenbetrieb. Ich trage dem Führer die Angelegenheit vor. Er bestimmt: Demonstrationen weiterlaufen lassen, Polizei zurückziehen. Die Juden sollen einmal den Volkszorn zu spüren bekommen. Das ist richtig. Ich gebe entsprechende Anweisungen an Polizei und Partei.«[77] Später behauptete zwar das Oberste Parteigericht der NSDAP, Hitler habe entschieden, »dass derartige Demonstrationen von der Partei weder vorzubereiten noch zu organisieren seien. Soweit sie spontan entstünden, sei ihnen aber auch nicht entgegenzutreten«.[78] Die mehreren Hundert NSDAP-Funktionäre im Alten Rathaus wussten jedoch, was sie zu tun hatten: Sie eilten zu den Telefonen und gaben ihren Untergebenen daheim die Goebbels-Anweisung weiter, so schnell wie möglich gegen Juden zuzuschlagen.

In München kam es derweil schon zu ersten Übergriffen. Umgehend war der Stoßtrupp Hitler losgezogen, um die nächstgelegene Synagoge anzugreifen. Die knapp 40 »alten Kämpfer«, die Hitler schon beim Putsch 1923 geschützt hatten, verwüsteten das gerade einmal 700 Meter vom Alten Rathaus entfernte orthodoxe Gotteshaus Ohel Jakob. Wenig später, kurz nach 23 Uhr, wurden in Berlin alle zwölf Gemeinde- und viele der 70 kleineren Vereinssynagogen geschändet. Der Schriftsteller Erich Kästner beschrieb die Täter: »Es waren SS-Leute, in schwarzen Reithosen und hohen Stiefeln, aber in Ziviljacken und mit Hüten. Sie gingen gelassen und systematisch zu Werke.«[79] In Gelsenkirchen brannten beide Synagogen aus, angezündet von SA-Männern; NSDAP-Funktionäre standen dabei und gaben an die Feuerwehr den Befehl weiter, lediglich ein Übergreifen der Flammen auf andere Gebäude zu verhindern. In der Stadtchronik hieß es dazu: »Es ging eine Welle der Entrüstung durch das deutsche Volk, die sich in Kundgebungen und Aktionen gegen das Judentum Luft machte. Wie überall im ganzen Reich, so wurden auch in unserer Stadt die Fensterscheiben und das Inventar der jüdischen Geschäfte von der erregten Menge zerstört, ebenfalls die Wohnungen der Juden. Die Synagoge und das danebenliegende jüdische Restaurant wurden angezündet und brannten aus.«[80]

Neben den Synagogen waren jüdische Geschäfte und Wohnungen das Ziel der Angreifer. Mindestens 7500 Läden wurden attackiert, meist die Schaufenster eingeschlagen; die Zahl der verwüsteten Wohnungen lag noch höher. Der US-Konsul in Württemberg, Samuel Honaker, informierte Botschafter Wilson in Berlin: »Von nahezu allen jüdischen Geschäften im Stuttgarter Konsulatsbezirk wird berichtet, dass sie angegriffen, geplündert und verwüstet worden sind. Diese Aktionen wurden von jungen Männern und Halbwüchsigen ausgeführt. Unter der Zivilkleidung konnte man leicht die ausgebildeten und disziplinierten SA- oder SS-Männer erkennen. Gelegentlich fiel eine Uniform der Hitlerjugend auf.«[81] In Wien wurden Synagogen laut einem Bericht des SS-Hauptsturmführers Josef Trittner »durch Werfen von Handgranaten im Inneren der

Tempel und durch das Anzünden des Mobiliars« in Brand ge-
steckt. In jüdischen Wohnungen kam es »zu sinnlosen Zerstörun-
gen von Einrichtungsgegenständen«. Die Ortsgruppenleiter und
andere Politische Leiter der NSDAP taten sich Trittner zufolge vor
allem bei der Beschlagnahme jüdischen Eigentums hervor, »wobei
es mitunter zu unkontrollierbaren Verteilungen von Sachwerten
kam«.[82]

Eine Volksgemeinschaft zu schaffen gehörte seit dem 25-Punkte-
Programm von 1920 zu den zentralen Zielen der NSDAP. Seit der
Machtübernahme ging die Partei, gingen vor allem ihre mittleren
und unteren Funktionäre daran, dieses Ziel umzusetzen. Doch bald
zeigte sich, dass die verheißene Gemeinschaft sich in der Kontrolle
verbliebener Gegner, der Ausgrenzung von »Volksfremden« und
einer alles überwölbenden Propaganda erschöpfte. Im Übrigen
blieb sie genauso schemenhaft wie der »nationale Sozialismus«.

# KRIEG

Es ist aber schlechterdings unmöglich,
die Geschichte der deutschen Gesellschaft
im Zweiten Weltkrieg zu schreiben, ohne der NSDAP
einen herausragenden Stellenwert zuzuweisen.

*Armin Nolzen, Historiker* [1]

## »SCHUBLADENGESETZE«

Wer klug ist, lernt aus Fehlern der Vergangenheit. 1914 war das Kaiserreich militärisch gut vorbereitet, verwaltungstechnisch jedoch planlos in den Krieg gezogen – das hatte zu Wirtschaftskrisen, Hungersnöten und Demonstrationen geführt, sogar zu Streiks. Dieser Fehler sollte sich auf keinen Fall wiederholen. Schon seit 1935 hatte die Regierungsbürokratie streng vertraulich eine Reihe von Verordnungen ausgearbeitet, die im Falle eines neuen Konfliktes helfen sollten, an der Heimatfront ähnlich chaotische Zustände wie im Weltkrieg zu vermeiden. Zuständig für die Umsetzung der »Schubladengesetze« war wesentlich die NSDAP und ihr ganz Deutschland durchziehender Kontrollapparat.

Schon fünf Tage vor dem Überfall der Wehrmacht auf Polen am 1. September 1939 wurden die meisten Lebensmittel rationiert. Fleisch, Milch, Öl und Fett sowie Zucker und Eier, später auch Brot, Mehl und sogar Kartoffeln durfte man nur noch in genau begrenzten Mengen kaufen; dafür hatte jeder Käufer dem Händler Marken zu geben, die man sich entweder an eigens eröffneten Schaltern gegen Vorlage des Ausweises abholen musste oder von den Blockleitern der Partei und der NSV bekam. Die Rationen waren

schmal: Die erste Lebensmittelkarte sah für Erwachsene pro Woche
700 Gramm Fleisch einschließlich Knochen oder »Fleischwaren«
wie Wurst oder Konserven vor, außerdem 335 Gramm Zucker oder
Marmelade, 1,4 Liter Milch und 420 Gramm Fett oder Öl.[2] Und
nicht einmal diese Mengen waren garantiert.

Mit Beginn des Krieges traten dann weitere Regelungen in Kraft –
mit oft hohen Strafandrohungen. So legte die Kriegswirtschaftsver-
ordnung fest: »Wer Rohstoffe oder Erzeugnisse, die zum lebenswich-
tigen Bedarf der Bevölkerung gehören, vernichtet, beiseiteschafft
oder zurückhält und dadurch böswillig die Deckung dieses Bedarfs
gefährdet, wird mit Zuchthaus oder Gefängnis bestraft. In besonders schweren Fällen kann auf Todesstrafe erkannt werden.«[3] Eine
andere Verordnung untersagte das »absichtliche Abhören ausländischer Sender«, bei Verstößen drohte Gefängnis. Das galt allein für
das Abhören; noch härtere Sanktionen waren für das Weitergeben
von Informationen vorgesehen, die nicht vom eigenen Propagandaapparat stammten: »Wer Nachrichten ausländischer Sender, die
geeignet sind, die Widerstandskraft des deutschen Volkes zu gefährden, vorsätzlich verbreitet, wird mit Zuchthaus, in besonders
schweren Fällen mit dem Tode bestraft.«[4] Die Verordnung gegen
»Volksschädlinge« verschärfte sogar sämtliche Regeln des Straf-
gesetzbuches: »Wer vorsätzlich unter Ausnutzung der durch den
Kriegszustand verursachten außergewöhnlichen Verhältnisse eine
sonstige Straftat begeht, wird unter Überschreitung des regelmäßigen Strafrahmens mit Zuchthaus bis zu 15 Jahren, mit lebenslangem
Zuchthaus oder mit dem Tode bestraft, wenn dies das gesunde
Volksempfinden wegen der besonderen Verwerflichkeit der Straftat
erfordert.«[5]

Im Alltag die größten Auswirkungen hatte das Reichsluftschutz-
gesetz mit der Pflicht zur Verdunkelung: »In den Wohnhäusern sind
die Fenster aller nicht ständig benutzten Räume dauernd abzublenden. In den übrigen Räumen sind Fenster, die zur Beleuchtung des
Raumes bei Tage und zum Lüften nicht notwendig sind, ebenfalls
dauernd abzublenden oder mit Einrichtungen zu versehen, die ein

jederzeitiges schnelles und einwandfreies Abblenden ermöglichen.«
Auf diese Weise sollten die Städte getarnt werden, sodass »ihr Auffinden durch Luftfahrzeuge und somit ein gezielter Bombenabwurf
erschwert wird«.[6] Mit Zeitungsartikeln unter Überschriften wie
»Luftschutz ist not!« versuchte die NSDAP Problembewusstsein zu
verbreiten: »Taschenlampen müssen abgeblendet werden! Wer
dagegen verstößt, gefährdet durch diese grobe Verletzung der Ver-
dunkelungsdisziplin sich und seine Umgebung.«[7] Damit die Menschen solche Drohungen ernst nahmen, meldeten Zeitungen regelmäßig die Vollstreckung von Todesurteilen.

Zusätzlich zur bestehenden, seit 1933 bereits erheblich aufge-
blähten Zivilverwaltung installierte Hitler am 1. September 1939
eine weitere neue Ebene: In jedem der 15 Wehrkreise des Reiches
wurde ein Reichsverteidigungskommissar eingesetzt, stets ein Gauleiter der NSDAP. Er sollte, als Vorgesetzter der jeweiligen regionalen Stellen, für die gesamte zivile Reichsverteidigung zuständig
sein und »im engsten Einvernehmen« mit den Wehrkreisbefehls-
habern, meist Heeresgenerälen, zusammenarbeiten.[8] Dazu besaßen
die Reichsverteidigungskommissare die Kompetenz, allen zivilen
Behörden in ihrem Wehrkreis Weisungen zu erteilen, unter anderem in Fragen des Luftschutzes oder gegebenenfalls der Evakuierung gefährdeter Gebiete.

Rasch zeigte sich, dass die ausgewählten Gauleiter diese Funktion
teilweise nutzten, um anderen Gauleitern, denen sie nun zwar nicht
auf Parteiebene, wohl aber als Reichsverteidigungskommissare vor-
gesetzt waren, Vorschriften zu machen. Weil derartige Konflikte
ausuferten, legte eine ausführliche »Verordnung über die Reichsverteidigungskommissare und die Vereinheitlichung der Wirtschafts-
verwaltung« Ende November 1942 die Regeln neu fest.[9] Faktisch
wurde jeder Gauleiter in seinem Gau Reichsverteidigungskommissar und damit oberste zivile Instanz. Wie intensiv sie von diesen
Befugnissen Gebrauch machten, hing von ihren eigenen Ambitionen ab. Aber auch auf unteren Ebenen wurden die Aufgaben der
NSDAP nochmals erweitert. Die formale Befugnis hatte das Reichs-

verteidigungsgesetz vom 4. September 1938 festgelegt:»Für die politische Willensbildung des Volkes ist der Stellvertreter des Führers der NSDAP verantwortlich. Er bedient sich hierzu der NSDAP.«[10] Daraus leitete die Partei das Recht ab, die gesamte nicht zur Wehrmacht eingezogene Bevölkerung zu betreuen, also zu überwachen und ihr Leben nach den Notwendigkeiten des Krieges zu organisieren.

## LIEBESGABEN FÜR DIE FRONT

Für Soldaten galt diese Zuständigkeit eigentlich nicht – eine Folge der stillschweigenden Übereinkunft zwischen Offizierskorps und Partei, die zivile von der militärischen Welt getrennt zu halten. Ungeachtet dessen bemühte sich die NSDAP um Einfluss auf das Denken der Soldaten an der Front. Zuerst auf dem Umweg über ihre Familien: Vor Weihnachten 1939 begannen viele Parteidienststellen aus eigener Initiative, Päckchen für die Frontsoldaten der jeweiligen Ortsgruppen zusammenzustellen. Der Inhalt, Tabak und Süßigkeiten, Kleidung, Bücher und Ähnliches, wurde mehr oder weniger unter Druck gespendet. Hinzu kamen Sammelbriefe, oft mit politischer Propaganda. Mangelnde Koordination führte schnell zu Ärger.»Die Sammlung von Liebesgabenpaketen für die Soldaten wird verschiedentlich von mehreren Partei- und anderen Organisationen durchgeführt, sodass vielfach laufend dieselben Personen zur Abgabe von Liebesgabenpaketen aufgefordert werden«, berichtete der Sicherheitsdienst der SS:»Da viele Familien außerdem selbst Angehörige im Felde haben, die sie zu Weihnachten beschenken wollen, bleiben manche Sammlungen ergebnislos.« Zudem beanspruchten verschiedene Wehrkreiskommandos, selbst für solche Sendungen zuständig zu sein. Dadurch kam in der Bevölkerung der Eindruck auf, dass»die Partei und die Wehrmacht in dieser Angelegenheit sich doch nicht einig seien«.[11]

Daraufhin wurde die»Betreuung der Soldaten von der Heimat

her« neu geregelt – natürlich zugunsten der NSDAP. Martin Bormann ordnete an, künftig habe die Partei »den deutschen Soldaten
durch Betreuung ihrer Familien in der Heimat Sorgen aller Art
abzunehmen, durch Briefe mit Nachrichten aus der engeren Heimat
und durch Liebesgabensendungen die enge Verbundenheit zwischen der Heimat und den Soldaten aufrechtzuerhalten und hierdurch immer wieder den Kampfwillen und die Einsatzbereitschaft
des deutschen Soldaten zu stärken«.[12]

Am 9. November 1940 schloss Alfred Rosenberg als Verantwortlicher »für die weltanschauliche Schulung« der NSDAP mit dem
Oberkommando der Wehrmacht ein Abkommen: »Der Beauftragte
des Führers wird die von ihm für die nationalsozialistische Bewegung herausgegebenen grundsätzlichen Richtlinien für die Schulung und die weltanschauliche Haltung sowie das von seiner Dienststelle erarbeitete Schulungsmaterial fortlaufend dem OKW für den
Einsatz in der Wehrmacht zur Verfügung stellen.«[13] Zudem sollte die
Ausbildung der Offiziere, die Soldaten unterrichten würden, durch
die NSDAP erfolgen. Das freilich ging dem selbstbewussten Heer zu
weit, das die Umsetzung nach Kräften hintertrieb.

Auch regelmäßige Besuche bei verwundeten Soldaten gehörten
zur Truppenbetreuung durch die NSDAP. Der SD meldete, dass
»die Lazarettbetreuung durch die Hitlerjugend die größte Anerkennung seitens der Verwundeten« finde. Die männlichen Patienten
freuten sich naturgemäß vorwiegend über weiblichen Besuch:
»Innerhalb der Hitlerjugend lag die Betreuung fast ausnahmslos in
den Händen der Jungmädel und des BDM, während Jungvolk und
HJ lediglich in den teilnehmenden Sing- und Spielscharen mitwirk-
ten.« Jedoch gab es Probleme, so »musste an verschiedenen Orten
der BDM-Einsatz eingeschränkt bzw. unter die Aufsicht Erwachse-
ner gestellt werden, da die Mädel von Verwundeten belästigt wurden«. Ein 23-jähriger Leichtverwundeter sagte ganz offen: »Wir
freuen uns sehr, wenn die HJ, vor allem aber, wenn der BDM
kommt.« Ein junger Leutnant sah es ähnlich: »Die Soldaten wollen
eine Augenweide; bei BDM-Veranstaltungen geht es um die Mädel;

334                                                                Krieg

die HJ-Veranstaltungen, die nimmt man dann in Kauf.« Parteifunktionäre sahen sich genötigt einzugreifen:»Der Einsatz älterer
Mädel musste daher vielfach eingeschränkt bzw. unter strengere
Kontrolle erfahrener Führerinnen oder eines Hoheitsträgers gestellt
werden.«[14]

## EHRENDIENST UND UK-STELLUNG

Ihre zusätzlichen Aufgaben im Krieg musste die Partei mit erheblich
weniger Personal erfüllen.»Wehrdienst ist Ehrendienst am deutschen Volke«, hieß es im Wehrgesetz:»Jeder deutsche Mann ist
wehrpflichtig.«[15] Deshalb konnten auch Funktionsträger der NSDAP
eingezogen werden. Zum Stichtag 1. Januar 1940 diente ungefähr
jeder dritte hauptamtliche Funktionär in der Wehrmacht – 7300 von
knapp 22 000 Männern insgesamt, von den jungen der Jahrgänge ab
1910 sogar fast zwei Drittel. Weitaus wichtiger aber war, dass fast
jeder fünfte ehrenamtliche Politische Leiter ebenfalls eingezogen
war – von 1,2 Millionen fast 236 000. Von den noch in der Heimat
aktiven Funktionären gehörte nun mehr als die Hälfte, 542 000 von
knapp einer Million, zu den Jahrgängen bis 1900.[16]
  Joseph Goebbels sah angesichts dessen die Funktionsfähigkeit
seines Parteiapparates gefährdet:»Ich sorge dafür, dass die Berliner
Führerschaft zusammengehalten wird«, diktierte er seinem Sekretär
am 21. September 1941:»Es werden von verschiedenen Gauen Versuche unternommen, mir Kreisleiter oder Ortsgruppenleiter weg zu
engagieren.« Doch er brauche seine »alte Führerschaft gerade für
den kommenden Winter in Berlin«. Sollte es nämlich zu schweren
Belastungen kommen, wie im Winter 1940/41 durch die britischen
Luftangriffe auf die Reichshauptstadt,»so muss ich Leute um mich
haben, auf die ich mich unbedingt verlassen kann, die ich kenne
und die mich kennen«. Kategorisch befand Goebbels:»Der Gau
Berlin hat seit Beginn des Krieges allein schon über hundert Ortsgruppenleiter zum Teil an die Wehrmacht, zum Teil an andere Gaue

abgegeben. Damit ist das Kontingent, worauf wir verzichten können, erreicht; weitere Abgaben können nun nicht mehr stattfinden.«[17] Zum 1. August 1942 waren von den insgesamt 306 Ortsgruppen in Berlin nur 171 regulär besetzt, die übrigen nahmen
Vertreter wahr.[18]

Nicht nur an die Wehrmacht verlor der Parteiapparat viel Personal; weitere Funktionäre gingen in die eroberten Gebiete. Einerseits um neue NSDAP-Strukturen in faktisch annektierten Regionen wie Danzig-Westpreußen, dem Warthegau, Lothringen oder
der Untersteiermark aufzubauen; andererseits als Mitarbeiter in
Besatzungsbehörden in eroberten Gebieten. Alfred Meyer, der frühere Ortsgruppenleiter in Gelsenkirchen und seit 1931 Gauleiter
von Westfalen-Nord, wurde zusätzlich zu seinen anderen Aufgaben Staatssekretär im Reichsministerium für die besetzten Ost-
gebiete; in dieser Funktion nahm er an der Wannsee-Konferenz am
20. Januar 1942 in Berlin teil. Viele Politische Leiter von niederem
Rang meldeten sich freiwillig in die besetzten Gebiete, denn dort
konnte man Karriere machen und berufliche Schranken nehmen,
die in der Heimat unüberwindlich waren. Nicht immer genehmig-
ten ihre Vorgesetzten jedoch solche Wünsche. Wenn »geeigneter
Ersatz nicht vorhanden« war, galten auch willige Bewerber schnell
als »unabkömmlich«, kurz: uk.[19]

Jeder Wehrpflichtige konnte diesen Status bekommen, wenn
seine zivile Tätigkeit im »Reichsverteidigungsinteresse« unentbehr-
lich erschien. Typisch dafür waren Facharbeiter in Rüstungsbetrie-
ben, Ingenieure, Wissenschaftler und Bergleute. Aber eben auch
Verwaltungsbeamte, die Probleme an der Heimatfront zu lösen hatten; besondere »Bestimmungen für uk-Stellung bei besonderem
Einsatz« des Oberkommandos der Wehrmacht regelten ab November 1940 die Einzelheiten. Weil die nationalsozialistische Volksgemeinschaft grundsätzlich als Kriegsgesellschaft gedacht war, galt die
uk-Stellung offiziell als andere Form des »Ehrendienstes am deutschen Volk«. Hermann Göring hatte schon Ende 1938 eine totale
Mobilisierung gefordert: »Wir können in einem zukünftigen Krieg

weder auf die 14- noch auf die 60-Jährigen verzichten. Irgendetwas kann jedem zu tun gegeben werden. Es muss uns gelingen, alle zu erfassen und sie alle genau einzuteilen, zu wissen: Der kommt zum Militär, dafür der in die Fabrik, der bleibt in der Fabrik, der rückt ab und übergibt das seiner Frau.«[20] Gleichwohl drängte die Partei- und Staatsführung darauf, dass gerade jüngere Beamte Wehrdienst leisteten. Ziemlich offen drohte ebenfalls Hermann Göring im März 1940, dass »Angehörige jüngerer Jahrgänge durch eine dauernde uk-Stellung schwere berufliche Schädigung zu erwarten haben, besonders, dass sie zur Bekleidung politischer Führerstellen unfähig« seien. Das sorgte für Missstimmung: »Für die betroffenen Wehrpflichtigen würde es infolgedessen eine große Enttäuschung bedeuten, wenn ihr bisheriger oft genug hingebungsvoller Einsatz in der Heimat, der in Aufsätzen in der Presse und in Reden als notwendig und unumgänglich hingestellt worden sei, durch eine spätere berufliche Benachteiligung völlig entwertet würde.«[21]

Trotz der feststellbaren Ausdünnung der Parteistrukturen setzte sich in der Bevölkerung eine andere Wahrnehmung fest. Danach würden Politische Leiter der NSDAP häufig nicht eingezogen, sondern kämen besonders oft in den Genuss der uk-Stellung. Um dem Eindruck der Drückebergerei entgegenzuwirken, erlaubte Hitler, dass regionale NSDAP-Stellen »in gewissen Abständen Sammelnachrufe« für gefallene Mitglieder veröffentlichten, »damit die Bevölkerung sieht, in wie großer Zahl Angehörige der Partei und ihrer Organisationen eingerückt sind«.[22] Die Zahl der »unabkömmlichen« Parteifunktionäre spielte statistisch praktisch keine Rolle. Nur 0,24 Prozent der Ende 1942 knapp 5,3 Millionen offiziell uk-gestellten deutschen Männer der Jahrgänge 1900 bis 1925 waren hauptamtliche Mitarbeiter der NSDAP: 12 441. Anders sah es jedoch aus, wenn man die zahlreichen Parteigliederungen hinzunahm; allein für die Organisation Todt, die mit Fremd- und Zwangsarbeitern riesige Bauprojekte wie Bunker realisierte, waren viermal so viele wehrfähige Deutsche uk-gestellt wie für die ganze NSDAP.[23]

Als nach der Katastrophe von Stalingrad Anfang 1943 verstärkt Funktionäre eingezogen wurden, änderte sich die negative Wahrnehmung leicht; ein Bericht der ostpreußischen Justizverwaltung hielt fest: »Es sind damit die kritischen Bemerkungen verstummt, in denen der Verwunderung Ausdruck gegeben wurde, dass sich noch immer entbehrliche politische Führer im wehrfähigen Alter in der Heimat befänden.«[24]

## »FÜR FÜHRER, VOLK UND VATERLAND«

Besonders schwierig war eine durch den Krieg hinzugekommene Pflicht für NSDAP-Funktionäre vor Ort: das Überbringen von Gefallenenmeldungen. Schon immer hatte es zwar zu ihren Aufgaben gehört, die Angehörigen eines verstorbenen Mitglieds aufzusuchen, um »die Anteilnahme der Partei zum Ausdruck zu bringen«.[25] Doch im Frieden war es relativ selten der Fall, dass eine Familie durch den zuständigen Politischen Leiter vom Ableben eines nahen Verwandten erfahren hatte – meist ging es lediglich darum, »politische« Hilfestellung bei der Trauer zu leisten.

Anders im Krieg. Da die Reichsführung die Bedeutung der Kirchen systematisch zurückdrängen wollte, kam die in anderen Staaten übliche Kooperation von örtlich zuständigen Offizieren oder Beamten mit einem Geistlichen der Gemeinde des Gefallenen im nationalsozialistischen Deutschland nicht in Frage. Stattdessen schrieben die direkten Vorgesetzten des toten Soldaten möglichst handschriftlich einen persönlichen Brief an die Familie, der im verschlossenen Umschlag einem Formbrief an den örtlichen Ortsgruppenleiter beigefügt wurde. Mit dem ungeöffneten Kuvert suchte der NSDAP-Vertreter die Familie auf und informierte sie vom Tod »für Führer, Volk und Vaterland«, wie es formelhaft in vielen Zeitungsanzeigen für Gefallene hieß. Manche Frontoffiziere umgingen diese Regelung zwar, indem sie direkt an Frauen oder Eltern schrieben, manchmal auch an ihnen bekannte Pfarrer. Aber

üblich war, dass die Angehörigen die Todesnachricht von einem
NSDAP-Vertreter erhielten.

»Die schwerste Aufgabe war das Überbringen der Gefallenen-
nachrichten«, erinnerte sich ein Zellenleiter aus dem Stuttgarter
Süden, der wegen der Einziehung mehrerer Vorgänger Anfang 1942
zum amtierenden Ortsgruppenleiter aufstieg:»Es waren dies Gänge,
die nicht nur Mitgefühl und außerordentliches Taktgefühl verlangten. Viel schwieriger gestaltete sich die Sorge um das Ergehen der
Anverwandten der Gefallenen.«[26] Parteifunktionäre registrierten:
»Schon einmal habe ich darüber berichtet, dass das Überbringen
der Gefallenenmeldung durch die Ortsgruppenleiter zu großen
Schwierigkeiten führt. Der Ortsgruppenleiter wird schon allgemein
als ›Totenvogel‹ und Ähnliches bezeichnet.« Allein sein Auftauchen
galt bald als böses Vorzeichen:»Wenn er durch die Ortschaft geht,
blickt man ihm nach, wo er sich hinwendet. Kommt er dann zu
einer Familie, die Söhne oder Väter an der Front stehen hat, werden
die Leute in größte Aufregung versetzt.«[27] Auch andere gängige
Bezeichnungen für Ortsgruppenleiter bürgerten sich rasch ein:
»Todesengel« und »schwarzer Mann«. Besonders störte sich die
Partei an der Bezeichnung »braune Hiobspost« für solche Boten-
gänge.[28]

Als die Verlustzahlen immer weiter anstiegen, bemühte sich die
Parteikanzlei, ihre Ortsgruppenleiter von dem negativen Image zu
befreien. Martin Bormann schlug vor, auch amtliche Glückwünsche
zu Ehe- und Altersjubiläen von den Ortsgruppenleitern überbringen zu lassen statt wie bisher per Post zuzuschicken. Man könne auf
das »bei den Gefallenenmeldungen der Wehrmacht geübte und gut
eingespielte Verfahren« zurückgreifen, argumentierte er. Der eigentliche Grund aber war, dass man »den Hoheitsträgern, die im Laufe
des Krieges immer mehr Aufgaben aufgebürdet erhalten haben, die
sie bei den Volksgenossen nicht sehr beliebt machen, unbedingt
eine stimmungsmäßig positiv bewertete Aufgabe übertragen« müsse:
»Diese Möglichkeit, auf die Volksgenossen einzuwirken, darf nicht
ungenutzt bleiben.«[29] Der Vorschlag blieb in der Bürokratie stecken.

Um die deprimierende Wirkung von Todesanzeigen für Gefallene zu begrenzen, ordnete Hitler an, dass nur noch Trauerinserate der Familien und unabhängig vom Wunsch der Angehörigen stets im gleichen Format veröffentlicht werden sollten. Die Beschränkungen für Trauerinserate galten ausdrücklich nur für Gefallene, nicht für natürlich Verstorbene fern der Fronten. Als eine Grazer Zeitung eine ganzseitige Todesanzeige für einen bekannten Unternehmer brachte und eine Lokalzeitung aus Niederbayern im maximalen Format ihres Herausgebers gedachte, gab es Unmut.[30] Eines verblichenen NSDAP-Landrates namens Simon in Westfalen wurde in nicht weniger als 19 Todesanzeigen im örtlichen Blatt gedacht, davon 14 in derselben Ausgabe:»Sämtliche Organisationen, Vereine und Vereinchen, denen Simon angehörte, hätten eigene Todesanzeigen veröffentlicht«, hieß es in den vertraulichen *Meldungen aus dem Reich* kritisch.[31]

## KINDERLANDVERSCHICKUNG

Im Herbst 1940 zeigten die Luftangriffe der Royal Air Force auf die Reichshauptstadt und andere strategisch wichtige Großstädte erste Wirkungen: Hitler entschied einerseits, in den größeren Städten massenhaft Bunker errichten zu lassen, andererseits die deutsche Jugend in nicht bombengefährdete Provinzen auszuquartieren; zuständig sein sollten die Partei und ihre Gliederungen. Bormann teilte mit:»Der Führer wünsche die sofortige Sicherung der Kinder […] gegen die durch Fliegeralarm unterbrochene Nachtruhe und die dadurch eintretenden Schäden.« Zunächst sollten 50 000 Kinder aus Berlin fortgebracht werden. Da aber diese Aufgabe eine einzelne Unterorganisation der NSDAP überfordert hätte, ordnete Bormann eine Aufteilung an:»Die Nationalsozialistische Volkswohlfahrt übernimmt die Verschickung der noch nicht schulpflichtigen Kinder und der Kinder der ersten vier Schuljahrgänge; die Hitlerjugend übernimmt die Unterbringung vom fünften Schuljahr an.

Die Unterbringungsaktion beginnt am Donnerstag, den 3. Oktober
1940.«[32] Kinder unter zehn Jahren sollten bei Pflegefamilien untergebracht werden, ältere in Landschulheimen, Klöstern, Jugendher-
bergen und Internaten, wo sie regulären Unterricht, gesicherte Versorgung und Freizeitbeschäftigungen bekommen würden. Täglich
sollte die Reichsbahn ein bis zwei Sonderzüge für jeweils 1000
Jugendliche bereitstellen; für die Teilnahme werben sollten »die
Block- und Zellenleiter der Partei, die Amtswalter der NSV und
Einheiten der HJ. Auch die Lehrerschaft ist an der Werbung weitgehend zu beteiligen«.[33]

Schnell zeigte sich, dass viele Eltern diese ausdrücklich freiwillige
Verlagerung ihrer Kinder nicht positiv sahen, sondern als Vorsorge
für härtere Luftangriffe, vielleicht sogar mit Giftgas. Goebbels tobte:
»Schweres Problem der Kinderlandverschickung aus Berlin. Da ist
die NSV sehr ungeschickt vorgegangen und hat enorme Unruhe
geschaffen.«[34] Das Ansehen der Kinderlandverschickung war schwer
beschädigt: Eine »an sich vorbildliche Hilfsmaßnahme« sei dadurch,
dass »klare Anordnungen des Ministers nicht durchgeführt wurden,
zu der schwersten Belastungsprobe für weite Bevölkerungskreise in
Berlin geworden, die seit Kriegsbeginn festzustellen« sei.[35]

Natürlich versuchte Goebbels, das wieder zu ändern, und holte
sich eigens Hitlers Einverständnis. Daraufhin schrieb Bormann an
wichtige NSDAP-Funktionäre: »Der Führer hat mich daher beauftragt, Ihnen noch einmal klipp und klar darzulegen, dass erstens die
Verschickung der Kinder keineswegs erfolgt, weil heftigere Angriffe
zu erwarten sind als bisher; die Verschickung erfolgt vielmehr deswegen, weil mit Einsetzen der kalten Jahreszeit das gänzliche Fehlen
von geeigneten Luftschutzkellern sich sehr viel unangenehmer als
bisher auswirkt. Gerade deswegen sollen zweitens zunächst einmal
die Kinder der Laubenkolonien und die Kinder aus jenen Häusern,
die keine oder ungenügende Luftschutzkeller haben, verschickt
werden.« Hitler wolle den Eltern die Sorge um ihre Kinder abneh-
men, weil er sich vorstellen könne, wie unangenehm es für sie sein
müsse, ihre Kinder nachts bei Kälte aus dem Bett zu holen und in oft

weit entfernte öffentliche, meist nicht geheizte Schutzräume zu bringen. Daher sollten Kinder aus wohlhabenden Familien, die eigene, gut ausgerüstete und warme Luftschutzkeller im Haus hätten, zunächst nicht aufs Land gebracht werden. »Die Verschickung war vielmehr vom Führer aufgefasst als ein leuchtendes Beispiel sozialer Fürsorge gerade für die arme Bevölkerung.«[36] Gelebter nationaler Sozialismus also.

Doch alle Mühen halfen nichts: Die Kinderlandverschickung blieb bei den Eltern in allen deutschen Großstädten unbeliebt. Sie wurde als Eingeständnis verstanden, dass man den Bomben der Gegner nichts entgegenzusetzen habe. Um die eigenen Kinder in Sicherheit zu wissen, brachten viele Eltern sie zu Verwandten in die Provinz. Der von der NSDAP kontrollierten Verschickung dagegen standen sie weiter skeptisch gegenüber; die Mütter wollten die Erziehung ihrer Söhne und Töchter ungern vollständig in die Hände von HJ oder BDM legen. Mit Grund, wurden doch die meisten offiziell verschickten Kinder in den Lagern noch stärker und umfangreicher im Sinne der NS-Ideologie unterrichtet als in den regulären Schulen daheim. Katholische Geistliche warnten Eltern deshalb, bei der »Kinderlandverschickung käme es dem Staat gar nicht darauf an, die Kinder in Sicherheit zu bringen, sondern der Zweck sei vor allem, die Kinder den Eltern zu entziehen, eine Entfremdung gegenüber dem Elternhaus herbeizuführen und somit die Voraussetzung für eine ›religionslose Erziehung der Kinder durch den Staat zu schaffen‹«.[37]

Schließlich verlegten die Verwaltungen in bombengefährdeten Großstädten 1943 auf Drängen von Parteifunktionären fast alle Schulen zwangsweise aufs Land. Dennoch fügten sich viele Eltern nicht. Im Ruhrgebiet betrug die Quote der offiziell verschickten Kinder ein bis ausnahmsweise zwei Drittel; die übrigen Eltern baten Verwandte um Hilfe, meldeten ihre Kinder ab oder weigerten sich offen. Die Anteile variierten von Ort zu Ort sehr stark: Im einen Ortsteil der Doppelstadt Gelsenkirchen-Buer lag der Anteil der Eltern, die sich ausdrücklich gegen die Kinderlandverschickung

stellten, bei unter zehn Prozent, im anderen Ortsteil dagegen doppelt so hoch.[38] Der Grund bestand wohl im unterschiedlich starken
Druck, den die lokalen NSDAP-Funktionäre ausübten. In Stuttgart
wurde nach dem ersten Großangriff im März 1943 die Verlagerung
möglichst aller Kinder angeordnet. Bis zum Ende des Schuljahres
kamen dieser Forderung jedoch nur die Eltern von 600 der 46 000
Schüler nach. Daraufhin wurden im September 1943 die Schulen in
der Industriestadt mit bedeutenden Zielen wie den Fabriken von
Daimler-Benz und Bosch offiziell geschlossen. Bis Jahresende hatten 35 000 Kinder Stuttgart verlassen; 11 000 aber blieben, der Aufforderung der Partei zum Trotz.

Auch in der Reichshauptstadt fand die NSDAP kein Mittel gegen
störrische Eltern. Trotz wiederholter Aufforderung verließen 1943
von den 445 Schülern einer Berliner Volksschule nur 39 mit den
Lehrern die Stadt, 178 dagegen wurden von ihren Müttern privat in
der Provinz untergebracht, weitere 228 ganz »zurückgehalten«.
Ähnlich schwach war die Akzeptanz in einer anderen Volksschule:
22 Schüler gingen, 207 aber blieben. Ein Elternabend in Anwesenheit des zuständigen Ortsgruppenleiters der NSDAP verlief »sehr
erregt«; nur 65 Kinder dieser Schule folgten der Aufforderung zur
Verlegung. Viele Eltern meldeten stattdessen ihre Kinder polizeilich
um zu Verwandten, die außerhalb wohnten, sodass sie dort weiterhin zur Schule gehen konnten. Kinder, die auf Wunsch der Eltern in
der Reichshauptstadt bleiben sollten, bekamen ein Entlassungs-
zeugnis; für den Unterricht waren die Eltern fortan selbst verantwortlich, obwohl die Schulpflicht natürlich weiterhin galt. NSDAP-
Funktionäre versuchten, möglichst doch noch Kinder für die
organisierte Verlagerung zu gewinnen. Ein Flugblatt »An die Eltern,
deren Kinder noch in Berlin wohnen« drohte: »Der Schulunterricht
in Berlin wird in keinem Fall wieder aufgenommen.« Auch rund um
die Reichshauptstadt werde es bald keinen Unterricht mehr geben:
»Alle die Schulpflichtigen, die von Berlin noch nicht umquartiert
sind, bleiben somit in ihren schulischen Leistungen zurück und
haben auch nicht mehr mit einer Versetzung zu rechnen.«[39]

## NOTHILFE FÜR AUSGEBOMBTE

Derlei Verweigerung gegenüber Anordnungen der Partei blieb aber die Ausnahme im Dritten Reich. Als die Luftangriffe auf Deutschlands Städte zunahmen und immer mehr Wohnraum fehlte, kam zu den Aufgaben der unteren NSDAP-Funktionäre hinzu, für eine bestmögliche Nutzung der vorhandenen Unterkünfte zu sorgen. Die Kreisleitung Stuttgart ordnete an:»Aufgabe des Blockleiters wird also sein, alleinstehende Personen, die eine eigene Wohnung besitzen, zur freiwilligen Räumung zu bewegen«, hieß es in einem Rundschreiben. Blockleiter sollten feststellen, ob es solche Wohnungen in ihrem Zuständigkeitsbereich gebe und sich, falls ja,»in unauffälliger und diskreter Form« informieren, wie die Verhältnisse seien. Ziel war bei Häusern, bei denen in einer Wohnung die verwitwete Mutter wohnte und in einer anderen ihr verheiratetes Kind, dass die Mutter dorthin zog und die eigene Wohnung freigab. Die Kreisleitung warnte:»Der Blockleiter muss wissen, dass er ein sehr heikles Thema anschneidet und auf eine starke, gefühlsmäßige Einstellung der alten Leute trifft.«[40]

Der Mangel an Wohnraum führte zu nochmals verschärften Schikanen gegen die verbliebenen Juden. So beschwerte sich ein Ruhrgebiets-Bürgermeister 1941, dass in seiner Kleinstadt »zurzeit noch 82 Juden in 21 jüdischen Häusern« lebten.»Um diesen unhaltbaren Zustand zu beseitigen, beantrage ich, durch staatspolizeiliche Maßnahmen die Juden in fünf jüdischen Häusern zusammenzulegen.« Der Parteifunktionär hatte seinen Antrag gut vorbereitet:»Die arischen Mieter, die zurzeit noch in diesen fünf jüdischen Häusern wohnen, haben sich bereit erklärt auszuziehen, zumal ihnen in den frei werdenden Judenhäusern bessere Wohnungen vermittelt werden können.«[41]

Als ab 1942 Großangriffe oft mehrere Zehntausende Menschen auf einmal obdachlos machten, waren NSDAP und NSV die einzigen Institutionen, die für rasche Hilfe sorgen konnten. Ihre Funktionäre beschafften Lebensmittel und Ersatzkleidung. In einem

zweiten Schritt bekamen die ausgebombten Deutschen nach Anzeige ihrer Verluste bei der Ortsgruppe Bezugsscheine, mit denen
sie meist aus beschlagnahmtem jüdischem Besitz Ersatz bekommen
konnten: Die NSDAP organisierte einen regulierten Wettbewerb
um das Raubgut. Darunter war einerseits das Eigentum von deutschen Juden, die ab Herbst 1941 systematisch nach Osten in Ghettos
deportiert wurden. Der Partei standen andererseits auch ganze
Wohnungsausstattungen deportierter Menschen aus den Nieder-
landen, Belgien, Frankreich und weiteren besetzten Ländern zur
Verfügung. Ab 1942 kamen Textilien hinzu, die aus den Vernich-
tungslagern im besetzten Polen stammten.

Im Sommer 1943 begann die Evakuierung aus bombengefährdeten Großstädten in die Provinz – eine Art Kinderlandverschickung
für Erwachsene. Als Verantwortlicher für die Propaganda legte
Goebbels fest: »Die Lage in den dauernd stark bombardierten
Gebieten macht umfassende Maßnahmen zur Umquartierung aller
in diesen Räumen nicht betriebswirtschaftlich gebundenen Personen notwendig.« Verantwortlich war vor allem die NSDAP: »Die
sich hieraus ergebenden Aufgaben stellen an die Parteidienststellen
der Gastgebiete erhebliche Anforderungen, insbesondere psycho-
logischer Art.« Goebbels ordnete eine Art Informationstourismus
an: »Um die Kreisleiter der Aufnahmekreise mit den Verhältnissen
in den Luftkriegsgebieten vertraut zu machen, sollen sie mit einigen
wenigen Mitarbeitern in die Entsendegaue geschickt werden. Dort
haben sie die Gelegenheit, die eingetretene Notlage in vollem
Umfang kennenzulernen.« Am Ziel der Umquartierungen, die formal freiwillig waren, sollte die Partei die Ankunft vorbereiten – ausdrücklich nicht mit Propaganda: »Für offizielle Veranstaltungen
werden die Umquartierten am ersten Tage wenig aufnahmefähig
sein. Wesentlich ist vielmehr nach dem größtenteils langen Trans-
port das fürsorgliche Gepräge dieser Maßnahmen (Gepäckhilfe).«
Die Funktionäre sollten »zwischen den aufgenommenen Gästen
und der eingesessenen Bevölkerung ein Vertrauensverhältnis schaffen und dieses für die ganze Zeit der Einquartierung erhalten«.[42]

In gut anderthalb Jahren bis Anfang 1945 wurden mehr als sieben Millionen Menschen aus den Städten aufs Land gebracht, betreut von NSDAP und NSV. Die Wohnbevölkerung Berlins sank zum Beispiel von 4,3 auf knapp über drei Millionen. Aus München zog ein Drittel der Einwohner aufs Land, ebenso aus Stuttgart; die Hälfte der Bewohner verließ Gelsenkirchen. Zu den wichtigsten Aufnahmegebieten gehörte Ostpreußen, das bis 1944 noch außerhalb der Reichweite von Großangriffen lag. Doch die Einheimischen lehnten trotz der Bemühungen der örtlichen Partei die Umquartierungen ab. Die regionale Justizverwaltung berichtete: »Die Stimmung und Haltung der ostpreußischen Bevölkerung ist leider durch die Evakuierung zahlreicher Berliner einer gewissen Belastungsprobe unterworfen worden. Diese Großstädter konnten [...] sich vielfach nicht in die einfachen und einförmigen kleinstädtischen und ländlichen Verhältnisse einfinden.« Viele kehrten auf eigene Faust zurück – was sich jederzeit umkehren konnte: »Es steht allerdings zu befürchten, dass nach den jetzigen Terrorangriffen Ostpreußen mit Bombengeschädigten und Evakuierten überschwemmt wird, welche eine Stimmung mitbringen, die der festen Haltung der ostpreußischen Bevölkerung abträglich sein könnte.«[43]

## »TOTALER KRIEG«

Nach Stalingrad hatte Joseph Goebbels am 18. Februar 1943 den »totalen Krieg« ausgerufen, »totaler und radikaler, als wir ihn uns heute überhaupt erst vorstellen können«.[44] Die NSDAP sollte alle noch vorhandenen Ressourcen mobilisieren; zwischen Heimat und Front würde kein Unterschied mehr gemacht. Es ging um drei Ziele: Jeder irgendwie in der Heimat ersetzbare Mann sollte erstens an die Front geschickt werden. Zweitens sollte die Wirtschaft noch stärker als bisher auf Rüstungsproduktion ausgerichtet werden. Schließlich musste durch noch einmal verstärkte Propaganda jeder Defätismus bekämpft und gegebenenfalls brutal unterdrückt werden.

Eine Dienstpflicht galt jetzt für Männer zwischen 16 und 65 Jahren, für Frauen zwischen 17 und 45 – obwohl sie zusätzlich die Reste des Familienlebens aufrechterhalten mussten. Die wöchentliche Arbeitszeit stieg, je nach Tätigkeit oft auf 60, teilweise bis auf 70 Stunden; Freizeit hatten die Deutschen praktisch nicht mehr. Weil jeder nicht unbedingt erforderliche Arbeiter seine uk-Stellung verlor und zur Wehrmacht eingezogen wurde, die dienstverpflichteten Frauen aber viele Aufgaben rein körperlich nicht leisten konnten, stieg die Zahl der Fremd- und Zwangsarbeiter stark.

Dissens zwischen Parteiapparat und Staat gab es beim zweiten Ziel, der noch weitergehenden Umstellung der Wirtschaft auf Rüstungsproduktion. Denn viele regionale NSDAP-Funktionäre lehnten noch mehr Kompetenzen für das ohnehin schon mächtige Rüstungsministerium unter Albert Speer ab. Der Hitler-Vertraute betrieb die möglichst vollständige Umstellung der zivilen Produktion auf die Bedürfnisse des Krieges und verbündete sich mit Goebbels gegen den hinhaltenden Widerstand vieler höherer Parteifunktionäre, die um ihren eigenen Einfluss fürchteten. Der Propagandaminister diktierte seinem Sekretär über Speers Programm: »Die meisten Gauleiter werden zwar dagegen Zeter und Mordio schreien.« Das müsse man aber hinnehmen: »Es wird dabei natürlich ein großer Teil der blühenden und bis dahin unangetasteten Gauindustrien zugrunde gehen; aber wir dürfen bei der gegenwärtigen Kriegslage auch vor diesem Opfer nicht zurückscheuen.«[45]

Goebbels schlug Hitler in einer Denkschrift vor, die vollkommene Mobilisierung der Gesellschaft der NSDAP zu übertragen: »Ich habe unbegrenztes Vertrauen zur Partei.« Sie allein besitze die »nötige Initiative und Improvisationsgabe« für einen »so gigantischen Ausschöpfungsprozess«. Von der Wehrmacht sei Ähnliches nicht mehr zu erwarten. »Ich kann mir vorstellen, dass man von jedem Gauleiter, wenn man ihn beim Portepee fasst und ihm rückhaltlos klarmacht, wo unsere gefährlichen Engpässe liegen, ungeahnte Mengen an Menschenkraft noch zusätzlich erhalten kann.

Man müsste ihm nur den Rahmen abstecken, in dem er sich bewegen darf, das andere aber seiner eigenen Unternehmungslust überlassen.«[46] Ausgerechnet der hierarchischen Führerpartei wollte Goebbels das militärische Prinzip der Auftragstaktik verordnen. Eine Woche nach der Denkschrift wurde er zum Reichsbevollmächtigten für den totalen Kriegseinsatz ernannt. Das mehrte seine Macht noch einmal und machte ihn zum innenpolitisch mächtigsten Mann; das hatte er sich schon länger gewünscht: »Ich würde einen Kreis von etwa zehn Männern zusammenfassen, die alle kapitale Figuren sind, und mit denen würde ich dann regieren, d. h. eine innerpolitische Führung aufrichten.«[47]

Die dritte Aufgabe im Rahmen der totalen Mobilisierung war, noch mehr als bisher jede abweichende Haltung zu unterdrücken. Der Propagandaapparat der NSDAP betrieb eine massive Kampagne, die neben den zentral geleiteten Medien Radio, *Wochenschau* und Zeitungen zahlreiche Plakate umfasste, die von Politischen Leitern vor Ort aufgehängt wurden. Die wesentliche Parole war Goebbels' Rede im Sportpalast entlehnt: »Totaler Krieg – kürzester Krieg.« Damit sollte die Bevölkerung für die zusätzlichen Belastungen gewonnen werden.

## »VOLKSSCHÄDLINGE«

Nun zogen Partei und Polizei die Zügel an. Skeptische Äußerungen, wie sie in den Wochen nach der Niederlage von Stalingrad oft zu hören gewesen waren, führten wieder zu hohen Strafen – sofern die Behörden davon erfuhren. Zwar verfügte die Gestapo über »V-Leute«, oft zu Spitzeldiensten gezwungene Fremdarbeiter. Außerdem gab es die Informanten, die für den SD Eindrücke über die Volksstimmung sammelten; es dürften einige Zehntausend Zuträger gewesen sein. Über ein eigenes, dicht geknüpftes Agentennetz verfügte der SS-Inlandsgeheimdienst aber nicht. Das war auch unnötig, denn im ganzen Reich waren Denunziationen alltäglich.

Das Anschwärzen von Nachbarn, Kollegen, sogar Freunden und Verwandten war leicht, denn es gab eine Fülle von Personen, an die man sich wenden konnte. Alle Parteidienststellen, vom Blockwart bis zum höheren NSDAP-Funktionär, hatten ein offenes Ohr. Meist folgten Denunziationen einem einfachen Muster: Irgendjemand verstieß gegen das, was als zuträglich für die Volksgemeinschaft galt. Das konnten echter oder angeblicher Schwarzhandel sein, defätistische Äußerungen, eine freundschaftliche oder gar Liebesbeziehung zu einem Fremd- oder Zivilarbeiter und das Abhören verbotener Radiosender. Häufig passierte wenig oder nichts, denn viele Anzeigen wurden schlicht ignoriert. In anderen Fällen bestellte der örtliche NS-Funktionär den Denunzierten ein, befragte ihn und beließ es bei einem Verweis. Riskant, ja lebensgefährlich wurde es jedoch, wenn ein Parteifunktionär die Gestapo einschaltete.

Eine ausdrückliche Pflicht, Verstöße gegen das »gesunde Volksempfinden« anzuzeigen, hatte deren Chef Reinhard Heydrich schon zu Kriegsbeginn einführen wollen, doch konnte er sich damit nicht durchsetzen, weil eine »so weitgehende Anzeigepflicht den nicht rechtskundigen Volksgenossen bei der Beurteilung der Frage, ob sein eigenes Tun oder das Tun eines Dritten einen anzeigepflichtigen Tatbestand darstelle, in ernste Gewissensnot bringe«, warnte das Reichswirtschaftsministerium: »Gerade hierdurch werde ein seelischer Druck erzeugt, der geeignet sei, die Widerstandskraft des deutschen Volkes zu schwächen.«[48] Es blieb der eigenen Initiative überlassen, ob und was die Menschen anzeigten.

Allein in Berlin verurteilten mehrere Sondergerichte in rund 9000 Verfahren fast 12 000 Angeklagte meist aufgrund von Denunziationen. Darunter waren gut tausend Todesstrafen, die zum größten Teil vollstreckt wurden. In München führte das Sondergericht rund 4750 Verfahren gegen 6300 Angeklagte durch; vier Fünftel davon waren Deutsche. Mehrere Hundert Menschen wurden aufgrund der Urteile hingerichtet, viele weitere nach Todesurteilen durch den Volksgerichtshof, so die Geschwister Scholl und ihre Freunde von der Weißen Rose.

Doch die weit überwiegende Zahl der verhängten Sanktionen bestand aus Haft. Ein Reim wie »Lieber einen Kaiser von Gottesgnaden als einen Verbrecher aus Berchtesgaden« konnte zu acht Monaten Gefängnis führen. Dreieinhalb Jahre Zuchthaus erhielt ein Arbeiter, der »des Nachts mehrfach einem Juden beim Herausschaffen von Sachen aus seiner amtlich versiegelten Wohnung geholfen« hatte. Fünf Jahre Zuchthaus gab es für einen Betrüger, der in zahlreichen Fällen Juden vortäuschte, er könne »ihre Zurückstellung von der Evakuierung erreichen und ihnen falsche Pässe zur Ausreise besorgen«. Der Kaufmann wurde als »Volksschädling« verurteilt – das Schicksal der betrogenen Juden spielte keine Rolle.[49] Das Sondergericht Königsberg verurteilte aufgrund einer Denunziation den katholischen Kaplan Bruno Weichsel 1941 zu zweieinhalb Jahren Haft – wegen »Heimtücke«. In Stuttgart verhängte Hermann Cuhorst, NSDAP-Mitglied seit Dezember 1930 und Vorsitzender des Sondergerichts, in rund 1200 Fällen aufgrund von Denunziationen harte Strafen bis hin zu mindestens 50 Todesurteilen; er erstattete auch selbst Anzeigen.[50]

Ebenfalls denunziert wurde der junge Berliner Pianist Karlrobert Kreiten. Er wohnte in der zweiten Märzhälfte 1943 bei einer Freundin seiner Mutter, um sich in Ruhe auf ein Konzert vorzubereiten. Doch diese Ellen Ott-Monecke war eine überzeugte Nationalsozialistin. Der 26-Jährige, der sich selbst als »unpolitisch« empfand, äußerte sich ihr gegenüber mehrfach »staatsabträglich«. Beispielsweise stellte er fest, »dass Deutschland zuerst London angegriffen und damit die Schuld am Luftkrieg« habe. Als seine Gastgeberin den *Völkischen Beobachter* las, fragte Kreiten: »Was lesen Sie denn da für einen Mist?« Und er sagte: »Der Krieg ist ja längst verloren.«[51] Ellen Ott-Monecke war empört und sprach mit einer Nachbarin, die wiederum eine Freundin aus der NS-Frauenschaft informierte. Gemeinsam verrieten die drei Frauen Kreiten. Ihre Anzeige reichten sie zunächst bei der Reichskulturkammer ein – ohne Ergebnis. Ende April 1943 unternahmen die drei Denunziantinnen einen neuen Anlauf, diesmal über einen entfernten Bekannten, der im Propagandaministerium arbeitete. Diesmal erreichte die Anzeige die Gestapo, und damit war Kreitens Schicksal besiegelt.[52] Der Volksgerichtshof verurteilte ihn am 3. September 1943 zum Tode; vier Tage später wurde er gehenkt.

## »FREMDVÖLKISCHE« HILFE

Trotz Dienstpflicht für Männer wie Frauen reichten die deutschen Arbeitskräfte längst nicht, um den Bedarf der Rüstungsindustrie und anderer lebenswichtiger Branchen wie Landwirtschaft, Verkehr und Versorgung zu decken. Um die Lücke zu schließen, holte das Deutsche Reich 1943/44 massenhaft »fremdvölkische Arbeiter« ins Land – meist unter Zwang. »Generalbevollmächtigter für den Arbeitseinsatz« war Thüringens Gauleiter Fritz Sauckel. Bald waren rund acht Millionen Fremd- und Zwangsarbeiter gleichzeitig in Deutschland eingesetzt, ein Fünftel aller Arbeitskräfte. Allein in München verdoppelte sich ihre Zahl im letzten Quartal 1943, im folgenden Jahr war jeder vierte Arbeiter ein Ausländer, in manchen Betrieben jeder zweite. Auf den Straßen Münchens höre man »alle Sprachen Europas außer der deutschen«, spottete der Schweizer Generalkonsul Hans Zurlinden.[53]

Das widersprach direkt dem Ziel einer möglichst homogenen Volksgemeinschaft. Um »Unterwanderungsgefahren« durch den »steigenden Einsatz fremdvölkischer Arbeiter« zu unterbinden, sollten sie »bei geschlossenem Arbeitseinsatz und lagerweiser Unterbringung sowie bei möglichst strenger polizeilicher Überwachung« eingesetzt werden.[54] Ein weiterer Grund, der für die harte Behandlung der Fremdarbeiter öffentlich bekannt gegeben wurde, waren Risiken für die Volksgesundheit: »Der zahlenmäßig sehr große Einsatz ausländischer Arbeitskräfte in der deutschen Wirtschaft vergrößert weiterhin die Gefahr der Einschleppung von Krankheiten«, hieß es 1943 im *Deutschen Wochendienst*, der aktuelle Propagandabotschaften auf die Ebene unterer Funktionäre verbrei-

tete:»Umso dringlicher ist es, das Volk über die umfassenden Maßnahmen der Gesundheitsförderung und den Einsatz der deutschen
Forschung gegen all diese Gefahren aufzuklären.«[55] In der Praxis
blieb es bei Barackensiedlungen, von denen aus die Fremdarbeiter
kolonnenweise in die Fabriken marschieren mussten, und dem Ziel
einer möglichst starken Abschottung.

Weder Gestapo noch normale Polizei waren in der Lage, die
unüberschaubare Menge an Nicht-Deutschen zu kontrollieren.
Deshalb verständigten sich Bormann und Himmler darauf, dass die
Politischen Leiter der NSDAP Parteimitglieder auswählen sollten,
die »in engster Abstimmung mit der Polizei die Überwachung der
Fremdvölkischen« übernehmen sollten. Ihre Aufgabe war, den
Umgang der Arbeiter zu beobachten und private Kontakte, gar
»geschlechtliche Beziehungen« zwischen ihnen und Deutschen zu
verhindern. Jede Ortsgruppe organisierte diese Kontrollen selbst, in
Form von Streifen auf Straßen, in Unterkünften und Betrieben.
Polizeiliche Kompetenzen, darin waren sich der Chef der Partei-
kanzlei und der SS-Chef einig, sollten diese Helfer nicht haben. Nur
»in krassesten Einzelfällen« sollten die Personalien »der schuldigen
Personen« zwangsweise festgestellt werden dürfen.[56] Für die Partei
jedenfalls gehörte die Überwachung der ausländischen Arbeiter in
der zweiten Kriegshälfte zu den zeitraubendsten Aufgaben.

## VOLKSSTURM

Obwohl die totale Mobilisierung sehr viele Ressourcen aktivieren
konnte und der massenhafte Einsatz von Fremdarbeitern die Rüstungsproduktion deutlich steigerte, verschlechterte sich die militärische Lage des Dritten Reiches immer weiter. Im Herbst 1944 standen die Truppen der Anti-Hitler-Koalition im Westen wie im Osten
an den deutschen Vorkriegsgrenzen; fast alle seit 1939 eroberten
Gebiete waren wieder verloren. Nach Maßstäben der Wehrmacht
gab es keine nennenswerten Reserven mehr. In dieser Situation

schlug Erich Koch, Gauleiter des akut bedrohten Ostpreußen, eine
Art Volkserhebung vor: Alle nur ansatzweise waffenfähigen Männer
zwischen 16 und 60 Jahren sollten eine neue Truppe bilden, einschließlich aller noch in der Rüstungsindustrie Beschäftigten. Denn
es ging nur noch darum, den Durchbruch des Feindes zu verhindern.

Schon Anfang November 1943 hatte Hitler mitteilen lassen, dass
er die Organisation eines »letzten Aufgebots« nicht der Wehrmacht
übertragen wolle, sondern sich »gegebenenfalls dafür des Parteiapparates bedienen werde«.[57] Am 25. September 1944 genehmigte er
die Aufstellung dieses »Deutschen Volkssturms« und übertrug die
Führung den Gauleitern der NSDAP, die auch für die »richtige Auswahl geeigneter Bataillons-, Kompanie-, Zug- und Gruppenführer
verantwortlich« sein sollten: »Als Führer im Deutschen Volkssturm
sind zuverlässige und standhafte Nationalsozialisten auszuwählen,
die sich möglichst in diesem Kriege an der Front Erfahrungen im
infanteristischen Einsatz erworben haben.«[58] Damit hoffte Bormann, ein zwar nur rasch ausgebildetes, aber vor allem aufgrund
ideologischer Überzeugung schlagkräftiges zusätzliches Heer mobilisieren zu können. Theoretisch hatte die Partei für den Volkssturm
Zugriff auf 13,5 Millionen Männer, also auf mehr als die zu dieser
Zeit 11,2 Millionen Mann starke Wehrmacht. Vorerst mobilisieren
sollte jeder Blockleiter eine Gruppe von mindestens fünf Volks-
sturm-Männern und jeder Zellenleiter aus den Gruppen einen Zug
von 15 bis 30 Mann bilden; jede Ortsgruppe hatte aus den Zügen
eine Kompanie mit 100 bis 150 aufzustellen und jeder Kreisleiter ein
Bataillon von 600 bis 1000 Mann. Bei knapp 900 Kreisen, die es
noch gab, hätte der Volkssturm zunächst eine Einsatzstärke von
einer Dreiviertelmillion Mann erreicht.

Diese Zahl blieb weitgehend Fiktion, denn die Ausrüstung der
Volkssturm-Einheiten bestand meist nur aus alten Gewehren, Beute-
waffen und einfachen Panzerfäusten mit geringer Reichweite; für
ernsthafte Kämpfe war sie ungeeignet. Es gab nicht einmal reguläre
Kleidung für die Miliz-Soldaten: Sie bekamen Reichsbahn-, Partei-

oder sonstige alte Uniformen; oft mussten sie sogar eigene Zivil-
anzüge und -mäntel tragen. Eine Armbinde mit der Aufschrift
»Deutscher Volkssturm – Wehrmacht« und dem Adler mit Hakenkreuz im Lorbeerkranz wies sie völkerrechtlich korrekt als Kombat-
tanten aus. Der Adler schaute nach rechts und war daher das Symbol der Partei; nur wenn sein Schnabel nach links gewiesen hätte,
wäre es der Reichsadler gewesen. Entsprechend seinem Charakter
als Parteiarmee erfolgte die feierliche Vereidigung des Volkssturms
1944 am höchsten Feiertag der NSDAP, dem 9. November, genau
21 Jahre nach dem gescheiterten Putsch. Seine Angehörigen schwo-
ren, Hitler »bedingungslos treu und gehorsam« zu sein, und weiter:
»Ich gelobe, dass ich um meine Heimat tapfer kämpfen und lieber
sterben werde, als die Freiheit und damit die soziale Zukunft meines
Volkes preiszugeben.«[59]

Die Bevölkerung hielt nicht viel von der neuen Miliz aus alten
Männern und halben Kindern. Am Tag der Vereidigung traf ein
Bericht der Reichspropagandaämter bei Goebbels ein, in dem es
hieß: »Der Volkssturm begegnet starker Skepsis, weil man nicht
glaubt, dass er regulär ausgebildet und bewaffnet werden könnte.«
Goebbels wusste, dass das stimmte, und machte sich gleichwohl
selbst Mut; seinem Sekretär diktierte er: »Im Übrigen scheint mir
der Bericht der Reichspropagandaämter etwas übertrieben zu sein.
Hier und da haben auch unsere eigenen Leute die Nerven verloren.
Das darf man nicht zulassen.«[60]

## ENDKAMPF

Doch für Zuversicht gab es keinerlei Grund mehr: Unaufhaltsam
drangen die Rote Armee im Osten, die amerikanischen, britischen
und französischen Truppen im Westen im Frühjahr 1945 auf deutsches Territorium vor. Im Endkampf leisteten viele Volkssturm-
Männer zwar hartnäckig Widerstand, aufgestachelt von NSDAP-
Funktionären, vor allem an der Ostfront. Der größere Teil der

improvisierten Einheiten, vor allem im Westen, löste sich nach oder schon vor dem ersten Feindkontakt auf. Trotzdem fielen bis zum Kriegsende wohl mindestens 150 000 Milizionäre. Zuerst zum Einsatz kam das »letzte Aufgebot« in Ostpreußen: Am 12. Januar 1945 begann die Rote Armee ihre Winteroffensive. Monatelang hatten die meisten Politischen Leiter jeden Gedanken an eine Evakuierung als Defätismus bekämpft. Strikte Regeln der örtlichen NSDAP-Stellen hatten einen ungesteuerten Exodus bis Anfang Januar 1945 verhindern können: Wer nach Westen wollte, brauchte eine Reisegenehmigung, um Fahrkarten für einen der wenigen noch verkehrenden Züge zu erwerben. Glück hatte, wer sich rechtzeitig eine Einladung in einer angeblich dringenden Familienangelegenheit in einem anderen Teil Deutschlands organisieren konnte. Die übrigen Menschen in Ostpreußen waren unvorbereitet: Nur selten waren ausgewählte Besitztümer schon gepackt und Transportwagen vorbereitet. Nun brach, mitten im eiskalten Winter, Chaos aus. Ortsgruppenleiter erteilten Räumungsbefehle. Der Gauleiter Erich Koch war völlig überfordert, die Massenflucht zu organisieren – auch weil er sich gleichzeitig die Zeit nahm, möglichst viel seines zusammengerafften Besitzes nach Westen zu schaffen. Als Königsberg Ende Januar 1945 von der Roten Armee eingeschlossen wurde, setzte Koch den Kreisleiter Ernst Wagner als »bevollmächtigten Kommissar« ein. Der forderte von den Verteidigern der belagerten Stadt am 1. März 1945 in einem Aufruf: »Kämpft wie Indianer und schlagt euch wie Löwen.« Rücksicht auf Kriegsrecht sollte nicht mehr genommen werden: »Jedes Mittel, mit dem Ihr die Stellung haltet und die Bolschewisten vernichtet, ist recht und heilig.« Wer am Sinn des Einsatzes zweifelte, dem drohte der Kreisleiter: »Wer nicht kämpfen will und abhaut, wird umgelegt.«[61] Koch zog sich derweil in die Bunker eines Seeflieger-Stützpunktes an der Ostsee zurück. In der letzten April-Woche schließlich bestieg er einen bereitgehaltenen Hochseeschlepper und fuhr nach Westen. Anfang Mai 1945 erreichte er Flensburg, wechselte seine Identität und tauchte unter.

Im Westen hatte im Frühjahr 1945 die letzte Schlacht um das Ruhrgebiet begonnen. Systematisch zerstörten alliierte Tiefflieger Straßen und Brücken, um der Wehrmacht den Rückzug zu erschweren. Die Verwüstungen ließen auch hier die letzten Schranken menschlichen Verhaltens fallen: »Sämtliche Jagdbomber-Piloten, die abgeschossen werden, sind grundsätzlich der Volksempörung nicht zu entziehen«, ordnete Albert Hoffmann, der Gauleiter des an Gelsenkirchen grenzenden NSDAP-Gaus Westfalen-Süd, am 25. Februar 1945 an.[62] Das war ein offener Aufruf zu Lynchmorden. Nur zwei Tage später wurde ein britischer Pilot, der sich aus seinem abstürzenden Bomber mit dem Fallschirm hatte retten können und bei Gelsenkirchen gelandet war, totgeprügelt.

Obwohl schon große Teile des Deutschen Reiches besetzt waren und der Krieg in einigen Tagen, höchstens wenigen Wochen enden würde, verbreiteten viele NSDAP-Funktionäre weiter Durchhalteparolen. Am 14. März 1945 wurde in Buer ein Flugblatt verteilt: »Wir haben die besseren Nerven und deshalb werden wir siegen!« Auch von neuen Waffen war die Rede, vor allem aber ging es wohl darum, die Bevölkerung einzuschüchtern: »Wer die weiße Fahne hinaushängt, wird erschossen.«[63] Keine leere Drohung, denn überall konnten selbst ernannte Standgerichte auftauchen, oft aus niederen NSDAP-Funktionären und SS-Leuten, die »Defätisten« kurzerhand erschossen oder aufknüpften. Gelegentlich betranken sich Ortsgruppenleiter sinnlos und liefen dann auf gegnerische Soldaten zu, die selten zögerten zu schießen; viele andere Funktionäre begingen Selbstmord. Manche hielten aber bis zuletzt an »Führer« und Partei fest wie Otto Plagemann, der Kreisleiter von Gelsenkirchen. Eine Woche schon hatten US-Truppen den Ortsteil Buer nördlich des Rhein-Herne-Kanals besetzt, als der 41-jährige Funktionär einen Aufruf »An die Bevölkerung der Frontstadt Gelsenkirchen« erließ. Darin rief er dazu auf, »unsere tapferen Soldaten« in ihrem Kampf zu unterstützen, um »zu einem erfolgreichen Abschluss« zu kommen. Die südliche Hälfte der Doppelstadt solle »für das ganze Reich ein Beispiel wirklicher Volksgemeinschaft und Treue zum Vaterland

sein. Das sind wir nicht nur dem Führer und seinen Soldaten, son-
dern auch unseren gefallenen Söhnen und Brüdern schuldig«.[64]
Drei Tage später besetzte die U.S. Army das Gebiet südlich des
Kanals kampflos.

Um Wien wurde zur selben Zeit erbittert gekämpft. Gauleiter
Baldur von Schirach veröffentlichte in den letzten Notausgaben der
Wiener Zeitungen einen Aufruf, in dem es hieß:»Wiener und Wie-
nerinnen! Die Zeit der Bewährung ist gekommen. Der Russe, schon
der traditionelle Feind des alten Österreichs, nähert sich unserer
Stadt. Jeder von uns wird seine Pflicht bis zum Äußersten tun. Aber
auch jeder Helfer ist uns willkommen.« Der wichtigste davon war
für ihn jetzt der Waffen-SS-General Sepp Dietrich, der hinzufügte:
»Halten wir zusammen, kämpfen wir zusammen. Es geht nicht um
uns, es geht nicht um die Partei, es geht um unser Land.«[65]

Drei Tage später war die Stadt eingekreist; Schirach hatte sich zu
Dietrichs SS-Truppen abgesetzt und tauchte dann unter. Im Führer-
bunker in Berlin wütete am selben Tag Joseph Goebbels:»Die Wiener Vorstädte haben zum großen Teil die Waffen zugunsten der
Roten Armee erhoben, wodurch natürlich in Wien ziemlich deso-
late Zustände entstanden sind.« Er fühlte sich ein letztes Mal bestätigt:»Der Führer hat die Wiener schon richtig erkannt. Sie stellen
ein widerwärtiges Pack dar, das aus einer Mischung zwischen Polen,
Tschechen, Juden und Deutschen besteht.« Schuld trug seiner Meinung nach die österreichische NSDAP und ihr Gauleiter, auch wenn
es sich um einen gebürtigen Berliner handelte:»Ich glaube aber,
dass die Wiener doch besser hätten im Zaume gehalten werden können, wenn dort eine anständige und vor allem eine energische politische Führung am Ruder gewesen wäre. Schirach war dazu nicht
der geeignete Mann.«[66] Am 13. April 1945 um 14 Uhr erklärten die
Sowjets den Kampf um Österreichs Metropole für beendet.

Eine Woche länger dauerte es in Stuttgart, obwohl Oberbürgermeister Karl Strölin bereit war, die Stadt kampflos zu übergeben.
Denn er wusste, dass wegen der Tallage eine Verteidigung aus-
sichtslos war. Gauleiter Wilhelm Murr jedoch sperrte sich; er erließ

am 10. April 1945 einen eindeutigen Aufruf:»Wer sich dem Feind unterwirft, verfällt der Ächtung und der Verachtung. Der Kampf um das Leben von 80 Millionen Deutschen kennt keine Rücksichten. Er kennt nur eines: Kampf bis aufs Messer den Feinden unseres Volkes.«[67] Neun Tage später nutzte Murr die letzte Gelegenheit, um mit seiner Familie und den engsten Mitarbeitern Stuttgart zu verlassen – angeblich in zehn völlig überladenen Autos. Der Oberbürgermeister signalisierte den alliierten Truppen seine Bereitschaft aufzugeben, und so erfolgte die Besetzung Stuttgarts am 21. und 22. April 1945 fast kampflos; um 11 Uhr übergab Strölin die Stadt offiziell an einen französischen General.

In der Reichshauptstadt dominierte derweil Fatalismus. In »allen Kreisen der Bevölkerung« überwogen »defätistische Äußerungen und solche, die sich gegen Partei und Regierung richten«, berichtete eine Einheit von Wehrmachtssoldaten, die eigentlich propagandistisch auf die öffentliche Meinung einwirken sollten.[68] Ein großer Exodus staatlicher und NSDAP-Stellen hatte Mitte März 1945 eingesetzt; für Empörung sorgte das Verhalten vieler Funktionäre:»Die Parteidienststellen verschwinden zumeist nach Bayern, und zwar die besseren nach Landshut und Berchtesgaden«, meldete der SD am 17. April 1945.[69] An diesem Tag hatten sowjetische Panzer bereits über die Oder gesetzt und rollten westwärts, um die Reichshauptstadt einzuschließen. Ab dem 20. April, Hitlers letztem Geburtstag, nahmen Geschütze der Roten Armee das Regierungsviertel unter Feuer; die meisten Berliner verließen die Luftschutzkeller oder Bunker nun gar nicht mehr. Eine junge Berlinerin notierte:»Heute ist Führergeburtstag, aber keiner hat geflaggt.« Sie vermutete, wahrscheinlich zu Recht:»Die meisten Leute haben ihre Fahnen schon verbrannt, auch Parteiabzeichen und dergleichen weggeschmissen.«[70]

Kiez für Kiez näherten sich ab dem 21. April 1945 Rotarmisten der Innenstadt; nicht einmal die Mordkommandos, die angebliche oder echte Deserteure jagten und sie häufig kurzerhand aufknüpften oder erschossen, konnten noch Gehorsam erzwingen. Am Morgen

des 27. April beherrschte das Dritte Reich nur noch ein Zehntel des
Berliner Stadtgebiets, zwei Tage später nur noch das Regierungsviertel. In seinem privaten Testament vom selben Tag vermachte
Hitler alles,»was ich besitze«, der Partei. Zum Testamentsvollstre-
cker und »Parteiminister« ernannte er seinen »treuesten Parteigenossen Martin Bormann«.[71]
Geringfügig länger als in Berlin dauerte die Herrschaft der
NSDAP über München. Als große Teile der Reichshauptstadt bereits
von der Roten Armee besetzt waren, trieben SS-Leute noch KZ-
Häftlinge aus Dachau und seinen Außenlagern nach Süden; es war
ein Todesmarsch ohne Ziel. Als die ersten US-Panzer am 27. April
1945 Augsburg erreichten, beschlossen einige Hitler-Gegner in
München zu handeln: In der Nacht zum 28. April begannen rund
440 Mann, strategisch bedeutsame Stellen der Stadt zu besetzen. Im
Rathaus nahmen sie den berüchtigt korrupten NSDAP-Funktionär
Christian Weber fest, auch konnten sie zwei Radiosender in ihre
Gewalt bringen und ihr Programm verkünden, dessen erster und
wichtigster Punkt lautete:»Das nationalsozialistische Regime hat
durch die von ihm heraufbeschworenen Verhältnisse seine eigene
Unfähigkeit bewiesen. Es hat mit seinen Maßnahmen die Gesetze
der Moral und Ethik in einer Weise verletzt, dass sich jeder anständige Deutsche mit Abscheu davon abwenden muss.«[72]
Doch die Aufständischen konnten weder Gauleiter Paul Giesler
noch Reichsstatthalter Franz Ritter von Epp festsetzen und auch
nicht den örtlichen Wehrmachtskommandeur. Giesler erließ umgehend einen Aufruf, in dem er »die ehrlosen Gesellen eines Haupt-
manns Gernegroß« verspottete – in Wirklichkeit führte Hauptmann
Rupprecht Gerngross einen Teil der Widerstandsaktion an. Der
Gauleiter kündigte an:»Bald wird der Spuk vorbei sein.«[73] Er behielt
ein letztes Mal recht: Mindestens 57 Aufständische wurden am
28. und 29. April 1945 erschossen. Am selben Tag setzte sich Giesler
aus München nach Berchtesgaden ab, wo er bald darauf an den Folgen eines Selbstmordversuchs starb. Während US-Truppen München, die»Hauptstadt der Bewegung«, besetzten und die Rote

Armee in Berlin der letzten Verteidigungsstellung an der Wilhelmstraße immer näher rückten, richtete sich Adolf Hitler im Führer-
bunker selbst: Gegen 15.30 Uhr am 30. April 1945 beging er zusammen mit Eva Braun Suizid.

Der Krieg war die Bewährungsprobe für die Volksgemeinschaft,
deren Aufbau die NSDAP stets versprochen hatte. Einerseits erwies
sich das enge Netz von überwiegend ehrenamtlichen Parteifunktionären bis in die Nachbarschaft fast aller Deutschen als Stabilisierung
der nationalsozialistischen Gesellschaft und damit als Voraussetzung für die Fortsetzung des Kampfes gegen die ab 1941 weit über-
legenen Gegner bis hin zur weitgehenden Zerstörung der meisten
deutschen Städte. Andererseits erzwangen die Bedürfnisse der Rüstungsproduktion und der Versorgung der Bevölkerung, dass immer
mehr vermeintlich minderwertige »Fremdvölkische« ins Land geholt wurden; das untergrub die Volksgemeinschaft. Die NSDAP
und ihre Gliederungen überwachten sie; zusätzlich zu weiteren Aufgaben wie der Nothilfe für Ausgebombte. Bis ins Frühjahr 1945 hinein hielt die Parteiorganisation die Bevölkerung weitgehend auf
Linie. Erst als das letzte Aufgebot, der meist von Kreis- und Ortsgruppenleitern organisierte Volkssturm, unübersehbar scheiterte,
löste sich die Macht der NSDAP rapide auf. Damit verlor Hitlers
Partei ihren Reiz.

# NACH HITLER

Aus Millionen von Mitläufern konnten nicht über Nacht
überzeugte Demokraten werden. Ihre zeitweilige Dis-
qualifizierung dürfte aber ihre Anpassung an die neuen
politisch-demokratischen Verhältnisse erleichtert haben.

*Peter Reichel, Politologe* [1]

## »MIT STUMPF UND STIEL«?

Einen Krieg zu gewinnen ist schwer; langfristig Frieden zu schaffen
ist viel schwerer. Nach dem Ersten Weltkrieg hatten die Siegermächte Frankreich und Großbritannien den Verlierer Deutschland
nicht nur sich selbst überlassen, sondern die neue Demokratie weiter als Gegner betrachtet, der gegebenenfalls an seine Machtlosig-
keit erinnert wurde. Diese Demütigungen förderten den Aufstieg
der NSDAP. Ein solcher Fehler sollte nach dem Sieg über Hitlers
Drittes Reich nicht wiederholt werden; darauf jedenfalls drängten
viele Deutschland-Experten in den USA und erfahrene britische
Diplomaten. Stalins Sowjetunion hingegen war nur an der Auswei-
tung des kommunistischen Machtbereichs nach Westen interessiert.

Als Voraussetzung für eine stabile Entwicklung in Nachkriegs-
europa galt die »Denazification«. Schon während des Krieges
benutzten verschiedene US-Behörden diesen Begriff; in der amerikanischen Öffentlichkeit tauchte er wohl zum ersten Mal im Mai
1944 auf. [2] Gemeint war damit, dem in absehbarer Zeit besiegten
Deutschland alle Sympathien für die Versprechungen des Nationalsozialismus auszutreiben. Eine gewaltige Aufgabe, war man doch
zugleich überzeugt, dass »vor elf Jahren die Mehrheit der Deutschen

durch Wahl den Nazis zur Macht verholfen hat«, wie es im *Pocket Guide to Germany* hieß, einem millionenfach gedruckten kleinformatigen Ratgeber, der US-Soldaten vorschrieb, wie sie sich in Deutschland benehmen sollten.[3]

Im Abschlusskommuniqué der Konferenz von Jalta im Februar 1945 kündigten die Regierungschefs der Anti-Hitler-Koalition deshalb an, »die Nationalsozialistische Partei, die nationalsozialistischen Gesetze, Organisationen und Einrichtungen zu beseitigen, alle nationalsozialistischen und militärischen Einflüsse aus den öffentlichen Dienststellen sowie dem kulturellen und wirtschaftlichen Leben des deutschen Volkes auszuschalten und in Übereinstimmung miteinander solche Maßnahmen in Deutschland zu ergreifen, die für den zukünftigen Frieden und die Sicherheit der Welt notwendig sind«.[4] Diese Ankündigung fasste Joseph Goebbels durchaus treffend zusammen; er diktierte seinem Sekretär, nach den Beschlüssen von Jalta solle die NSDAP »mit allen ihren Einrichtungen mit Stumpf und Stiel ausgerottet werden«.[5]

Kaum hatten amerikanische, britische und französische Truppen in der ersten Märzhälfte 1945 große Teil des linksrheinischen Deutschland besetzt, tauchten in den Orten Plakate mit der »Proklamation Nr. 1« des alliierten Oberbefehlshabers Dwight D. Eisenhower auf, die die NSDAP unmissverständlich verbot: »In dem deutschen Gebiet, das von Streitkräften unter meinem Oberbefehl besetzt ist, werden wir den Nationalsozialismus und den deutschen Militarismus vernichten, die Herrschaft der Nationalsozialistischen Deutschen Arbeiterpartei beseitigen, die NSDAP auflösen sowie die grausamen, harten und ungerechten Rechtsätze und Einrichtungen, die von der NSDAP geschaffen worden sind, aufheben.«[6]

## »AUTOMATIC ARREST«

Zunächst aber musste die Anti-Hitler-Koalition das Ziel der »Denazification« vertagen – wichtiger war es, den Krieg zu beenden. Aus ganz praktischen Erwägungen ergab sich, dass die alliierten Truppen alle mittleren und höheren NSDAP-Funktionäre festsetzten, derer sie habhaft wurden. Die amerikanischen und britischen Stäbe fürchteten, dass in bereits eroberten Gebieten noch immer überzeugte Hitler-Anhänger eine Widerstandsbewegung aufbauen könnten. Um das zu verhindern, wurde der »Automatic Arrest« geschaffen: Offiziere durften die meisten Angehörigen des Polizeiapparates sowie NSDAP-Funktionäre internieren. Es handelte sich dabei nicht um Strafhaft, sondern um ein an die Regeln für Kriegsgefangenschaft angelehntes Vorgehen: Der »Automatic Arrest« diente präventiv der Sicherheit der Besatzungstruppen. Im Handbuch war festgelegt, welche »Funktionäre der Nazi-Partei« festgenommen werden sollten: »1. Alle Verwaltungsbeamten der Partei ab Kreisebene; alle Ortsgruppenleiter, stellvertretenden Ortsgruppenleiter und Amtsleiter auf Ortsgruppenebene« und »2. Alle Parteimitglieder ab dem Rang eines Abschnittsleiters.« Hinzu kamen alle Funktionäre nationalsozialistischer Gliederungen im Offiziersrang, also vor allem von SS, SA, HJ, BDM und Reichsarbeitsdienst.[7]

Allein in der vorgesehenen US-Besatzungszone in Süddeutschland müssten rund 100 000 Personen inhaftiert werden, erwartete der Vorbereitungsstab – eine recht gute Schätzung: Bis Ende Juli 1945 hatten allein die US-Streitkräfte rund 80 000 Funktionsträger des Dritten Reiches in »Automatic Arrest« genommen. In allen drei westlichen Zonen zusammen waren es sogar 182 000 Inhaftierte. Sie kamen in Lager, darunter einige einst als KZs errichtete Anlagen wie Dachau. Die Lebensbedingungen der Internierten waren unvergleichlich viel besser als zuvor: Es gab weder Folter noch Zwangsarbeit, außerdem war die Verpflegung auskömmlicher als in Freiheit. Die Sterberate bei den hier Internierten lag unter der allgemeinen Sterblichkeit der Nachkriegszeit.

Schlechter erging es den 123 000 Internierten in der Sowjetischen
Besatzungszone: Ungefähr jeder dritte von ihnen ging an den Folgen
miserabler Versorgung in den Lagern zugrunde, die ebenfalls
oft in ehemaligen KZs oder großen Gefängnissen aus der NS-Zeit
eingerichtet worden waren. Sie wurden verwaltet von der Straflagerverwaltung
in der UdSSR und orientierten sich daher am
Modell des Gulag. Inhaftiert wurden einerseits Gefangene, die nach
ähnlichen Regeln wie dem »Automatic Arrest« der westlichen Alliierten
festgenommen worden waren. Andererseits zählten zu den
Internierten aber auch echte oder vermeintliche Gegner der neuen,
kommunistisch dominierten Verwaltung im nun sowjetischen Teil
Deutschlands.

Nachdem die alliierten Besatzungsverwaltungen sicher sein
konnten, dass von Hitler-Anhängern kein Guerillakrieg mehr
drohte, begannen in der US- und der britischen Zone im Herbst
1945 individuelle Überprüfungen der Internierten; untersucht
wurde, ob jemand sich der Beteiligung an NS- oder Kriegsverbrechen
schuldig gemacht hatte. Mehrere Tausend mutmaßliche Täter
wurden identifiziert und angeklagt oder an ehemals besetzte Länder
ausgeliefert. Wer aber schwerer Straftaten als unverdächtig galt, kam
frei: Bis zum 1. Januar 1947 hatte sich die Zahl der Internierten so
auf 96 000 praktisch halbiert, und bis September 1948 wurden die
Internierungslager aufgelöst. Nur wenige Tausend Personen blieben
weiter in Gewahrsam, um auf ihre Prozesse zu warten. In der sowjetischen
Zone dagegen kam es erstmals im Sommer 1948 zu nennenswerten
Entlassungen. Die letzten Insassen wurden Anfang 1950
der inzwischen aufgebauten Justiz der SED-Diktatur zur Aburteilung
übergeben.

## ENTNAZIFIZIERUNG

Auf der Potsdamer Konferenz im Sommer 1945 hatten die Siegermächte die in Jalta beschlossenen Grundsätze konkretisiert. Deutschland sollte so umgestaltet werden, dass jede Gefahr eines Re-
vanchekrieges gebannt wäre. Dazu wurden vier Grundprinzipien
formuliert: Das Land sollte demilitarisiert, dezentralisiert, denazi-
fiziert und demokratisiert werden. Die ersten beiden Prinzipien
waren direkt von den Besatzungsbehörden umzusetzen – durch die
Auflösung von Wehrmacht und Polizei sowie durch den Neuaufbau
von Zivilverwaltungen von unten her, aus den Kommunen mit politisch möglichst unbelasteten Fachleuten und ausgewiesenen NS-
Gegnern, vor allem früheren Angehörigen der 1933 aufgelösten
demokratischen Parteien.

Schwieriger war das dritte Ziel zu erreichen, denn erstens lebten
noch sechs Millionen ehemalige Mitglieder und zweitens hatte jeder
zweite der 65 Millionen übrigen Deutschen zu mindestens einer
NSDAP-Gliederung gehört. Unmöglich, sie alle vor Gericht zu stellen – ein halbes Volk konnte man nicht bestrafen. Stattdessen begann ein mehr oder minder bürokratisches Verfahren, das jede
Militärregierung in der eigenen Zone selbst durchführen sollte.

Die Sowjetunion löste die noch vorhandenen Strukturen rigoros
auf und baute neue Verwaltungen auf, deren Schlüsselstellungen
stets Kommunisten besetzten, aus Moskau heimgekehrte Exilanten
oder in der Kriegsgefangenschaft politisch umgeschulte Wehrmachtssoldaten. Auch in der amerikanischen Zone säuberten die
Militärbehörden auf Druck der öffentlichen Meinung in den USA
den öffentlichen Dienst: Entlassen und oft verhaftet wurde, wer vor
dem 1. April 1933 Mitglied der NSDAP geworden war. Weil das nicht
ausreichend erschien, folgte Anfang Juli 1945 eine weitere Verschärfung: Nun verloren alle Beamten ihre Anstellung, die bis zum 1. Mai
1937 der Partei beigetreten waren. Ein weiteres Gesetz eine Woche
später stellte das Privatvermögen politisch belasteter Deutscher
unter Treuhandverwaltung; Verstöße konnten »durch ein Gericht

der Militärregierung nach dessen Ermessen mit jeder gesetzlich zulässigen Strafe, einschließlich der Todesstrafe, geahndet« werden.[8] Schließlich ergingen im August und September 1945 Weisungen, dass auch in der Wirtschaft ehemalige NSDAP-Mitglieder nur mit »gewöhnlicher Arbeit« beschäftigt werden durften, nicht aber in Leitungsfunktionen.[9] Doch diese Regeln waren nicht praktikabel, weshalb die Militärbehörden vor Ort sie oft milde auslegten. Die Briten mit ihrer langen Erfahrung als Kolonialmacht handhabten die Säuberung in ihrer Zone eher pragmatisch, während in der französischen Zone die Beseitigung nationalsozialistischen Denkens Teil einer von Revanche und oft auch Rache getriebenen Besatzung war.

Doch zu willkürlich durfte der Umgang mit NSDAP-belasteten Deutschen nicht sein, war doch die »Denazification« eines »der wichtigsten Ziele der Alliierten«, wie die neu gegründete Münchner *Süddeutsche Zeitung* feststellte und fortfuhr: »Sie müsste im gesteigerten Maße Hauptziel der Deutschen selbst sein. Es liegt im ureigensten Interesse jedes Einzelnen, mit äußerster Gründlichkeit und festem Willen alle Nazis und deren Mitläufer ihrer politischen, wirtschaftlichen, gesellschaftlichen und kulturellen Vormachtstellung zu entkleiden.«[10] Auf amerikanischen Druck hin vereinheitlichten die drei westlichen Besatzungsmächte ihre Verfahren, die Anfang 1946 per Gesetz in die Zuständigkeit der neu gebildeten Länder überging. Doch viele Deutsche lehnten die oktroyierte »Säuberung« ab; dieser negativ besetzte Begriff war in der Öffentlichkeit gängiger als das neu geprägte Wort »Entnazifizierung«.[11] Sie wollten »endgültig mit der Vergangenheit Schluss machen« und stellten sich vor, »nicht die Vergangenheit zu strafen und zu ächten, sondern in alle Zukunft hinein eine Wiederholung unmöglich zu machen«.[12]

Das sahen die westlichen Siegermächte anders: Sie setzten gegen den Widerwillen der Deutschen die Entnazifizierung durch, besonders strikt in den Ländern der US-Zone Bayern, Hessen und Württemberg. Ab Frühsommer 1946 mussten hier alle erwachsenen Deutschen einen Fragebogen ausfüllen. Entziehen konnte sich niemand, denn der Erhalt weiterer Lebensmittelkarten wurde an die Abgabe des vollständig ausgefüllten Formulars geknüpft; für falsche Angaben drohten harte Sanktionen. Gestellt wurden mehr als 130 Fragen, vor allem zur Mitgliedschaft in NS-Organisationen und zur Tätigkeit im Zweiten Weltkrieg. 13,41 Millionen solche Fragebögen füllten Einwohner der US-Zone aus. Bei 3,66 Millionen Personen, also ungefähr jedem Vierten, stellten die Behörden fest, dass sie mehr gewesen waren als nur Pflichtmitglieder der Deutschen Arbeitsfront. Die meisten dieser Fälle erledigten sich wiederum durch zwei Amnestien: eine für alle nach 1919 Geborenen und eine für Kleinverdiener, die nie ein Parteiamt innegehabt hatten; sie galten nach Zahlung einer geringen Sühneleistung als entnazifiziert. Es blieben 950 000 belastete Personen, die sich vor öffentlich tagenden Spruchkammern aus deutschen Laienrichtern zu verantworten hatten. Sie mussten in eine von fünf Kategorien eingestuft werden: Hauptschuldige, Belastete, Minderbelastete, Mitläufer und Entlastete.[13] In der US-Zone wurden 1654 Personen als Hauptschuldige identifiziert, 22122 als Belastete und 106 422 als Minderbelastete; die weitaus meisten galten als Mitläufer oder die Verfahren gegen sie wurden eingestellt. Die Strafen fielen meist milde aus: Haft von einigen Monaten bis wenigen Jahren, die oft durch die Internierung gemäß den Regeln des »Automatic Arrest« bereits als verbüßt galt, oder Geldstrafen.

Schon eine Ausnahme war das Urteil gegen den Richter Hermann Cuhorst, der 1937 bis 1944 das Sondergericht Stuttgart geleitet und seinen Verhandlungsstil an den berüchtigten Präsidenten des Volksgerichtshofs, Roland Freisler, angelehnt hatte. So hatte er seine Beisitzer mit den Worten »Auf, meine Herren, zur Schlachtbank!« zur Sitzung gebeten.[14] Die Spruchkammer Stuttgart erkannte auf viereinviertel Jahre Haft. Die Revision erbrachte ausnahmsweise eine Erhöhung auf sechs Jahre; Ende 1950 kam Cuhorst sechs Monate vorzeitig frei.

Trotz der meist milden Urteile lehnte die Öffentlichkeit in der US-Zone die Spruchkammerverfahren weiter ab. Das Wort »Ent-

nazifizierung« sei genauso »misstönend wie sein Inhalt widerwär-
tig«, konstatierten Zeitungen, und sogar der ehemalige Gestapo-
und KZ-Häftling Eugen Kogon warnte, die »Form«, in der man das
deutsche Volk vom Nationalsozialismus zu befreien versuche, werde
»weniger Denazifizierung als Renazifizierung« zur Folge haben.[15]
Selbst ein von der Gestapo drangsalierter Geistlicher wie Kölns Erz-
bischof Joseph Kardinal Frings forderte einen »baldmöglichsten
Abschluss der Entnazifizierung«.[16] Angesichts dieses Widerwillens
und des sich zuspitzenden Ost-West-Konfliktes ließen die US-
Besatzungsbehörden die Entnazifizierung 1948 faktisch auslaufen.
Die meisten noch Internierten kamen frei und mussten sich meist
auch nicht mehr vor Spruchkammern verantworten; durch ihre in
der Regel dreijährige Haft galten sie als hinreichend bestraft. Ähnlich endete die Entnazifizierung in der französischen und britischen
Besatzungszone.

## RÜCKKEHR INS ÖFFENTLICHE LEBEN

In der neu gegründeten Bundesrepublik dominierte die Sehnsucht
nach einem Schlussstrich unter der nationalsozialistischen Vergangenheit. Der CDU-Bundestagsabgeordnete Eduard Wahl nannte
am 1. Dezember 1949 die »Amnestierung vieler sogenannter Kriegsverbrecher eine notwendige Aufgabe, derer sich unsere Regierung
annehmen müsste.« Die 26 000 in der britischen Zone von Spruchkammern verurteilten Personen, darunter viele ehemalige NSDAP-
Funktionäre, sollten begnadigt werden. Doch auch dann bliebe »die
große Frage offen«, wie die »unheilvollen Wirkungen der Entnazifizierung, die trotz innerer Verwandtschaft mit der Strafrechtspflege
unter dem Stichwort der politischen Verantwortung läuft, beseitigt
werden sollen«.[17] Wahl, der im Dritten Reich Juraprofessor gewesen
war, stand mit solchen Forderungen nicht allein: Auch der CDU-
Politiker Eugen Gerstenmaier, der vom Volksgerichtshof noch 1945
zu sieben Jahren Zuchthaus verurteilt worden war, trat für eine

»Beendigung der Entnazifizierung« ein. Ausdrücklich nicht meinte er damit jedoch »die Anerkennung oder die Rehabilitierung der Ideologie oder der Methoden des Nationalsozialismus«.[18] Ähnlich äußerte sich der Sozialdemokrat Fritz Erler, der 1938 bis 1945 wegen »Vorbereitung zum Hochverrat« in Haft gesessen hatte: »Auch die SPD ist der Meinung, dass ein Schlussstrich unter das ganze Kapitel der politischen Säuberung gezogen werden muss.« Seine Bilanz fiel negativ aus: »Was sollte die Säuberung in den Jahren nach 1945 erreichen? Sie sollte nationalsozialistische Einflüsse auf Politik, Kultur und Wirtschaft ausschalten und die Verantwortlichen je nach dem Grad ihrer Verantwortlichkeit mit einer gewissen Sühne zum Ausgleich für den angerichteten Schaden belegen.« Das hätten die Verfahren aber nicht geschafft, im Gegenteil: »Im Jahre 1945 war die Nationalsozialistische Partei wirklich atomisiert. Statt durch eine Art revolutionären Zupackens die Partei ihrer Häupter zu berauben, hat die schwerfällige Maschinerie der politischen Säuberung dazu beigetragen, den früheren Nationalsozialisten ein Maß von Zusammengehörigkeits- und Solidaritätsgefühl einzuflößen, das sie zu einem großen Teil nicht einmal während des Dritten Reiches gehabt haben.«[19] Selbst der Redner der KPD, der Westfale Hugo Paul, stellte sich »gegen diese verfehlte Entnazifizierung«, die er einen »Schwindel« nannte. Stattdessen forderte er eine sozialistische Revolution und ein »einheitliches Deutschland« unter Führung der Kommunisten.[20] Der Bundestag erlaubte die Rückkehr der meisten als belastet geltenden Deutschen ins öffentliche Leben. Selbst die KPD stimmte am 10. April 1951 nicht gegen das Gesetz, durch das die meisten 1945 entlassenen Beamten in den öffentlichen Dienst zurückkehren konnten.[21]

Bei den Wahlen Anfang der 1950er-Jahre zogen in alle westdeutschen Landtage zahlreiche frühere NSDAP-Mitglieder ein. Beispielsweise in Schleswig-Holstein aber handelte es sich nur zu einem geringen Teil um exponierte Nationalsozialisten, die vor 1933 Mitglieder geworden oder eine Parteifunktion innegehabt hatten. Die weitaus meisten Abgeordneten mit einer NSDAP-Vergangenheit

waren 1937 oder später beigetreten.[22] Ähnlich war es in den anderen
Landesparlamenten und im Bundestag.

## ZAUBERFORMEL »ANTIFASCHISMUS«

Einen grundsätzlich anderen Weg als die Bundesrepublik beschritt
die Sowjetische Besatzungszone, ab 1949 die DDR. Zwar gab es auch
hier Entnazifizierungsverfahren, doch galt jeder automatisch als
entlastet, der sich dem Machtanspruch der neuen Staatspartei
unterwarf und ihrer sinnstiftenden Ideologie, dem »Antifaschismus«. Darunter verstand die SED den »wichtigsten Bestandteil des
internationalen Kampfes für Demokratie, Freiheit und Frieden«;
seine »stärkste Stütze« habe er in den »sozialistischen Staaten« des
sowjetischen Blocks.[23]

Bereits Anfang 1946 hatte die »Partei der Arbeiterklasse« begonnen, NSDAP-Mitläufer zu umwerben: »Wir wollen diesen Kräften,
die einfache PG's waren beziehungsweise nominelle Nazis, wir wollen ihnen die Möglichkeit geben, innerhalb unserer Kampffront zu
arbeiten und sich zu bewähren«, verkündete Wilhelm Pieck, der
Vorsitzende der KPD.[24] Vier Monate später schrieb er, nun einer der
beiden Chefs der SED, im Parteiorgan *Neues Deutschland* über den
»Sinn der Entnazifizierung«. Zwar bekannte er sich zu einer »gründ-
lichen Säuberung Deutschlands vom Nazigeist«, Kriegsverbrecher
sollten bestraft werden. Zugleich aber stellte Pieck fest, »wesentlich
anders« sei es bei »den Millionenmassen, die auf den Nazischwindel
hineinfielen und Mitglieder der Nazipartei wurden«. Mehrheitlich
handele es sich um »Angehörige des werktätigen Volkes«. Sie seien
»im guten Glauben an die Versprechungen der Hitlerbande gefolgt«. Die Entnazifizierung mit ihren »Strafmaßnahmen, Entlassung aus der Arbeit, Beschlagnahme des Eigentums oder Verächt-
lichmachung« sei baldmöglichst zu beenden.[25]

Für jene ehemaligen Nationalsozialisten, die nicht einer am sowjetischen Modell orientierten Partei beitreten wollten, gründete die

SED eine eigene Organisation, die National-Demokratische Partei Deutschlands; Anfang der 1950er-Jahre zählte sie fast eine Viertelmillion Mitglieder. Erster Vorsitzender wurde der Kommunist Lothar Bolz, die Spitzenfunktionäre waren anfangs zu gleichen Teilen ehemalige Kommunisten, Berufssoldaten und frühere NSDAP-Mitglieder, darunter mit Egbert von Frankenberg und Proschlitz ein Mann, der 1931 der Hitler-Partei und ein Jahr später der SS beigetreten war.

Nur anderthalb Jahre später als in der Bundesrepublik trat im September 1952 in der DDR ein Gesetz in Kraft, das die »festgelegten Einschränkungen der Rechte für ehemalige Mitglieder der NSDAP« aufhob und ihnen die gleichen bürgerlichen und politischen Rechte wie unbelasteten DDR-Bürgern gewährte.[26] So viel Entgegenkommen hatte Folgen: 1953 zählte die SED rund 97000 ehemalige NSDAP-Angehörige in ihren Reihen, bei insgesamt einer Million Mitglieder also knapp zehn Prozent; damit lag der Anteil nur wenig unter dem Organisationsgrad, den die Hitler-Partei kurz vor dem Zweiten Weltkrieg in der deutschen Gesamtbevölkerung erreicht hatte. Rechnete man die früheren Mitglieder der Gliederungen wie SA, HJ oder NSV dazu, hatte rund jedes dritte SED-Mitglied der 1950er-Jahre zumindest nominell zur Hitler-Bewegung gehört. Ungefähr der gleiche Anteil zeigte sich unter den hauptamtlichen Mitarbeitern: Zum Stichtag 1. Mai 1954 hatten 209 von insgesamt 591 Angestellten beim Zentralkomitee in Ost-Berlin eine mindestens formale nationalsozialistische Vergangenheit; in den Bezirks- und Kreisleitungen lag der Anteil belasteter Kader auf ähnlichem Niveau.[27]

Da die Funktionäre der DDR-Staatspartei bis ins hohe Alter in Amt und Würden blieben, wenn sie nicht gegen die Erwartungen des Politbüros verstießen, nahm der Anteil der NS-belasteten Personen anders als in der Bundesrepublik mit der Zeit zu, nicht ab. Noch 1989 saßen im Zentralkomitee der SED nicht weniger als 14 ehemalige NSDAP-Mitglieder – fast jeder elfte. Das war keine Ausnahme: Von den 263 SED-Spitzenfunktionären in den Bezirken des Landes

Thüringen zwischen 1946 und 1989, die vor 1928 geboren worden waren, hatten 36 bis 1945 der NSDAP angehört: 13,6 Prozent.[28] Aber trotz der Großzügigkeit der DDR-Staatspartei im Umgang mit ehemaligen Mitgliedern der Hitler-Partei verschwiegen bis auf einen alle diese Männer in internen Unterlagen der SED-Kaderabteilung ihre Verstrickung. Der einzige Ehrliche, Herbert Wagner, wurde bestraft, nachdem er seine NSDAP-Zugehörigkeit bekannt hatte: 1958 schob ihn das Zentralkomitee auf einen unwichtigen Posten ab.

## VON DEN »ALLIIERTEN AUFGEZWUNGEN«

Die Siegermächte betrachteten Österreich nicht als mitverantwortlichen Teil des Dritten Reiches, sondern als erstes Opfer Hitlers; daher übertrugen sie die Aufgaben der Entnazifizierung sofort den neu gebildeten österreichischen Behörden. Schon am 8. Mai 1945 erging ein Gesetz über das Verbot der NSDAP: Alle nationalsozialistischen Gliederungen wurden aufgelöst, ihr noch vorhandenes Vermögen fiel an die wiedergegründete Republik. Außerdem mussten sich alle Österreicher, die seit dem 1. Juli 1933 der Hitler-Partei oder einem ihrer Wehrverbände angehört oder sich um die Aufnahme in die SS bemüht hatten, registrieren lassen. Wer das nicht tat, machte sich »des Verbrechens des Betruges schuldig« und erhielt Strafen von »einem bis fünf Jahren Kerker« angedroht. Eine besonders harte Regelung sah das Gesetz für all jene vor, die sich in der Zeit des Parteiverbotes, also von 1933 bis 1938, nationalsozialistisch betätigt hatten: Als »Illegale« konnten sie mit »schwerem Kerker« von fünf bis zehn Jahren bestraft werden – falls die »Provisorische Staatsregierung im Falle des Überhandnehmens hochverräterischer Umtriebe« eine Verfolgung anordnete.[29] Insgesamt 543 279 Österreicher meldeten sich als NSDAP-Mitglieder, davon fielen 98 330 unter die Sonderreglung für »Illegale«.

Über die Ergebnisse des Verbotsgesetzes teilte im Juli 1946 Bundeskanzler Leopold Figl, als ehemaliger KZ-Insasse jeder Sympathie für die NSDAP unverdächtig, den Siegermächten pauschal mit: »Die Arbeit war erfolgreich. Österreich ist in allen Bereichen der Verwaltung frei von nationalsozialistischem Geist.«[30] Erst auf Nachfrage nannte er konkrete Zahlen: Die Behörden hätten 960 Personen aus führenden Stellungen entfernt, außerdem für die Entlassung von 70 000 Beamten und 36 000 Angestellten der Privatwirtschaft gesorgt. Insgesamt, also einschließlich der freiwillig aufgelösten und ordentlich von den Arbeitgebern gekündigten Arbeitsverhältnisse, seien 270 000 Nationalsozialisten aus dem Erwerbsleben ausgeschieden.

Die Siegermächte waren jedoch alles andere als zufrieden; sie lehnten Ende 1946 eine von den österreichischen Parteien vorgelegte, deutlich abgemilderte Neufassung des Verbotsgesetzes ab und verlangten Verschärfungen, die das österreichische Parlament widerwillig annahm: »Das NS-Gesetz, das niemand hier gewollt hat, ist uns von den Alliierten aufgezwungen worden«, kritisierte der Sozialdemokrat Alfred Migsch, sein konservativer Kollege Alfred Maleta nannte das novellierte Gesetz nur »dem Buchstaben nach österreichisches Recht«.[31] So stand die weitere Entnazifizierung in Österreich unter einem schlechten Stern. Die allgemein verbreitete Haltung brachte der Abgeordnete Alfons Gorbach 1948 auf den Punkt: »Dieses NS-Gesetz ist ein wahrhaftiger Eintopf. Größte, Kleinste, Gauleiter, KZ-Mörder, Ariseure, Kollaborateure, unbedeutende Hoheitsträger, so und anders betitelte Rangstufen sind einheitlich zusammengefasst«, kritisierte der Konservative mit Hafterfahrung in mehreren KZs und ging noch einen Schritt weiter: »Dem Weg einer blinden Vernichtungsmaschine, der Ausschaltung jeder Möglichkeit einer Bewerbung und einer Rettung muss Einhalt geboten werden.«[32] Ein Jahr später trat das erste von mehreren österreichischen Amnestiegesetzen in Kraft, denen 1957 eine Generalamnestie folgte und die gesellschaftliche Tabuisierung der österreichischen Verstrickung in den Nationalsozialismus.

## SRP UND NPD

Zweimal versuchten in der Bundesrepublik gegründete Parteien, an die NSDAP anzuknüpfen. 1949 entstand die Sozialistische Reichspartei als radikale Abspaltung der reaktionären Deutschkonservativen Partei. Ihr Programm behauptete, das Deutsche Reich bestehe weiter und werde lediglich durch die alliierte Besatzung unterdrückt. Weiter hieß es:»Die Restaurationsparteien haben bereits in der Weimarer Republik ihre Unfähigkeit ausreichend unter Beweis gestellt. Die gleichen überalterten Vertreter, die früher versagt haben, liefern auch heute wieder eindrucksvolle Beweise ihrer politischen Einsichts- und Talentlosigkeit.« Das war offen an die Ideologie der NSDAP angelehnt:»Wir wollen keine Auferstehung des Weimarer Schaukel- und Splitterparlamentarismus.« Oberste Priorität habe die »Wiederherstellung des Deutschen Reiches«.[33]

Bei der Landtagswahl in Schleswig-Holstein 1950 blieb die SRP deutlich unter der Fünf-Prozent-Hürde. Im folgenden Jahr aber errang sie in Niedersachsen 16 und in Bremen acht Mandate; in einzelnen Wahlkreisen erzielte sie bis zu 30 Prozent der Stimmen. Angesichts dessen beantragte die Bundesregierung beim Bundesverfassungsgericht das Verbot der SRP; es war das erste Mal, dass ein solches Verfahren eingeleitet wurde. Die Argumente des Kabinetts Adenauer waren stark: Der fünfköpfige Bundesvorstand des SRP bestand aus zwei »alten Kämpfern«, die 1928/29 in die NSDAP eingetreten waren, einem HJ- und späteren SS-Mitglied sowie zwei Männern, die als Berufssoldaten keiner Partei hatten angehören dürfen. Sämtliche hauptamtlichen Angestellten des Vorstandes waren schon vor 1933 Nationalsozialisten gewesen, einer sogar vor dem gescheiterten Putsch 1923. Zehn der 16 Abgeordneten im niedersächsischen Landtag hatten ebenfalls eine NSDAP-Vergangenheit.

Angesichts dieser Fakten entschied das Bundesverfassungsgericht:»Schon eine oberflächliche Betrachtung der Führerschicht, des organisatorischen Aufbaus, des Programms und des Auftretens der SRP in der Öffentlichkeit legt die Vermutung nahe, dass es sich bei ihr um den Versuch einer Neubelebung rechtsradikaler Ideen handelt, wie sie sich zuletzt im Nationalsozialismus manifestiert haben.« Die SRP wurde aufgelöst, ihre Mandate ersatzlos gestrichen und das Parteivermögen zugunsten gemeinnütziger Zwecke eingezogen. Außerdem wurde verboten, »Ersatzorganisationen für die SRP zu schaffen oder bestehende Organisationen als Ersatzorganisationen fortzusetzen«.[34]

Ende 1964 entstand die Nationaldemokratische Partei, die in Abgrenzung zur SED-Tochterpartei NDPD die Abkürzung NPD benutzte. »In dem mehr und mehr zusammengeschrumpften Parteigefüge Westdeutschlands«, so stand es in der Anzeige zur Parteigründung, fehle »eine leistungsfähige Partei am rechten Flügel«.

Obwohl ungefähr jedes dritte NPD-Mitglied der 1960er-Jahre zur NSDAP gehört hatte, fast jeder zweite Funktionär und sogar zwölf von 18 Mitgliedern des Bundesvorstandes, gelang es der NPD, sich als nationalkonservative Kraft zu präsentieren. Sie vermied sorgfältig jede Bezugnahme auf die Hitler-Partei, äußerte sich aber dennoch unmissverständlich: »Wir wollen, dass Deutschland nicht zum einen Teil russische Provinz, zum anderen Teil amerikanischer Satellit bleiben soll. Wir schaffen die Ausgangsstellung für ein Deutschland, das sich wieder mal erneuert.«[35]

Für die Bundestagswahl 1965 rief die NPD ein Wahlziel von 15 Prozent aus. Millionen Westdeutsche seien nicht mehr bereit, »sich dem Monopolanspruch der Bonner Parteien« zu unterwerfen. Die NPD wehre sich »gegen die Fortsetzung der Vernichtungspolitik der Rache«. Der niedersächsische Landesvorsitzende Lothar Kühne verkündete: »Wir haben es satt, am Pranger der Welt zu stehen.« Ohnehin sei die Demokratie der Bundesrepublik »von fremden Eroberern verfügt worden«.[36] Ihren Wahlkampf hatten die Nationaldemokraten mit einem Umzug in Coburg begonnen – 43 Jahre nach dem ersten großen Auftritt der NSDAP außerhalb Münchens am selben Ort.

Am Abend der Bundestagswahl zeigte sich, dass die NPD mit bundesweit 664 200 Stimmen weit unterhalb der Fünf-Prozent-

Hürde gelandet war, nicht einmal bei der Hälfte. In den folgenden vier Jahren zog die Partei in sieben der elf Landtage ein, teilweise mit bis zu knapp zehn Prozent der Stimmen. Verunsicherung durch die abflauende Hochkonjunktur war der Grund. Obwohl Beobachter Kontinuitäten zur NSDAP sahen, war das Programm so formuliert, dass es für ein Verbot keinen Ansatzpunkt gab. So bekannte sich die NPD darin ausdrücklich zur »freiheitlich-demokratischen Grundordnung« und zum Rechtsstaat.[37]

Nachdem die NPD bei der nächsten Bundestagswahl 1969 knapp an der Fünf-Prozent-Hürde gescheitert war, setzte ein langer Niedergang ein: Die Partei verlor alle Landtagsmandate und erreichte auch in den folgenden vier Jahrzehnten bei Wahlen meist nur weniger als ein Prozent der Stimmen. Trotzdem beantragte die Bundesregierung 2001 das Verbot der NPD beim Bundesverfassungsgericht. Die Richter lehnten aus formalen Gründen ab und verzichteten auf eine Prüfung, ob die NPD verfassungsfeindlich sei.

2013 folgte ein erneuter Verbotsantrag, diesmal des Bundesrates. Nach vierjährigen Verhandlungen fällte das Bundesverfassungsgericht Anfang 2017 ein inhaltlich begründetes, jedoch seltsam unentschiedenes Urteil. Zwar läge »eine Wesensverwandtschaft« der NPD mit dem Nationalsozialismus vor. Ähnlichkeiten stellten die Richter bei der Judenfeindschaft, der Ideologie einer Volksgemeinschaft und beim Antiparlamentarismus fest. Auch arbeite die Partei »planvoll und qualifiziert auf die Erreichung ihrer gegen die freiheitliche demokratische Grundordnung gerichteten Ziele hin«. Gleichwohl fehle es »an konkreten Anhaltspunkten von Gewicht, die es zumindest möglich erscheinen lassen, dass dieses Handeln zum Erfolg führt«.[38] Mit anderen Worten: Die NPD sei zu unwichtig, um verboten zu werden.

Mit Hitlers Tod und dem Ende des Zweiten Weltkriegs hörte die NSDAP auf zu existieren. Die oft als gescheitert betrachtete Entnazifizierung zwang Millionen Deutsche, sich zumindest einmal mit ihrer Verstrickung auseinanderzusetzen. Niemals wurde auch nur annähernd ähnlich umfangreich versucht, Personal und Profiteure einer Diktatur in rechtsförmigen Verfahren zur Verantwortung zu ziehen. Bei wie vielen der Überprüften ein Umdenken hin zur Demokratie gefördert wurde, ist nicht feststellbar. Zur jahrzehntelangen politischen Stabilität der Bundesrepublik dürfte die Entnazifizierung in jedem Fall beigetragen haben. Neugründungen in der Tradition der NSDAP gab es zwar, doch waren sie entweder unbedeutend oder wurden verboten. Das Potenzial des Rechtsextremismus jedoch kann mit rechtsstaatlichen Methoden allein nicht völlig beseitigt werden.

ANHANG

# DANKSAGUNG

Ein Buch ist immer das Ergebnis von Teamarbeit – auch wenn natürlich der Autor der Erst- und Letztverantwortliche ist. Schon während meines Studiums zwischen 1990 und 1994 hat es mich gewundert, dass sich kein deutscher und in neuerer Zeit auch kein internationaler Historiker bemüht hat, eine verständliche, präzise und allgemeine Geschichte der NSDAP zu schreiben. Erst als ich mich selbst daranmachte, erkannte ich, warum: Die Fülle an Quellen ist enorm, doch gerade das macht die Entscheidung für eine bestimmte Form der Darstellung so schwer.

Unabhängig von meinem guten Freund Wieland Giebel stieß ich vor einigen Jahren auf den weitgehend vergessenen Bestand der Abel-Sammlung. Als ich diese Erkenntnis mit ihm teilen wollte, sagte er mir trocken: »Ja, kenne ich und habe ich.« Diese Auskunft war der Ausgangspunkt für dieses Buch. Denn mit diesem bis jetzt zu wenig beachteten Schatz wurde ein qualitativer Blick auf die Mitglieder der Hitler-Bewegung möglich; eine Strukturanalyse oder eine als NSDAP-Geschichte kaschierte weitere Hitler-Biografie hätten mich nicht interessiert.

Großen Anteil an dem Schritt von der Idee zum realen Buchprojekt hatte neben meinem Agenten Prof. Dr. Ernst Piper auch Dr. Christoph Selzer vom Verlag Klett-Cotta. Wie bei unserem ersten gemeinsamen Projekt über Hitlers Buch *Mein Kampf* betreute er diesen Band mit seinen Kolleginnen und Kollegen Marion Heck, Verena Knapp, Julia Matthias, Maria Stork, Katharina Wilts und natürlich Tom Kraushaar erneut hervorragend. Ein besonderer Dank geht an Michael Lenkeit, den peniblen Lektor.

Zahlreiche Archive haben mich bei den Forschungen zu diesem

Projekt unterstützt; ich nenne pars pro toto die folgenden Verantwortlichen: Dr. Christoph Bachmann (Staatsarchiv München),
Martin Mundorff (Stadtarchiv Göppingen), Prof. Dr. Peter Fleisch-
mann (Staatsarchiv Nürnberg), Dr. Michael Hollmann (Bundesarchiv Koblenz-Berlin), Prof. Dr. Jürgen Kloosterhuis (Geheimes
Preußisches Staatsarchiv) und Dr. Peter Müller (Staatsarchiv Ludwigsburg).

Auch zahlreiche akademische Historiker haben mich durch
Gespräche, Hinweise oder auf andere Art unterstützt; ich danke
Prof. Dr. Magnus Brechtken und Prof. Dr. Frank Bajohr (Institut für
Zeitgeschichte München), Prof. Dr. Stefan Karner (Ludwig-Boltz-
mann-Institut für Kriegsfolgen-Forschung Graz), Armin Nolzen,
Dr. Othmar Plöckinger, Prof. Dr. Axel Schildt (Forschungsstelle für
Zeitgeschichte Hamburg) und Prof. Dr. Thomas Weber (University
of Aberdeen).

Fleißig mitgeholfen haben wieder einmal einige meiner Hospi-
tanten, die dabei – so hoffe ich und höre es immer gern – manches
lernen konnten, speziell Annika Reiß, Helena Winterhager, Jill
Graw und Marcel Jossifov.

Großen Anteil haben wie an jedem meiner Bücher meine
Freunde – durch kluge Hinweise, durch Widerspruch, einige auch
durch engagiertes Mitlesen. Vielen Dank an Armin Fuhrer, Dr. Eberhard Hoene, Lars-Broder Keil, Enno Lenze, Dr. Andreas Lorenz,
Dr. Tim Mennel, Dr. Ralf Georg Reuth, Harald Sandner, Dr. Bert-
hold Seewald und natürlich Andrea Wieshuber.

Vermutlich habe ich den einen oder anderen noch vergessen, der
beigetragen hat – die Verantwortung dafür liegt, wie für jeden sons-
tigen Fehler, ausschließlich bei mir.

Gewidmet ist dieses Buch dem Andenken an Anna-Maria Lorenz
(1925 – 2017).

# ABKÜRZUNGEN

| | |
|---|---|
| BArch | Bundesarchiv |
| BDM | Bund Deutscher Mädel |
| BVerfGE | Entscheidungen des Bundesverfassungsgerichtes |
| CDU | Chri4stlich-demokratische Union |
| DAF | Deutsche Arbeitsfront |
| DAP | Deutsche Arbeiterpartei |
| DDP | Deutsche Demokratische Partei |
| DNVP | Deutschnationale Volkspartei |
| DvSTB | Deutschvölkischer Schutz- und Trutzbund |
| FDP | Freie Demokratische Partei |
| GStA | Geheimes Staatsarchiv |
| HJ | Hitlerjugend |
| IMT | *Der Prozess gegen die Hauptkriegsverbrecher in Nürnberg.* 42 Bde. Nürnberg 1947/48 |
| KPD | Kommunistische Partei Deutschlands |
| KZ | Konzentrationslager |
| NDPD | Nationaldemokratische Partei Deutschlands (DDR) |
| NPD | Nationaldemokratische Partei Deutschlands |
| NSDAP | Nationalsozialistische Deutsche Arbeiterpartei |
| NSKK | Nationalsozialistisches Kraftfahrerkorps |
| NSDStB | Nationalsozialistischer Deutscher Studentenbund |
| NSV | Nationalsozialistische Volkswohlfahrt |
| Partei-Statistik | Der Reichsorganisationsleiter der NSDAP: *Partei-Statistik.* 3 Bde. München 1936 |
| SA | Sturmabteilung |
| SD | Sicherheitsdienst der SS |
| SED | Sozialistische Einheitspartei Deutschlands (DDR) |
| Sopade | *Deutschland-Berichte der Sozialdemokratischen Partei Deutschlands.* 7 Bde. 9. Aufl. Frankfurt/M. 1989 [zuerst 1980] |
| SPD | Sozialdemokratische Partei Deutschlands |
| SRP | Sozialistische Reichspartei |

| SS | Schutzstaffel |
| StA | Staatsarchiv |
| VEJ | *Verfolgung und Ermordung der europäischen Juden.* Bisher 9 Bde. München, Berlin 2008–2016 |
| Uk | Unabkömmlich |
| VZG | Vierteljahreshefte für Zeitgeschichte |

# ANMERKUNGEN

## VORWORT

1 Mommsen: *Die NSDAP*, S. 23.
2 Lightning: *The Story of the 78th Infantry Division*, S. 227.
3 *Stars and Stripes* v. 15. April 1945.
4 Gellhorn zit. n. Enzensberger (Hrsg.): *Europa in Ruinen*, S. 87 f.
5 Bourke-White: *Deutschland April 1945*, S. 27.
6 Miller: *Krieg*, S. 205 f.
7 Spender: *Deutschland in Ruinen*, S. 59.
8 Hoover Institution, Theodore Fred Abel Papers, 239.
9 Hoover Institution, Theodore Fred Abel Papers, 526.
10 Abel: *Why Hitler Came into Power*, S. 3.
11 Vgl. Rundschreiben des Reichsministeriums für Propaganda II 2334 v. 21. Juli 1934, in: Sammlung Kellerhoff sowie Hoover Institution, Theodore Fred Abel Papers, 199.
12 Vgl. für Berlin z. B. Hoover Institution, Theodore Fred Abel Papers, 36, 44, 138, 143, 162, 211 f., 215 f., 218, 220 – 222, 224 f., 227, 229, 231, 233, 238, 252 f., 256 f., 270 f., 280, 296, 328, 349, 358, 375, 379, 460, 462; für Ostpreußen ebd., 44, 164, 167 – 173, 186, 282, 289, 352, 363, 365 f., 369, 514, 517, 520 f., 524; für die Pfalz z. B. ebd., 174, 178 – 185, 245, 265, 407 – 410, 413 – 417, 419, 430 – 434, 440 – 443, 451.
13 Hoover Institution, Theodore Fred Abel Papers, 296.
14 Vgl. Hoover Institution, Theodore Fred Abel Papers, 437 und ebd., 162
15 Vgl. Hoover Institution, Theodore Fred Abel Papers, 271 u. 272.
16 Vgl. Merkl: *Political Violence Under the Swastika*, passim; in den 1970er- und frühen 1980er-Jahren waren computergestützte statistische Studien über die NSDAP in Mode; vgl. etwa Kater: *Soziologie der frühen NSDAP* u. ders.: *The Nazi Party*; Douglas: *The Parent Cell*; Bessel/Jamin: *Nazis*; Childers: *The Nazi Voter* sowie Mann (Hrsg.): *Die Nationalsozialisten*.
17 Vgl. die Gegenüberstellungen von Abel-Sammlung und anderen Daten, v. a. aus der Partei-Statistik bei Merkl: *Political Violence Under the Swastika*, S. 12 – 14.

**18**  Brockhaus (Hrsg.): *Attraktion der NS-Bewegung*, S. 84; vgl. Rohkrämer: *Die fatale Attraktion*, S. 71–94 u. ö. sowie Weinrich: *Der Weltkrieg als Erzieher*, S. 43 f. u. Kosubek: »*Genauso konsequent sozialistisch*«.

**19**  Vgl. http://www.hoover.org/news/newly-digitized-nazi-biograms-now-available.

**20**  Hoover Institution, Theodore Fred Abel Papers, 167 u. 251. Vgl. Goebbels: *Tagebücher 1923–1941*, Bd. 1/I, S. 360 sowie ebd., Bd. 2/II, S. 310 u. S. 328.

**21**  Hoover Institution, Theodore Fred Abel Papers, 194.

**22**  Hoover Institution, Theodore Fred Abel Papers, 253.

**23**  Hoover Institution, Theodore Fred Abel Papers, 280.

**24**  Hoover Institution, Theodore Fred Abel Papers, 369.

**25**  Hoover Institution, Theodore Fred Abel Papers, 283.

**26**  Pätzold/Weißbecker: *Geschichte der NSDAP*, S. 104.

## VOR HITLER

**1**  Fest: *Hitler*, S. 170.

**2**  Drexler zit. n. Richardi: *Hitler und seine Hintermänner*, S. 63 f.

**3**  Drexler: *Mein politisches Erwachen*, S. 20.

**4**  Drexler: Lebenslauf v. 12. März 1935, zit. n. Deuerlein (Hrsg.): *Der Aufstieg der NSDAP*, S. 56 f.

**5**  Drexler-Rede v. 2. Oktober 1918, zit. n. Drexler: *Mein politisches Erwachen*, S. 25.

**6**  Sebottendorf: *Bevor Hitler kam*, S. 73.

**7**  Drexler: Lebenslauf v. 12. März 1935, zit. n. Deuerlein (Hrsg.): *Der Aufstieg der NSDAP*, S. 56 f.

**8**  Vgl. Joachimsthaler: *Hitlers Weg*, S. 249.

**9**  Vgl. die von einem Informanten des Polizeipräsidiums München mitgeschriebenen Äußerungen Harrers am 13. November 1919, in: Deuerlein (Hrsg.): *Hitlers Eintritt*, S. 207.

**10**  Drexler: Lebenslauf v. 12. März 1935, zit. n. Deuerlein (Hrsg.): *Der Aufstieg der NSDAP*, S. 56 f.

**11**  Drexler: *Mein politisches Erwachen*, S. 19.

**12**  Faksimile der ersten Seite der Richtlinien der DAP v. 5. Januar 1919, in: Dresler (Hrsg.): *Dokumente der Zeitgeschichte*, S. 85.

**13**  Beschluss der DAP zit. n. Richardi: *Hitler und seine Hintermänner*, S. 65.

**14**  Satzung des »Politischen Arbeiterzirkels«, §2, zit. n. Deuerlein (Hrsg.): *Der Aufstieg der NSDAP*, S. 59.

**15**  Vgl. z. B. Hoover Institution, Theodore Fred Abel Papers, 430.

16 Klemperer: *Man möchte immer weinen*, S. 120.
17 Aufruf Hoffmann zit. n. Large: *Hitlers München*, S. 153.
18 Klemperer: *Man möchte immer weinen*, S. 127.
19 Noske: *Von Kiel bis Kapp*, S. 136.
20 Benz (Hrsg.): *Politik in Bayern 1919-1933*, S. 36.
21 Drexler: DAP – Grundsätze o. D. [Sommer 1919], in: BArch NS 26/77.
22 Drexler: *Mein politisches Erwachen*, S. 3 u. S. 39.
23 Rosenberg: *Meine erste Begegnung mit dem Führer*, in: *Nationalsozialismus, Holocaust, Widerstand und Exil 1933-1945*. Online-Datenbank. http:// db.saur.de/DGO/basicFullCitationView.jsf?documentId=APK-008821, Bl. 216.
24 Vernehmung von Eckart v. 15. November 1923, Faksimile in: Dresler (Hrsg.): *Dokumente der Zeitgeschichte*, S. 109.
25 Drexler-Brief v. 14. August 1919, zit. n. Plöckinger: *Unter Soldaten*, S. 145, Anm. 30.
26 Plakat der Deutschen Bürgervereinigung (o. D.), in: Sammlung Kellerhoff.
27 Zit. n. http://www.historisches-lexikon-bayerns.de/Lexikon/Eiserne Faust 1919-1934.html.
28 Flugblatt *Wir glauben und bekennen!* (Juni 1919), in: Sammlung Kellerhoff.
29 Flugblatt *Die Schicksalsfrage des deutschen Volkes* (Juni/Juli 1919), in: Sammlung Kellerhoff.
30 Flugschrift *Deutschland den Deutschen!* (Juni/Juli 1919), in: Sammlung Kellerhoff.
31 Flugblatt *Die Hintermänner* (Frühjahr 1919), in: Sammlung Kellerhoff.
32 Flugblatt *Arbeiter! Schüttelt das Judenjoch ab!* (Herbst 1919), in: Sammlung Kellerhoff.
33 Vgl. Faksimile einer Anzeige im *Münchner Beobachter* v. 16. Oktober 1919, in: Plöckinger: *Unter Soldaten*, S. 159.
34 Vgl. Lohalm: *Völkischer Radikalismus*, S. 110 – 118.

# DER REIZ DER RADIKALITÄT

## HITLER

1 Wehler: *Der Nationalsozialismus*, S. 13.
2 Hitler: *Mein Kampf* (1939), S. 236; vgl. Hartmann u. a. (Hrsg.): *Hitler. Mein Kampf*, Bd. 1, S. 582 f.
3 Feder: *Finanzfragen*, in: Sammlung Kellerhoff.

4  Hitler: *Mein Kampf* (1939), S. 237 f.; vgl. Hartmann u. a. (Hrsg.): *Hitler. Mein Kampf*, Bd. 1, S. 587 mit Anm. 18.

5  Vgl. z. B. die offiziellen NSDAP-Darstellungen in Dresler (Hrsg.): *Dokumente zur Zeitgeschichte*, S. 81 – 83, u. Volz: *Daten zur Geschichte der NSDAP*, S. 4 f. sowie Bade: *Deutschland erwacht!*, S. 11.

6  Vgl. Olden: *Hitler der Eroberer*, S. 70 f., u. Heiden: *Geschichte des Nationalsozialismus*, S. 19 sowie ders.: *Hitler*, S. 104 f.

7  Vgl. etwa Maser: *Der Sturm*, S. 157-160; Orlow: *History*, Bd. 1, S. 14; Lang: *Die Partei*, S. 11 f.; Richardi: *Hitler und seine Hintermänner*, S. 56 – 59 sowie an Hitler-Biografien etwa Fest: *Hitler*, S. 167 f. u. S. 171 f.; Toland: *Hitler*, S. 118; Steinert: *Hitler*, S. 118 f.; Kershaw: *Hitler*, Bd. 1, S. 170.

8  Vgl. Kellerhoff: »*Mein Kampf*«, S. 99 – 129.

9  Zit. n. Plöckinger: *Unter Soldaten*, S. 145, Anm. 35.

10  Vgl. Plöckinger: *Unter Soldaten*, S. 149 f. u. Anm. 47.

11  *Völkischer Beobachter* v. 19. September 1919, zit. n. Tyrell: *Vom Trommler*, S. 195, Anm. 77.

12  Vgl. Hartmann u. a. (Hrsg.): *Hitler. Mein Kampf*, Bd. 1, S. 586, Anm. 17.

13  Vgl. Heinz: *Germany's Hitler*, S. 100.

14  Vgl. Jäckel/Kuhn (Hrsg.): *Hitler*, S. 91. Gefälscht hatte dieses Schreiben Konrad Kujau, bekannt als Urheber der »Hitler-Tagebücher«.

15  Hitler: *Mein Kampf* (1939), S. 240.

16  Vgl. Joachimsthaler: *Hitlers Weg*, S. 254, sowie Hartmann u. a. (Hrsg.): *Hitler. Mein Kampf*, Bd. 1, S. 589 mit Anm. 23.

17  Vgl. z. B. Hitler: *Mein Kampf* (1939), S. 244, u. Hitler: *Zehn Jahre Kampf*, in: *Illustrierter Beobachter* v. 3. August 1929; Hitler: *Parteigenossen!* Aufruf v. 5. Juli 1931, in: *Nationalsozialismus, Holocaust, Widerstand und Exil 1933 – 1945*. Online-Datenbank. http://db.saur.de/DGO/basicFullCitation View.jsf?documentId=HRSA-0976.

18  Vgl. Hartmann u. a. (Hrsg.): *Hitler. Mein Kampf*, Bd. 1, S. 598 f. mit Anm. 41.

19  BArch Berlin NS 26/230; vgl. Tyrell (Hrsg.): *Führer befiehl ...*, S. 22.

20  Hitler: *Zehn Jahre Kampf*, in: *Illustrierter Beobachter* v. 3. August 1929.

21  Jäckel/Kuhn (Hrsg.): *Hitler*, S. 91.

22  Deuerlein (Hrsg.): *Hitlers Eintritt*, S. 206; *Münchner Beobachter* v. 19. November 1919, Ausschnitt in: StA München, Polizeidirektion München, 6698.

23  Vgl. Jäckel/Kuhn (Hrsg.): *Hitler*, S. 94 – 99.

24  Vgl. Hoover Institution, Theodore Fred Abel Papers, 175A.

25  Jäckel/Kuhn (Hrsg.): *Hitler*, S. 92 – 94, Anm. 3. Zur Zahl der Besucher vgl. Hasselbach: *Entstehung*, S. 24.

26  Hitler: *Mein Kampf* (1939), S. 391. Diese angebliche Einnahme lässt sich

nicht bestätigen; vgl. Hartmann u. a. (Hrsg.): *Hitler. Mein Kampf*, Bd. 1, S. 916 mit Anm. 143.

27 Bericht zur Versammlung am 26. November 1919, in: FZH Archiv 913-1; vgl. Deuerlein (Hrsg.): *Hitlers Eintritt*, S. 208.

28 Vgl. Longerich: *Hitler*, S. 79 f.

29 Beschluss der DAP als Faksimile in: Joachimsthaler: *Hitlers Weg*, S. 266; vgl. Richardi: *Hitler und seine Hintermänner*, S. 65.

30 Vgl. Jäckel/Kuhn (Hrsg.): *Hitler*, S. 96, Anm. 3.

31 Vgl. Joachimsthaler: *Hitlers Weg*, S. 265.

32 Hitler: *Mein Kampf* (1939), S. 401.

33 Ende 1919 zählte die Partei 193 Mitglieder; vgl. Hitler: *Politik der Woche!*, in: *Nationalsozialismus, Holocaust, Widerstand und Exil 1933 – 1945*. Online-Datenbank. http://db.saur.de/DGO/basicFullCitationView.jsf?document Id=HRSA-0717, Anm. 4.

34 Vgl. Lohalm: *Völkischer Radikalismus*, S. 432, Anm. 19.

35 Hitler: *Zum Wiedererstehen unserer Bewegung*, in: *Völkischer Beobachter* v. 26. Februar 1925.

36 Bericht o. D., in: FZH Archiv, 412-1, 3, u. Bericht v. 9. Januar 1920, in: StA München, Polizeidirektion München, 6697.

37 Jäckel/Kuhn (Hrsg.): *Hitler*, S. 106 – 109.

38 Vgl. Hartmann u. a. (Hrsg.): *Hitler. Mein Kampf*, Bd. 1, S. 944, Anm. 216.

39 Faksimile des Plakates in: Nerdinger (Hrsg.): *München und der National-sozialismus*, S. 55.

40 Zit. n. Hartmann u. a. (Hrsg.): *Hitler. Mein Kampf*, Bd. 1, S. 940 f., Anm. 208.

41 Vgl. Tyrell (Hrsg.): *Führer befiehl …*, S. 23 – 26.

42 Zit. n. Phelps (Hrsg.): *Hitler als Parteiredner*, S. 294.

43 Bericht o. D., in: StA München, Polizeidirektion München, 6698.

44 25-Punkte-Programm der NSDAP, zit. n. Tyrell (Hrsg.): *Führer befiehl …*, S. 23.

45 Zit. n. Phelps (Hrsg.): *Hitler als Parteiredner*, S. 294 f.

46 *Völkischer Beobachter* v. 28. Februar 1920.

47 Zit. n. Hartmann u. a. (Hrsg.): *Hitler. Mein Kampf*, Bd. 1, S. 942, Anm. 210.

48 25-Punkte-Programm der NSDAP, zit. n. Tyrell (Hrsg.): *Führer befiehl …*, S. 23.

49 Bericht zur Versammlung am 24. Februar 1920, in: StA München, Polizei-direktion München, 6698.

50 Hitler: *Mein Kampf* (1939), S. 405 f.

51 Volz: *Daten zur Geschichte der NSDAP*, S. 5.

52 Hoover Institution, Theodore Fred Abel Papers, 36.

53 Vgl. *Völkischer Beobachter* v. 13. Juni 1934.

54  Faksimile des Flugblatts in: Dresler (Hrsg.): *Dokumente der Zeitgeschichte*, S. 90 f.

55  Vgl. Eingangsvermerk auf dem Flugblatt, in: FZH Archiv, 913-1.

56  Bericht zur Versammlung am 4. März 1920, in: StA München, Polizeidirektion München, 6698.

57  Bericht zur Versammlung am 6. April 1920, in: FZH Archiv, 913-1.

58  Vgl. Jäckel/Kuhn (Hrsg.): *Hitler*, S. 129 f.

59  Bericht zur Versammlung am 17. April 1920, in: StA München, Polizeidirektion München, 6698.

60  Dresler (Hrsg.): *Dokumente der Zeitgeschichte*, S. 99 f.

61  Heiden: *Hitler*, S. 141.

62  Vgl. Hoover Institution, Theodore Fred Abel Papers, 168.

# AUSDEHNUNG

1  Möller/Wirsching/Ziegler (Hrsg.): *Nationalsozialismus in der Region*, S. 85.

2  Abschrift eines Briefes von Autenrieth v. 17. April 1920, in: FZH Archiv, 913-1. Vgl. BArch Berlin NS 26/2501.

3  Zit. n. Genuteit: *Stuttgart im Dritten Reich. Völkische Radikale*, S. 80 – 82. Hitler hatte zu diesem Thema bereits am 13. November 1919, mehrfach bei Fortbildungskursen der Reichswehr im Januar und Februar 1920 sowie am 4. März 1920 gesprochen, jeweils in München; vgl. Jäckel/Kuhn (Hrsg.): *Hitler*, S. 92 – 94 u. S. 101 – 115.

4  *Völkischer Beobachter* v. 10. März u. 15. Mai 1920.

5  *Süddeutsche Zeitung* (Stuttgart) v. 29. Mai 1920.

6  *Der Sozialdemokrat* v. 27. Mai 1920 zit. n. Jäckel/Kuhn (Hrsg.): *Hitler*, S. 136.

7  Alfred Autenrieth: Aufzeichnung o. D., in: BArch Berlin NS 26/1238.

8  Vgl. Genuteit: *Stuttgart im Dritten Reich. Völkische Radikale*, S. 83 f.

9  *Süddeutsche Zeitung* (Stuttgart) v. 13. Juli 1920.

10  Vgl. NSDAP-Ortsgruppe München, Posteingangsbuch 1920/21, in: BArch Berlin NS 26/222.

11  *Völkischer Beobachter* v. 11. August 1921.

12  Bericht v. 13. Juli 1922, zit. n. Genuteit: *Stuttgart im Dritten Reich. Völkische Radikale*, S. 91.

13  Munder: Wie ich Nationalsozialist wurde. Rede o. D. [Sommer/Herbst 1926], in: StA Ludwigsburg EL 902/20, 78796, Bl. 10 – 12.

14  Hoover Institution, Theodore Fred Abel Papers, 176.

15  Hoover Institution, Theodore Fred Abel Papers, 198.

16  Zit. n Kissener/Scholtyseck (Hrsg.): *Führer der Provinz*, S. 450.

17 Vgl. *Esslingen 1919–1949*, S. 236.
18 Mitteilung des Polizeipräsidiums Stuttgart v. 17. Mai 1924, zit. im Bericht der Münchner Polizei o. D., in: StA München, Polizeidirektion München, 6784.
19 Brief Maier an Oexle v. 17. Oktober 1934, in: StA Ludwigsburg PL 502 I 32, Bü. 211.
20 Vgl. Arbogast: *Herrschaftsinstanzen*, S. 21, Anm. 17.
21 DvSTB-Rechnungsbericht v. Juli 1920, in: FZH Archiv, 412-1, 7.
22 *Buersche Zeitung* v. 26. Juni 1936, zit. n. Priamus (Hrsg.): *Deutschlandwahn*, Bd. 1, S. 75.
23 Beck: *Kampf und Sieg*, S. 193.
24 *Gelsenkirchener Allgemeine Zeitung* v. 13. August 1942, zit. n. Priamus (Hrsg.): *Deutschlandwahn*, Bd. 1, S. 79.
25 *Völkischer Beobachter* v. 8. März 1922.
26 Zit. n. Böhnke: *Die NSDAP im Ruhrgebiet*, S. 43, Anm. 52.
27 Zit. n. Winkler: *Weimar*, S. 127.
28 Vgl. Hoover Institution, Theodore Fred Abel Papers, 224.
29 Lagebericht v. 31. März 1920, in: GStA Berlin I. HA Rep 77, 7329.
30 *Weltbühne* 18 (1922), Bd. 2, S. 440–442.
31 Brief an Polizeidirektion Wien v. 21. Dezember 1922, zit. n. Kruppa: *Rechtsradikalismus in Berlin*, S. 147.
32 Jäckel/Kuhn (Hrsg.): *Hitler*, S. 470.
33 Zit. n. Kruppa: *Rechtsradikalismus in Berlin*, S. 199; vgl. Kellerhoff: *Hitlers Berlin*, S. 37 f.
34 Zastrau: Kampf einer Frau für den Nationalsozialismus, in: GStA Berlin XX. HA Rep. 240 D 115, S. 2.
35 *Volksstimme* Tilsit v. 12. August 1920, zit. n. Kossert: *Ostpreußen*, S. 271.
36 *Oletzkoer Zeitung* v. 26. August 1921, zit. n. Winkler: *Weimar 1919–1933*, S. 161.
37 *Deutsche Arbeiterpresse* v. 6. März 1920, zit. n. Wladika: *Hitlers Vätergeneration*, S. 618.
38 Hoover Institution, Theodore Fred Abel Papers, 169.
39 Zit. n. Whiteside: *Nationaler Sozialismus in Österreich*, S. 334.
40 Zit. n. Wladika: *Hitlers Vätergeneration*, S. 580–582.
41 Vgl. Botz: *Strukturwandlungen*, S. 169.
42 Jäckel/Kuhn (Hrsg.): *Hitler*, S. 181.
43 Hitler-Brief v. 14. Juli 1921, in: StA München, Polizeidirektion München, 6778; vgl. Jäckel/Kuhn (Hrsg.): *Hitler*, S. 436–438.
44 NSDAP-Plakat v. 25. Juli 1921 (Abschrift), in: StA München, Polizeidirektion München, 6778.
45 *Völkischer Beobachter* v. 31. Juli 1921.

46  Vgl. Hoover Institution, Theodore Fred Abel Papers, 251.

47  Mitte Februar 1921 wurden die Mitgliedsnummern 2839 und 2882 ausgegeben; die Liste hatte mit 501 begonnen. Die Versammlungen im Frühjahr 1921 wurden meist von 4000 bis 5000 Zuhörern besucht; vgl. z. B. Jäckel/ Kuhn (Hrsg.): *Hitler*, S. 337, Anm. 9, u. S. 353, Anm. 3, sowie Herbst: *Hitlers Charisma*, S. 112 f.

48  Jäckel/Kuhn (Hrsg.): *Hitler*, S. 448.

49  Protokoll v. 30. Juli 1921, Faksimile in: Joachimsthaler: *Hitlers Weg*, S. 293.

50  *Völkischer Beobachter* v. 11. August 1921.

51  Vgl. Mitgliederliste der SA, in: StA München, Polizeidirektion München, 6804.

52  Vgl. Werner: *SA und NSDAP*, S. 41.

53  Vgl. Volz: *Daten zur Geschichte*, S. 9 u. S. 93, sowie Dresler (Hrsg.): *Dokumente zur Zeitgeschichte*, S. 128 f.

54  Vgl. Hoover Institution, Theodore Fred Abel Papers, 245.

55  Faksimile eines solchen Schuldscheins in: Dresler (Hrsg.): *Dokumente zur Zeitgeschichte*, S. 113; vgl. Hoover Institution, Theodore Fred Abel Papers, 270.

56  Vgl. Sidman: *Die Auflagen-Kurve*, S. 113 – 116.

57  Hasselbach: *Entstehung*, S. 40 f.

58  Jäckel/Kuhn (Hrsg.): *Hitler*, S. 90.

59  25-Punkte-Programm der NSDAP, zit. n. Tyrell (Hrsg.): *Führer befiehl ...*, S. 26.

60  Jäckel/Kuhn (Hrsg.): *Hitler*, S. 132.

61  *Völkischer Beobachter* v. 15. Mai 1920.

62  Jäckel/Kuhn (Hrsg.): *Hitler*, S. 134.

63  Jäckel/Kuhn (Hrsg.): *Hitler*, S. 230.

64  Vgl. Döring: *Parlamentarischer Arm*, S. 38, Anm. 12.

65  Plakatentwurf des »bisherigen revolutionären Ausschusses der NSDAP«, in: StA München, Polizeidirektion München, 6653.

66  Jäckel/Kuhn (Hrsg.): *Hitler*, S. 527.

67  Abschrift der Denkschrift [o. A. o. D. o. O.], in: StA München, Polizeidirektion München, 6708.

68  Jäckel/Kuhn (Hrsg.): *Hitler*, S. 650 – 652.

69  Vgl. Rechnungsbericht für 1921, in: FZH Archiv 412-1,7.

70  Vgl. Aufruf für 1921, in: FZH Archiv 412-1,4.

71  Zit. n. Lohalm: *Völkischer Radikalismus*, S. 267 f.

72  Handzettel o. D., in: FZH Archiv 412-1,2.

73  Rede von Alfred Roth o. D. [ca. März 1921], in: FZH Archiv 412-1,5, S. 5 f.

74  Programm für den »Deutschen Tag« 1920, in: FZH Archiv 412-1,4.

75  Polizeibericht v. 22. November 1920, in: FZH Archiv 412-1,4.

## PUTSCH

1 Herbst: *Hitlers Charisma*, S. 177.
2 Polizeibericht v. 19. Oktober 1921, in: StA München, Polizeidirektion München, 6803.
3 Maurice-Brief v. 3. Juni 1924, zit. n. Siegmund: *Des Führers bester Freund*, S. 29.
4 Polizeibericht v. 19. Oktober 1921, in: StA München, Polizeidirektion München, 6803.
5 Vgl. Protokoll der Durchsuchung v. 28. September 1921, in: StA München, Polizeidirektion München, 6804.
6 Schweyer zit. n. Niekisch: *Gewagtes Leben*, S. 109 f.
7 Auer zit. n. Niekisch: *Gewagtes Leben*, S. 110.
8 Stenographischer Bericht über die Verhandlungen des Bayerischen Landtages v. 1. Juni 1922, S. 704, in: http://geschichte.digitale-sammlungen.de/landtag1919/seite/bsb00008681_00729. Vgl. Düren: *Minister und Märtyrer*, S. 34 f.
9 Stellungnahme der Fahndungsabteilung v. 6. Februar 1922, zit. n. Joachimsthaler: *Hitlers Weg*, S. 296.
10 Schulin (Hrsg.): *Gespräche mit Rathenau*, S. 302.
11 *Reichstagsprotokolle 1920-1924*, S. 8058 A, in: http://www.reichstagsprotokolle.de/Blatt2_w1_bsb00000040_00027.html.
12 Vgl. Hoover Institution, Theodore Fred Abel Papers, 269.
13 Akten der Reichskanzlei, Kabinett Wirth, Nr. 304, in: http://www.bundesarchiv.de/aktenreichskanzlei/1919-1933/00a/wir/wir2p/kap1_1/kap2_69/para3_1.html.
14 Zit. n. Lohalm: *Völkischer Radikalismus*, S. 247.
15 Vgl. Hoover Institution, Theodore Fred Abel Papers, 416.
16 Vgl. Böhnke: NSDAP, S. 46 f.
17 Zit. n. Genuteit: *Stuttgart im Dritten Reich. Völkische Radikale*, S. 91 f.
18 Zit. n. Lohalm: *Völkischer Radikalismus*, S. 289 u. S. 430, Anm. 24.
19 Jochmann (Hrsg.): *Monologe*, S. 144.
20 Zit. n. Sandner: *Hitlers Herzog*, S. 189.
21 Bericht des Bezirksamts Coburg v. 16. Oktober 1922, zit. n. Hartmann u. a. (Hrsg.): *Hitler. Mein Kampf*, Bd. 2, S. 1384, Anm. 239.
22 Flugblatt mit dem Programm des »Deutschen Tages« in Coburg, in: BArch NS 26/2054.
23 Hoover Institution, Theodore Fred Abel Papers, 229.
24 Jäckel/Kuhn (Hrsg.): *Hitler*, S. 700 f.
25 Zit. n. Lohalm: *Völkischer Radikalismus*, S. 289.

**26** Plieninger (Hrsg.): *Göppingen unterm Hakenkreuz*, S. 14.

**27** Aussage Ernst von Westernhagens im Berufungsverfahrung der Entnazifizierung 1947, zit. n. Westernhagen: *Von der Herrschaft zur Gefolgschaft*, S. 53.

**28** Plieninger (Hrsg.): *Göppingen unterm Hakenkreuz*, S. 16.

**29** *Süddeutsche Zeitung* (Stuttgart) v. 29. Dezember 1922.

**30** *Berliner Tageblatt* v. 12. November 1922.

**31** RGBL I 1919, S. 933.

**32** Vgl. Hoover Institution, Theodore Fred Abel Papers, 246 u. 285.

**33** Berendt: *Soldaten der Freiheit*, S. 282 f.

**34** *Berliner Tageblatt* v. 21. November 1922.

**35** Vgl. Kruppa: *Rechtsradikalismus*, S. 198 – 204.

**36** Huber: *Deutsche Verfassungsgeschichte. Dokumente*, Bd. 4, S. 300 – 302.

**37** Ministerratsprotokoll v. 24. Januar 1923, zit. n. Joachimsthaler: *Hitlers Weg*, S. 305 f.

**38** Jäckel/Kuhn (Hrsg.): *Hitler*, S. 802.

**39** Vgl. Polizeiberichte v. 28. u. 29. Januar 1923, in: StA München, Polizeidirektion München, 6700 u. 6701.

**40** Jäckel/Kuhn (Hrsg.): *Hitler*, S. 817 f.

**41** Jäckel/Kuhn (Hrsg.): *Hitler*, S. 808.

**42** Müller: *Im Wandel der Zeit*, S. 144.

**43** Hoover Institution, Theodore Fred Abel Papers, 80.

**44** Hoover Institution, Theodore Fred Abel Papers, 291.

**45** Hoover Institution, Theodore Fred Abel Papers, 176.

**46** *New York Times* v. 29. Januar 1923.

**47** Vgl. *Völkischer Beobachter* v. 26. Juni 1923.

**48** Resolution v. 24. Juni 1923, zit. n. Genuteit: *Stuttgart im Dritten Reich. Völkische Radikale*, S. 97.

**49** Zit. n. Schnabel (Hrsg.): *Machtergreifung in Südwestdeutschland*, S. 49.

**50** Berendt: *Soldaten*, S. 296 – 299.

**51** Ziemann: *Adolf Hitler*, S. 17 f.

**52** *Völkischer Beobachter* v. 25. April 1933.

**53** Feder an Hitler, 10. August 1923, zit. n. Hale: *Gottfried Feder Calls Hitler to Order*, S. 360 – 362.

**54** *Fränkische Tagespost* v. 8. März 1925, zit. n. Tyrell (Hrsg.): *Führer befiehl …*, S. 59 f.

**55** Feder: *Der Staat auf nationaler und sozialer Grundlage*, S. 5; vgl. Feder: *Das Programm der NSDAP*, S. 15, u. Plöckinger: *Geschichte eines Buches*, S. 18.

**56** Feder an Hitler, 10. August 1923, zit. n. Hale: *Gottfried Feder Calls Hitler to Order*, S. 362.

**57** *Augsburger Abendzeitung* v. 1. September 1923, in: StA München, Polizeidirektion München, 6708.

58 Jäckel/Kuhn (Hrsg.): *Hitler*, S. 1004.
59 Vgl. Kater: *Soziologie der frühen NSDAP*, passim sowie Merkl: *Political Violence*, S. 63. Da alle Sozialstatistiken der NSDAP-Mitgliederschaft auf lückenhaften und schwierig zu kategorisierenden Daten beruhen, sind weitere Differenzierungen nutzlos. Vgl. Manstein: *Mitglieder und Wähler*, S. 103 – 119.
60 Zit. n. Pommerin: *Die Ausweisung von Ostjuden*, S. 322.
61 Akten der Reichskanzlei, Kabinett Stresemann, Nr. 211, in: http://www.bundesarchiv.de/aktenreichskanzlei/1919-1933/0000/str/str2p/kap1_1/para2_97.html.
62 Kessler: *Tagebuch 1919 – 1923*, S. 570.
63 Hoover Institution, Theodore Fred Abel Papers, 80.
64 Bericht Pozzi an Poincaré v. 11. November 1923, zit. n. Hartmann: *Der Hitlerputsch*, S. 456, Anm. 8.
65 Vgl. Hoover Institution, Theodore Fred Abel Papers, 578.
66 Hoover Institution, Theodore Fred Abel Papers, 527.
67 Behrendt: *Soldaten der Freiheit*, S. 333.
68 Kessler: *Tagebuch 1923 – 1926*, S. 115.
69 *Völkischer Beobachter* v. 7. September 1923.
70 Jäckel/Kuhn (Hrsg.): *Hitler*, S. 1022.
71 Jäckel/Kuhn (Hrsg.): *Hitler*, S. 1028.
72 *Völkischer Beobachter* v. 1. November 1923.
73 Jäckel/Kuhn (Hrsg.): *Hitler*, S. 1041, S. 1043 u. S. 1050 f.
74 Vernehmung Dietrich Eckart v. 15. November 1923, in: BArch NS 26/2180.
75 Vgl. Hoover Institution, Theodore Fred Abel Papers, 211 u. 215.
76 *Vossische Zeitung, Berliner Tageblatt* u. *Berliner Morgenpost* v. 6. November 1923.
77 *Jüdische Rundschau* zit. n. *Berliner Zeitung* v. 5. November 2003.
78 Jäckel/Kuhn (Hrsg.): *Hitler*, S. 1054.
79 Vernehmung Dietrich Eckart v. 15. November 1923, in: BArch NS 26/2180.
80 Vgl. Düren: *Minister und Märtyrer*, S. 44.
81 Hoover Institution, Theodore Fred Abel Papers, 202.
82 Bericht über Gumbinnen am 9. November 1923 [o. Verf., o. D.], in: GStA XX. HA Rep. 240 B22.
83 Kessler: *Tagebuch 1923 – 1926*, S. 138.
84 Vernehmung Dietrich Eckart v. 15. November 1923, in: BArch NS 26/2180.
85 Vernehmung Dietrich Eckart v. 15. November 1923, in: BArch NS 26/2180.
86 *Vossische Zeitung* v. 10. November 1923.
87 Bericht Pozzi an Poincaré v. 11. November 1923, zit. n. Hartmann: *Der Hitlerputsch*, S. 456, Anm. 8.
88 *Reichspost* (Wien) v. 10. November 1923.

**89** Bericht über Gumbinnen am 9. November 1923 [o. Verf., o. D.], in: GStA
XX. HA Rep. 240 B22.

**90** Vgl. Hoover Institution, Theodore Fred Abel Papers, 185.

**91** Rosenberg-Brief v. 3. Dezember 1923, zit. n. Tyrell (Hrsg.): *Führer befiehl ...*,
S. 72 f.

**92** Tyrell (Hrsg.): *Führer befiehl ...*, S. 68.

**93** Zit. n. https://www.historisches-lexikon-bayerns.de/Lexikon/Gro%C3%9F
deutsche_Volksgemeinschaft_(GVG),_1924/25.

**94** Vgl. Hoover Institution, Theodore Fred Abel Papers, 78.

**95** Hoover Institution, Theodore Fred Abel Papers, 296.

**96** Hoover Institution, Theodore Fred Abel Papers, 243.

**97** Hoover Institution, Theodore Fred Abel Papers, 227.

**98** StGB v. 15. Mai 1871, § 81.

**99** Aufzeichnung Alfred Autenrieth [o. D.], in: BArch Berlin NS 26/1207.

**100** Faksimile in Genuteit: *Stuttgart im Dritten Reich. Völkische Radikale*, S. 197.

**101** Jäckel/Kuhn (Hrsg.): *Hitler*, S. 1241.

**102** Jäckel/Kuhn (Hrsg.): *Hitler*, S. 1243.

## COMEBACK

**1** Kershaw: *Hitler*, Bd. 1, S. 333.

**2** Hoover Institution, Theodore Fred Abel Papers, 400.

**3** *Weltbühne* 21 (1925), Bd. 1, S. 386 f.

**4** Jochmann (Hrsg.): *Hitler-Monologe*, S. 261.

**5** Vgl. Hoover Institution, Theodore Fred Abel Papers, 213.

**6** Klageschrift gegen Munder v. 1. Dezember 1947, in: StA Ludwigsburg, EL
902/20, 78796.

**7** Chronik der ostpreußischen SA, in: GSt XX. HA Rep. 240 B31 c, Bl. 179 f.

**8** Goebbels: *Tagebücher 1923 – 1941*, Bd. 1/I, S. 261.

**9** Brief Rudolf v. 11. April 1936, in: BArch Berlin NS 26/1025.

**10** Aufruf an die ehemaligen Angehörigen der NSDAP!, in: Sammlung Kellerhoff.

**11** *Völkischer Beobachter* v. 26. Februar 1925.

**12** Grundsätzliche Richtlinien für die Neuaufstellung der Nationalsozialistischen deutschen Arbeiter-Partei, in: *Völkischer Beobachter* v. 26. Februar 1925.

**13** Benz (Hrsg.): *Politik in Bayern*, S. 170.

**14** Hitler-Rede v. 27. Februar 1925, in: *Nationalsozialismus, Holocaust, Widerstand und Exil 1933 – 1945*. Online-Datenbank. http://db.saur.de/DGO/
basicFullCitationView.jsf?documentId=HRSA-0009.

15 *Völkischer Beobachter* v. 26. Februar 1925.
16 *Völkischer Beobachter* v. 1. Mai 1925.
17 Röhm: *Geschichte eines Hochverräters*, S. 343.
18 Vgl. Haerendel u. a. (Hrsg.): *München*, S. 179 – 186, u. Rösch: *Die Münchner NSDAP*, S. 106 – 108.
19 *Völkischer Beobachter* v. 19. September u. v. 4./5. Oktober 1925 sowie v. 24. u. 26. Februar 1926.
20 Zit. n. Haerendel u. a. (Hrsg.): *München*, S. 158.
21 Hitler-Rede v. 27. Februar 1925, in: *Nationalsozialismus, Holocaust, Widerstand und Exil 1933-1945*. Online-Datenbank. http://db.saur.de/DGO/basic FullCitationView.jsf?documentId=HRSA-0009.
22 Vgl. Hoover Institution, Theodore Fred Abel Papers, 194.
23 Hoover Institution, Theodore Fred Abel Papers, 36.
24 Vgl. Hoover Institution, Theodore Fred Abel Papers, 227.
25 Muchow-Bericht v. Oktober 1926, zit. n. Broszat: *Anfänge*, S. 102.
26 Polizeibericht v. 26. August 1926, zit. n. Goebbels: *Tagebuch 1925/26*, S. 111 f.
27 Hoover Institution, Theodore Fred Abel Papers, 169.
28 Benz (Hrsg.): *Politik in Bayern*, S. 179.
29 Undatierter Brief [1924] in der Materialsammlung Rudolf Chytra, in: WStLA Gauarchiv A-1 D: 207.
30 Hitler-Brief v. 24. April 1926, in: *Nationalsozialismus, Holocaust, Widerstand und Exil 1933 – 1945*. Online-Datenbank. http://db.saur.de/DGO/basicFull CitationView.jsf?documentId=HRSA-1506.
31 Brief Heß v. 25. Mai 1926, in: *Nationalsozialismus, Holocaust, Widerstand und Exil 1933 – 1945*. Online-Datenbank. http://db.saur.de/DGO/basicFull CitationView.jsf?documentId=HRSA-0140, Anm. 2.
32 *Völkischer Beobachter* v. 15./16. August 1926.
33 Vgl. Materialsammlung Rudolf Chytra, in: WStLA Gauarchiv A-1 D: 207.
34 Vgl. https://web.archive.org/web/20120227160449/http://www.wahlen.cc/downloads/wahlen/A/NR/Nationalratswahl_Hauptergebnisse_1919-1930.pdf.
35 Brief Ortsgruppe Stuttgart an Hitler v. 26. März 1925, in: BArch Berlin NS 26/166.
36 Hitler-Rede v. 14. Juni 1925, in: *Nationalsozialismus, Holocaust, Widerstand und Exil 1933 – 1945*. Online-Datenbank. http://db.saur.de/DGO/basicFull CitationView.jsf?documentId=HRSA-0054; vgl. Hoover Institution, Theodore Fred Abel Papers, 280.
37 Goebbels: *Tagebücher 1923 – 1941*, Bd. 1/I, S. 325.
38 Goebbels: *Tagebücher 1923 – 1941*, Bd. 1/I, S. 344.
39 Statuten der Arbeitsgemeinschaft der nord- und westdeutschen Gaue der

NSDAP v. 9. Oktober 1925, zit. n. Jochmann (Hrsg.): *Nationalsozialismus und Revolution*, S. 212 f.

40  Goebbels: *Tagebücher 1923 – 1941*, Bd. 1/I, S. 359.
41  Dispositionsentwurf o. D [22. November 1925], zit. n. Kühnl: *Zur Programmatik*, S. 324 – 332.
42  Straßer an Goebbels v. 8. Januar 1926, zit. n. Jochmann (Hrsg.): *Nationalsozialismus und Revolution*, S. 220.
43  Goebbels: *Tagebücher 1923 – 1941*, Bd. 1/II, S. 48 f.
44  Goebbels: *Tagebücher 1923 – 1941*, Bd. 1/II, S. 53.
45  Goebbels: *Tagebücher 1923 – 1941*, Bd. 1/II, S. 55 f.
46  Straßer-Brief v. 5. März 1926, zit. n. Jochmann (Hrsg.): *Nationalsozialismus und Revolution*, S. 225.

## WELTANSCHAUUNG

1   Burleigh: *Nationalsozialismus*, S. 27.
2   Hasselbach: *Entstehung*, S. 6.
3   Jäckel/Kuhn (Hrsg.): *Hitler 1905 – 1924*, S. 436.
4   Satzung des NSDAV e. V., in: *Nationalsozialismus, Holocaust, Widerstand und Exil 1933 – 1945*. Online-Datenbank. http://db.saur.de/DGO/basicFull CitationView.jsf?documentId=HRSA-0067.
5   Korrespondenz in: *Nationalsozialismus, Holocaust, Widerstand und Exil 1933 – 1945*. Online-Datenbank. http://db.saur.de/DGO/basicFullCitation View.jsf?documentId=APK-006092.
6   Hoover Institution, Theodore Fred Abel Papers, 379. Laut Paragraf 3 der NSDAP-Satzung von 1926 durfte »jeder unbescholtene Angehörige des deutschen Volkes, der das 18. Lebensjahr vollendet hat und rein arischer Abkunft ist«, Mitglied der NSDAP werden.
7   Hoover Institution, Theodore Fred Abel Papers, 314.
8   *Völkischer Beobachter* v. 14. April 1928.
9   Hasselbach: *Entstehung*, S. 34 f.
10  Vgl. Kellerhoff: *»Mein Kampf«*, S. 15 – 49 u. 99 – 129.
11  Hoover Institution, Theodore Fred Abel Papers, 268.
12  Vgl. Plöckinger (Hrsg.): *Quellen und Dokumente*, S. 101 f.
13  Vgl. z. B. Hoover Institution, Theodore Fred Abel Papers, 196, 221, 248, 286, 381 u. 527.
14  Vgl. Segall: *Die deutschen Juden*, S. 38 u. passim.
15  Vgl. z. B. Hoover Institution, Theodore Fred Abel Papers, 230, 247, 259, 273, 278, 281 u. 416.

16 Vgl. Hoover Institution, Theodore Fred Abel Papers, 267 u. 306.
17 Vgl. z. B. Hoover Institution, Theodore Fred Abel Papers, 270, 271, 276, 277, 302, 383 u. 437.
18 Vgl. z. B. Hoover Institution, Theodore Fred Abel Papers, 213, 279 u. 286.
19 Hoover Institution, Theodore Fred Abel Papers, 244.
20 Hoover Institution, Theodore Fred Abel Papers, 575.
21 Vgl. Merkl: *Political Violence*, S. 453
22 Vgl. Jäckel/Kuhn (Hrsg.): *Hitler 1905–1924*, S. 89 u. Kellerhoff: *»Mein Kampf«*, S. 85–98.
23 Hoover Institution, Theodore Fred Abel Papers, 299.
24 Hoover Institution, Theodore Fred Abel Papers, 202.
25 Hoover Institution, Theodore Fred Abel Papers, 66.
26 Hoover Institution, Theodore Fred Abel Papers, 415; vgl. ebd., 184 u. 194.
27 Hoover Institution, Theodore Fred Abel Papers, 264.
28 Hoover Institution, Theodore Fred Abel Papers, 291.
29 Nach Peter H. Merkls Auszählung nannte knapp jeder dritte Beiträger zur Abel-Sammlung »nationalen Sozialismus«, Solidarität und die »Volksgemeinschaft« als zentralen Grund für sein Interesse an der NSDAP; vgl. Merkl: *Political Violence*, S. 453.
30 Hoover Institution, Theodore Fred Abel Papers, 196.
31 Hoover Institution, Theodore Fred Abel Papers, 210.
32 Hoover Institution, Theodore Fred Abel Papers, 8.
33 Hasselbach: *Entstehung*, S. 34 f.
34 25-Punkte-Programm der NSDAP, zit. n. Tyrell (Hrsg.): *Führer befiehl …*, S. 24–26.
35 Hoover Institution, Theodore Fred Abel Papers, 213.
36 Hoover Institution, Theodore Fred Abel Papers, 181.
37 Hoover Institution, Theodore Fred Abel Papers, 244.
38 Hoover Institution, Theodore Fred Abel Papers, 290.

## PROPAGANDA

1 Büttner: *Weimar*, S. 407.
2 Weber: *Politik als Beruf*, S. 66.
3 Heiden: *Geschichte des Nationalsozialismus*, S. 178.
4 Frick: *Die Nationalsozialisten im Reichstag*, S. 6.
5 Vgl. Volz: *Daten zur Geschichte der NSDAP*, S. 16 f.
6 Stenographischer Bericht über die Verhandlungen des Bayerischen Landtages v. 9. Juli 1924, S. 81–91.

7   Reichstagsprotokolle 1924, S. 897 B.
8   Hitler-Anordnung v. 26. Februar 1925, in: *Nationalsozialismus, Holocaust, Widerstand und Exil 1933–1945.* Online-Datenbank. http://db.saur.de/ DGO/basicFullCitationView.jsf?documentId=HRSA-0007.
9   Hitler: *Mein Kampf* (1939), S. 654.
10  Richtlinien für Gaue und Ortsgruppen der NSDAP v. 1. Juli 1926, in: *Nationalsozialismus, Holocaust, Widerstand und Exil 1933–1945.* Online-Datenbank. http://db.saur.de/DGO/basicFullCitationView.jsf?documentId=HRSA-0167.
11  Hoover Institution, Theodore Fred Abel Papers, 200.
12  Hoover Institution, Theodore Fred Abel Papers, 201.
13  Hoover Institution, Theodore Fred Abel Papers, 79.
14  Hoover Institution, Theodore Fred Abel Papers, 41.
15  Vgl. z. B. Hoover Institution, Theodore Fred Abel Papers, 297, 314 u. 579.
16  Vgl. Hoover Institution, Theodore Fred Abel Papers, 240.
17  Hoover Institution, Theodore Fred Abel Papers, 280.
18  Hoover Institution, Theodore Fred Abel Papers, 523, 276 u. 278.
19  Hoover Institution, Theodore Fred Abel Papers; vgl. z. B. ebd. 397, 430 u. 584.
20  SA-Befehl v. 3. November 1926, zit. n. Tyrell (Hrsg.): *Führer befiehl…*, S. 235.
21  Munder an die Reichsleitung v. 20. Oktober 1925, in: StA Ludwigsburg PL 501 II, 258.
22  Munder an Straßer v. 4. Januar 1926, in: StA Ludwigsburg PL 501 II, 258.
23  Munder an Straßer v. 22. Dezember 1925, in: StA Ludwigsburg PL 501 II, 258.
24  Munder an die Reichsleitung v. 22. Januar 1926, in: StA Ludwigsburg PL 501 II, 258.
25  Munder an die Reichsleitung v. 30. Januar 1926, in: StA Ludwigsburg PL 501 II, 258.
26  Goebbels: *Tagebücher 1923–1941*, Bd. 1/II, S. 64.
27  *Völkischer Beobachter* v. 23. April 1926.
28  Goebbels: *Tagebücher 1923–1941*, Bd. 1/II, S. 76.
29  Vgl. etwa Hoover Institution, Theodore Fred Abel Papers, 41.
30  Zit. n. Fuchs (Hrsg.): *Stuttgart im Dritten Reich. Die Machtergreifung*, S. 135.
31  Rundschreiben der Gauleitung Württemberg v. 1. November 1926, in: StA Ludwigsburg PL 501 II, 242.
32  Rundschreiben der Gauleitung Württemberg v. Februar 1927, in: StA Ludwigsburg PL 501 II, 374.
33  Rundschreiben der Gauleitung Württemberg v. 1. November 1926, in: StA Ludwigsburg PL 501 II, 242.

34  SA-Befehl v. 3. November 1926, zit. n. Tyrell (Hrsg.): *Führer befiehl …*, S. 236.

35  Vgl. die Berichte der Münchner Polizei zu Hitlers Auftritten 1925 – 1927, in: StA München, Polizeidirektion München, 6733, 6737 u. 6809; vgl. Hoover Institution, Theodore Fred Abel Papers, 240.

36  Vgl. Hitler-Rede v. 10. August 1925, in: *Nationalsozialismus, Holocaust, Widerstand und Exil 1933 – 1945*. Online-Datenbank. http://db.saur.de/ DGO/basicFullCitationView.jsf?documentId=HRSA-0064, Anm. 1.

37  Vgl. Anheiner/Neidhardt/Vortkamp: *Konjunkturen der NS-Bewegung*, S. 14 – 24.

38  Beck: *Kampf und Sieg*, S. 86 u. S. 83.

39  Muchow-Bericht v. Oktober 1926, zit. n. Broszat: *Anfänge*, S. 102 f.

40  Goebbels: *Tagebücher 1923 – 1941*, Bd. 1/II, S. 93.

41  Goebbels: *Tagebücher 1923 – 1941*, Bd. 1/II, S. 127.

42  Schmiedicke an Goebbels, 16. Oktober 1926 zit. n. Goebbels: *Tagebuch 1925/26*, S. 112 f.

43  Goebbels: *Tagebücher 1923 – 1941*, Bd. 1/II, S. 141.

44  Goebbels: *Tagebücher 1923 – 1941*, Bd. 1/II, S. 147.

45  Hoover Institution, Theodore Fred Abel Papers, 220.

46  Goebbels: *Kampf um Berlin*, S. 88, S. 43 f. u. S. 59 f.

47  Hoover Institution, Theodore Fred Abel Papers, 276; vgl. ebd., 284.

48  Muchow-Bericht v. Januar 1927, zit. n. Broszat: *Anfänge*, S. 108.

49  *Berliner Morgenpost, Vossische Zeitung* u. *Welt am Abend*, jeweils v. 12. Februar 1927.

50  Muchow-Bericht v. 20. März 1927, zit. n. Broszat: *Anfänge*, S. 115 – 117.

51  *Völkischer Beobachter* v. 24. März 1927.

52  Vgl. Hoover Institution, Theodore Fred Abel Papers, 582.

53  *Berliner Tageblatt* v. 22. März 1927; *Berliner Morgenpost* v. 23. März 1927; *Vossische Zeitung* v. 22. März 1927.

54  Vgl. Hoover Institution, Theodore Fred Abel Papers, 579.

55  *Berliner Tageblatt* v. 6. Mai 1927; vgl. LArch Berlin A Pr.Br. Rep. 030, 7549 u. Hoover Institution, Theodore Fred Abel Papers, 253.

56  Vgl. Hoover Institution, Theodore Fred Abel Papers, 219.

57  Vgl. Hoover Institution, Theodore Fred Abel Papers, 306.

58  Muchow-Benachrichtung v. 6. Mai 1927, zit. n. Broszat: *Anfänge*, S. 118.

59  Zit. n. Kellerhoff: *Hitlers Berlin*, S. 57 f.

60  Goebbels: *Kampf um Berlin*, S. 203.

61  Hoover Institution, Theodore Fred Abel Papers, 276.

62  Hoover Institution, Theodore Fred Abel Papers, 215.

63  Zit. n. Deuerlein (Hrsg.): *Der Aufstieg der NSDAP*, S. 268.

64  Hoover Institution, Theodore Fred Abel Papers, 253.

65  Goebbels: *Tagebücher 1923 – 1941*, Bd. 1/II, S. 287.
66  Vgl. LArch Berlin A Pr.Br. Rep. 030, 7550.
67  Hoover Institution, Theodore Fred Abel Papers, 189 u. 73.
68  Hoover Institution, Theodore Fred Abel Papers, 243.
69  Goebbels: *Tagebücher 1923 – 1941*, Bd. 1/II, S. 374.

## MITGLIEDER

1  Wildt: *Geschichte des Nationalsozialismus, S. 65.*
2  Zit. n. Pyta: *Gegen Hitler*, S. 140.
3  *Jahrbuch der deutschen Sozialdemokratie 1930*, S. IV.
4  Zit. n. Pyta: *Gegen Hitler*, S. 140 f.
5  Hitler: *Mein Kampf* (1939), S. 651 f. u. S. 441.
6  Vgl. Rösch: *Die Münchner NSDAP*, passim; Haerendel u. a. (Hrsg.): *München*, S. 122 – 188; Nerdinger (Hrsg.): *München und der Nationalsozialismus*, S. 56 – 105; Falter (Hrsg.): *Junge Kämpfer, alte Opportunisten*, S. 361 – 396.
7  Zu den Münchner NSDAP-Mitgliedern vgl. *Partei-Statistik*, Bd. 1, S. 204 sowie Haerendel u. a. (Hrsg.): *München*, S. 179 – 186, sowie Falter (Hrsg.): *Junge Kämpfer, alte Opportunisten*, S. 381 – 396. Die verschiedenen verfügbaren Statistiken beruhen auf unterschiedlichen Definitionen, Datenbeständen und Stichproben; sie sind daher nur eingeschränkt vergleichbar.
8  *Die Gesellschaft 1930*, Bd. 1, S. 498.
9  Hoover Institution, Theodore Fred Abel Papers, 211.
10  Hoover Institution, Theodore Fred Abel Papers, 170.
11  Vgl. *Jahrbuch der deutschen Sozialdemokratie 1930*, S. 195.
12  Vgl. Haerendel u. a. (Hrsg.): *München*, S. 184, u. Falter (Hrsg.): *Junge Kämpfer, alte Opportunisten*, S. 388 – 396.
13  Vgl. *Jahrbuch der deutschen Sozialdemokratie 1930*, S. 194.
14  Vgl. Haerendel u. a. (Hrsg.): *München*, S. 180 f.
15  Hoover Institution, Theodore Fred Abel Papers, 241.
16  Hoover Institution, Theodore Fred Abel Papers, 394.
17  Hoover Institution, Theodore Fred Abel Papers, 436.
18  Hoover Institution, Theodore Fred Abel Papers, 176.
19  Beck: *Kampf und Sieg*, S. 43.
20  Zit. n. Beck: *Kampf und Sieg*, S. 571.
21  Zit. n. Böhnke: *Die NSDAP im Ruhrgebiet*, S. 121, Anm. 101.
22  Zit. n. Fuchs (Hrsg.): *Stuttgart im Dritten Reich. Die Machtergreifung*, S. 139.
23  Zit. n. Schnabel (Hrsg.): *Machtergreifung in Südwestdeutschland*, S. 50.

24  Zit. n. Fuchs (Hrsg.): *Stuttgart im Dritten Reich. Die Machtergreifung*, S. 128.

25  Munder an Kriebel v. 20.1.1926, in: StA Ludwigsburg PL 501 II, 425.

26  Fragebogen Kriebel, in: StA Ludwigsburg EL 902/20, 88366.

27  Urteil der Spruchkammer gegen Kriebel v. 17. März 1948, in: StA Ludwigsburg EL 902/20, 88366.

28  Urteil der Spruchkammer gegen Kriebel v. 17. März 1948, in: StA Ludwigsburg EL 902/20, 88366.

29  Goebbels: *Tagebücher 1923 – 1941*, Bd. 1/II, S. 317.

30  Goebbels: *Tagebücher 1923 – 1941*, Bd. 1/II, S. 103 u. S. 258.

31  *Völkischer Beobachter* v. 2./3. Oktober 1927.

32  Hitler an Dinter v. 11. Oktober 1928, in: *Nationalsozialismus, Holocaust, Widerstand und Exil 1933 – 1945*. Online-Datenbank. http://db.saur.de/ DGO/basicFullCitationView.jsf?documentId=HRSA-0510.

33  Hitler an Heinz Oskar Hauenstein v. 5. November 1926, in: *Nationalsozialismus, Holocaust, Widerstand und Exil 1933 – 1945*. Online-Datenbank. http://db.saur.de/DGO/basicFullCitationView.jsf?documentId=HRSA-0212.

34  Satzung der NSDAP v. 22. Mai 1926, in: *Nationalsozialismus, Holocaust, Widerstand und Exil 1933 – 1945*. Online-Datenbank. http://db.saur.de/ DGO/basicFullCitationView.jsf?documentId=HRSA-0149.

35  Hitler-Rede v. 25. Mai 1927, in: *Nationalsozialismus, Holocaust, Widerstand und Exil 1933 – 1945*. Online-Datenbank http://db.saur.de/DGO/basicFull CitationView.jsf?documentId=HRSA-0296.

36  Hitler-Rede v. 30. Juli 1927, in: *Nationalsozialismus, Holocaust, Widerstand und Exil 1933 – 1945*. Online-Datenbank. http://db.saur.de/DGO/basicFull CitationView.jsf?documentId=HRSA-0325.

37  Zit. n. Tuner: *Faschismus und Kapitalismus*, S. 72 f.

38  Vgl. *Berliner Lokal-Anzeiger* v. 23. u. *Berliner Tageblatt* v. 24. August 1930.

39  Vgl. Falter (Hrsg.): *Junge Kämpfer, alte Opportunisten*, S. 278.

40  Aussage Kriebel v. 17. März 1948, in: StA Ludwigsburg EL 902/20, 88366.

41  Zusammenfassung der Zeugenaussagen v. 2. September 1947, in: StA Ludwigsburg EL 902/20, 88366.

42  Zeugenaussage [o. D.], in: StA Ludwigsburg EL 902/20, 78796.

43  Goebbels: *Tagebücher 1923 – 1941*, Bd. 7, S. 322.

44  Vgl. Befragung Anton Lingg im Januar 1947, in: BArch, Bestand BDC 377 I, Bl. 71 f.

45  Volz: *Daten zur Geschichte der* NSDAP, S. 21. Am 1. August 1930 wurde die Mitgliedsnummer 288.950 an ein Mitglied namens Oberfrank in Ludwigshafen vergeben; vgl. Hoover Institution, Theodore Fred Abel Papers, 432.

46  Zit. n. Protokoll der Generalmitgliederversammlung der NSDAP in Mün-

chen v. 22. Mai 1926, in: *Nationalsozialismus, Holocaust, Widerstand und Exil 1933–1945*. Online-Datenbank. http://db.saur.de/DGO/basicFullCitation View.jsf?documentId=HRSA-0147, Anm. 7.

47 Am 4. Januar 1926 erhielt der Berliner Ernst Glogau die Mitgliedsnummer 27.255; vgl. Hoover Institution, Theodore Fred Abel Papers, 227.

48 *Völkischer Beobachter* v. 1./2. August 1927.

49 Zit. n. Deuerlein (Hrsg.): *Der Aufstieg der NSDAP*, S. 279.

50 Vgl. Falter (Hrsg.): *Junge Kämpfer, alte Opportunisten*, S. 187.

51 Polizeibericht o.D. [nach dem 1. September 1928], in: StA München, Polizeidirektion München, 6735.

52 Vgl. Falter (Hrsg.): *Junge Kämpfer, alte Opportunisten*, S. 187.

53 Vgl. *Partei-Statistik*, Bd. 1, S. 16.

54 Vgl. Hoover Institution, Theodore Fred Abel Papers, 181.

55 Vgl. Entwicklung der Mitgliederkartei der NSDAP v. 15. Dezember 1934, in: BArch, Bestand BDC 376.

56 2. SA-Befehl, zit. n. Werner: *SA und NSDAP*, S. 375.

57 Pfeffer an die SA-Führer v. 2. November 1926, zit. n. Werner: *SA und NSDAP*, S. 372–374.

58 7. SA-Befehl, zit. n. Werner: *SA und NSDAP*, S. 397.

59 Flugblatt o. D., zit. n. Fraschka: *Pfeffer von Salomon*, S. 348, Anm. 87.

60 Übersichten in Fischer: *Stormtroopers*, S. 26; vgl. ebd. S. 27–30 u. S. 68 f.

61 Vgl. Longerich: *Die braunen Bataillone*, S. 83.

62 Vgl. Bessel: *Political Violence*, S. 35–37, u. Bessel/Jamin: *Nazis*, S. 113.

63 Vgl. Bessel/Jamin: *Nazis*, S. 113.

64 Vgl. Fischer: *Stormtroopers*, S. 26–28 u. S. 69.

65 Vgl. Merkl: *Making of a Stormtrooper*, S. 153 f.

66 Vgl. Bessel: *Political Violence*, S. 36 f.

67 Vgl. Longerich: *Die braunen Bataillone*, S. 86.

68 Vgl. Merkl: *Political Violence*, S. 422.

69 Schreck-Rundschreiben v. 21. September 1925, in: BArch NS 19/1934.

70 Hitler-Rede v. 10. August 1926, in: *Nationalsozialismus, Holocaust, Widerstand und Exil 1933–1945*. Online-Datenbank. http://db.saur.de/DGO/basic FullCitationView.jsf?documentId=HRSA-0186.

71 Vgl. Hoover Institution, Theodore Fred Abel Papers, 162.

72 Hitler-Erklärung v. 20. August 1927, in: *Nationalsozialismus, Holocaust, Widerstand und Exil 1933–1945*. Online-Datenbank. http://db.saur.de/ DGO/basicFullCitationView.jsf?documentId=HRSA-0331.

73 Hoover Institution, Theodore Fred Abel Papers, 369.

74 Vgl. Haerendel u. a. (Hrsg.): *München*, S. 183.

75 Hoover Institution, Theodore Fred Abel Papers, 195.

76 Antrag Rehm-Wilke v. 5. Juli 1927, zit. n. Hitler-Erklärung v. 20. August

1927, in: *Nationalsozialismus, Holocaust, Widerstand und Exil 1933–1945.*
Online-Datenbank. http://db.saur.de/DGO/basicFullCitationView.jsf?docu
mentId=HRSA-0331, Anm. 21.

77  Hitler-Erklärung v. 20. August 1927, in: *Nationalsozialismus, Holocaust,
    Widerstand und Exil 1933–1945.* Online-Datenbank. http://db.saur.de/DGO/
    basicFullCitationView.jsf?documentId=HRSA-0331.

78  *Völkischer Beobachter* v. 19. August 1927.

79  Hoover Institution, Theodore Fred Abel Papers, 244.

80  *Partei-Statistik,* Bd. 1, S. 2.

81  Vgl. Rösch: *Die Münchner NSDAP,* S. 153–157.

82  Hoover Institution, Theodore Fred Abel Papers, 460; vgl. ebd., 73.

83  *Der Mommsen-Nazi,* Ausgabe Oktober 1931, in: Sammlung Kellerhoff.

84  Zit. n. Priamus (Hrsg.): *Deutschlandwahn,* Bd. 1, S. 110 f.

85  Hoover Institution, Theodore Fred Abel Papers, 207.

86  Hoover Institution, Theodore Fred Abel Papers, 78.

87  Goebbels-Rundschreiben v. 9. November 1926, zit. n. Goebbels: *Tagebuch
    1925/26,* S. 115.

88  Goebbels: *Tagebücher 1923–1941,* Band 3/II, S. 153.

89  Pfeffer-Artikel o. D., zit. n. Werner: *SA und NSDAP,* S. 368 f.

90  Hoover Institution, Theodore Fred Abel Papers, 241.

91  Hoover Institution, Theodore Fred Abel Papers, 218.

92  Hoover Institution, Theodore Fred Abel Papers, 260.

93  Hoover Institution, Theodore Fred Abel Papers, 283.

94  Hoover Institution, Theodore Fred Abel Papers, 415.

95  Hoover Institution, Theodore Fred Abel Papers, 176.

96  Hoover Institution, Theodore Fred Abel Papers, 162.

97  Hoover Institution, Theodore Fred Abel Papers, 269.

98  Hoover Institution, Theodore Fred Abel Papers, 252.

99  Hoover Institution, Theodore Fred Abel Papers, 320.

100 Hoover Institution, Theodore Fred Abel Papers, 550.

101 Hoover Institution, Theodore Fred Abel Papers, 382; vgl. ebd. 241, 247 u.
    433.

102 Hoover Institution, Theodore Fred Abel Papers, 76.

103 Hoover Institution, Theodore Fred Abel Papers, 218.

104 Hoover Institution, Theodore Fred Abel Papers, 285.

# GELD

1 Turner: *Die Großunternehmer und der Aufstieg Hitlers*, S. 412.

2 Zit. n. Adams: *Parteienfinanzierung*, S. 29.

3 Zit. n. Protokoll der Generalmitgliederversammlung der NSDAP in München v. 22. Mai 1926, in: *Nationalsozialismus, Holocaust, Widerstand und Exil 1933 – 1945*. Online-Datenbank. http://db.saur.de/DGO/basicFull CitationView.jsf?documentId=HRSA-0147, Anm. 7.

4 *Völkischer Beobachter* v. 1./2. August 1927 u. Deuerlein (Hrsg.): *Der Aufstieg der NSDAP*, S. 278 f.

5 Polizeibericht o. D. [nach dem 1. September 1928], in: StA München, Polizeidirektion München, 6735.

6 Polizeidirektion München an den Reichskommissar für Überwachung der öffentlichen Ordnung v. 28. September 1928, zit. n. Vogt: *Zur Finanzierung der NSDAP*, S. 241 f.

7 Vgl. Hoover Institution, Theodore Fred Abel Papers, 267.

8 *Preußische Zeitung* v. 3. Januar 1937, zit. n. Turner: *Faschismus und Kapitalismus*, S. 35.

9 Schroeder: *Er war mein Chef*, S. 67.

10 Goebbels: *Tagebücher 1923 – 1941*, Band 3/II, S. 252.

11 Vgl. Turner: *Thyssen und »I paid Hitler«*, passim.

12 Dodd: *Diplomat auf heißem Boden*, S. 353.

13 Vgl. Turner: *Großunternehmer*, S. 143 u. S. 189.

14 Vgl. Turner: *Großunternehmer*, S. 456, Anm. 20.

15 Vgl. *New York Times* v. 20. Dezember 1922.

16 Murphy: *Diplomat unter Kriegern*, S. 35 f.

17 Vgl. Lüdecke: *I Knew Hitler*, S. 193 u. S. 252.

18 Hitler-Rede v. 12. Januar 1928, in: *Nationalsozialismus, Holocaust, Widerstand und Exil 1933 – 1945*. Online-Datenbank. http://db.saur.de/DGO/basic FullCitationView.jsf?documentId=HRSA-0385; vgl. Jäckel/Kuhn (Hrsg.): *Hitler 1905 – 1924*, S. 845.

19 Vgl. Hartmann u. a. (Hrsg.): *Hitler. Mein Kampf*, Bd. 2, S. 1618 f.

20 Vgl. Kellerhoff: *»Mein Kampf«*, S. 193 – 224.

21 Hitler-Brief an das Finanzamt München III v. 31. Oktober 1925, in: StA München, FinÄ 496.

22 Vgl. Sandner: *Hitler-Itinerar*, Bd. 1, S. 17 u. S. 522.

23 Jochmann (Hrsg.): *Monologe*, S. 258.

24 Polizeidirektion München an den Reichskommissar für Überwachung der öffentlichen Ordnung v. 28. September 1928, zit. n. Vogt: *Zur Finanzierung der NSDAP*, S. 242.

25 Zufällig überlieferte Originalrechnung zit. n. Turner: *Großunternehmer,* S. 188.
26 Muchow-Bericht v. November 1926, zit. n. Broszat: *Anfänge,* S. 106.
27 Goebbels: *Tagebücher 1923–1941,* Bd. 1/II, S. 160.
28 Goebbels: *Tagebücher 1923–1941,* Bd. 1/II, S. 150.
29 Muchow-Bericht v. November 1926, zit. n. Broszat: *Anfänge,* S. 106.
30 Rundschreiben der Gauleitung Württemberg v. 1. November 1926, in: StA Ludwigsburg PL 501 II, 242.
31 Rundschreiben der Gauleitung Württemberg v. Februar 1927, in: StA Ludwigsburg PL 501 II, 374.
32 Gauleitung Württemberg an Ortsgruppe Esslingen v. 14. Juli 1926, in: StA Ludwigsburg PL 501 II, 425.
33 *Völkischer Beobachter* v. 5. Februar 1938.
34 Notiz auf der Rechnung der Firma »Plakat-Institut« Stuttgart v. 22. Mai 1928, in: StA Ludwigsburg PL 501 II, 425.
35 Rundschreiben Ortsgruppe Witten v. 12. Oktober 1926, zit. n. Beck: *Kampf und Sieg,* S. 570.
36 Goebbels: *Tagebücher 1923–1941,* Bd. 1/II, S. 65 f.
37 Goebbels: *Tagebücher 1923–1941,* Bd. 1/II, S. 174.
38 Goebbels: *Tagebücher 1923–1941,* Bd. 1/II, S. 285.
39 Goebbels: *Tagebücher 1923–1941,* Bd. 1/II, S. 349.
40 Goebbels: *Tagebücher 1923–1941,* Bd. 1/III, S. 376.
41 Goebbels: *Tagebücher 1923–1941,* Bd. 2/I, S. 41.
42 Goebbels: *Tagebücher 1923–1941,* Bd. 2/I, S. 45.
43 Zit. n. Goch (Hrsg.): *Gelsenkirchen im Nationalsozialismus,* S. 30.
44 Groß-Boymann: *Gelsenkirchen,* S. 550 f.
45 Zit. n. Fricke (Hrsg.): *Lexikon zur Parteiengeschichte,* Bd. 3, S. 169.
46 *Bosch-Zünder* 1927, S. 64.
47 Zit. n. Michel: *Von der Fabrikzeitung,* S. 154.
48 *Bosch-Zünder* 1927, S. 88.
49 *Jahrbuch der deutschen Sozialdemokratie 1930,* S. 196 u. S. 203–212.
50 *Völkischer Beobachter* v. 1./2. August 1927.
51 Brief der Gauleitung Ruhr an die Ortsgruppe Essen v. 20. Mai 1926, zit. n. Böhnke: *Die NSDAP im Ruhrgebiet,* S. 115.
52 Rundschreiben Gau Württemberg v. Februar 1927, in: StA Ludwigsburg PL 501 II, 374.
53 Vgl. Briefe Schwarz an Gauleitung Württemberg, in: StA Ludwigsburg PL 501 II, 211.
54 Korrespondenz Murr und Ortsgruppe Nürtingen, in: StA Ludwigsburg PL 501 II, 425.
55 Polizeidirektion München an den Reichskommissar für Überwachung der

öffentlichen Ordnung v. 28. September 1928, zit. n. Vogt: *Zur Finanzierung der NSDAP*, S. 242.

56  Zit. n. Matzerath/Turner: *Selbstfinanzierung der NSDAP*, S. 64.

57  Vgl. Hoover Institution, Theodore Fred Abel Papers, 207.

58  Goebbels: *Tagebücher 1923–1941*, Bd. 1/III, S. 367.

59  Goebbels: *Tagebücher 1923–1941*, Bd. 1/III, S. 374.

60  Goebbels: *Tagebücher 1923–1941*, Bd. 1/III, S. 379 f.

61  Goebbels: *Tagebücher 1923–1941*, Bd. 2/I, S. 57.

62  Hoover Institution, Theodore Fred Abel Papers, 41.

63  Hoover Institution, Theodore Fred Abel Papers, 363.

64  Hoover Institution, Theodore Fred Abel Papers, 164.

65  *Jahrbuch der deutschen Sozialdemokratie 1930*, S. 198 f.

66  Hitler-Rede v. 27. Februar 1925, in: *Nationalsozialismus, Holocaust, Widerstand und Exil 1933–1945*. Online-Datenbank. http://db.saur.de/DGO/basic FullCitationView.jsf?documentId=HRSA-0009, Anm. 2.

67  Hitler: Niederschrift zur Generalmitgliederversammlung, in: *Nationalsozialismus, Holocaust, Widerstand und Exil 1933–1945*. Online-Datenbank. http://db.saur.de/DGO/basicFullCitationView.jsf?documentId=HRSA-0146, Anm. 3, u. Hitler-Rede v. 30. Juli 1927, in: *Nationalsozialismus, Holocaust, Widerstand und Exil 1933–1945*. Online-Datenbank. http://db.saur.de/DGO/ basicFullCitationView.jsf?documentId=HRSA-0325, Anm. 1.

68  Hitler-Rede v. 11. Mai 1927, in: *Nationalsozialismus, Holocaust, Widerstand und Exil 1933–1945*. Online-Datenbank. http://db.saur.de/DGO/basicFull CitationView.jsf?documentId=HRSA-0285, Anm. 2, u. Hitler-Rede v. 9. Juni 1927, in: *Nationalsozialismus, Holocaust, Widerstand und Exil 1933–1945*. Online-Datenbank. http://db.saur.de/DGO/basicFullCitationView.jsf?docu mentId=HRSA-0310, Anm. 2.

69  *Völkischer Beobachter* v. 26. Februar 1925.

70  Mitteilung der Polizeidirektion v. 15. Juni 1925, in: StA München, Polizei-direktion München, 6788.

71  Vernehmung Schwarz v. 13. Mai 1927, in: StA München, Polizeidirektion München, 6788.

72  Hitler-Rede v. 23. Mai 1927, in: *Nationalsozialismus, Holocaust, Widerstand und Exil 1933–1945*. Online-Datenbank. http://db.saur.de/DGO/basicFull CitationView.jsf?documentId=HRSA-0294.

73  *Völkischer Beobachter* v. 27. Mai 1930.

74  25-Punkte-Programm der NSDAP, zit. n. Tyrell (Hrsg.): *Führer befiehl …*, S. 24.

75  *Völkischer Beobachter* v. 19. September 1930.

76  Pfeffer-Entwurf v. 13. Januar 1927, in: BArch NS 1/393.

77  Hoover Institution, Theodore Fred Abel Paper, 171.

78 *Völkischer Beobachter* v. 25. April 1929.
79 *Völkischer Beobachter* v. 30. April 1929.
80 Zit. n. Laube: *Hilfskasse*, S. 203.
81 Hitler-Rede v. 25. Mai 1927, in: *Nationalsozialismus, Holocaust, Widerstand und Exil 1933 – 1945.* Online-Datenbank. http://db.saur.de/DGO/basicFull CitationView.jsf?documentId=HRSA-0296.
82 *Völkischer Beobachter* v. 30./31. Mai 1929.
83 Hitler-Rede v. 22. Mai 1926, in: *Nationalsozialismus, Holocaust, Widerstand und Exil 1933 – 1945.* Online-Datenbank. http://db.saur.de/DGO/basicFull CitationView.jsf?documentId=HRSA-0148.
84 *Völkischer Beobachter* v. 30. Juni 1928.
85 *Angriff* v. 30. April 1928.
86 *Die Gesellschaft* 1930, Bd. 1, S. 490, Anm. 2.
87 Vgl. Probst: *NSDAP im Bayerischen Landtag*, S. 102, Anm. 523.
88 Goebbels: *Angriff*, S. 61.

# ERFOLG

1 Falter: *Hitlers Wähler*, S. 17.
2 Goebbels: *Tagebücher 1923 – 1941*, Bd. 1/III, S. 375.
3 *Sozialistische Monatshefte* v. 27. November 1929, S. 979 – 986.
4 Goebbels: *Tagebücher 1923 – 1941*, Bd. 1/III, S. 375.
5 *Die Gesellschaft* 1930, Bd. 1, S 499.
6 Vgl. Hoover Institution, Theodore Fred Abel Papers, 375.
7 Goebbels: *Tagebücher 1923 – 1941*, Bd. 1/III, S. 165.
8 Vgl. Kellerhoff: *Hitlers Berlin*, S. 55 f.
9 *Angriff* v. 23. September 1929; vgl. Broderick: *Wessel-Lied*, S. 9 f.
10 Vgl. Hoover Institution, Theodore Fred Abel Papers, 220.
11 Handzettel der Friedrichshainer KPD o. D. [ca. Januar 1930], in: Sammlung Kellerhoff.
12 *Angriff* v. 21. Januar 1930.
13 Goebbels: *Tagebücher 1923 – 1941*, Bd. 2/I, S. 84.
14 Vgl. Hoover Institution, Theodore Fred Abel Papers, 224.
15 *Angriff* v. 27. Februar 1930.
16 Hoover Institution, Theodore Fred Abel Papers, 216, vgl. ebd. 220, 224, 263 u. 375.
17 Hoover Institution, Theodore Fred Abel Papers, 78, vgl. ebd. 174, 194, 216 u. 224.
18 Polizeibericht v. 29. Juni 1929, in: GSTA XX. HA, Rep. 10, 36/28, Bl. 365.

19  Hoover Institution, Theodore Fred Abel Papers, 167.
20  Hoover Institution, Theodore Fred Abel Papers, 168.
21  Hoover Institution, Theodore Fred Abel Papers, 171.
22  Polizeibericht v. 24. Juli 1929, in: GSTA XX. HA, Rep. 10, 36/28, Bl. 373.
23  Vgl. z. B. Hoover Institution, Theodore Fred Abel Papers, 352.
24  Hoover Institution, Theodore Fred Abel Papers, 173.
25  Goebbels: *Tagebücher 1923–1941*, Bd. 1/II, S. 340 u. Bd. 1/III, S. 42.
26  Goebbels: *Tagebücher 1923–1941*, Bd. 2/I, S. 111.
27  *Münchner Telegramm-Zeitung* v. 5. Mai 1930, zit. n. Hitler-Erklärung v.
    7. Mai 1930, in: *Nationalsozialismus, Holocaust, Widerstand und Exil
    1933–1945*. Online-Datenbank. http://db.saur.de/DGO/basicFullCitation
    View.jsf?documentId=HRSA-0738, Anm. 1.
28  *Völkischer Beobachter* v. 7. Mai 1930.
29  *Völkischer Beobachter* v. 4. Juli 1930.
30  *Der Nationale Sozialist* v. 4. Juli 1930.
31  Hoover Institution, Theodore Fred Abel Papers, 245.
32  Vgl. Polizeibericht v. 24. Januar 1930, in: StA München, Polizeidirektion
    München, 6830.
33  Brief SA-Führung Stuttgart v. 12. Januar 1930, in: BArch Berlin NS 22/1077.
34  Brief Murr v. 19. Februar 1930, in: BArch Berlin NS 22/1077.
35  Goebbels: *Tagebücher 1923–1941*, Bd. 2/I, S. 226.
36  *Illustrierter Beobachter* v. 9. August 1930.
37  Hitler-Rede v. 12. August 1930, in: *Nationalsozialismus, Holocaust, Wider-
    stand und Exil 1933–1945*. Online-Datenbank. http://db.saur.de/DGO/basic
    FullCitationView.jsf?documentId=HRSA-0783.
38  *Völkischer Beobachter* v. 20./21. Juli 1930 u. *Illustrierter Beobachter* v.
    16. August 1930.
39  Hitler-Rede v. 18. August 1930, in: *Nationalsozialismus, Holocaust, Wider-
    stand und Exil 1933–1945*. Online-Datenbank. http://db.saur.de/DGO/
    basicFullCitationView.jsf?documentId=HRSA-0786.
40  Hitler-Rede v. 13. September 1930, in: *Nationalsozialismus, Holocaust,
    Widerstand und Exil 1933–1945*. Online-Datenbank. http://db.saur.de/
    DGO/basicFullCitationView.jsf?documentId=HRSA-0810.
41  Hitler-Rede v. 8. September 1930, in: *Nationalsozialismus, Holocaust, Wider-
    stand und Exil 1933–1945*. Online-Datenbank. http://db.saur.de/DGO/
    basicFullCitationView.jsf?documentId=HRSA-0804.
42  Goebbels: *Tagebücher 1923–1941*, Bd. 2/I, S. 234–238.
43  Hoover Institution, Theodore Fred Abel Papers, 73.
44  Hoover Institution, Theodore Fred Abel Papers, 332.
45  Vgl. *Der Rote Aufbau* 3 (1930), S. 529.
46  *Vossische Zeitung* v. 14. September 1930.

47  Kessler: *Tagebuch 1926 – 1937*, S. 375.
48  *Völkischer Beobachter* v. 16. September 1930.
49  Hoover Institution, Theodore Fred Abel Papers, 168.
50  Hoover Institution, Theodore Fred Abel Papers, 285.
51  *Völkischer Beobachter* v. 16. September 1930.
52  Vgl. Hoover Institution, Theodore Fred Abel Papers, 585.
53  Goebbels: *Tagebücher 1923 – 1941*, Bd. 2/I, S. 239.
54  Kessler: *Tagebuch 1926 – 1937*, S. 376.
55  *Die Arbeit* 7 (1930), S. 637 – 653.
56  *Die Weltbühne* 26 (1930), Bd. 2, S. 477 – 480.
57  *Der rote Aufbau* 3 (1930), S. 529 – 535.
58  *Die Arbeit* 7 (1930), S. 654 – 659.
59  Vgl. Falter: *Hitlers Wähler*, S. 139 – 146, S. 285 – 289 u. S. 364 – 375, sowie Büttner: *Weimar*, S. 418 – 420.
60  *Die Weltbühne* 26 (1930), Bd. 2, S. 478, u. *Die Arbeit* 7 (1930), S. 652.
61  Kessler: *Tagebuch 1926 – 1937*, S. 376 f.
62  Vgl. Hoover Institution, Theodore Fred Abel Papers, 251.
63  Vgl. z. B. Hoover Institution, Theodore Fred Abel Papers, 75, 78, 80, 167, 173, 174, 179 u. 184.
64  Hoover Institution, Theodore Fred Abel Papers, 408.
65  Vgl. z. B. Hoover Institution, Theodore Fred Abel Papers, 343, 261 u. 244.
66  Hoover Institution, Theodore Fred Abel Papers, 263.
67  Vgl. LArch Berlin A Pr.Br. Rep. 030, 7548 – 7560 u. 21598.
68  Birn: *Nur eine Schar SA*, S. 160 f.
69  Vgl. Liste der Opfer politischer Gewalt, in: LArch Berlin, A Pr.Br.Rep 030, 21598.
70  Vgl. Brief der Polizei München an die NSDAP v. 15. August 1930, in: StA München, Polizeidirektion München, 6741.
71  Zit. n. Rösch: *Die Münchner NSDAP*, S. 397.
72  *Völkischer Beobachter* v. 7. Juli 1931.
73  Zit. n. Fuchs (Hrsg.): *Stuttgart im Dritten Reich. Die Machtergreifung*, S. 155 f.
74  Hoover Institution, Theodore Fred Abel Papers, 191.
75  Zastrau: Kampf einer Frau für den Nationalsozialismus, in: GStA Berlin XX. HA Rep. 240 D 115, S. 64 – 66.
76  Hoover Institution, Theodore Fred Abel Papers, 408.
77  *Berliner Tageblatt* v. 8. Mai 1931.
78  Goebbels: *Tagebücher 1923 – 1941*, Bd. 2/I, S. 228.
79  *Vossische Zeitung* v. 14. Oktober 1930.
80  Vgl. Hoover Institution, Theodore Fred Abel Papers, 170 u. 285.
81  Harrisson: *Alter Kämpfer*, S. 391.

82  Zit. n. Bothe: *Synagogen in Berlin*, S. 85.

83  Vgl. Sammlung von 26 verschiedenen Motiven, in: StA München, Polizei-direktion München, 6669.

84  Zit. n. Rösch: *Die Münchner* NSDAP, S. 417.

85  Vgl. Paul: *Aufstand der Bilder*, S. 92.

86  Hasselbach: *Entstehung*, S. 49.

87  Hoover Institution, Theodore Fred Abel Papers, 238.

88  *Neue Blätter für den Sozialismus* 2 (1931), Heft 4, S. 150.

89  Bericht über eine Rede von Karl Osberg, o. D. [nach dem 27. Januar 1932], in: StA München, Polizeidirektion München, 6743.

90  Vgl. Hoover Institution, Theodore Fred Abel Papers, 164.

91  Goebbels: *Tagebücher 1923 – 1941*, Bd. 2/I, S. 357 f.

92  Goebbels: *Tagebücher 1923 – 1941*, Bd. 2/I, S. 366.

93  *Angriff* v. 1. April u. v. 31. März 1931.

94  *Vossische Zeitung, Berliner Morgenpost* und *Berliner Tageblatt* v. 2. April 1931.

95  *Berliner Morgenpost* v. 2. April 1931.

96  Hoover Institution, Theodore Fred Abel Papers, 527.

97  Goebbels: *Tagebücher 1923 – 1941*, Bd. 2/I, S. 376.

98  *Völkischer Beobachter* v. 3. April 1931.

99  *Angriff* v. 4. April 1931.

100  Hoover Institution, Theodore Fred Abel Papers, 251.

101  Hoover Institution, Theodore Fred Abel Papers, 245.

102  Kessler: *Tagebuch 1926 – 1937*, S. 400.

103  Zit. n. Deuerlein (Hrsg.): *Der Aufstieg der NSDAP*, S. 369.

104  Goebbels: *Tagebücher 1923 – 1941*, Bd. 2/II, S. 186.

105  Postert: *Hitlerjunge Schall*, S. 104.

106  *Völkischer Beobachter* v. 1./2. Januar 1932.

107  Vgl. Falter (Hrsg.): *Junge Kämpfer, alte Opportunisten*, S. 187.

108  *Völkischer Beobachter* v. 1./2. Januar 1932 u. Longerich: *Die braunen Bataillone*, S. 111.

109  *Völkischer Beobachter* v. 1./2. Januar 1932.

110  Hoover Institution, Theodore Fred Abel Papers, 178.

111  Hoover Institution, Theodore Fred Abel Papers, 73, vgl. ebd. 221.

112  Hoover Institution, Theodore Fred Abel Papers, 238.

113  Hoover Institution, Theodore Fred Abel Papers, 78; vgl. ebd., 164.

114  Hitler an den Magistrat Linz v. 7. April 1925, in: *Nationalsozialismus, Holocaust, Widerstand und Exil 1933 – 1945*. Online-Datenbank. http://db.saur.de/DGO/basicFullCitationView.jsf?documentId=HRSA-1501.

115  *Vorwärts* u. *Berliner Tageblatt* v. 3. Februar 1932.

116  Küchenthal an Boden v. 25. Februar 1932, in: BArch Berlin NS 26/5.

117 *Völkischer Beobachter* v. 26. Februar 1932.
118 Postert: *Hitlerjunge Schall*, S. 120 f.
119 Goebbels: *Tagebücher 1923 – 1941*, Bd. 2/II, S. 241 f.
120 Hoover Institution, Theodore Fred Abel Papers, 41.
121 Vgl. *Vossische Zeitung* v. 14. u. 15. März 1932.
122 Zastrau: Kampf einer Frau für den Nationalsozialismus, in: GStA Berlin XX. HA Rep. 240 D 115, S. 77 f.
123 Vgl. Hoover Institution, Theodore Fred Abel Papers, 263.
124 Lagebericht v. 30. Dezember 1932, zit. n. Rösch: *Die Münchner NSDAP*, S. 427.
125 Postert: *Hitlerjunge Schall*, S. 122.
126 Hoover Institution, Theodore Fred Abel Papers, 244.
127 Goebbels: *Tagebücher 1923 – 1941*, Bd. 2/II, S. 260 f.
128 Zit. n. *Vossische Zeitung* v. 14. April 1932.
129 Kessler: *Tagebuch 1926-1937*, S. 410.
130 *Völkischer Beobachter* v. 13. April 1932.
131 Goebbels: *Tagebücher 1923 – 1941*, Bd. 2/II, S. 263.
132 Tatsächlich konnte die NSDAP sogar 162 Abgeordnete in den Landtag schicken.
133 Goebbels: *Tagebücher 1923 – 1941*, Bd. 2/II, S. 267.
134 Goebbels: *Tagebücher 1923 – 1941*, Bd. 2/II, S. 296.
135 Vgl. Bessel: *Political Violence*, S. 76 f.
136 Goebbels: *Tagebücher 1923 – 1941*, Bd. 2/II, S. 330.

## VABANQUE

1 Thamer: *Verführung und Gewalt, S. 214.*
2 Akten der Reichskanzlei, Kabinett Papen, Nr. 99/1, in: http://www.bundes archiv.de/aktenreichskanzlei/1919-1933/0pa/vpa/vpa1p/kap1_2/kap2_100/para3_2.html.
3 *Vossische Zeitung* v. 13. August 1932.
4 Akten der Reichskanzlei, Kabinett Papen, Nr. 104/2, in: http://www.bundes archiv.de/aktenreichskanzlei/1919-1933/0pa/vpa/vpa1p/kap1_2/kap2_105/para3_1.html.
5 Abgedruckt in: *Vossische Zeitung* v. 14. August 1932.
6 Akten der Reichskanzlei, Kabinett Papen, Nr. 101, in: http://www.bundes archiv.de/aktenreichskanzlei/1919-1933/0pa/vpa/vpa1p/kap1_2/para2_102.html.
7 Hoover Institution, Theodore Fred Abel Papers, 306.

8 Hoover Institution, Theodore Fred Abel Papers, 242.
9 Hoover Institution, Theodore Fred Abel Papers, 169.
10 Hoover Institution, Theodore Fred Abel Papers, 171
11 *Vossische Zeitung* v. 15. August 1932.
12 *Die Weltbühne* 28 (1932), Bd. 2, S. 262.
13 Kessler: *Tagebuch 1926 – 1937*, S. 491.
14 Hoover Institution, Theodore Fred Abel Papers, 219.
15 Vgl. Clemens: *Herr Hitler in Germany*, S. 238.
16 Rumbold an das Foreign Office v. 15. August 1932, in: *DBFP* II, Bd. 4, Nr. 13.
17 Goebbels: *Tagebücher 1923 – 1941*, Bd. 2/II, S. 340 f.
18 Vgl. Rumbold an das Foreign Office v. 22. August 1932, in: *DBFP* II, Bd. 4, Nr. 18.
19 Rumbold an das Foreign Office v. 13. August 1932, in: *DBFP* II, Bd. 4, S. Nr. 12.
20 Hoover Institution, Theodore Fred Abel Papers, 584.
21 Vgl. Falter (Hrsg.): *Junge Kämpfer, alte Opportunisten*, S. 275.
22 Hoover Institution, Theodore Fred Abel Papers, 168.
23 Goebbels: *Tagebücher 1923 – 1941*, Bd. 2/II, S. 359.
24 Vgl. Liste der Opfer politischer Gewalt, in: LArch Berlin, A Pr.Br.Rep 030, 21598.
25 Hoover Institution, Theodore Fred Abel Papers, 221.
26 Goebbels: *Tagebücher 1923 – 1941*, Bd. 2/III, S. 54.
27 Goebbels: *Tagebücher 1923 – 1941*, Bd. 2/III, S. 53.
28 Hoover Institution, Theodore Fred Abel Papers, 251.
29 Hoover Institution, Theodore Fred Abel Papers, 231.
30 Hoover Institution, Theodore Fred Abel Papers, 276.
31 Akten der Reichskanzlei, Kabinett Papen, Nr. 224, in: http://www.bundes archiv.de/aktenreichskanzlei/1919-1933/0000/vpa/vpa2p/kap1_1/para2_ 95.html.
32 Goebbels: *Tagebücher 1923 – 1941*, Bd. 2/III, S. 65.
33 *Völkischer Beobachter* v. 16. November 1932.
34 *Frankfurter Zeitung* v. 16. November 1932, zit. n. Döring: »*Parlamentarischer Arm*«, S. 354, Anm. 2.
35 Auskunft Hermann Cordemann zit. n. Kissenkoetter: *Gregor Straßer*, S. 163.
36 Akten der Reichskanzlei, Kabinett Papen, Nr. 227, in: http://www.bundes archiv.de/aktenreichskanzlei/1919-1933/0000/vpa/vpa2p/kap1_1/para2_ 98.html.
37 Akten der Reichskanzlei, Kabinett Papen, Nr. 232, in: http://www.bundes archiv.de/aktenreichskanzlei/1919-1933/0000/vpa/vpa2p/kap1_1/kap2_ 103/para3_1.html.

38 Zit. n. Kissenkoetter: *Gregor Straßer*, S. 165.
39 Goebbels: *Tagebücher 1923–1941*, Bd. 2/III, S. 71 f.
40 Vgl. *Vossische Zeitung* v. 5. Dezember 1932 u. Goebbels: *Tagebücher 1923–1941*, Bd. 2/III, S. 75 f.
41 Goebbels: *Tagebücher 1923–1941*, Bd. 2/III, S. 75.
42 Goebbels: *Tagebücher 1923–1941*, Bd. 2/III, S. 77. Das tatsächlich abgeschickte, von einem Sekretär auf der Maschine geschriebene kurze Rücktrittsschreiben ist nicht erhalten. Ein wesentlich längerer handschriftlicher Entwurf ist offenbar nie in Hitlers Hände gelangt. Vgl. Kissenkoetter: *Gregor Straßer*, S. 172 u. S. 202 f. (Wortlaut des Entwurfes), sowie *Vossische Zeitung* v. 10. Dezember 1932.
43 Goebbels: *Tagebücher 1923–1941*, Bd. 2/III, S. 78.
44 Hitler-Rede v. 9. Dezember 1932, in: *Nationalsozialismus, Holocaust, Widerstand und Exil 1933–1945*. Online-Datenbank. http://db.saur.de/DGO/basicFullCitationView.jsf?documentId=HRSA-1431.
45 Vgl. *Vossische Zeitung* v. 9. u. 10. Dezember 1932 sowie Döring: »*Parlamentarischer Arm*«, S. 356–359.
46 Goebbels: *Tagebücher 1923–1941*, Bd. 2/III, S. 79.
47 *Frankfurter Zeitung* v. 1. Januar 1933.
48 *Berliner Tageblatt* v. 1. Januar 1933.
49 *Vossische Zeitung* v. 1. Januar 1933.
50 *Weltbühne* 29 (1933), S. 3.
51 *Berliner Tageblatt* v. 11. Januar 1933.
52 *Weltbühne* 29 (1933), S. 91.
53 Hammerstein-Niederschrift v. 28. Januar 1935 zit. n.: Bracher: *Auflösung*, S. 733 f.
54 Zit. n. Brüning: *Memoiren*, S. 645.
55 Zit. n. Berndorff: *General zwischen Ost und West*, S. 260.
56 Vgl. Keil/Kellerhoff: *Gerüchte machen Geschichte*, S. 69–88.
57 Goebbels: *Tagebücher 1923–1941*, Bd. 2/III, S. 119.
58 Hammerstein-Niederschrift v. 28. Januar 1935 zit. n.: Bracher: *Auflösung*, S. 733 f.
59 Duesterberg: *Stahlhelm*, S. 41,
60 Goebbels: *Tagebücher 1923–1941*, Bd. 2/III, S. 120.
61 Kessler: *Tagebuch 1926–1937*, S. 536.
62 Eschenburg: *Also hören Sie mal zu*, S. 319.
63 Hoover Institution, Theodore Fred Abel Papers, 550 u. 163.
64 Postert: *Hitlerjunge Schall*, S. 235.
65 *Vossische Zeitung* v. 30. Januar 1933.
66 *Vorwärts* v. 30. Januar 1933.
67 *Frankfurter Zeitung* v. 31. Januar 1933.

**68** *Berliner Morgenpost* v. 31. Januar 1933.
**69** Hoover Institution, Theodore Fred Abel Papers, 73, 415 u. 306; vgl. ebd., 227.
**70** Hoover Institution, Theodore Fred Abel Papers, 213 u. 280; vgl. ebd., 194.
**71** Hoover Institution, Theodore Fred Abel Papers, 75 u. 592.
**72** Hoover Institution, Theodore Fred Abel Papers, 41, 36 u. 107.

# DER REIZ DER MACHT

## MÄRZGEFALLENE

1 Benz: *Geschichte des Dritten Reiches*, S. 35.
2 *Weltbühne* 29 (1933), S. 195.
3 Becker/Becker (Hrsg.): *Hitlers Machtergreifung*, S. 45.
4 Vgl. *Berliner Tageblatt* v. 31. Januar 1933.
5 *Tägliche Rundschau* v. 31. Januar 1933.
6 Duesterberg: *Der Stahlhelm*, S. 39.
7 Kleist-Schmenzin: *Die letzte Möglichkeit*, S. 92.
8 Barth: Brief an seine Mutter v. 1. Februar 1933, zit. n. Kershaw: *Hitler*, Bd. 1, S. 549.
9 Brügel/Frei (Hrsg): *Berliner Tagebuch*, S. 159.
10 FRUS 1933, Bd. 2, S. 186.
11 Vgl. DDF 1932–1939, Bd. 2, S. 542.
12 DBFP II,4, S. 235.
13 Michaelis/Schraepler (Hrsg.): *Ursachen und Folgen*, Bd. 10, S. 38 f.
14 Zit. n. Kellerhoff: *Hitlers Berlin*, S. 92.
15 Der Reichstagsbrand ist kriminalistisch und historisch aufgeklärt: Verantwortlich war allein der geständige Einzeltäter Marinus van der Lubbe, niemand sonst war beteiligt; vgl. Kellerhoff: *Der Reichstagsbrand*, passim. Dennoch halten die Anhänger einer »Nazitäter«-These an konstruierten Verschwörungstheorien und gefälschten »Dokumenten« fest.
16 Hoover Institution, Theodore Fred Abel Papers, 419.
17 Vgl. Falter: *Die Märzgefallenen von 1933*, S. 286 f.
18 Vgl. Falter: *Die Märzgefallenen von 1933*, S. 286 f.
19 Hoover Institution, Theodore Fred Abel Papers, 170.
20 Ende 1933 wurden Mitgliedsnummern im Bereich 2,07 Millionen ausgegeben; insgesamt zählte die NSDAP zu dieser Zeit 2,493 Millionen Mitglieder und Antragsteller. Vgl. *Partei-Statistik*, Bd. 1, S. 16, u. http://www.bun

desarchiv.de/oeffentlichkeitsarbeit/bilder_dokumente/00757/index-19.
html.de.

21 Hoover Institution, Theodore Fred Abel Papers, 188.

22 Zit. n. Müller: *Stuttgart*, S. 274.

23 Vgl. Benz (Hrsg.): *Wie wurde man Parteigenosse?*, S. 103 f.

24 Hoover Institution, Theodore Fred Abel Papers, 247.

25 Hoover Institution, Theodore Fred Abel Papers, 170.

26 *NS-Kurier* v. 29. Mai 1933.

27 Hoover Institution, Theodore Fred Abel Papers, 162.

28 Hoover Institution, Theodore Fred Abel Papers, 227.

29 *NS-Kurier* v. 15. August 1933.

30 Pechau: *Nationalsozialismus*, S. 63.

31 Vgl. Partei-Statistik, Bd. 1, S. 15.

32 Vgl. Falter: *Die Märzgefallenen von 1933*, S. 293 – 301, u. Kater: *The Nazi Party*, S. 244 – 252.

33 Heberle: *Zur Soziologie*, S. 458 f.

34 *Völkischer Beobachter* v. 30. April 1933.

35 Vgl. Benz (Hrsg.): *Wie wurde man Parteigenosse?*, S. 96.

36 *Vossische Zeitung* v. 21. April 1933.

37 Hitler: *Mein Kampf* (1939), S. 656 f.; vgl. Hartmann u. a. (Hrsg.): *Hitler. Mein Kampf*, Bd. 2, S. 1485 u. S. 1478, Anm. 19.

38 Korrespondenz Lippert, Daluege u. Schwarz von Mai u. Juni 1933, in: *Nationalsozialismus, Holocaust, Widerstand und Exil 1933 – 1945*. Online-Datenbank. http://db.saur.de/DGO/basicFullCitationView.jsf?document Id=APK-000081.

39 Franz Xaver Schwarz an die Aufnahmeabteilung v. 24. August 1933, in: *Nationalsozialismus, Holocaust, Widerstand und Exil 1933 – 1945*. Online-Datenbank. http://db.saur.de/DGO/basicFullCitationView.jsf?document Id=APK-008578.

40 Vgl. Korrespondenz September 1934 bis November 1936, in: *Nationalsozialismus, Holocaust, Widerstand und Exil 1933 – 1945*. Online-Datenbank. http://db.saur.de/DGO/basicFullCitationView.jsf?documentId=APK-009074.

41 Korrespondenz Martin Bormann Mai bis Dezember 1935, in: *Nationalsozialismus, Holocaust, Widerstand und Exil 1933 – 1945*. Online-Datenbank. http://db.saur.de/DGO/basicFullCitationView.jsf?documentId=APK-009469.

42 Röhm-Verfügung v. 20. März 1933 zit. n. Hirschfeld/Kettenacker (Hrsg.): *Der »Führerstaat«*, S. 332 f.

# KORRUPTION

1 Bajohr: *Parnevüs und Profiteure*, S. 33.

2 *Angriff* v. 21. November 1930.

3 *Illustrierter Beobachter* v. 24. November 1928 u. Goebbels: *Tagebücher 1923–1941*, Bd. 1/III, S. 62; vgl. z. B. *Völkischer Beobachter* v. 25. Januar 1928 u. 31. August 1930; Hitler-Rede v. 6. März 1929, in: StA München, Polizeidirektion München, 6779. ZU vermeintlicher Korruption in Gelsenkirchen z. B. Priamus: *Meyer*, S. 126 f.

4 *Weltbühne* 25 (1929), Bd. 2, S. 636.

5 *Völkischer Beobachter* v. 19. Mai 1933; vgl. Bajohr: *Profiteure und Parvenüs*, S. 22 f., u. Falter (Hrsg.): *Junge Kämpfer, alte Opportunisten*, S. 187.

6 Verfügung Heß' v. 24. Juli 1933, in: *Nationalsozialismus, Holocaust, Widerstand und Exil 1933–1945*. Online-Datenbank. http://db.saur.de/DGO/basicFullCitationView.jsf?documentId=APK-016986.

7 Brief Bormann an die Gauleitung Berlin v. 6. November 1933, in: *Nationalsozialismus, Holocaust, Widerstand und Exil 1933–1945*. Online-Datenbank. http://db.saur.de/DGO/basicFullCitationView.jsf?documentId=APK-008637.

8 Zum 1. September 1930 war die Mitgliedsnummer 298.623 an Wilhelm Brückner ausgegeben worden, einen Adjutanten Hitlers; am 18. Oktober 1930 erhielt Ernst Kaltenbrunner die Nummer 300.179.

9 Korrespondenz Oktober 1933 bis März 1934, in: *Nationalsozialismus, Holocaust, Widerstand und Exil 1933–1945*. Online-Datenbank. http://db.saur.de/DGO/basicFullCitationView.jsf?documentId=APK-008637.

10 Briefentwurf Hans-Heinrich Lammers an den Reichsfinanzminister v. 25. Juli 1933, in: *Nationalsozialismus, Holocaust, Widerstand und Exil 1933–1945*. Online-Datenbank. http://db.saur.de/DGO/basicFullCitationView.jsf?documentId=APK-000085. Das reguläre Monatsgehalt eines Ministerialamtsgehilfen betrug 1933 zwischen 122 und 154 Reichsmark.

11 Hoover Institution, Theodore Fred Abel Papers, 344.

12 Hoover Institution, Theodore Fred Abel Papers, 392.

13 Zit. n. Timpke (Hrsg.): *Dokumente*, S. 248.

14 Zit. n. Gottwaldt: *Dorpmüllers Reichsbahn*, S. 78.

15 Vgl. Lotz: *Reichspost*, Bd. 1, S. 85.

16 Zit. n. Beck/Dirks/Pache: *Aus rot wird braun*, S. 48.

17 BVG-Personalamt an Johannes Engel v. 6. Dezember 1934, Faksimile in: Beck/Dirks/Pache: *Aus rot wird braun*, S. 38.

18 Vgl. Hildebrandt: *Karl Kaspar*, S. 51.

19 Vgl. Korrespondenz v. August 1934, in: *Nationalsozialismus, Holocaust,*

*Widerstand und Exil 1933–1945.* Online-Datenbank. http://db.saur.de/ DGO/basicFullCitationView.jsf?documentId=APK-009018.

20 *NS-Kurier* v. 1. September 1933 u. v. 1. März 1934.

21 Hoover Institution, Theodore Fred Abel Papers, 171.

22 Hoover Institution, Theodore Fred Abel Papers, 238.

23 Zit. n. Bähr u. a.: *Die Dresdner Bank,* Bd. 1, S. 135 f., Anm. 21.

24 Hoover Institution, Theodore Fred Abel Papers, 442.

25 Hoover Institution, Theodore Fred Abel Papers, 226.

26 Hoover Institution, Theodore Fred Abel Papers, 245.

27 Hoover Institution, Theodore Fred Abel Papers, 196.

28 Hoover Institution, Theodore Fred Abel Papers, 198.

29 NSDAP-Kreisleitung Gelsenkirchen an die Stadtverwaltung v. 22. Dezember 1937, Faksimile in Goch (Hrsg.): *Dokumentationsstätte Gelsenkirchen im Nationalsozialismus,* S. 48.

30 Rosenberg an Heß v. 24. Februar 1933, in: *Nationalsozialismus, Holocaust, Widerstand und Exil 1933–1945.* Online-Datenbank. http://db.saur.de/DGO/ basicFullCitationView.jsf?documentId=APK-008504.

31 Korrespondenz Juni/Juli 1936, in: *Nationalsozialismus, Holocaust, Widerstand und Exil 1933–1945.* Online-Datenbank. http://db.saur.de/DGO/ basicFullCitationView.jsf?documentId=APK-001553.

32 Korrespondenz August 1936 bis August 1938, in: *Nationalsozialismus, Holocaust, Widerstand und Exil 1933–1945.* Online-Datenbank. http://db. saur.de/DGO/basicFullCitationView.jsf?documentId=APK-001651.

33 Goebbels: *Tagebücher 1923–1941,* Bd. 5, S. 162.

34 Vgl. Bajohr: *Parvenüs und Profiteure,* S. 59, S. 116, S. 155.

35 Bericht v. 14. Dezember 1939, in: *Nationalsozialismus, Holocaust, Widerstand und Exil 1933–1945.* Online-Datenbank. http://db.saur.de/DGO/ basicFullCitationView.jsf?documentId=APK-004060.

36 Schwarz an Bormann v. 6. Januar 1939, in: *Nationalsozialismus, Holocaust, Widerstand und Exil 1933–1945.* Online-Datenbank. http://db.saur.de/DGO/ basicFullCitationView.jsf?documentId=APK-011893.

37 Goebbels: *Tagebücher 1923–1941,* Bd. 2/III, S. 290.

38 Goebbels: *Tagebücher 1923–1941,* Bd. 3/I, S. 309.

39 Goebbels: *Tagebücher 1923–1941,* Bd. 3/I, S. 321; vgl. *New York Times* v. 27. November 1935.

40 Goebbels: *Tagebücher 1923–1941,* Bd. 4, S. 371.

41 Goebbels: *Tagebücher 1923–1941,* Bd. 4, S. 380.

42 Sabrow (Hrsg.): *Skandal und Diktatur,* S. 67.

43 *Sopade* 1934, S. 236.

44 *Sopade* 1934, S. 537.

45 *Sopade* 1935, S. 97.

46 *Sopade* 1935, S. 495.
47 Stapo-Bericht v. September 1935, zit. n. Bajohr: *Parvenüs und Profiteure*, S. 178.
48 Hoover Institution, Theodore Fred Abel Papers, 586.

## VOLKSGEMEINSCHAFT

1 Piper: *Nationalsozialismus*, S. 113.
2 RGBl 1933 I, S. 81.
3 *Völkischer Beobachter* v. 8. Juli 1933.
4 Hitler: *Mein Kampf* (1939), S. 657 u. S. 654.; vgl. Hartmann u. a. (Hrsg.): *Hitler. Mein Kampf*, Bd. 2, S. 1485 u. S. 1481.
5 25-Punkte-Programm der NSDAP, zit. n. Tyrell (Hrsg.): *Führer befiehl ...*, S. 23.
6 Hoover Institution, Theodore Fred Abel Papers, 203; vgl. ebd. 218.
7 Ley (Hrsg.): *Organisationsbuch der NSDAP*, S. 13.
8 Hoover Institution, Theodore Fred Abel Papers, 293.
9 Zu Berlin vgl. *Partei-Statistik*, Bd. 1, S. 18 f.; zu München vgl. Rösch: *Die Münchner NSDAP*, S. 430, u. Kreisleitung München an Gauleitung München-Oberbayern v. 28. November 1934, Faksimile in: Nerdinger (Hrsg.): *München und der Nationalsozialismus*, S. 136; zu Ostpreußen vgl. *Partei-Statistik*, Bd. 1, S. 26.
10 Ley (Hrsg.): *Organisationsbuch der NSDAP*, S. 98.
11 *Partei-Statistik*, Bd. 2, S. 11.
12 Ley (Hrsg.): *Organisationsbuch der NSDAP*, S. 14 f.
13 Vgl. zum Begriff Schmiechen-Ackermann: *Der »Blockwart«*, S. 583.
14 Ley (Hrsg.): *Organisationsbuch der NSDAP*, S. 100 f.
15 *Partei-Statistik*, Bd. 2, S. 11.
16 Ley (Hrsg.): *Organisationsbuch der NSDAP*, S. 112.
17 *Partei-Statistik*, Bd. 2, S. 11.
18 Vgl. Schmitz-Berning: *Vokabular*, S. 108 f., u. Schmiechen-Ackermann: *Der »Blockwart«*, S. 583.
19 Drożdżyński: *Das verspottete tausendjährige Reich*, S. 18 u. S. 191.
20 Vgl. Ley (Hrsg.): *Organisationsbuch der NSDAP*, S. 127 f.
21 *Partei-Statistik*, Bd. 2, S. 296 f.
22 Vgl. Ley (Hrsg.): *Organisationsbuch der NSDAP*, S. 130.
23 *Partei-Statistik*, Bd. 2, S. 297 f.
24 Goebbels: *Tagebücher 1923–1941*, Bd. 2/III, S. 207 u. ebd., Bd. 3/I, S. 43 u. ebd., Bd. 3/II, S. 351 f.

25  Goebbels: *Tagebücher 1923 – 1941*, Bd. 3/1, S. 75 u. S. 152.

26  Ebermayer: *Denn heute gehört uns …*, S. 53.

27  Zit. n. Niewerth: *Gelsenkirchener Juden*, S. 256, Anm. 32.

28  Zit. n. Pölking: *Ostpreußen*, S. 552.

29  Vgl. z. B. *New York Times, Chicago Daily Tribune, The China Press, Times of India* u. *New York Herald Tribune* v. 3. April 1933.

30  Zit. n. Pölking: *Ostpreußen*, S. 552.

31  25-Punkte-Programm der NSDAP, zit. n. Tyrell (Hrsg.): *Führer befiehl …*, S. 23.

32  Hitler: *Mein Kampf* (1939), S. 1; vgl. Hartmann u. a. (Hrsg.): *Hitler. Mein Kampf*, Bd. 1, S. 92 f.

33  Walter Riehl an Rudolf Chytra v. 8. April 1927, in: WStLA Gauarchiv A-1 D: 207.

34  Hitler-Rede v. 3. Juli 1927, in: *Nationalsozialismus, Holocaust, Widerstand und Exil 1933 – 1945*. Online-Datenbank. http://db.saur.de/DGO/basicFull CitationView.jsf?documentId=HRSA-0320.

35  Vgl. verschiedene Handzettel, in: WStLA Gauarchiv A1-D: 33 u. ebd. NSDAP A1: 3.

36  *Arbeiter-Zeitung* (Wien) v. 2. Februar 1933.

37  Habicht: *Dienstbuch der NSDAP*, S. 5 – 13.

38  Vgl. Datenbank im Dokumentationsarchiv des österreichischen Widerstandes zu den *Opfern des Terrors der NS-Bewegung in Österreich 1933 – 1938*.

39  Heß: *Zusammenstellung*, S. 128 u. S. 198 f. u. S. 345. Selbst 1942 erschien es der Reichsleitung noch notwendig, an diese Anordnung zu erinnern. Vgl. Runderlass über die Beförderung von Beamten v. 14. Dezember 1942, in: *Nationalsozialismus, Holocaust, Widerstand und Exil 1933-1945*. Online-Datenbank. http://db.saur.de/DGO/basicFullCitationView.jsf?document Id=APK-006402.

40  Rundschreiben 141/38 der Gauleitung Hessen-Nassau, zit. n. Reibel: *Das Fundament*, S. 313.

41  Brief Riegraf v. 17. Dezember 1934, in: StA Ludwigsburg, PL 704, 1.

42  Vgl. Peuckert u. a. (Hrsg.): *Die Reihen fest geschlossen*, S. 108 f.

43  Rundschreiben der NSDAP-Kreisleitung Stuttgart v. 30. September 1938, in: StA Ludwigsburg, PL 501 I/45.

44  Maier an Gauleitung Württemberg, in: StA Ludwigsburg PL 502/32, 7.

45  Zit. n. Arbogast: *Herrschaftsinstanzen*, S. 79.

46  Auszüge aus dem Monatsbericht der Gauleitung Kurhessen für September 1935, in: *Nationalsozialismus, Holocaust, Widerstand und Exil 1933 – 1945*. Online-Datenbank. http://db.saur.de/DGO/basicFullCitationView.jsf?docu mentId=APK-009642.

47  Rundschreiben der Kreisleitung Stuttgart, in: StA Ludwigsburg, PL 501 I/45.

48 Rundschreiben v. 26. Oktober 1937, in: StA Ludwigsburg, PL 501 I/45.

49 Vgl. StA Ludwigsburg, PL 502/29, 14.

50 Organisationsamt Stuttgart v. 22. Mai 1939, in: StA Ludwigsburg, PL 501 I/45.

51 Vgl. Benz (Hrsg.): *Wie wurde man Parteigenosse?*, S. 77.

52 Vgl. Falter (Hrsg.): *Junge Kämpfer, alte Opportunisten*, S. 187.

53 Zit. n. Weyrather: *Die braune Fassade*, S. 43 f.

54 *Sopade* 1935, S. 765.

55 Zit. n. Arbogast: *Herrschaftsinstanzen*, S. 80.

56 Zit. n. Weyrather: *Die braune Fassade*, S. 43.

57 Kulka/Jäckel (Hrsg.): *Die Juden*, S. 132.

58 VEJ I, Dok. 169.

59 VEJ I, Dok. 168.

60 *Münchner Neueste Nachrichten* v. 27. Mai 1935, zit. n. VEJ I, Dok. 168, Anm. 7.

61 Zit. n. Hanke: *Geschichte der Juden*, S. 129.

62 *Neue Zürcher Zeitung* v. 16. Juli 1935.

63 Goebbels: *Tagebücher 1923–1941*, Bd. 3/I, S. 262.

64 Rundschreiben 160/35, zit. n. Adam: *Judenpolitik*, S. 313, Anm. 41.

65 Zit. n. *Wiener Zeitung* v. 12. Juli 1936.

66 Hoke/Reiter (Hrsg.): *Quellensammlung zur österreichischen und deutschen Rechtsgeschichte*, S. 544.

67 Zit. n. Botz: *Nationalsozialismus in Wien*, S. 64–66.

68 *Neue Zürcher Zeitung* v. 16. März 1938.

69 Goebbels: *Tagebücher 1923–1941*, Bd. 5, S. 340.

70 VEJ II, Dok. 47.

71 *Sopade* 1938, S. 756–761.

72 Zit. n. http://www.gelsenzentrum.de/1933_geschichtswerk_1938.htm.

73 Stadtchronik Gelsenkirchen zum 26. August 1938, in: http://www.gelsenzentrum.de/auszug_stadtchronik_gelsenkirchen.htm.

74 Zit. n. Botz: *Nationalsozialismus in Wien*, S. 502.

75 Zit. n. Obst: *»Reichskristallnacht«*, S. 65.

76 *Times* v. 9. November 1938.

77 Goebbels: *Tagebücher 1923–1941*, Bd. 6, S. 180.

78 Zit. n. Obst: *»Reichskristallnacht«*, S. 74.

79 Zit. n. Kellerhoff: *»Kristallnacht«*, S. 30.

80 Stadtchronik Gelsenkirchen zum 9. November 1938, in: http://www.gelsenzentrum.de/auszug_stadtchronik_gelsenkirchen.htm.

81 Zit. n. Fuchs (Hrsg.): *Stuttgart im Dritten Reich. Anpassung, Widerstand, Verfolgung*, S. 509.

82 Bericht von Josef Trittner v. 18. November 1938, in: http://www.doew.at/cms/download/4qjbr/novemberpogrom_wien.pdf.

# KRIEG

1 Nolzen: *Die NSDAP, der Krieg und die deutsche Gesellschaft*, S. 100 f.
2 RGBl I 1939, S. 1498–1505.
3 RGBl I 1939, S. 1609.
4 RGBl I 1939, S. 1683.
5 RGBl I 1939, S. 1679.
6 Reichsluftschutzbund e. V.: Richtlinien für die Durchführung der Verdunkelung v. 1. Mai 1936, in: Sammlung Kellerhoff.
7 *Berliner Morgenpost* v. 9. September 1939.
8 RGBl I 1939, S. 1565 f.
9 RGBl I 1942, S. 649–656.
10 IMT XXIX, S. 322.
11 Boberach (Hrsg.): *Meldungen aus dem Reich*, Bd. 3, S. 564.
12 Bormann-Anordnung v. 24. Februar 1940, zit. n. Nolzen: *Die NSDAP, der Krieg und die deutsche Gesellschaft*, S. 131.
13 Arbeitsabkommen Rosenberg-OKW v. 9./11. November 1940, zit. n. Berghahn: *NSDAP und »geistige Führung«*, S. 28 f.
14 Boberach (Hrsg.): *Meldungen aus dem Reich*, Bd. 14, S. 5590–5592.
15 RGBl 1935 I, S. 609.
16 Vgl. Aufstellungen bei Nolzen: *Die NSDAP, der Krieg und die deutsche Gesellschaft*, S. 114 u. S. 117.
17 Goebbels: *Tagebücher 1941–1945*, Bd. 1, S. 463.
18 Vgl. Nolzen: *Die NSDAP im Gau Berlin*, S. 76.
19 Boberach (Hrsg.): *Meldungen aus dem Reich*, Bd. 6, S. 1793.
20 Göring-Rede v. 18. November 1938, zit. n. Mason: *Arbeiterklasse und Volksgemeinschaft*, S. 928.
21 Boberach (Hrsg.): *Meldungen aus dem Reich*, Bd. 4, S. 1172.
22 Notiz für PG Tießler v. 5. August 1941, in: *Nationalsozialismus, Holocaust, Widerstand und Exil 1933–1945*. Online-Datenbank. http://db.saur.de/DGO/basicFullCitationView.jsf?documentId=APK-021596.
23 Vgl. Nolzen: *Die NSDAP, der Krieg und die deutsche Gesellschaft*, S. 142.
24 Tilitzki (Hrsg.): *Alltag in Ostpreußen*, S. 237.
25 Schreiben der Reichsorganisationsleitung v. 3. Februar 1938, in: BArch Berlin NS 22/1108.
26 Zit. n. Müller-Botsch: *»Den richtigen Mann an die richtige Stelle«*, S. 136.
27 Brief der Reichspropagandaleitung v. 13. Februar 1943, in: *Nationalsozialismus, Holocaust, Widerstand und Exil 1933–1945*. Online-Datenbank. http://db.saur.de/DGO/basicFullCitationView.jsf?documentId=APK-023513.
28 Bericht an den Reichsschatzmeister v. 4. August 1944, in: *Nationalsozia-*

*lismus, Holocaust, Widerstand und Exil 1933–1945.* Online-Datenbank. http://db.saur.de/DGO/basicFullCitationView.jsf?documentId=MAR-0744.

29  Bormann an Himmler v. 18. Oktober 1944, in: *Nationalsozialismus, Holocaust, Widerstand und Exil 1933–1945.* Online-Datenbank. http://db.saur.de/DGO/basicFullCitationView.jsf?documentId=APK-007592.

30  Boberach (Hrsg.): *Meldungen aus dem Reich,* Bd. 3, S. 857.

31  Boberach (Hrsg.): *Meldungen aus dem Reich,* Bd. 4, S. 1221.

32  Bormann-Vermerk v. 8. Oktober 1940, in: *Nationalsozialismus, Holocaust, Widerstand und Exil 1933–1945.* Online-Datenbank. http://db.saur.de/DGO/basicFullCitationView.jsf?documentId=APK-013271.

33  Schirach-Weisung v. 2. Oktober 1940, in: *Nationalsozialismus, Holocaust, Widerstand und Exil 1933–1945.* Online-Datenbank. http://db.saur.de/DGO/basicFullCitationView.jsf?documentId=APK-013271.

34  Goebbels: *Tagebücher 1923–1941,* Bd. 8, S. 354.

35  Boelcke (Hrsg.): *»Wollt Ihr den totalen Krieg?«,* S. 109.

36  Bormann-Brief v. 30. September 1940, zit. n. Kellerhoff: *Berlin im Krieg,* S. 104 f.

37  Boberach (Hrsg.): *Meldungen aus dem Reich,* Bd. 6, S. 2154.

38  Boberach (Hrsg.): *Meldungen aus dem Reich,* Bd. 15, S. 5830 f.

39  Zit. n. Kellerhoff: *Berlin im Krieg,* S. 254 f.

40  Rundschreiben v. 2. Januar 1940, in: Sta Ludwigsburg, PL 501 I/45.

41  Kulka/Jäckel (Hrsg.): *Die Juden,* S. 448.

42  Goebbels-Rundschreiben v. 28. Juni 1943, in: *Nationalsozialismus, Holocaust, Widerstand und Exil 1933–1945.* Online-Datenbank. http://db.saur.de/DGO/basicFullCitationView.jsf?documentId=APK-024769.

43  Tilitzki (Hrsg.): *Alltag in Ostpreußen,* S. 262.

44  Zit. n. http://archive.org/details/JosephGoebbels-Sportpalastrede, 1:34:51–1:35:221.

45  Goebbels: *Tagebücher 1941–1945,* Bd. 10, S. 69 f.

46  Goebbels-Denkschrift v. 18. Juli 1944, in: Longerich (Hrsg.): *Goebbels und der totale Krieg,* S. 307.

47  Goebbels: *Tagebücher 1941–1945,* Bd. 7, S. 431.

48  Zit. n. Mallmann/Paul (Hrsg.): *Die Gestapo,* S. 296.

49  Zit. n. Kellerhoff: *Berlin im Krieg,* S. 257.

50  Urteil der Spruchkammer Stuttgart v. 24. November 1948, in: StA Ludwigsburg, EL 902/20, 41499.

51  Anklageschrift v. 1. September 1943, in: Sammlung Kellerhoff.

52  Kreiten: *Wen die Götter lieben,* S. 37 f.

53  Zurlinden: *Um Hitler,* S. 49.

54  Himmler an Bormann v. 31. August 1941, in: *Nationalsozialismus, Holo-*

*caust, Widerstand und Exil 1933–1945.* Online-Datenbank. http://db.saur.de/DGO/basicFullCitationView.jsf?documentId=APK-005119.

55 *Deutscher Wochendienst* v. 8. Februar 1943, in: *Nationalsozialismus, Holocaust, Widerstand und Exil 1933–1945.* Online-Datenbank. http://db.saur.de/DGO/basicFullCitationView.jsf?documentId=APK-024031.

56 Zit. n. Reibel: *Das Fundament der Diktatur*, S. 375.

57 Schramm (Hrsg.): *Kriegstagebuch des OKW*, Bd. III/2, S. 1242.

58 Bormann-Anordnung v. 12. Oktober 1944, in: *Nationalsozialismus, Holocaust, Widerstand und Exil 1933–1945.* Online-Datenbank. http://db.saur.de/DGO/basicFullCitationView.jsf?documentId=APK-008013.

59 Zit. n. Nolzen: *Die NSDAP, der Krieg und die deutsche Gesellschaft*, S. 185.

60 Goebbels: *Tagebücher 1941–1945*, Bd. 14, S. 192 f.

61 Wagner-Aufruf v. 1. März 1945, in: Sammlung Kellerhoff.

62 Hoffmann-Befehl v. 25. Februar 1945, zit. n. http://www.gelsenzentrum.de/fliegerlynchmord_gelsenkirchen.htm.

63 Flugblatt v. 14. März 1945, zit. n. http://www.gelsenzentrum.de/kriegsende_gelsenkirchen.htm.

64 Plagemann-Aufruf v. 7. April 1945, Faksimile in: Goch (Hrsg.): *Dokumentationsstätte Gelsenkirchen im Nationalsozialismus*, S. 211.

65 Aufruf von Schirach und Dietrich v. 3. April 1945, zit. n. https://www.wien.gv.at/rk/historisch/1945/april.html.

66 Goebbels: *Tagebücher 1941–1945*, Bd. 15, S. 692.

67 *NS-Kurier* v. 10. April 1945.

68 Wette/Bremer/Vogel (Hrsg.): *Das letzte halbe Jahr*, S. 310.

69 Zit. n. Rürup (Hrsg.): *Berlin 1945*, S. 49.

70 Zit. n. Kellerhoff: *Berlin im Krieg*, S. 328.

71 Hitlers privates Testament v. 29. April 1945, in: Sammlung Kellerhoff.

72 Zehn-Punkte-Plan der Freiheitsaktion Bayern v. 28. April 1945, in: Sammlung Kellerhoff.

73 Aufruf des Gauleiter Giesler v. 28. April 1945, in: Sammlung Kellerhoff.

## NACH HITLER

1 Schildt (Hrsg.): *Deutsche Geschichte im 20. Jahrhundert*, S. 133.

2 *The Atlanta Constitution* v. 5. Mai 1944.

3 Kellerhoff (Hrsg.): *Pocket Guide to Germany*, S. 34 f.

4 Kommuniqué v. 11. Februar 1945, in: *FRUS 1945, Conferences at Malta and Yalta*, S. 968–975.

5 Goebbels: *Tagebücher 1941–1945*, Bd. 15, S. 381.

6 Proklamation Nr. 1 v. März 1945, in: Sammlung Kellerhoff.

7 *Arrest Categories Handbook*, S. 5.

8 OMGUS-Gesetz Nr. 52, in: Sammlung Kellerhoff.

9 OMGUS-Gesetz Nr. 8, in: Sammlung Kellerhoff.

10 *Süddeutsche Zeitung* (München) v. 19. Oktober 1945.

11 Vgl. *Süddeutsche Zeitung* (München) v. 6. u. 16. Oktober sowie v. 13. November 1945.

12 *Die Zeit* v. 9. Mai 1946.

13 *Die Welt* v. 15. Oktober 1946.

14 Zit. n. *Stuttgarter Zeitung* v. 18. Juli 2005.

15 *Die Zeit* v. 9. Mai 1946 u. *Frankfurter Hefte* 2 (1947), S. 641.

16 *Die Welt* v. 2. März 1948.

17 *Stenographische Protokolle des Bundestages*, 1. WP, S. 581D.

18 *Stenographische Protokolle des Bundestages*, 1. WP, S. 1333D–1334A.

19 *Stenographische Protokolle des Bundestages*, 1. WP, S. 1346B–1347A.

20 *Stenographische Protokolle des Bundestages*, 1. WP, S. 1352B–D.

21 Laut den *Stenographischen Protokollen des Bundestages*, 1. WP, S. 5110B, gab es Einstimmigkeit bei »zwei Enthaltungen«.

22 Vgl. Danker: *Parlamentarische Kontinuitätsstudien*, S. 87–91.

23 Bartel u. a. (Hrsg.): *Sachwörterbuch der Geschichte*, Bd. 1, S. 62.

24 Pieck-Rede v. 11. Januar 1946, zit. n. Danyel: *Zwischen Repression und Toleranz*, S. 224.

25 *Neues Deutschland* v. 21. Februar 1947.

26 Anlage 1 zu Protokoll Nr. 188/52 v. 18. August 1952, in: BArch SAPMO DY 30/IV 2/2/229, Bl. 14.

27 Vgl. Danyel: *Zwischen Repression und Toleranz*, S. 236.

28 Vgl. Meenzen: »*Gutes Klassenbewusstsein*«, S. 52–55.

29 *Staatsgesetzblatt für die Republik Österreich* 1945, S. 19 f.

30 Figl-Brief v. 4. Juli 1946, zit. n. Henke/Woller (Hrsg.): *Politische Säuberung*, S. 128.

31 *Wiener Zeitung* v. 19. Juli 1952 u. v. 3. März 1957, zit. n. Henke/Woller (Hrsg.): *Politische Säuberung*, S. 133 f.

32 *Stenographisches Protokoll des Nationalrates der Republik Österreich, 5. Gesetzgebungsperiode*, S. 2248 f.

33 *Programm der Sozialistischen Reichspartei*, in: Sammlung Kellerhoff.

34 BVerfGE 2 (1952), S. 23 u. S. 2.

35 *Der Spiegel* v. 9. Dezember 1964.

36 *Der Spiegel* v. 8. September 1965.

37 Programm der NPD o. D. [1968], in: Sammlung Kellerhoff.

38 Urteil v. 17. Januar 2017, zit. n. http://www.bundesverfassungsgericht.de/ SharedDocs/Entscheidungen/DE/2017/01/bs20170117_2bvb000113.html.

# QUELLEN- UND LITERATURVERZEICHNIS

## 1. ARCHIVALIEN

**Bundesarchiv Berlin**
Bestand NS 1 – Reichsschatzmeister der NSDAP: 255; 389; 393; 394; 567; 677.
Bestand NS 19 – Persönlicher Stab Reichsführer SS Heinrich Himmler: 1934.
Bestand NS 22 – Reichsorganisationsleiter der NSDAP: 1049; 1050; 1065; 1075; 1076; 1077; 1108; 1263; 1270; 1275; 1276.
Bestand NS 26 – Hauptarchiv der NSDAP: 76; 77; 78; 81; 82; 83; 86; 100; 107; 111; 112; 115; 124; 126; 127; 166; 169; 171; 180; 222; 230; 232; 1025; 1207; 1238; 1368; 2047; 2054; 2099; 2180; 2181; 2228; 2411; 2473; 2501; 2593.
Bestand BDC: 376; 377; 378; 379.

**Bundesarchiv Berlin SAPMO**
Bestand DY 30 – Sozialistische Einheitspartei Deutschlands: IV 2/2/229.

**Forschungsstelle für Zeitgeschichte Hamburg**
Bestand 412-1 – Nationale und völkische Verbände, Deutschvölkischer Schutz- und Trutzbund: 1; 2; 3; 4; 5; 6; 7; 8; 9; 10; 11; 12; 13; Propaganda; Prozesse.
Bestand 913 – NSDAP allgemein: 1; 2; 3; 4; 5; 6.

**Geheimes Preußisches Staatsarchiv Berlin**
I HA Rep. 77 – Lageberichte des preußischen Ministeriums des Inneren an den Staatskommissar für die Überwachung der öffentlichen Ordnung: 7329; 7330; 7331.
I HA Rep. 77 – Preußisches Ministerium des Inneren, Politische Polizei: 283; 293; 294; 295; 296; 297; 298; 299; 300; 301; 302.
I. HA Rep 84a – Preußisches Justizministerium: 115.
XX HA Rep. 240 – NSDAP-Gauarchiv: B 7a; B 7c; B22c; B 31c; D 101a; D 101b; D 101c; D 115.

**Hoover Institution on War, Revolution and Peace Stanford**
Theodore Fred Abel Papers (1930 – 1988): Box 1 – 8, Berichte 1 – 584 (mit Lücken).

## Landesarchiv Berlin

Bestand A Pr.Br.Rep 030 – Polizeipräsidium Berlin, Tit.198 B (Mordkommission): 1161; 1476; 2410; 2411; 2412; 2413; 2414; 2415; 2416; 2421; 2422; 2423; 2424; 2425; 2426; 2427; 2431; 2432; 2433; 2434; 2435; 2436.

Bestand A Pr.Br.Rep 030 – Polizeipräsidium Berlin: 7540; 7541; 7545; 7546; 7548; 7549; 7550; 7551; 7553; 7554; 7555; 7556; 7557; 7558; 7559; 7560; 7561; 21598; 21615; 21616; 21617.

## Staatsarchiv Ludwigsburg

Bestand PL 501 I – NSDAP-Gauleitung Württemberg: 45; 47; 53; 60; 81; 86; 93; 94; 95; 96; 188.

Bestand PL 501 II – NSDAP-Gauleitung Württemberg: 42; 72; 76; 83; 105; 110; 112; 120; 136; 141; 207; 211; 242; 252; 258; 263; 284; 310; 313; 333; 362; 364; 366; 374; 421; 425; 426; 447; 464; 470.

Bestand PL 502/12 – NSDAP-Kreisleitung Schwäbisch Gmünd: 7; 9; 16.

Bestand PL 502/32 – NSDAP-Kreisleitung Ulm: 163; 164; 195; 211; 212.

Bestand PL 504/9 – NSDAP-Ortsgruppen im Kreis Esslingen: 23; 26; 55; 62.

Bestand PL 704 – Nachlass Oskar Riegraf: 1; 2; 3; 5.

Bestand EL 902/20 – Verfahrensakten von Spruchkammern: 2602; 5966; 8609; 41499; 78080; 78796; 88366.

Bestand EL 905 – Zentralspruchkammer Nordwürttemberg: 163.

## Staatsarchiv München

Bestand Polizeidirektion München: 6653; 6669; 6697; 6698; 6699; 6700; 6701; 6702; 6703; 6704; 6705; 6706; 6707; 6708; 6721; 6722; 6723; 6724; 6733; 6735; 6737; 6741; 6743; 6749; 6760; 6778; 6779; 6780; 6781; 6784; 6785; 6788; 6803; 6804; 6809; 6830.

Bestand Finanzämter: 496.

## Stadt- und Landesarchiv Wien

Bestand 2.7.1.11.1 A1 – Gauarchiv Dokumentation: 6; 8; 12; 27; 33; 34; 35; 207.

Bestand 2.7.1.11.2 A1 – Gauleitung der NSDAP Wien, Formierungsphase, Abteilungen: 3; 4; 14; 18; 19.

# 2. QUELLEN

Bade, Wilfried: *Die SA erobert Berlin. Ein Tatsachenbericht.* 55. Tausend München 1937.

Beck, Friedrich Alfred: *Kampf und Sieg. Geschichte der Nationalsozialistischen*

*Deutschen Arbeiterpartei in Westfalen-Süd von den Anfängen bis zur Macht-übernahme.* Dortmund 1938.

Becker, Josef/Becker, Ruth (Hrsg.): *Hitlers Machtergreifung. Dokumente vom Machtantritt Hitlers 30. Januar 1933 bis zur Besiegelung des Einparteienstaates 14. Juli 1933.* 2. Aufl. München 1993.

Berendt, Erich Franz: *Soldaten der Freiheit. Ein Parolebuch des Nationalsozialismus 1918 – 1925.* Hrsg. von Hermann Kretzschmann. Berlin 1935.

Benz, Wolfgang (Hrsg.): *Politik in Bayern 1919 – 1933. Berichte des württembergischen Gesandten Carl Moser von Filseck.* Stuttgart 1971.

Berlin Document Center (Hrsg.): *Who was a Nazi? Facts about the Membership Procedure of the Nazi Party.* Berlin 1947.

Birn, Hermann: *Nur eine Schar SA.* Berlin – Dresden 1936.

Boberach, Heinz (Hrsg.): *Meldungen aus dem Reich. Auswahl aus den geheimen Lageberichten des Sicherheitsdienstes der SS 1939 – 1944.* 17 Bde. und Registerband. Neuausgabe Herrsching 1984.

Boelcke, Willy A. (Hrsg.): *»Wollt Ihr den totalen Krieg?«. Die geheimen Goebbels-Konferenzen 1939 – 1943.* Stuttgart 1967.

Bourke-White, Margaret: *Deutschland April 1945. Mit einer Einleitung von Klaus Scholder.* München 1979.

Broszat, Martin (Hrsg.): *Die Anfänge der Berliner NSDAP 1926/27.* In: VZG 8 (1960), S. 85 – 117.

Brüning, Heinrich: *Memoiren. 1918 – 1934.* Stuttgart 1970.

Deuerlein, Ernst: *Hitlers Eintritt in die Politik.* In: VZG 7 (1959), S. 177 – 227.

Ders. (Hrsg.): *Der Aufstieg der NSDAP in Augenzeugenberichten.* Neuausgabe München 1973.

Dodd, William E.: *Diplomat auf heißem Boden. Tagebuch des US-Botschafters in Berlin 1933 – 1938.* Berlin (Ost) o. J. [1962].

Dresler, Adolf (Hrsg.): *Dokumente der Zeitgeschichte.* München 1938.

Drexler, Anton: *Mein politisches Erwachen. Aus dem Tagebuch eines deutschen sozialistischen Arbeiters.* München 1919.

Drożdżyński, Alexander (Hrsg.): *Das verspottete tausendjährige Reich. Witze.* Düsseldorf 1978.

Duesterberg, Theodor: *Der Stahlhelm und Hitler.* Wolffenbüttel – Hannover 1949.

Ebermayer, Erich: *Denn heute gehört uns Deutschland … Persönliches und politisches Tagebuch von der Machtergreifung bis zum 31. Dezember 1935.* Hamburg – Wien 1959.

Enzensberger, Hans-Magnus (Hrsg.): *Europa in Trümmern. Augenzeugenberichte aus den Jahren 1944 – 1948.* Frankfurt/M. 1990.

Feder, Gottfried: *Das Manifest zur Brechung der Zinsknechtschaft des Geldes.* München 1919.

Ders.: *Der Deutsche Staat auf nationaler und sozialer Grundlage.* 12. Aufl. München 1933.

Ders.: *Das Programm der NSDAP und seine weltanschaulichen Grundgedanken.* 166. – 169. Aufl. München 1935.

Frick, Wilhelm: *Die Nationalsozialisten im Reichstag 1924 – 1931.* Neuausgabe München 1932.

Goebbels, Joseph: *Das Tagebuch von Joseph Goebbels 1925/26.* Mit weiteren Dokumenten hrsg. von Helmut Heiber. Stuttgart 1960.

Ders.: *Die Tagebücher von Joseph Goebbels.* Teil I. Aufzeichnungen 1923 – 1941. Hrsg. von Elke Fröhlich. 9 Bde. München u. a. 1998 – 2004.

Ders.: *Die Tagebücher von Joseph Goebbels.* Teil II: Diktate 1941 – 1945. 15 Bde. Hrsg. von Elke Fröhlich. München 1993–1996.

Groß-Boymann, Paul: *Gelsenkirchen. Die Stadt und ihre Lebensgesetze.* o. O. [Gelsenkirchen] o. J. [ 1939].

Habicht, Theo: *Dienstbuch der NSDAP Österreichs.* Linz 1932.

Hale, Oron James: *Gottfried Feder Calls Hitler to Order: An Unpublished Letter on Nazi Party Affairs.* In: *Journal of Modern History,* 30 (1958), S. 358 – 362.

Hartmann, Christian u. a. (Hrsg.): *Hitler, Mein Kampf. Eine kritische Edition.* 2 Bde. München 2016.

Hasselbach, Ulrich von: *Die Entstehung der NSDAP 1919 – 1923.* Dissertation Leipzig 1931.

Heberle, Rudolf: *Zur Soziologie der Nationalsozialistischen Revolution. Notizen aus dem Jahr 1934.* In: VZG 13 (1965), S. 438 – 445.

Heiden, Konrad: *Geschichte des Nationalsozialismus. Die Karriere einer Idee.* Berlin 1932.

Ders.: *Adolf Hitler. Das Zeitalter der Verantwortungslosigkeit. Eine Biografie.* Neuausgabe in einem Band Zürich 2007.

Heinz, Heinz A.: *Germany's Hitler.* 2. Aufl. London 1938.

Heß, Rudolf: *Zusammenstellung aller bis zum 31. März 1937 erlassenen und noch gültigen Anordnungen des Stellvertreters des Führers.* München 1937.

Hitler, Adolf: *Mein Kampf. Zwei Bände in einem Band.* 479. – 483. Aufl. München 1939.

Hoke, Rudolf/Reiter, Ilse (Hrsg.): *Quellensammlung zur österreichischen und deutschen Rechtsgeschichte.* Wien 1993.

Huber, Ernst Rudolf: *Dokumente zur deutschen Verfassungsgeschichte. Bd. 4: Deutsche Verfassungsdokumente 1918 – 1933.* 3. Aufl. Stuttgart 1992.

Jäckel, Eberhard/Kuhn, Axel (Hrsg.): *Sämtliche Aufzeichnungen 1905 – 1924.* Stuttgart 1980 (vgl. jedoch Jäckel, Eberhard/Kuhn, Axel: *Neue Erkenntnisse zur Fälschung von Hitler-Dokumenten.* In: VZG 32 [1984], S. 163 f.).

Jochmann, Werner (Hrsg.): *Nationalsozialismus und Revolution. Ursprung und Geschichte der NSDAP in Hamburg 1922 – 1933. Dokumente.* Hamburg 1963.

Ders. (Hrsg.): *Adolf Hitler. Monologe im Führerhauptquartier 1941 – 1944. Die Aufzeichnungen Heinrich Heims.* Hamburg 1980.

Kellerhoff, Sven Felix (Hrsg.): *Pocket Guide to Germany.* Zweisprachige Ausgabe. Berlin 2008.

Kessler, Harry Graf: *Das Tagebuch 1919 – 1923.* Hrsg. v. Angela Reinthal. Stuttgart 2007.

Ders.: *Das Tagebuch 1923 – 1926.* Hrsg. v. Angela Reinthal, Günter Riederer u. Jörg Schuster. Stuttgart 2009.

Ders.: *Das Tagebuch 1926 – 1937.* Hrsg. von Sabine Gruber u. Ulrich Ott. Stuttgart 2010.

Klemperer, Victor: *Man möchte immer weinen und lachen in einem. Revolutionstagebuch 1919.* Berlin 2015.

Kreiten, Theo: *Wen die Götter lieben … Erinnerungen an Karlrobert Kreiten.* Düsseldorf 1947.

Kühnl, Reinhard (Hrsg.): *Zur Programmatik der nationalsozialistischen Linken: Das Straßer-Programm von 1925/26.* In: VZG 14 (1966), S. 317 – 333.

Ley, Robert (Hrsg.): *Partei-Statistik.* 3 Bde. München 1936.

Ders. (Hrsg.): *Organisationsbuch der NSDAP.* 3. Aufl. München 1937.

Lightning: *The History of the 78th Infantry Division.* Washington 1947.

Longerich, Peter (Hrsg.): *Joseph Goebbels und der totale Krieg. Eine unbekannte Denkschrift des Propagandaministers vom 18. Juli 1944.* In: VZG 35 (1987), S. 289 – 314.

Lüdecke, Kurt W. G.: *I Knew Hitler. The Story of a Nazi Who Escaped the Blood Purge.* London 1938.

Mason, Timothy W.: *Arbeiterklasse und Volksgemeinschaft. Dokumente und Materialien zur deutschen Arbeiterpolitik 1936 – 1939.* Opladen 1975.

Miller, Lee: *Krieg. Reportagen und Fotos. Mit den Alliierten in Europa 1944 – 1945.* Neuausgabe München 2015.

Möller, Eberhard Wolfgang: *Der Führer. Das Weihnachtsbuch für die deutsche Jugend.* Hrsg. von Baldur von Schirach. München 1938.

Murphy, Robert D.: *Diplomat auf heißem Boden. Zwei Jahrzehnte Weltpolitik in besonderer Mission.* Berlin 1965.

Niekisch, Ernst: *Gewagtes Leben. Begegnungen und Begebnisse.* Köln – Berlin 1958.

Noske, Gustav: *Von Kiel bis Kapp. Zur Geschichte der deutschen Revolution.* Berlin 1920.

Pechau, Manfred: *Nationalsozialismus und deutsche Sprache.* Dissertation Greifswald 1935.

Phelps, Reginald (Hrsg.): *Hitler als Parteiredner.* In: VZG 11 (1963), S. 274 – 330.

Ders. (Hrsg.): *Hitlers »grundlegende« Rede über den Antisemitismus.* In: VZG 16 (1968), S. 390–420.

Plöckinger, Othmar (Hrsg.): *Quellen und Dokumente zur Geschichte von* Mein Kampf *1924–1945.* Stuttgart 2016.

Postert, Andre: *Hitlerjunge Schall. Die Tagebücher eines jungen Nationalsozialisten.* München 2016.

Röhm, Ernst: *Geschichte eines Hochverräters.* München 1928.

Rürup, Reinhard (Hrsg.): *Topographie des Terrors. Gestapo, SS und Reichssicherheitshauptamt auf dem »Prinz-Albrecht-Gelände«. Eine Dokumentation.* Berlin 1987.

Ders. (Hrsg.): *Berlin 1945. Eine Dokumentation.* 2. Aufl. Berlin 1995.

Schroeder, Christa: *Er war mein Chef. Aus dem Nachlass der Sekretärin von Adolf Hitler.* Hrsg. von Anton Joachimsthaler. 3. Aufl. München – Wien 1999.

Schramm, Percy Ernst (Hrsg.): *Kriegstagebuch des OKW 1940–1945. Eine Dokumentation.* 5 Bde. Neuausgabe Herrsching 1982.

Schulin, Ernst (Hrsg.): *Gespräche mit Rathenau.* München 1980.

Sebottendorf, Rudolf von: *Bevor Hitler kam. Urkundliches aus der Frühzeit der nationalsozialistischen Bewegung.* München 1933.

Segall, Jacob: *Die deutschen Juden als Soldaten im Kriege 1914–1918. Eine statistische Studie.* Berlin 1922.

Spender, Stephen: *Deutschland in Ruinen. Ein Bericht.* Neuausgabe Frankfurt/M. 1998.

Tilitzki, Christian (Hrsg.): *Alltag in Ostpreußen 1940-1945. Die geheimen Lageberichte der Königsberger Justiz.* Leer 1991.

Timpke, Henning (Hrsg.): *Dokumente zur Gleichschaltung des Landes Hamburg 1933.* Hamburg 1983.

Tyrell, Albrecht (Hrsg.): *Führer befiehl … Selbstzeugnisse aus der Kampfzeit der NSDAP.* Düsseldorf 1969.

Volz, Hans: *Daten zur Geschichte der NSDAP.* 8. erweiterte Aufl. Leipzig 1938.

Wagener, Otto: *Hitler aus nächster Nähe. Aufzeichnungen eines Vertrauten 1929–1932.* Hrsg. von Henry A. Turner. 2. Aufl. Kiel 1987.

Weber, Max: *Politik als Beruf.* München – Leipzig 1919.

Wette, Wolfram/Bremer, Ricarda/Vogel, Detlev (Hrsg.): *Das letzte halbe Jahr. Stimmungsberichte der Wehrmachtpropaganda 1944/45.* Essen 2001.

Ziemann, Ernst: *Adolf Hitler gewinnt Berlin.* Leipzig o.J. [1937].

Zurlinden, Hans: *Um Hitler. Erinnerungen an München 1942–1944.* O.O. [Solothurn] 1953.

## 3. LITERATUR

Abel, Theodore: *Why Hitler Came into Power*. With a New Foreword by Thomas Childers. Neuausgabe Cambridge (Mass.) 1986 [zuerst 1938].

Adams, Karl-Heinz: *Parteienfinanzierung in Deutschland. Entwicklung der Einnahmestrukturen politischer Parteien oder eine Sittengeschichte über Parteien, Geld und Macht*. Marburg 2005.

Allen, William Sheridan: *The Nazi Seizure of Power. The Experience of a Single German Town*. Chicago 1965.

Allert, Tilman: *Der deutsche Gruß: Geschichte einer unheilvollen Geste*. Frankfurt/M. 2005.

Anheiner, Helmut K./Neidhardt Friedhelm/Vortkamp, Wolfgang: *Konjunkturen der NS-Bewegung. Eine Untersuchung der Veranstaltungsaktivitäten der Münchner NSDAP 1925–1930*. Berlin 1998.

Arbogast, Christine: *Herrschaftsinstanzen der württembergischen NSDAP: Funktion, Sozialprofil und Lebenswege einer regionalen NS-Elite 1920–1960*. München 1998.

Auerbach, Hellmuth: *Hitlers politische Lehrjahre und die Münchner Gesellschaft 1919–1923*. In: VZG 25 (1977), S. 1–25.

Bähr, Johannes u. a.: *Die Dresdner Bank im Dritten Reich*. 4 Bde. München 2006.

Bajohr, Frank: *Parvenüs und Profiteure. Korruption in der NS-Zeit*. Frankfurt/M. 2001.

Bartel, Walter u. a. (Hrsg.): *Sachwörterbuch der Geschichte*. 2 Bde. Berlin (Ost) 1969–1970.

Beck, Thorsten/Dirks, Christian/Pache, Jörg: *Aus Rot wird Braun. Die BVG 1929–1945*. Halle 2015.

Bennecke, Heinrich: *Hitler und die SA*. München – Wien 1962.

Benz, Wolfgang: *Geschichte des Dritten Reiches*. München 2000.

Ders. (Hrsg.): *Wie wurde man Parteigenosse? Die NSDAP und ihre Mitglieder*. Frankfurt/M. 2009.

Berghahn, Volker R.: *NSDAP und »Geistige Führung« der Wehrmacht 1939–1943*. In: VZG 17 (1969), S. 17–71.

Berndorff, Hans Rudolf: *General zwischen Ost und West*. Hamburg 1959.

Bessel, Richard: *Political Violence and the Rise of Nazism. The Stormtroopers in Eastern Germany 1925–1934*. New Haven – London 1984.

Ders./Jamin, Mathilde: *Nazis, Workers and the Uses of Quantitative Evidence*. In: Social History 4 (1979), S. 111–116.

Böhnke, Wilfried: *Die NSDAP im Ruhrgebiet*. Bonn 1974.

Bothe, Rolf (Hrsg.): *Synagogen in Berlin. Zur Geschichte einer zerstörten Architektur*. 2 Bde. Berlin 1983.

Botz, Gerhard: *Strukturwandlungen des österreichischen Nationalsozialismus (1904 bis 1945).* In: Ackerl, Isabella/Hummelberger, Walter/Mommsen, Hans (Hrsg.): *Politik und Gesellschaft im alten und neuen Österreich.* Wien 1981, S. 163–193.

Ders.: *Nationalsozialismus in Wien. Machtübernahme, Herrschaftssicherung, Radikalisierung 1938/39.* Neuausgabe Wien 2008.

Bracher, Karl-Dietrich: *Die Auflösung der Weimarer Republik. Eine Studie zum Problem des Machtverfalls in der Demokratie.* Stuttgart 1955.

Brockhaus, Gudrun (Hrsg.): *Attraktion der NS-Bewegung.* Essen 2014.

Broderick, George: *Das Horst-Wessel-Lied. A Reappraisal.* Typoskript Mannheim o. J.

Bürgel, Johann Wilhelm/Frei, Norbert (Hrsg.): *Berliner Tagebuch 1932–1934. Aufzeichnungen des tschechoslowakischen Diplomaten Camill Hoffmann.* In: VZG 36 (1988), S. 131–183.

Büttner, Ursula: *Weimar. Die überforderte Republik 1918–1933. Leistung und Versagen in Staat, Gesellschaft, Wirtschaft und Kultur.* Stuttgart 2008.

Burleigh, Michael: *Die Zeit des Nationalsozialismus. Eine Gesamtdarstellung.* Frankfurt/M. 2000.

Clemens, Detlev: *Herr Hitler in Germany. Wahrnehmung und Deutungen des Nationalsozialismus in Großbritannien 1920–1939.* Göttingen – Zürich 1996.

Danker, Uwe: *Parlamentarische Kontinuitätsstudien zur NS-Zeit. Methodische Potenziale und Grenzen am Beispiel des Falls Schleswig-Holstein.* In: VZG 65 (2017), S. 75–101.

Danyel, Jürgen: *Zwischen Repression und Toleranz. Die Politik der SED zur politischen Integration der ehemaligen NSDAP-Mitglieder in der SBZ/DDR.* In: *Speziallager in der SBZ* (1999), S. 222–238.

Döring, Martin: *»Parlamentarischer Arm der Bewegung«. Die Nationalsozialisten im Reichstag der Weimarer Republik.* Düsseldorf 2001.

Douglas, Donald M.: *The Parent Cell. Some Computer Notes on the Composition of the First Nazi-Party Group in Munich 1919–21.* In: Central European History 10 (1977), S. 55–72.

Düren, Peter Christoph: *Minister und Märtyrer. Der bayerische Innenminister Franz Xaver Schweyer (1868–1935).* Augsburg 2015.

Eschenburg, Theodor: *Also hören Sie mal zu. Geschichte und Geschichten 1904–1933.* Berlin 1995.

*Esslingen 1919–1949. Von Weimar bis Bonn. Begleitband zur Ausstellung.* Esslingen 1991.

Falter, Jürgen W.: *Hitlers Wähler.* München 1991.

Ders.: *Die »Märzgefallenen« von 1933. Neue Forschungsergebnisse zum sozialen Wandel innerhalb der NSDAP-Mitgliedschaft während der Machtergrei-*

*fungsphase.* In: Historical Social Research/Historische Sozialforschung. Supplement 25 (2013), S. 280 – 302.

Ders. (Hrsg.): *Junge Kämpfer, alte Opportunisten. Die Mitglieder der NSDAP 1919 bis 1945.* Frankfurt/M. 2016.

Fest, Joachim: *Hitler. Eine Biographie.* Berlin – Frankfurt/M. 1973.

Fischer, Conan: *Stormtroopers. A Social, Economic and Ideological Analysis 1925 – 1939.* London – Boston – Sydney 1983.

Fricke, Dieter u. a. (Hrsg.): *Lexikon zur Parteiengeschichte 1789 – 1945; Bd. 3: Die bürgerlichen und kleinbürgerlichen Parteien und Verbände in Deutschland.* Berlin (Ost) 1985.

Fuchs, Karlheinz (Hrsg.): *Stuttgart im Dritten Reich. Die Machtergreifung. Von der republikanischen zur braunen Stadt.* Stuttgart 1983.

Genuteit, Jürgen: *Stuttgart im Dritten Reich. Völkische Radikale in Stuttgart. Zur Vorgeschichte und Frühphase der NSDAP 1890 – 1925.* Stuttgart 1982.

Goch, Stefan: *Dokumentationsstätte »Gelsenkirchen im Nationalsozialismus«. Katalog zur Dauerausstellung.* Essen 2000.

Gottwaldt, Alfred: *Dorpmüllers Reichsbahn. Die Ära des Reichsverkehrsministers Julius Dorpmüller 1920 – 1945.* Freiburg 2009.

Haerendel, Ulrike u. a. (Hrsg.): *München – »Hauptstadt der Bewegung«.* München 1993.

Hamilton, Richard F.: *Who Voted For Hitler?* Princeton 1982.

Hanke, Peter: *Zur Geschichte der Juden in München zwischen 1933 und 1945.* München 1967.

Harrison, Ted: *»Alter Kämpfer« im Widerstand. Graf Helldorff, die NS-Bewegung und die Opposition gegen Hitler.* In: VZG 45 (1997), S. 383 – 425.

Hartmann, Peter Claus: *Der Hitlerputsch (1923) im Urteil der französischen Gesandtschafts- und Botschaftsberichte.* In: Francia 5 (1977), S. 453 – 472.

Henke, Klaus-Dietmar/Woller, Hans (Hrsg.): *Politische Säuberung in Europa. Die Abrechnung mit Faschismus und Kollaboration nach dem Zweiten Weltkrieg.* München 1991.

Herbst, Ludolf: *Hitlers Charisma. Die Erfindung eines deutschen Messias.* Frankfurt/M. 2010.

Hildebrandt, Anja: *Der Berliner NSDAP-Lokalfunktionär Karl Kasper. Eine exemplarische Karriere.* In: Totalitarismus und Demokratie 10 (2013), S. 37 – 59.

Joachimsthaler, Anton: *Hitlers Weg begann in München 1913 – 1923.* München 2000.

Kater, Michael H.: *Zur Soziographie der frühen NSDAP.* In: VZG 19 (1971), S. 124 – 159.

Ders.: *The Nazi Party. A Social Profile of Members and Leaders, 1919 – 1945.* Oxford 1983.

Keil, Lars-Broder/Kellerhoff, Sven Felix: *Gerüchte machen Geschichte. Folgenreiche Falschmeldungen im 20. Jahrhundert*. Berlin 2006.

Kellerhoff, Sven Felix: *Hitlers Berlin. Geschichte einer Hassliebe*. Berlin 2005.

Ders.: *Der Reichstagsbrand. Die Karriere eines Kriminalfalles*. 2. Aufl. Augsburg 2013.

Ders.: *Berlin im Krieg. Eine Generation erinnert sich*. Berlin 2011.

Ders.: *»Mein Kampf«. Die Karriere eines deutschen Buches*. Stuttgart 2015.

Kershaw, Ian: *Hitler*. 2 Bde München 1998 – 2000.

Kissener, Michael/Scholtyseck, Joachim (Hrsg.): *Die Führer der Provinz. NS-Biographien aus Baden und Württemberg*. Konstanz 1997.

Kissenkoetter, Udo: *Gregor Straßer und die NSDAP*. Stuttgart 1986.

Kleist-Schmenzin, Ewald von: *Die letzte Möglichkeit. Zur Ernennung Hitlers zum Reichskanzler am 30. Januar 1933*. In: Politische Studien 10 (1959), S. 89 – 92.

Kossert, Andreas: *Ostpreußen. Geschichte und Mythos*. Berlin 2005.

Kruppa, Bernd: *Rechtsradikalismus in Berlin 1918 – 1928*. Dissertation Typoskript. Berlin 1988.

Large, David Clay: *Hitlers München. Aufstieg und Fall der Hauptstadt der Bewegung*. München 1998.

Laube, Stefan: *Hilfskasse statt Versicherung. Die NSDAP und das »Wagnis Machtergreifung« (1926 – 1933)*. In: Zeitschrift für Unternehmensgeschichte 44 (1999), S. 196 – 217.

Lohalm, Uwe: *Völkischer Radikalismus. Die Geschichte des Deutschvölkischen Schutz- und Trutzbundes 1919 – 1923*. Hamburg 1970.

Longerich, Peter: *Die braunen Bataillone. Geschichte der SA*. München 1989.

Ders.: *Hitlers Stellvertreter. Führung der NSDAP und Kontrolle des Staatsapparates durch den Stab Heß und Bormanns Partei-Kanzlei*. München 1992.

Ders.: *Hitler. Biografie*. München 2015.

Lotz, Wolfgang/Ueberschär, Gerd R.: *Die Deutsche Reichspost 1933 – 1945. Eine politische Verwaltungsgeschichte*. 2 Bde. Berlin 1999.

Madden, James P./Mühlberger, Detlef (Hrsg.): *The Nazi Party. The Anatomy of a People's Party 1919 – 1933*. Oxford u. a. 2007.

Mallmann, Klaus-Michael/Paul, Gerhard (Hrsg.): *Die Gestapo. Mythos und Realität*. Darmstadt 1995.

Mann, Reinhard (Hrsg.): *Die Nationalsozialisten. Analysen faschistischer Bewegungen*. Stuttgart 1980.

Manstein, Peter: *Die Mitglieder und Wähler der NSDAP. Untersuchungen zu ihrer schichtmäßigen Zusammensetzung*. 2. überarbeitete Aufl. Frankfurt/M. usw. 1989 [zuerst 1988].

Matzerath, Horst/Henry A. Turner: *Die Selbstfinanzierung der NSDAP 1930 – 1932*. In: Geschichte und Gesellschaft 3 (1977), S. 59 – 92.

Meenzen, Sandra: »*Gutes Klassenbewusstsein, Parteiverbundenheit und Prinzipienfestigkeit*«. *SED-Sekretäre mit NSDAP-Vergangenheit in Thüringen.* In: Historical Social Research 35 (2010), S. 47 – 78.

Meindl, Ralf: *Ostpreußens Gauleiter. Erich Koch – eine politische Biographie.* Osnabrück 2007.

Merkl, Peter H.: *Die alten Kämpfer der NSDAP.* In: Sozialwissenschaftliches Jahrbuch für Politik 2 (1971), S. 495 – 517.

Ders.: *Political Violence Under the Swastika. 581 early Nazis.* Princeton – London 1975.

Ders.: *The Making of a Stormtrooper.* Princeton 1980.

Michaelis, Herbert/Ernst Schraepler (Hrsg.): *Ursachen und Folgen. Vom deutschen Zusammenbruch 1918 und 1945 zur staatlichen Neuordnung Deutschlands in der Gegenwart. Urkunden- und Dokumentensammlung zur Zeitgeschichte.* 29 Bde. Berlin 1958 – 1979.

Michel, Alexander: *Von der Fabrikzeitung zum Führungsmittel: Werkzeitschriften industrieller Großunternehmen 1890 bis 1945.* Stuttgart 1997.

Möller, Horst/Wirsching, Andreas (Hrsg.): *Nationalsozialismus in der Region. Beiträge zur regionalen und lokalen Forschung und zum internationalen Vergleich.* München 1996.

Mommsen, Hans: *Die NSDAP – Typus und Profil einer faschistischen Partei.* In: Dipper, Christof/Hudemann, Rainer/Petersen, Jens (Hrsg.): *Faschismus und Faschismen im Vergleich. Wolfgang Schieder zum 60. Geburtstag.* Köln 1998, S. 23 – 35.

Mühlberger Detlef: *The social bases of Nazism 1919 – 1933.* Cambridge 2003.

Müller, Roland: *Stuttgart zur Zeit des Nationalsozialismus.* Stuttgart 1995.

Müller-Botsch, Christine: »*Den richtigen Mann an die richtige Stelle*«. *Biographien und politisches Handeln von unteren NSDAP-Funktionären.* Frankfurt/M. u. a. 2009.

Müller-Rytlewski, Maria-Helene: *Der verlängerte Krieg. Hitlers propagandistisches Wirken in einer historisch desorientierten und sozial fragmentierten Gesellschaft.* Berlin 1996.

Nerdinger, Winfried (Hrsg.): *München und der Nationalsozialismus. Katalog des NS-Dokumentationszentrums München.* München 2015.

Niewerth, Andrea: *Gelsenkirchener Juden im Nationalsozialismus. Eine kollektivbiografische Analyse über Verfolgung, Emigration und Deportation.* Essen 2002.

Nolzen, Arnim: *Funktionäre in einer faschistischen Partei. Die Kreisleiter der NSDAP, 1932/33 bis 1944/45.* In: Kössler, Till/Stadtland, Helke (Hrsg.): *Vom Funktionieren der Funktionäre. Politische Interessenvertretung und gesellschaftliche Integration in Deutschland nach 1933.* Essen 2004, S. 37 – 76.

Ders.: *Der »Führer« und seine Partei.* In: Süß, Dietmar/Süß, Winfried (Hrsg.): *Das Dritte Reich. Eine Einführung.* München 2008, S. 55 – 78.

Ders.: *Die NSDAP, der Krieg und die deutsche Gesellschaft*. In: Echternkamp, Jörg (Hrsg.): *Die deutsche Kriegsgesellschaft 1939–1945. Das Deutsche Reich und der Zweite Weltkrieg Bd. 9/1*. München 2004, S. 99–193.

Ders.: *Inklusion und Exklusion im Dritten Reich. Das Beispiel der NSDAP.* In: Bajohr, Frank/Wildt, Michael (Hrsg.): *Volksgemeinschaft. Neue Forschungen zur Gesellschaft des Nationalsozialismus*. Frankfurt/M. 2009, S. 60–77.

Obst, Dieter: *»Reichskristallnacht«. Ursachen und Verlauf des antisemitischen Pogroms vom November 1938*. Frankfurt/M. u. a. 1991.

Orlow, Dietrich: *The history of the Nazi party*. 2 Bde. Pittsburgh 1969–1973.

Paul, Gerhard: *Aufstand der Bilder. Die NS-Propaganda vor 1933*. Bonn 1990.

Pätzold, Kurt/Weißbecker, Manfred: *Geschichte der NSDAP 1920–1945*. Neuausgabe Köln 2002.

Peuckert, Detlef: *Alltag unterm Nationalsozialismus*. Berlin 1981.

Ders. u. a. (Hrsg.): *Die Reihen fest geschlossen. Beiträge zur Geschichte des Alltags unterm Nationalsozialismus*. Wuppertal 1981.

Phelps, Reginald H.: *Anton Drexler – Der Gründer der NSDAP*. In: Deutsche Rundschau 1961, S. 1133–1143.

Ders.: *Hitler and the Deutsche Arbeiterpartei*. In: American Historical Review 68 (1963), S. 974–986.

Piper, Ernst: *Nationalsozialismus. Seine Geschichte von 1919 bis heute*. München – Berlin 2012.

Plieninger, Konrad (Hrsg.): *Göppingen unterm Hakenkreuz*. Göppingen 1994.

Plöckinger, Othmar: *Geschichte eines Buches. Adolf Hitlers Mein Kampf 1922–1945*. München 2006.

Ders.: *Unter Soldaten und Agitatoren. Hitlers prägende Jahre im deutschen Militär 1918–1920*. Paderborn u. a. 2013.

Pommerin, Reiner: *Die Ausweisung von »Ostjuden« aus Bayern 1923. Ein Beitrag zum Krisenjahr der Weimarer Republik*. In: VZG 34 (1986), S. 311–340.

Pölking, Hermann: *Ostpreußen. Biografie einer Provinz*. Berlin 2011.

Priamus, Heinz-Jürgen (Hrsg.): *Deutschlandwahn und Wirtschaftskrise. Gelsenkirchen auf dem Weg in den Nationalsozialismus*. 2 Bde. Essen 1991–1994.

Ders.: *Meyer. Zwischen Kaisertreue und NS-Täterschaft*. Essen 2011.

Probst, Robert: *Die NSDAP im Bayerischen Landtag 1924–1933*. Frankfurt/M. u. a. 1998.

Pyta, Wolfram: *Gegen Hitler und für die Republik. Die Auseinandersetzung der deutschen Sozialdemokratie mit der NSDAP in der Weimarer Republik*. Düsseldorf 1989.

Rebentisch, Dieter (Hrsg.): *Verwaltung contra Menschenführung im Staat Hitlers. Studien zum politisch-administrativen System*. Göttingen 1986.

Reibel, Carl-Wilhelm: *Das Fundament der Diktatur. Die NSDAP-Ortsgruppen 1932–1945*. Paderborn 2002.

Reifferscheid, Gerhard: *Die NSDAP in Ostpreußen. Besonderheiten ihrer Ausbreitung und Tätigkeit.* In: Zeitschrift für die Geschichte und Altertumskunde Ermlands 39 (1978), S. 61 – 85.

Repplinger, Roger: *Karl Harrer. Wie die NSDAP den Gründer der DAP aus dem Gedächtnis löschte.* In: Zeitschrift für Geschichtswissenschaft 62 (2004), S. 997 – 1012.

Reschke, Oliver: *Kampf um den Kiez. Der Aufstieg der NSDAP im Zentrum Berlins 1925 bis 1933.* Berlin 2014.

Reuth, Ralf Georg: *Goebbels.* München 1990.

Ders.: *Hitlers Judenhass. Klischee und Wirklichkeit.* München – Zürich 2009.

Richardi, Hans-Günter: *Hitler und seine Hintermänner. Neue Fakten zur Frühgeschichte der NSDAP.* München 1991.

Rohkämer, Thomas: *Die fatale Attraktion des Nationalsozialismus. Über die Popularität eines Unrechtsregimes.* Paderborn u. a. 2013.

Rohrer, Christian: *Nationalsozialistische Macht in Ostpreußen.* München 2006.

Rösch, Matthias: *Die Münchner NSDAP 1925 – 1933: Eine Untersuchung zur inneren Struktur der NSDAP in der Weimarer Republik.* München 2002.

Sandner, Harald: *Hitlers Herzog. Carl-Eduard von Sachsen-Coburg und Gotha. Die Biografie.* Aachen 2010.

Ders.: *Hitler. Das Itinerar. Aufenthaltsorte und Reisen 1889 bis 1945.* 4 Bde. Berlin 2016.

Schmiechen-Ackermann, Detlef: *Der »Blockwart«. Die unteren Parteifunktionäre im nationalsozialistischen Terror- und Überwachungsapparat.* In: VZG 48 (2000), S. 575 – 602.

Schmitz-Berning, Cornelia: *Vokabular des Nationalsozialismus.* Berlin – New York 1998.

Schnabel, Thomas (Hrsg.): *Die Machtergreifung in Südwestdeutschland. Das Ende der Weimarer Republik in Baden und Württemberg 1928 – 1933.* Stuttgart 1982.

Ders.: *Württemberg zwischen Weimar und Bonn 1928 bis 1945/46.* Stuttgart 1986.

Scholtyseck, Joachim: *Robert Bosch und der liberale Widerstand gegen Hitler 1933 bis 1945.* München 1999.

Sidman, Charles F.: *Die Auflagen-Kurve des Völkischen Beobachters und die Entwicklung des Nationalsozialismus 1920 – November 1923.* In: VZG 13 (1965), S. 112 – 118.

Sigmund, Anna Maria: *Des Führers bester Freund.* München 2003.

Steinert, Marlies: *Hitler.* München 1994.

Steuwer, Janosch/Leßau, Hanna: *»Wer ist ein Nazi? Woran erkennt man ihn?« Zur Unterscheidung von Nationalsozialisten und anderen Deutschen.* In:

Mittelweg 36. Zeitschrift des Hamburger Instituts für Sozialforschung 23 (2014), S. 30 – 51.

Thamer, Hans-Ulrich: *Verführung und Gewalt. Deutschland 1933 – 1945.* Neuausgabe 1994.

Tilitzki Christian: *Alltag in Ostpreußen 1940 – 1945. Die geheimen Lageberichte der Königsberger Justiz 1940 – 1945.* Leer 1991.

Turner, Henry A.: *Fritz Thyssen und »I paid Hitler«.* In: VZG 19 (1971), S. 225 – 244.

Ders.: *Faschismus und Kapitalismus in Deutschland. Studien zum Verhältnis zwischen Nationalsozialismus und Wirtschaft.* 2. Aufl. Göttingen 1980.

Ders.: *Die Großunternehmer und der Aufstieg Hitlers.* Berlin 1985.

Tyrell, Albrecht: *Vom Trommler zum Führer.* München 1975.

Ullrich, Volker: *Adolf Hitler. Biografie. Bd. 1: Jahre des Aufstiegs.* Frankfurt/M. 2013.

Vogt, Martin: *Zur Finanzierung der NSDAP zwischen 1924 und 1928.* In: GWU 21 (1970), S. 234 – 243.

Weber, Thomas: *Hitlers erster Krieg. Der Gefreite Hitler im Weltkrieg – Mythos und Wahrheit.* Berlin 2011.

Ders.: *Wie Adolf Hitler zum Nazi wurde. Vom unpolitischen Soldaten zum Autor von* Mein Kampf. Berlin 2016.

Wehler, Hans-Ulrich: *Der Nationalsozialismus. Bewegung. Führerherrschaft. Verbrechen.* München 2009.

Weißbecker, Manfred/Kühnl, Reinhard (Hrsg): *Rassismus. Faschismus. Antifaschismus.* Köln 2000.

Westernhagen, Dörte von: *Von der Herrschaft zur Gefolgschaft. Die von Westernhagens im Dritten Reich.* Göttingen 2012.

Weyrather, Irmgard: *Die braune Fassade. Über das Zusammenleben von Nazis, Kommunisten, Juden, Sozialdemokraten, Bürgern und Arbeitern im Berliner Mietshaus.* In: Literatur und Erfahrung. Zeitschrift für literarische Sozialisation 10 (1982), S. 38 – 52.

Whiteside, Andrew G.: *Nationaler Sozialismus in Österreich vor 1918.* In: VZG 9 (1961), S. 333 – 359.

Wildt, Michael: *Geschichte des Nationalsozialismus.* Göttingen 2008.

Ders./Kreutzmüller, Christof (Hrsg.): *Berlin 1933 – 1945.* München 2013.

Winkler, Heinrich August. *Weimar 1918 – 1933. Die Geschichte der ersten deutschen Demokratie.* München 1993.

Wladika: Michael: *Hitlers Vätergeneration. Die Ursprünge des Nationalsozialismus in der k. u. k.-Monarchie.* Wien – Köln – Weimar 2005.

Zdral, Wolfgang: *Der finanzierte Aufstieg des Adolf H.* Wien 2002.

# BILDNACHWEIS